5-7, rue de l'École polytechnique, 75005 Paris

http://www.harmattan.fr
diffusion.harmattan@wanadoo.fr
harmattan1@wanadoo.fr

ISBN : 978-2-343-05658-6
EAN : 9782343056586

Les droits indigènes en Amérique latine

Droit comparé

Collection dirigée par Arnaud Martin

Parce que le droit ne peut plus être considéré dans sa seule dimension nationale et que son étude doit s'ouvrir aux droits étrangers, que l'analyse comparative permet de s'échapper des déterminismes qui faussent l'étude des systèmes juridiques et que l'étude des systèmes normatifs étrangers peut faciliter la recherche de réponses aux questions juridiques, la collection Droit comparé met à la disposition des chercheurs et des praticiens du droit un ensemble de travaux destinés à alimenter leur réflexion tout en donnant aux objectifs, aux méthodes et à l'utilité de l'analyse comparative une plus grande visibilité.

Elle publie des recherches en droit comparé ou accordant une place importante au comparatisme juridique, que ce soit en droit public ou en droit privé, en droit français ou en droit étranger, que celles-ci prennent la forme d'essais, d'actes de colloques ou de séminaires ou de thèses.

Elle est naturellement ouverte à toutes les écoles de pensée juridique, ainsi qu'aux recherches pluridisciplinaires dès lors qu'elles présentent une dominante juridique.

Sous la direction
d'Arnaud Martin

Les droits indigènes en Amérique latine

L'Harmattan

Du même auteur

Le président des assemblées parlementaires sous la Ve République, Paris, LGDJ, 1996.
La mémoire et le pardon. Les commissions de la vérité et de la réconciliation en Amérique latine, Paris, L'Harmattan, 2009.
Le glaive et la balance. Droits de l'homme, justice constitutionnelle et démocratie en Amérique latine, Paris, L'Harmattan, 2012.
Justicia constitucional, derechos humanos y democracia en América Latina, Bogotá, Editorial de la Universidad Externado de Colombia, 2014.
La laïcité en Amérique latine, Paris, L'Harmattan, 2015.

Sommaire

PRÉSENTATION DES AUTEURS

Cristóbal CARMONA CALDERA : diplômé en droits de l'homme et démocratisation de l'Université Nationale San Martín de Buenos Aires, diplômé en philosophie de l'Université Alberto Hurtado de Santiago du Chili, avocat à la Cour suprême de justice du Chili, professeur de droit indigène à la faculté de droit de l'Université catholique de Temuco (Chili) et professeur d'anthropologie juridique à l'Université du Chili (Santiago du Chili), avocat.

María DELIA BUENO : avocate, assesseur juridique de l'Organisation des nations et peuples indigènes d'Argentine (ONPIA), membre de l'équipe de recherches en éducation pour la paix de la faculté de psychologie de l'Université du Sauveur (Buenos Aires).

Cletus GREGOR BARIÉ : diplômé en droits de l'homme de l'Université d'Andalousie (Espagne), licencié en études latino-américaines de l'Université autonome de Mexico, diplômé en droit coutumier de l'École nationale d'anthropologie et d'histoire de Mexico.

Arnaud MARTIN : docteur en droit, diplômé d'études approfondies d'analyse politique comparée, maître de conférences HDR en droit public à l'Université de Bordeaux, membre du CERCCLE (Centre d'études et de recherches comparatives sur les constitutions, les libertés et l'État).

Christian MASAPANTA GALLEGOS : licencié en sciences publiques et sociales, docteur en jurisprudence, magistère en droit constitutionnel de l'Université et en politique extérieure de l'Université Centrale d'Équateur (Quito, Équateur), magistère en politique extérieure de l'Université Andine Simon Bolivar (Quito), ancien attaché parlementaire, consultant du ministère de la Justice et des Droits de l'homme d'Équateur, assesseur à la Cour constitutionnelle d'Équateur.

Antonio PEÑA JUMPA : docteur en droit de l'Université catholique de Louvain (Belgique), avocat et magister en anthropologie de l'Université catholique pontificale du Pérou, professeur de sociologie du droit à l'Université catholique pontificale du Pérou.

Natalia RODRÍGUEZ URIBE : professeur de droit à l'Université ICESI de Cali (Colombie), diplômée en droit international de l'environnement de la

Macquarie University de Sydney (Australie), avocate de l'Université des Andes de Bogota (Colombie), doctorante en droit à la Macquarie University de Sydney.

Fernando SAAVEDRA AREAS : avocat, professeur de droit et assesseur de l'Université des régions autonomes de la Côté Caraïbes Nicaraguayenne (URACCAN).

Gustavo SOTO SANTIESTEBAN : chercheur au Centre d'études appliquées sur les droits économiques, sociaux et culturels (CEADESC) de Cochabamba (Bolivie), sémioticien et consultant sur les droits indigènes, enseignant en sémiotique, philosophie du langage et épistémologie dans plusieurs universités boliviennes.

Chapitre introductif

La reconnaissance des droits indigènes en Amérique latine

Arnaud Martin

La découverte de l'Amérique en 1492 marqua, pour les peuples amérindiens, le début d'une longue descente aux enfers. Considérées comme des sauvages par les Européens, massacrées[1], réduites à l'esclavage ou, dans le meilleur des cas, condamnées à choisir entre l'exclusion et à l'assimilation, les populations indigènes d'Amérique latine semblaient condamnées à disparaître[2]. Les grands empires précolombiens s'effondrèrent, les structures sociales traditionnelles se disloquèrent, les cultures, les langues, les coutumes et les religions indigènes n'inspirèrent que du mépris quand elles ne furent pas purement et simplement interdites. Les Indigènes n'avaient plus leur place dans ce monde qui était devenu une simple excroissance de l'Europe.

Cinq siècles plus tard, le constat est tout autre. La situation démographique s'est nettement améliorée. Le sous-continent latino-américain compte désormais 44 millions d'Indigènes dont un grand nombre demeure attaché à ses racines, les langues indigènes sont toujours pratiquées – certains États leur ayant même reconnu le statut de langues officielles à côté du castillan –, les cultures indigènes sont préservées et valorisées, et les pratiques religieuses perdurent dans un sous-continent profondément chrétien. Ainsi a-t-on pu parler de « retour des peuples indigènes en Amérique latine[3] ».

La situation dramatique des populations indigènes en Amérique latine durant près de cinq siècles ne doit pas occulter le fait que cette question a susci-

---

[1] Pour une présentation détaillée de la répartition des Indigènes dans les différents pays latino-américains, voir http://www.gitpa.org/Image/CARTEAMERIQUELATINEagrandie.pdf (consulté le 10 décembre 2014).

[2] Sur la question, voir notamment notre étude, « Le statut indigène en Amérique ibérique », *Politeia*, n° 2, 2002, p. 187-205.

[3] http://www.geolinks.fr/geopolitique/le-retour-des-peuples-indigenes-en-amerique-latine-de-la-marginalisation-a-laffirmation-quels-enjeux-pour-la-stabilite-des-etats (consulté le 10 décembre 2014).

té de vifs débats dès les débuts de la colonisation de l'Amérique. Elle fut notamment au cœur de la controverse de Valladolid qui opposa le dominicain Bartolomé de Las Casas au théologien Juan Ginés de Sepúlveda[1], d'une part, lors de deux rencontres, en 1550 et 1551 au collège San Gregorio de Valladolid, qui virent s'affronter théologiens, juristes et administrateurs du royaume, d'autre part, au cours de longs échanges épistolaires. Le sujet principal de ces débats était le statut qu'il convenait d'accorder aux Amérindiens, non seulement parce qu'avec la conquête du Nouveau Monde, la colonisation des terres et la destruction des empires devaient logiquement conduire à la disparition des civilisations précolombiennes, mais aussi parce que certaines coutumes et pratiques, notamment religieuses, comme les sacrifices humains, conduisaient à douter que les peuples amérindiens fussent civilisés, voire que l'on puisse les considérer comme appartenant à l'espèce humaine.

Ainsi, Sepúlveda estimait que la conquête de l'Amérique était juste au regard de la thèse de la servitude naturelle d'Aristote[2] et des écrits de saint Thomas d'Aquin : la barbarie des mœurs des Indigènes justifiait que ceux-ci fussent dominés par les colons afin de mettre fin aux sacrifices humains et aux pratiques idolâtres et de restaurer ainsi la loi naturelle, et leur infériorité naturelle légitimait qu'ils fussent réduits à l'esclavage. Au contraire, Las Casas ne pouvait accepter cet aristotélisme si radicalement opposé au message évangélique et défendit la thèse inverse : la guerre n'était pas légitime, et la conquête et la conversion pouvaient emprunter des formes plus pacifiques. Il alla même jusqu'à justifier l'idolâtrie et les sacrifices humains qu'il considérait comme raisonnables de la part de personnes privées de la foi chrétienne : les Indiens respectaient la loi naturelle et devaient donc ne pas être privés de la propriété de leurs biens et du pouvoir souverain. Finalement, la controverse de Valladolid ne déboucha sur aucune décision tranchée, la Couronne n'acceptant, ni l'argumentation de Sepúlveda, trop favorable aux colons sur lesquels elle voulait garder son emprise, ni celle de Las Casas, qui conduisait à remettre en cause la légitimité de la conquête. Elle n'en est pas moins particulièrement intéressante car elle replace la question du statut indigène dans sa dimension historique et rappelle l'importance

---

[1] Voir notamment Bartolomé DE LAS CASAS, *La controverse entre Las Casas et Sepulveda. Précédé de Impérialisme, empire et destruction*, Paris, Vrin, 2007 ; Jean DUMONT, *La véritable controverse de Valladolid. Premier débat des droits de l'homme*, Paris, Critérion, 1995.

[2] Sur la question, voir notamment William L. NEWMAN, *The Politics of Aristotle*, vol. I et III, Oxford, 1887 ; Victor GOLDSCHMIDT, « La théorie aristotélicienne de l'esclavage et sa méthode », *Tetesis, Mél. De Strycker*, Anvers, Utrecht, 1973, p. 147-163. Nicholas D. SMITH, « Aristotle's Theory of natural slavery », *Phoenix*, n° 37, 1983, p. 109-122 ; Peter GARNSEY, *Ideas of slavery from Aristotle to Augustine*, Cambrige, Cambridge University Press, 1996, p. 15 ; 217-218 ; Pierre PELLEGRIN, « La théorie aristotélicienne de l'esclavage : tendances actuelles de l'interprétation », *Revue philosophique de la France et de l'étranger*, n° 172, 1982, p. 346-357 ; René SÈVE, « Observations sur l'esclavage chez Aristote », *Archives de philosophie du droit*, n° 39, 1995, p. 387.

accordée, dès le début de la conquête de l'Amérique, à la question du statut des Indigènes.

Les intérêts économiques et politiques ayant primé les considérations chrétiennes ou humanistes, les peuples indigènes furent, durant plusieurs siècles, ignorés des législateurs et des constituants et considérés comme des êtres inférieurs auxquels aucun droit ne devait être reconnu : différents, ils étaient nécessairement inférieurs, ce qui ne les rendait pas moins dangereux. Ils furent donc réduits en esclavage, persécutés avec une violence bien plus grande que celle de leurs mœurs et coutumes qui semblaient justifier le traitement qui leur était infligé, et risquèrent même de disparaître complètement, victimes de pratiques génocidaires : les populations indigènes furent ainsi décimées[1], non seulement par les armées, mais aussi par les maladies infectieuses introduites et volontairement propagées par les Espagnols et contre lesquelles elles n'étaient pas immunisées[2], les pertes allant de 50 à 95 % des populations[3].

Des juristes prirent la défense des Indigènes, sans grand succès. Francisco de Vitoria, convaincu de l'égalité essentielle des peuples, estimait que les colons avaient des devoirs face aux droits des populations autochtones que les circonstances rendaient plus faibles[4] ; selon lui, les Indigènes devaient conserver des droits sur leurs terres et, de façon plus générale, un pouvoir original autonome, et ils devaient se voir reconnaître le statut d'êtres humains et être traités comme tels. Dans le même sens, Hugo Grotius défendit la thèse de Vitoria sur les droits territoriaux des Indigènes et, dans *De Indis et de jure belli relectiones*, il affirma lui aussi leur condition d'êtres humains, malgré leurs différences[5].

Ces prises de position d'ecclésiastiques et de juristes en faveur des Indigènes ne furent suivies d'aucun effet, que ce soit au plan politique ou au plan juridique, au niveau national ou international. L'exclusion sociale et politique et la marginalisation économique furent le quotidien des populations

---

[1] Le nombre d'Amérindiens passa, en 150 ans, de 100 millions à 4,5 millions.

[2] Notamment la variole (1525, 1558, 1589), le typhus (1546), la grippe (1558), la diphtérie (1614) et la rougeole (1618).

[3] Aujourd'hui encore, les populations indiennes privées de leur habitat naturel par le saccage de la forêt amazonienne paient un lourd tribut aux maladies infectieuses... ce qui facilite l'exploitation de leurs richesses.

[4] Voir Renato RABBI-BALDI CABANILLAS, « Influencia y critica de la doctrina aristotelica de la esclavitud natural en el debate sobre los derechos de los Indios del siglo XVI », *Filosofia oggi*, XVII, n° 65, 1994, p. 21-30 ; Ramón HERNÁNDEZ MARTÍN, *Francisco de Vitoria et la « Leçon sur les Indiens »*, Paris, Les Éditions du Cerf, 1997.

[5] Hugonis GROTII, *De Origine gentium americanarum dissertatio altera, adversus obtrectatorem, Opaca quem bonum facit barba*, apud S. Cramoisy (Parisiis), 1643, consultable à l'adresse http://gallica.bnf.fr/ark:/12148/bpt6k133301l.r=grotius+origine.langFR (consulté le 17 juin 2014). Sur la question, voir notamment Luis Guilherme ASSIS KALIL, « O problema da origem dos indígenas na obra de Hugo Grotius », *Anais do XXVI Simpósio Nacional de História*, ANPUH, São Paulo, juillet 2011.

indigènes jusqu'au milieu du XXe siècle où un début de prise de conscience de l'iniquité de leur traitement commença à se produire, et où il fut admis que le droit international n'était pas uniquement le droit des États et que les individus pouvaient, eux aussi, être titulaires de droits et d'obligation reconnus par des traités ou des conventions internationales et que les États devaient promouvoir et appliquer. Il est vrai que les Indigènes eux-mêmes prirent conscience de leur importance démographique non négligeable dans un certain nombre d'États latino-américains et du rôle qu'ils pouvaient jouer dans un cadre supra-étatique pour obtenir la reconnaissance de leurs droits légitimes, tant individuels que collectifs. Par ailleurs, aidés en cela par la troisième vague de démocratisation qui toucha le sous-continent latino-américain dans les années quatre-vingt, les droits indigènes firent l'objet d'une prise en compte effective par la plupart des constitutions adoptées ou révisées à l'occasion de l'effondrement des régimes autoritaires, même s'il est vrai que, dès le XIXe siècle, la question indigène avait cessé d'être totalement occultée par les juristes latino-américains. Pour autant, aujourd'hui, les droits indigènes demeurent insuffisamment protégés, et les populations autochtones sont toujours confrontées à de graves problèmes économiques et sociaux auxquels les juristes et les gouvernants ne parviennent – ou ne veulent – pas toujours à apporter une réponse.

La reconnaissance des droits indigènes imposée par le droit international

Il fallut attendre la seconde moitié du XXe siècle pour que la question des droits indigènes soit mieux prise en considération par un certain nombre de pays influents sur le plan international, notamment les États-Unis, le Canada, la Nouvelle-Zélande et l'Australie, sous l'influence des politiques de décolonisation conduites, entre autres, par le Royaume-Uni et la France. Au cours des années soixante-dix, les mouvements indigènes s'organisèrent pour renforcer l'efficacité de leurs actions au niveau régional et obtenir un plus grand soutien international à leur cause.

Les droits indigènes dans le droit onusien

Les droits indigènes ont progressivement fait l'objet d'une reconnaissance effective au plan international, dans le cadre de la Société des nations, puis de l'ONU et de ses organisations spécialisées, dans le cadre de grandes conventions internationales, sans pour autant qu'en résulte une protection effective de ceux-ci.

L'apport des conventions internationales

Dès la première moitié du XXe siècle, la question indigène a été évoquée par plusieurs conventions de l'Organisation internationale du travail (OIT).

Ainsi peut-on citer la convention n° 29 du 28 juin 1930 sur le travail forcé[1], qui interdit le recours au travail forcé, la convention n° 110 du 24 juin 1958 sur les plantations[2], qui réglemente l'emploi des travailleurs sur les plantations et évoque notamment les salaires, l'assurance médicale, le logement et la protection de la maternité, la convention n° 111 du 25 juin 1958 sur la discrimination (emploi et profession)[3], qui établit le principe de l'égalité des chances et de traitement dans les emplois et les professions et interdit toute discrimination pour motif de race, de couleur, de sexe, de religion, d'opinion politique, de nationalité ou de milieu social, la convention n° 138 du 26 juin 1973 sur l'âge minimum[4], qui établit un âge minimum pour l'entrée dans le monde du travail, la convention n° 141 du 23 juin 1975 sur les organisations de travailleurs ruraux[5], qui établit le droit des travailleurs ruraux à créer des organisations ou à adhérer à elle, la convention n° 142 du 23 juin 1975 sur la mise en valeur des ressources humaines[6], qui vise à promouvoir l'éducation et la formation professionnelle, et la convention n° 182 du 17 juin 1999 sur les pires formes de travail des enfants[7], qui interdit les formes particulièrement abusives de travail des enfants, avaient ainsi ouvert la voie à une reconnaissance générale des droits indigènes par le droit international. Mais ces différentes conventions ne visaient pas expressément les populations indigènes, même si ces dernières profitaient de certaines de leurs dispositions.

C'est en fait la convention n° 107 de l'Organisation internationale du travail du 26 juin 1957 relative aux populations indigènes et tribales[8], ratifiée par vingt-sept pays, qui constitua la première grande prise en compte des Indigènes par le droit international en visant un large éventail de questions relatives aux conditions de travail et de recrutement des populations aborigènes et tribales, aux droits fonciers, à la santé et à l'éducation. Cette convention avait un caractère très novateur : il s'agissait, en effet, du premier instrument international traitant exclusivement des peuples indigènes et tri-

---

[1] http://www.ilo.org/dyn/normlex/fr/f?p=NORMLEXPUB:12100:0::NO::P12100_ILO_CODE:C029 (consulté le 13 juin 2014).

[2] http://www.ilo.org/dyn/normlex/fr/f?p=1000:12100:0::NO::P12100_ILO_CODE:C110 (consulté le 13 juin 2014).

[3] http://www.ilo.org/dyn/normlex/fr/f?p=1000:12100:0::NO::P12100_ILO_CODE:C111 (consulté le 13 juin 2014).

[4] http://www.ilo.org/dyn/normlex/en/f?p=NORMLEXPUB:12100:0::NO:12100:P12100_ILO_CODE:C138 (consulté le 13 juin 2014).

[5] http://www.ilo.org/dyn/normlex/fr/f?p=1000:12100:0::NO::P12100_ILO_CODE:C141 (consulté le 13 juin 2014).

[6] http://www.ilo.org/dyn/normlex/fr/f?p=NORMLEXPUB:55:0:::55:P55_TYPE,P55_LANG,P55_DOCUMENT,P55_NODE:CON,fr,C142,/Document (consulté le 13 juin 2014).

[7] http://www.ilo.org/public/french/standards/relm/ilc/ilc87/com-chic.htm (consulté le 13 juin 2014).

[8] http://www.ilo.org/dyn/normlex/fr/f?p=NORMLEXPUB:12100:0::NO::P12100_INSTRUMENT_ID:312252 (consulté le 17 juin 2014).

baux et des obligations des États signataires à leur égard. Mais cette convention utilisait un vocabulaire paternaliste, qualifiant les populations concernées de « moins avancées » et invitant les gouvernements à mettre en œuvre des politiques d'assimilation[19]. Les « populations aborigènes et tribales » étaient vouées à disparaître avec une modernisation qui allait dans « le sens de l'Histoire » et, pour cette raison, elles devaient être soumises à des politiques d'intégration.

On ne peut donc pas parler d'une véritable protection des droits indigènes. Ainsi, après avoir rappelé que « la Déclaration de Philadelphie affirme que tous les êtres humains ont le droit de poursuivre leur progrès matériel et leur développement spirituel dans la liberté et la dignité, dans la sécurité économique et avec des chances égales », le préambule de la convention 107 constate « qu'il existe dans divers pays indépendants des populations aborigènes et d'autres populations tribales et semi-tribales qui ne sont pas encore intégrées dans la communauté nationale et que leur situation sociale, économique ou culturelle empêche de bénéficier pleinement des droits et des avantages dont jouissent les autres composantes de la population », estimant « qu'il est désirable, tant du point de vue humain que dans l'intérêt des pays intéressés, de poursuivre l'amélioration des conditions de vie et de travail de ces populations en exerçant une action simultanée sur l'ensemble des facteurs qui les ont jusqu'ici maintenues en marge des progrès de la communauté nationale dont elles font partie », et affirmant, par conséquent, « que l'adoption, en la matière, de normes internationales d'un caractère général sera de nature à faciliter l'action indispensable pour assurer la protection des populations dont il s'agit, leur intégration progressive dans leurs communautés nationales respectives et l'amélioration de leurs conditions de vie ou de travail ». L'objectif de la convention 107 était donc clairement l'intégration des populations indigènes dans les populations nationales, c'est-à-dire leur assimilation, premier pas vers leur disparition à plus ou moins brève échéance.

Le caractère paternaliste et assimilationniste de la convention 107 conduisit l'OIT à élaborer une nouvelle convention, la convention 169 relative aux peuples indigènes et tribaux, signée le 25 juin 1989, qui s'inscrit dans le prolongement de la Déclaration des Nations unies sur les droits des peuples autochtones[20]. Adoptée le 13 septembre 2007 par 143 États – seuls quatre ayant voté contre[21] et onze s'étant abstenus[22] –, cette déclaration ne liait pas

---

[19] http://www.ohchr.org/Documents/Publications/GuideIPleaflet8fr.pdf (consulté le 12 juin 2014).

[20] http://www.un.org/esa/socdev/unpfii/documents/DRIPS_fr.pdf (consulté le 13 juin 2014).

[21] L'Australie, le Canada, les États-Unis et la Nouvelle-Zélande.

[22] L'Azerbaijan, le Bangladesh, le Bhoutan, le Burundi, la Colombie, la Georgie, le Kenya, le Nigeria, la Fédération Russe, Samoa et l'Ukraine.

juridiquement les États, mais son adoption fut perçue comme une grande avancée dans la reconnaissance des droits des peuples indigènes.

Le champ d'application de la convention 169 est plus large que celui de la convention 107 puisque, selon l'article 1er, celle-ci concerne, non seulement les « peuples tribaux [...] qui se distinguent [...] par leurs conditions sociales, culturelles et économiques et qui sont régis totalement ou partiellement par des coutumes ou des traditions qui leur sont propres ou par une législation spéciale », mais aussi les « peuples [...] qui sont considérés comme indigènes du fait qu'ils descendent des populations qui habitaient le pays, ou une région géographique à laquelle appartient le pays, à l'époque de la conquête ou de la colonisation ou de l'établissement des frontières actuelles de l'État, et qui, quel que soit leur statut juridique, conservent leurs institutions sociales, économiques, culturelles et politiques propres ou certaines d'entre elles », soulignant par ailleurs le fait que « le sentiment d'appartenance indigène ou tribal doit être considéré comme un critère fondamental pour déterminer les groupes auxquels s'appliquent les dispositions de la présente convention ».

Les gouvernements des États signataires doivent notamment, selon l'article 2, « avec la participation des peuples intéressés, [...] développer une action coordonnée et systématique en vue de protéger les droits de ces peuples et [...] garantir le respect de leur intégrité », et veiller au « respect de leur identité sociale et culturelle, de leurs coutumes et traditions et de leurs institutions » ; dans ce but, d'après l'article 4, ils doivent adopter « Des mesures spéciales [...] en vue de sauvegarder les personnes, les institutions, les biens, le travail, la culture et l'environnement des peuples intéressés », ce qui conduit à « reconnaître et protéger les valeurs et les pratiques sociales, culturelles, religieuses et spirituelles de ces peuples et prendre dûment en considération la nature des problèmes qui se posent à eux, en tant que groupes comme en tant qu'individus » et « respecter l'intégrité des valeurs, des pratiques et des institutions desdits peuples », ceux-ci ayant, selon l'article 8, « le droit de conserver leurs coutumes et institutions dès lors qu'elles ne sont pas incompatibles avec les droits fondamentaux définis par le système juridique national et avec les droits de l'homme reconnus au niveau international ». De même, les gouvernements dans l'élaboration et la mise en œuvre des politiques nationales, et les magistrats dans leurs fonctions juridictionnelles, doivent veiller au respect des droits coutumiers dès lors que « cela est compatible avec le système juridique national et avec les droits de l'homme reconnus au niveau international[1] » et, pour rendre leur

---

[1] Il faut notamment tenir compte du fait que certaines populations indigènes n'ont pas la même perception du temps que les populations occidentales, qu'elles vivent essentiellement dans le présent sans savoir se projeter dans l'avenir, et qu'elles ne parviennent pas à conceptualiser une période précise ; ainsi, une condamnation à une peine de prison est vécue comme une condamnation à perpétuité, quelle que soit la durée fixée par le juge. Il va de soi que les magistrats devraient en tenir compte au moment de la détermination d'une sanction, mais que

application possible, « protéger et préserver l'environnement dans les territoires qu'ils habitent ».

Actuellement, vingt-deux pays ont ratifié la convention 169, dont quinze États d'Amérique latine[1]. Le nombre est faible au niveau mondial, mais tout à fait considérable au niveau régional qui nous intéresse, et l'on peut considérer que cette convention a marqué un tournant décisif dans la prise en compte des droits indigènes en Amérique latine. C'est d'ailleurs à partir de 1989 que le droit régional supra-étatique a commencé à prendre sérieusement en considération la question indigène.

Les conventions 107 et 169 de l'OIT ont pu être considérées comme des avancées significatives, mais leur portée est malheureusement plus politique que juridique. Elles participent à la légitimation des revendications et des droits indigènes, mais elles ne les protègent pas effectivement. C'est la raison pour laquelle il est apparu souhaitable de prolonger l'action de l'ONU dans le cadre de grands programmes spécifiques destinés à élaborer de nouvelles normes internationales ou d'encourager les gouvernements à adopter des politiques de protection des populations indigènes.

Les programmes onusiens de défense des droits indigènes

Les trois dernières décennies ont été marquées par une nouvelle prise en compte de la nécessité de protéger les populations indigènes. Les conventions 107 et 169 de l'OIT pouvant sembler offrir un cadre juridique suffisant sur le plan international, il est apparu préférable, non pas d'élaborer une nouvelle convention dont on ne voit pas *a priori* pourquoi elle aurait une plus grande portée sur les gouvernements, mais de prolonger lesdites conventions par un ensemble de programmes, de nature plus politique que juridique, réaffirmant périodiquement la légitimité des droits indigènes, rappelant ainsi aux gouvernements la nécessité de les reconnaître et de les protéger.

Ainsi, en 1982, la sous-commission des Nations unies pour la prévention de la discrimination et la protection des minorités – une subdivision de la Commission des droits de l'homme – mit en place un groupe de travail sur les populations autochtones pour étudier la possibilité d'instaurer de nouvelles normes internationales concernant les droits indigènes. Ce dernier élabora un projet de Déclaration des Nations unies sur les droits des peuples

---

cela soulèverait de grandes difficultés, notamment juridiques, comme la compatibilité d'une telle prise en compte de la perception du temps avec le respect du principe d'égalité devant la loi.

[1] L'Argentine (2000), la Bolivie (1991), le Brésil (2002), le Chili (2008), la Colombie (1991), le Costa Rica (1993), la République dominicaine (2002), l'Équateur (1998), le Guatemala (1996), le Honduras (1995), le Mexique (1990), le Nicaragua (2010), le Paraguay (1993), le Pérou (1994) et le Venezuela (2002). Les seuls pays de la région qui, bien qu'ayant ratifié la convention 107, n'en ont pas fait de même avec la convention 169 sont Cuba, Haïti, le Panama et le Salvador.

autochtones qui fut finalement adopté par la résolution de l'Assemblée générale le 13 septembre 2007[1], et dont le préambule est révélateur du changement profond de l'approche des droits indigènes :

> *Affirmant* que les peuples autochtones sont égaux à tous les autres peuples, tout en reconnaissant le droit de tous les peuples d'être différents, de s'estimer différents et d'être respectés en tant que tels,
> *Affirmant* également que tous les peuples contribuent à la diversité et à la richesse des civilisations et des cultures, qui constituent le patrimoine commun de l'humanité,
> *Affirmant* en outre que toutes les doctrines, politiques et pratiques qui invoquent ou prônent la supériorité de peuples ou d'individus en se fondant sur des différences d'ordre national, racial, religieux, ethnique ou culturel sont racistes, scientifiquement fausses, juridiquement sans valeur, moralement condamnables et socialement injustes,
> *Réaffirmant* que les peuples autochtones, dans l'exercice de leurs droits, ne doivent faire l'objet d'aucune forme de discrimination [...]

Cette Déclaration, dont le préambule ne cache pas qu'elle « constitue un idéal à atteindre dans un esprit de partenariat et de respect mutuel », rappelle que les peuples indigènes ne doivent faire l'objet « d'aucune forme de discrimination fondée, en particulier, sur leur origine ou leur identité autochtone » (article 2), ont le droit à l'autodétermination (articles 3 et 4), au maintien et au renforcement de leurs institutions politiques, juridiques, économiques, sociales et culturelles distinctes (article 5), et doivent pouvoir jouir de l'ensemble des droits indigènes que la Déclaration présente en détail dans les articles 5 à 36.

Cette Déclaration ne constitue pas une réelle avancée puisqu'elle ne fait que proposer un catalogue des droits indigènes tels qu'ils sont déjà définis, notamment, par les conventions 107 et 169 de l'OIT. Tout au plus peut-on lui reconnaître le mérite de rappeler la légitimité de ces droits.

Dans le même sens, lors de la Conférence mondiale de Vienne sur les droits de l'homme de 1993 fut décidée la création d'une Instance permanente sur les questions autochtones. Son établissement était l'objectif principal du programme de la Décennie internationale des peuples autochtones (1995-2004). Lors de sa 56e section, la Commission des droits de l'homme en proposa la création au Conseil économique et social, ce que ce dernier fit en adoptant la résolution du 28 juillet 2000.

Cette instance permanente est un organe consultatif auprès du Conseil économique et social dont la mission est, d'une part, de coordonner le travail du système de l'ONU sur les questions autochtones, d'autre part, de traiter les questions autochtones dans six domaines spécifiques : le développement économique et social, la culture, l'environnement, l'éducation, la santé et les droits de l'homme. Par ailleurs, lors de sa session annuelle, elle détermine et

[1] http://www.un.org/fr/documents/view_doc.asp?symbol=A/RES/61/295 (consulté le 17 juin 2014).

analyse des questions spécifiques particulièrement pertinentes pour les peuples indigènes. Elle fournit des conseils et des recommandations sur les questions autochtones au Conseil ainsi qu'aux divers programmes, fonds et institutions des Nations unies. Enfin, elle encourage la coordination d'activités relatives aux questions indigènes et la diffusion d'informations sur ces dernières.

Participent à l'Instance permanente sur les questions autochtones seize experts représentant les peuples autochtones, les États, les organes et organismes des Nations unies, et les organisations intergouvernementales et non gouvernementales ayant un statut consultatif auprès du Conseil économique et social. Elle est aidée dans sa tâche par l'OIT qui lui procure une aide technique, mais aussi par le Groupe interagence de soutien, qui compte plus de trente membres parmi lesquels des agences et des programmes de l'ONU et d'autres organisations intergouvernementales, et qui est plus généralement chargé de garantir une plus grande collaboration au sein du système de l'ONU sur les questions indigènes.

Dans le même sens, par sa résolution 48/163 du 21 décembre 1993[1], l'Assemblée générale des Nations unies a décidé de proclamer la période 1995-2004 « Décennie internationale des populations autochtones », avec comme thème « Populations autochtones : partenariat dans l'action », dans le but de « renforcer la coopération internationale aux fins de résoudre les problèmes qui se posent aux communautés autochtones dans des domaines tels que les droits de l'homme, l'environnement, le développement, l'éducation et la santé ». Par la même résolution, l'Assemblée générale a créé le Fonds de contributions volontaires de la Décennie afin de financer des projets et des programmes de promotion des objectifs de la Décennie. Enfin, par la résolution 49/214 du 23 décembre 1994[2], l'Assemblée générale adopta le programme d'activités à court terme pour 1995. Le programme global d'activités a été adopté par l'Assemblée générale dans sa résolution 50/157 du 21 décembre 1995[3].

De l'avis même de la Troisième Commission, dans son rapport rendu public le 21 octobre 2004[4], le bilan de Décennie internationale des populations autochtones est « mitigé » :

> Si la Décennie internationale des populations autochtones a permis de prendre conscience de la situation des [...] membres des communautés autochtones [...], la réalité est amère, comme l'a constaté M. Rodolfo Stavenhagen, le Rapporteur spécial sur la situation des droits de l'homme des populations

---

[1] http://www.un.org/french/documents/view_doc.asp?symbol=A/RES/48/163&Lang=F (consulté le 11 décembre 2014).

[2] http://www.un.org/french/documents/view_doc.asp?symbol=A/RES/49/214&Lang=F (consulté le 11 décembre 2014).

[3] http://www.un.org/french/documents/view_doc.asp?symbol=A/RES/50/157&Lang=F (consulté le 11 décembre 2014).

[4] http://www.un.org/press/fr/2004/AGSHC3789.doc.htm (consulté le 11 décembre 2014).

autochtones, puisque de nombreux autochtones continuent de vivre dans une pauvreté abjecte tout en étant victimes de discrimination et de violations de leurs droits de l'homme.
Dépossédées de leur terre, de leur territoire et des ressources qui alimentent traditionnellement leur économie de subsistance, notamment dans le cadre de grands projets de développement, comme les barrages hydroélectriques, ces populations sont en outre victimes d'exclusion sociale et de marginalisation économique. Ainsi, les indicateurs sociaux et économiques montrent que les communautés autochtones sont plus gravement touchées par la pauvreté que le reste de la population, et le Rapporteur spécial a estimé que, pour relever ce défi, les États devaient mettre en œuvre des politiques globales et de longue haleine. À ce titre, l'Instance permanente sur les questions autochtones qui, comme l'a mentionné la représentante de l'Équateur, constitue un lieu de rencontre essentiel pour aborder et résoudre les problèmes touchant ces communautés, estime qu'il faut s'attaquer en priorité à l'extrême pauvreté et à l'éducation, les deux premiers Objectifs du Millénaire pour le développement[1].

Ainsi est-il apparu nécessaire de prolonger les actions engagées dans le cadre de la Décennie internationale des populations autochtones[2]. Dans sa résolution 59/174 du 20 décembre 2004[3], l'Assemblée générale des Nations unies a proclamé la deuxième Décennie internationale des populations autochtones dans le « but de renforcer encore la coopération internationale aux fins de résoudre les problèmes qui se posent aux peuples autochtones dans des domaines tels que la culture, l'éducation, la santé, les droits de l'homme, l'environnement et le développement économique et social, au moyen de programmes orientés vers l'action et de projets concrets, d'une assistance technique accrue et d'activités normatives dans les domaines en question ». Le programme d'action de cette Décennie, qui a commencé le 1er janvier 2005, a été établi par la résolution 60/142 du 16 décembre 2005[4] et rappelé par le Secrétaire général de l'ONU le 6 août 2014[5] dans les termes suivants :

a) Promouvoir la non-discrimination et l'intégration des peuples autochtones dans la conception, la mise en œuvre et l'évaluation des initiatives internationales, régionales et nationales en matière de législation, de politiques, de ressources, de programmes et de projets ;

---

[1] *Ibid.*

[2] Communiqué de presse du 4 novembre 2004, « La Troisième Commission recommande de proclamer une deuxième décennie des populations autochtones pour 2005-2014 », http://www.un.org/press/fr/2004/AGSHC3799.doc.htm (consulté le 11 décembre 2014).

[3] http://www.un.org/en/ga/search/view_doc.asp?symbol=A/RES/59/174&Lang=F (consulté le 11 décembre 2014).

[4] http://www.un.org/fr/documents/view_doc.asp?symbol=A/RES/60/142 (consulté le 11 décembre 2014).

[5] Rapport du Secrétaire général des Nations unies sur la réalisation du but et des objectifs de la deuxième Décennie internationale des peuples autochtones, document A/69/271 du 6 août 2014, consultable à l'adresse http://www.un.org/fr/ga/search/view_doc.asp?symbol=A/69/271 (consulté le 11 décembre 2014).

b) Promouvoir la participation pleine et entière des peuples autochtones à la prise des décisions qui concernent directement ou indirectement leur mode de vie, leurs terres et territoires traditionnels, leur intégrité culturelle en tant que peuples autochtones disposant de droits collectifs ou tout autre aspect de leur vie, sur la base du principe du consentement préalable, libre et éclairé ;
c) Redéfinir les politiques de développement afin qu'elles soient fondées sur le principe d'équité et culturellement acceptables, en respectant notamment la diversité culturelle et linguistique des peuples autochtones ;
d) Adopter des politiques, des programmes, des projets et des budgets axés sur le développement des peuples autochtones, et notamment des objectifs d'étape concrets et mettant un accent particulier sur les femmes, les enfants et les jeunes autochtones ;
e) Mettre en place de solides mécanismes de suivi et renforcer le système de responsabilisation à l'échelon international, régional et surtout national pour ce qui a trait à la mise en œuvre de cadres juridiques, politiques et opérationnels pour la protection des peuples autochtones et l'amélioration de leurs conditions de vie.

Si les intentions sont louables, le bilan est mitigé. De l'aveu même du Secrétaire général de l'ONU, « malgré les progrès accomplis dans le cadre de la deuxième Décennie, le fossé reste grand entre la reconnaissance officielle des peuples autochtones et la mise en place de politiques concrètes[1] ». Le Document final de la réunion de haut niveau de l'Assemblée générale, dite Conférence mondiale sur les peuples autochtones[2], diffusé le 15 septembre 2014, dresse un tableau en demi-teinte de la situation indigène et rappelle les États à leurs obligations juridiques et morales envers les peuples indigènes, invitant en outre ceux qui ne l'auraient pas encore fait à ratifier la convention 169 de l'OIT[3], ce qui ressemble fort à un retour vingt-cinq ans en arrière, autrement dit à un constat d'échec.

La convention 169 de l'OIT apparaît ainsi comme le texte fondamental de proclamation et de reconnaissance des droits indigènes. Vers elle converge l'ensemble des actions du système onusien. Pour autant, sa portée juridique est illusoire, au contraire de sa portée politique qui est réelle, puisqu'elle affirme la légitimité et le contenu de ces droits tout en rappelant aux gouvernements leurs obligations au regard des grands principes du droit international des droits de l'homme. Il suffit, pour s'en convaincre, de se pencher sur le droit international régional relatif aux droits indigènes, qui a connu un développement considérable à partir de 1989, année, certes, de

---

[1] *Ibid.*

[2] http://www.un.org/fr/ga/search/view_doc.asp?symbol=A/69/l.1 (consulté le 11 décembre 2014).

[3] Cet appel à ratifier la convention 169 de l'OIT avait déjà été fait par la résolution de l'Assemblée générale de l'ONU du 21 décembre 2010, sans grand succès. http://www.un.org/fr/documents/view_doc.asp?symbol=A/RES/65/198 (consulté le 11 décembre 2014).

l'accélération du processus de démocratisation en Amérique latine, mais aussi et surtout de l'adoption de la convention 169 de l'OIT.

Les droits indigènes dans le droit régional latino-américain

Le droit international régional relatif aux droits indigènes constitue plus qu'une simple transposition ou un prolongement du droit international onusien : il souligne l'importance particulière des droits indigènes dans les pays latino-américains pour des raisons historiques, démographiques et culturelles.

Ainsi, en 1989, l'Assemblée générale de l'Organisation des États américains a demandé à sa commission des affaires juridiques et politiques d'élaborer une proposition de déclaration américaine sur les droits des peuples indigènes. À la demande de cette dernière, la Commission interaméricaine des droits de l'homme et l'Institut interaméricain des droits de l'homme ont élaboré une proposition, adoptée le 26 février 1997 et, depuis 2000[1], un groupe de travail garantit la participation et la représentativité indigène au processus[2].

Cette déclaration présente tout d'abord l'intérêt de proposer une définition précise de la notion de population indigène. Pour autant, la formulation de l'article 1er, auquel est consacrée cette question, ne cache pas la difficulté de l'entreprise, puisqu'elle propose deux « options » :

> 1. Dans la présente Déclaration, les populations indigènes sont celles qui possèdent une continuité historique dans le cadre de sociétés qui existaient avant la conquête et la colonisation européenne de leurs territoires (OPTION 1.) [...] ainsi que les populations amenées contre leur volonté dans les Amériques, qui se sont libérées et ont rétabli les cultures dont elles avaient été déracinées] (OPTION 2.) [...] ainsi que les populations tribales dont les conditions sociales, culturelles et économiques les distinguent d'autres secteurs de la communauté nationale et dont la situation juridique est régie entièrement ou en partie par leurs propres coutumes ou traditions ou par des règlements ou lois spéciaux [...].
> 2. L'auto-identification en tant que groupe indigène ou tribal devra être considérée comme un critère fondamental pour déterminer les groupes auxquels s'appliquent les dispositions de la présente Déclaration.
> 3. L'emploi du vocable « populations » dans la présente déclaration ne devra pas être interprété dans un sens qui lui donne le moindre retentissement en ce qui concerne les autres droits qui peuvent être conférés à ce terme en droit international.

---

[1] Sur la question, voir Eduardo TAMAYO G., « Declaración Americana sobre los Derechos de los Pueblos Indígenas: ¡14 años de espera! », *América Latina en Movimiento*, 7 juin 2004, http://alainet.org/active/6265&lang=es (consulté le 20 juin 2014).

[2] Plus de cent représentants indigènes participèrent à la rédaction de la version finale de la déclaration.

Cette déclaration présente deux intérêts. D'une part, les populations indigènes sont invitées à participer elles-mêmes à la protection de leurs droits, l'auto-identification en tant que groupe indigène constituant un critère essentiel de définition d'un peuple en tant qu'indigène. D'autre part, elle reconnaît une place importante aux populations indigènes dans les sociétés nationales, puisque le paragraphe 1er du préambule affirme :

> Les peuples indigènes des Amériques représentent un élément organisé, séparé et intégral de sa population, et ont droit de faire partie de l'identité nationale des pays, en jouant un rôle spécial dans le renforcement des institutions de l'État et dans la réalisation de l'unité nationale fondée sur des principes démocratiques [...] et [...] un grand nombre d'actuels systèmes de participation des populations autochtones aux prises de décision et à l'autorité contribuent au perfectionnement des démocraties dans les Amériques.

Cette reconnaissance de la place des populations indigènes dans les sociétés nationales est essentielle, car la marginalisation des populations indigènes constitue souvent un danger pour les démocraties, dans la mesure où la pauvreté et les discriminations qui en résultent les conduisent naturellement à apporter leur soutien à des mouvements révolutionnaires qui les récupèrent ou à des organisations criminelles qui les emploient, notamment pour la production de coca, les Indigènes risquant de céder à l'espoir de revenus décents quoiqu'illégaux ou de lendemains qui chantent ; ces points font notamment l'objet des paragraphes 2 et 4.

Selon cette déclaration, les peuples indigènes sont titulaires de tous les droits de l'homme, tels qu'ils sont définis par le droit international, l'article II alinéa 1er prenant soin d'en proposer une liste non exhaustive :

> 1. Les populations indigènes ont le droit de jouir pleinement et effectivement des droits de l'homme et libertés fondamentales que reconnaissent la Charte de l'OEA, la Déclaration américaine des droits et devoirs de l'homme, la Convention américaine relative aux droits de l'homme et d'autres instruments internationaux des droits de l'homme ; et aucun élément de la présente Déclaration ne peut être entendu comme limitant ou refusant de la moindre façon ces droits, ou autorisant une mesure quelconque non conforme aux principes du droit international, y compris celui des droits de l'homme.

Titulaires de l'ensemble des droits de l'homme, les Indigènes le sont par ailleurs de droits collectifs qui leur sont propres en tant qu'indigènes. Ainsi, selon le troisième alinéa de l'article II :

> 3. Les États reconnaissent également que les populations indigènes ont des droits collectifs dans la mesure où ceux-ci sont indispensables à la pleine jouissance des droits de l'homme individuels de leurs membres. À cet effet, ils reconnaissent le droit des populations indigènes à agir collectivement, à avoir leurs propres cultures, à professer et pratiquer leurs propres croyances spirituelles et à utiliser leurs propres langues.

C'est la raison pour laquelle l'article IV reconnaît aux communautés indigènes la personnalité morale[1], l'objectif de cette disposition étant manifestement de permettre à ces dernières d'assurer à leurs membres une protection juridique effective, notamment dans le cadre d'actions en justice.

Par ailleurs, l'effectivité des droits individuels des Indigènes est conditionnée par la pérennité des communautés indigènes. Aussi convient-il d'interdire toute politique d'assimilation forcée ou de discrimination, *a fortiori*, bien évidemment, tout ethnocide[2]. Cela suppose de protéger les droits indigènes au quotidien en assurant aux individus la liberté de pratiquer leur religion ou leur langue[3], et donc aux enfants de recevoir une éducation respectueuse des cultures indigènes et non un enseignement motivé par des politiques d'assimilation, comme c'est souvent le cas des programmes d'alphabétisation pour adultes.

Le respect des cultures indigènes suppose la protection des territoires et de l'environnement, non seulement pour permettre de mener une vie saine, mais aussi et surtout en raison de l'importance de la nature dans les cultures indigènes – par exemple la *Pachamama*. Ainsi, l'article XIII proclame le droit à un environnement sain et à « recevoir des informations à propos de l'environnement, y compris des informations qui permettent d'assurer leur participation efficace aux mesures et aux décisions de politique susceptibles d'avoir des répercussions sur leur environnement » (alinéa 2). Ce droit à l'environnement a également une dimension économique et englobe le droit de « rétablir et de protéger leur environnement, ainsi que la capacité de production de leurs terres, territoires et ressources » (alinéa 3), ce qui suppose de participer à l'élaboration de programmes gouvernementaux de conservation des terres et des ressources (alinéa 4). Même si l'on peut douter de la bonne foi des États, surtout au regard des pratiques quotidiennes dès lors que des richesses naturelles sont détectées sur les territoires indigènes – cela expliquant que l'alinéa 5 du même article prévoit que les peuples autochtones peuvent demander une assistance aux organisations internationales –, il est intéressant de noter que les droits environnementaux et les droits économiques sont liés.

Enfin, les Indigènes sont titulaires de nombreux droits de l'homme, comme les droits d'association et de réunion, les libertés de pensée et d'expression, sans lesquels les autres droits demeurent largement théoriques (article XIV), les droits de propriété intellectuelle qui en sont le prolongement naturel (article XX), et des droits plus politiques comme le droit à

[1] « Les États assureront dans le cadre de leurs systèmes juridiques l'octroi de la personnalité juridique aux communautés de populations indigènes. »

[2] « Les États ne prendront aucune mesure qui contraigne les populations indigènes à s'assimilier et n'appuieront aucune théorie ou n'exécuteront aucune pratique qui entraîne la discrimination, la destruction d'une culture ou la possibilité d'ethnocide. »

[3] Voir *infra*.

l'autonomie, à l'administration et au contrôle des affaires internes (article 15), et le droit à des terres et des territoires, sans lequel la survie même des communautés indigènes est menacée (article XVIII).

Au-delà des apparentes contradictions, cette déclaration a le mérite de mettre en évidence la difficulté de concilier la reconnaissance et la protection des spécificités des peuples indigènes, sur le plan culturel, économique, territorial, *etc.*, et leur participation aux sociétés nationales, qui ne doit pas être synonyme d'assimilation, même si le risque semble évident.

Ce projet de déclaration interaméricaine relative aux droits des peuples autochtones représente ainsi une avancée intéressante. Certes, il est resté à l'état de projet et, vu la lenteur des travaux de rédaction de ce texte, on peut légitimement douter qu'il débouche un jour sur une convention internationale s'imposant aux États membres de l'Organisation des États américains. Mais il ne faut pas pour autant minimiser l'importance politique du texte, ne serait-ce que parce qu'il s'agit d'un texte régional s'intéressant spécifiquement aux populations amérindiennes, et qu'il constitue, en ce sens, une avancée considérable. Bien qu'il n'ait pas une portée impérative, il constitue une étape importante dans la reconnaissance et la protection des droits indigènes, et il est perçu par les populations indigènes comme l'expression de la volonté des États d'avancer dans l'établissement de nouvelles relations avec elles, même s'il est vrai que, dans un premier temps, celles-ci n'ont pas été suffisamment associées à sa rédaction. Il a notamment permis une meilleure définition du concept de peuples indigènes, préalable indispensable à la reconnaissance à ceux-ci de droits collectifs et à la promotion de leur développement économique, social et culturel.

L'apport des sommets ibéro-américains

Les chefs d'État latino-américains se sont réunis à plusieurs reprises pour renforcer la cohésion du monde hispanophone et établir des politiques concernant notamment le développement économique, les échanges culturels et la promotion de la démocratie et des droits de l'homme. Les sommets ibéro-américains furent l'occasion d'affirmer progressivement les droits indigènes et de leur reconnaître une place importante

Le premier sommet, dit « Déclaration de Guadalajara », qui s'est tenu au Mexique en juillet 1991, a accordé une place de premier plan à la question indigène : « Nous reconnaissons l'immense contribution des peuples indigènes au développement et à la pluralité de nos sociétés et nous réitérons notre engagement à leur bien-être économique et social, ainsi que l'obligation de respecter leurs droits et leur identité culturelle. » Par ailleurs, a été proposée « la création d'un Fonds ibéro-américain avec l'appui d'organismes internationaux, pour le développement des peuples indigènes, permettant de résoudre favorablement les problèmes pressants des peuples premiers en marge de tout sens de "réserves indigènes" ou de compensations paternalistes ». Dans cette optique, le gouvernement bolivien est entré en contact avec différents organismes internationaux, comme la Banque internationale de développement (BID), le Fonds international pour le développement agricole (FIDA), le Programme des Nations unies pour le développement (PNUD) et l'Organisation internationale du travail, pour formuler une proposition préliminaire de création d'un Fonds indigène.

L'année suivante, en juillet 1992, a été organisé le IInd Sommet des chefs d'État et de gouvernement ibéro-américains. En présence de représentants des peuples indigènes latino-américains, la Convention constitutive du Fonds pour le développement des peuples indigènes d'Amérique latine et des Caraïbes a été adoptée. Son but était d'« établir un mécanisme destiné à appuyer les processus d'autodéveloppement des peuples, communautés et organisations indigènes d'Amérique latine et des Caraïbes ». Il est intéressant de noter que cette convention a été l'occasion de définir clairement la notion de peuples indigènes :

> On entendra par peuples indigènes ceux qui descendent de populations qui habitent dans le pays ou dans une région géographique à laquelle appartenait le pays à l'époque de la conquête ou de la colonisation ou de l'établissement des frontières étatiques actuelles et qui, quelle que soit leur situation juridique, conservent toutes leurs propres relations sociales, économiques, culturelles et politiques, ou une partie d'elles.
>
> En outre, la conscience de l'identité indigène devra être considérée comme un critère fondamental pour déterminer les groupes auxquels s'appliquent les dispositions de la présente convention constitutive.

Quatre ans plus tard, au Chili, le sommet de Viña del Mar a été marqué par la reconnaissance de la nécessité d'associer les populations indigènes aux processus de consolidation démocratique :

> La gouvernabilité en démocratie suppose la représentation et la participation de tous les habitants de nos États, sans considération d'origine, de race, de religion ou de sexe, avec une considération particulière pour les populations indigènes, dans la mesure où cela renforce la légitimité de la démocratie politique. Cela implique de reconnaître la contribution des majorités et des minorités au perfectionnement de nos modèles démocratiques.

La déclaration adoptée a fait référence au Fonds indigène, le qualifiant de « programme de grande importance pour l'identification de projets et l'assistance technique aux communautés indigènes ibéro-américaines », pour la durabilité de laquelle il a été décidé de créer un Fonds financier permettant d'assurer les opérations. Mais surtout, cette déclaration a rappelé la légitimité de la reconnaissance des populations indigènes :

> Nous reconnaissons la diversité de nos sociétés comme axe fondamental de consolidation de la démocratie en nous engageant à rendre possible une pleine participation de tous les secteurs qui la composent. De même, nous réaffirmons le droit légitime des populations indigènes au développement économique, social et culturel.

Mais c'est au cours du Sommet de l'Île Margarita (Venezuela) d'avril 2007 que les gouvernements ibéro-américains se sont montrés les plus résolus dans la reconnaissance de l'importance des peuples indigènes pour le développement et comme modèle pour les pays du sous-continent :

> Nous nous engageons à prendre en compte les modèles de développement propres aux populations indigènes, qui se caractérisent par une conception intégrale des besoins de la vie économique et culturelle, sans séparer un secteur de l'autre, à définir les modalités concrètes d'assistance, en leur reconnaissant pleinement leurs droits de propriété, ainsi que la protection de leur patrimoine culturel et intellectuel. En ce sens, nous lançons un appel aux organismes de coopération technique et financière, à apporter leur appui aux projets qui leur seront présentés pour arriver auxdits objectifs.

La contribution des organisations régionales

Les sommets latino-américains ont joué un rôle important dans la reconnaissance des droits indigènes. Certes, les déclarations adoptées à leur occasion n'ont aucune portée impérative et ne constituent que des proclamations politiques qui peuvent fort bien être simplement destinées à calmer les velléités des populations indigènes, les gouvernants étant par ailleurs toujours prompts à oublier leurs engagements. Mais elles ont conduit à mettre en place des organismes supranationaux régionaux qui représentent une avancée considérable dans la défense des droits indigènes du fait de leur permanence et de la possibilité offerte aux populations indigènes de les utiliser comme tribunes : le Parlement latino-américain, dit *Parlatino*, Parlement indigène d'Amérique, le Parlement centraméricain et le Congrès indigéniste interaméricain.

Le Parlement latino-américain

Le *Parlatino*, Association des parlements ou assemblées nationales d'Amérique latine[1], créé le 10 décembre 1964 à Lima, est une institution démocratique et permanente représentant l'ensemble des tendances politiques représentées au sein des institutions parlementaires des pays latino-américains, chargée de promouvoir le mouvement d'intégration régionale.

En mai 1992, le *Parlatino* a installé au Nicaragua une Commission permanente d'affaires indigènes et d'ethnies. Cette commission a organisé différentes réunions pour traiter des thèmes en rapport avec l'environnement et la situation des peuples indigènes, les droits indigènes et les procédures de délivrance des titres fonciers.

Par ailleurs, le *Parlatino* collabore avec le Parlement indigène d'Amérique.

---

[1] http://www.parlatino.org (consulté le 21 juin 2014).

Le Parlement indigène d'Amérique

Le Parlement indigène d'Amérique est un organisme autonome et non gouvernemental créé à l'occasion de la première Rencontre des législateurs indigènes d'Amérique qui s'est tenue à Panama du 26 au 29 août 1987[1]. Il a pour mission de promouvoir un développement des peuples indigènes conforme à leurs propres valeurs et modèles culturels, en servant à la fois de forum politique et d'outil de développement des relations avec d'autres parlements, dans un cadre de paix, de justice sociale, de liberté, de démocratie, de respect des droits de l'homme et de pleine participation des peuples dans les processus de développement et d'intégration.

Le Parlement indigène d'Amérique a fonctionné comme tribune des inquiétudes nationales ou continentales à propos de ces peuples. Ce forum doit servir à promouvoir les droits indigènes en rapport avec les États du continent américain. Ses réunions annuelles sont l'occasion d'aborder différents thèmes liés à l'environnement, à la santé, à l'éducation interculturelle bilingue, aux droits des enfants indigènes, *etc.*. D'autres thèmes retiennent également l'attention du Parlement indigène d'Amérique. Ainsi, notamment dans le cadre d'une collaboration avec l'Organisation panaméricaine de la santé et la Commission des affaires indigènes du *Parlatino*, il développe des programmes d'étude de la médecine traditionnelle des peuples indigènes.

Le Parlement centraméricain

Composé de vingt députés de chaque pays de l'ancienne Confédération centraméricaine – à l'exclusion du Costa Rica –, le Parlement centraméricain, ou *Parlacen*, comporte une commission des droits de l'homme qui aborde périodiquement la question des droits indigènes. Il a organisé différents événements pour promouvoir ces derniers, et il a notamment adopté une résolution par laquelle il a approuvé le processus d'élaboration du Projet de déclaration américaine sur les droits des peuples indigènes.

En outre, le *Parlacen* développe des activités conjointement avec l'Alliance centraméricaine pour le développement durable (ALIDES), qui est une instance centraméricaine des gouvernements qui cherche à obtenir la mise en œuvre des recommandations découlant de la Conférence sur l'environnement de Rio de Janeiro de 1992 et qui, plus généralement, cherche à renforcer les démocraties de la région par la promotion de la prospérité sociale et économique et de la gestion rationnelle de l'environnement, ce qui conduit à évoquer fréquemment la question des droits indigènes.

---

[1] Le Parlement indigène d'Amérique est composé de représentants de l'Argentine, de la Bolivie, du Brésil, du Canada, de la Colombie, du Chili, de l'Équateur, du Salvador, des États-Unis, du Guatemala, du Honduras, du Mexique, du Nicaragua, du Panama, du Paraguay, du Pérou, de l'Uruguay et du Venezuela.

Le Congrès indigéniste interaméricain

En 1938 se tint à Lima, sous les auspices de l'Union panaméricaine – l'ancêtre de l'Organisation des États américains –, la IIIe Conférence internationale américaine, au cours de laquelle il fut décidé de créer un Congrès continental indigène dans le but d'établir un institut indianiste interaméricain.

C'est ainsi que le Congrès indigéniste interaméricain s'est réuni pour la première fois du 14 au 24 avril 1940 dans la ville mexicaine de Pátzcuaro[1], sous la présidence du Président mexicain, le général Lázaro Cárdenas del Río. Y participèrent notamment plusieurs chefs d'État latino-américains, mais aussi et surtout des représentants de divers peuples indigènes, principalement nord-américains – apaches, tewas, hopis et pueblos – et mexicains – tarascos et purépechas de Michoacán. Si la très faible représentation des Indigènes d'Amérique centrale et du sud est révélatrice du manque d'importance accordée à l'époque à ces populations, le Congrès indigéniste interaméricain afficha toutefois clairement ses objectifs dès les discours d'ouverture du Président Cárdenas del Río[2] et du directeur du *Bureau of Indian Affairs* des États-Unis, John Collier, ce dernier ayant par ailleurs soutenu dans son pays l'adoption de l'*Indian Reorganizarion Act* de 1934 qui accordait aux Indigènes une meilleure protection de leurs droits et leur reconnaissait une première forme d'autogouvernement.

Le discours d'ouverture du Président Cárdenas est très révélateur de l'ambiguïté de l'approche de la question indigène qui hésite clairement entre la reconnaissance de la légitimité des droits indigènes et la place qui doit leur être reconnue dans les sociétés nationales.

> La célébration du premier Congrès indigéniste interaméricain démontre que le problème des races natives de ce continent a dépassé les limites d'une préoccupation nationale et s'est élevé jusqu'à compter parmi les questions fondamentales qui méritent la convocation d'assemblées représentatives des masses indigènes. Celles-ci ont le droit de demander la reconnaissance de leur personnalité sociale, parce qu'elles constituent des contingents humains avec une primauté dans l'Histoire.

Ainsi, le Président Cárdenas estima que « les droits de l'homme, du citoyen et du travailleur doivent être reconnus à l'Indigène, car celui-ci est membre de communautés actives, en tant qu'individu social qui participe à la tâche collective de la production ». L'identité indigène était ainsi appréhendée essentiellement sous l'angle économique, au détriment d'une recon-

---

[1] Sur la question, voir notamment Roberto PINEDA CAMACHO, « El Congreso Indigenista de Pátzcuaro, 1940, una nueva apertura en la política indigenista de las Américas », *Baukara 2. Bitácoras de antropología e historia de la antropología en América Latina*, Bogotá, julio-diciembre 2012, p. 10-28.

[2] « Discurso del Presidente de la República en el Primer Congreso Indigenista Interamericano », *Memoria política de México*, http://memoriapoliticademexico.org/Textos/6Revolucion/1940PCM.html (consulté le 22 juin 2014).

naissance effective des cultures indigènes en tant que telles, celles-ci étant réduites à une expression de l'activité économique :

> C'est l'Indigène, agriculteur et artisan, ouvrier, qui perpétue les manifestations de l'art primitif dans sa céramique, ses belles créations ornementales et ses constructions merveilleuses, qui a tracé les sentiers où la vie commerciale des contrées circule depuis des siècles, et qui a conservé ses systèmes de travail, tout en pouvant s'adapter aux nécessités de la grande industrie moderne.

Pour autant, le Président Cárdenas était tout à fait conscient des risques d'assimilation des populations indigènes qui conduiraient à les « désindianiser » et à les « aliéner » pour finalement « en finir avec les cultures primitives ». Pour autant, alors même qu'il jugeait nécessaire de protéger les cultures indigènes, il envisagea clairement la mise en œuvre de politiques dont les effets assimilationnistes potentiels semblent évidents :

> Ce que l'on doit soutenir est l'incorporation de la culture universelle dans l'Indien, c'est-à-dire le plein développement de toutes les puissances et facultés naturelles de la race, l'amélioration de ses conditions de vie en ajoutant à ses moyens de subsistance et de travail tous les outils universels de la technique, de la science et de l'art, mais toujours sur la base du respect de la personnalité raciale, de sa conscience et de son entité.

Enfin, le Président Cárdenas insista sur les conséquences politiques des politiques de reconnaissance des populations indigènes : « Tout régime qui aspire à la vraie démocratie doit considérer l'utilisation des vertus des races indigènes et l'élimination des défauts ou des cicatrices laissées par les systèmes oppresseurs, comme un facteur essentiel de réalisation du progrès collectif », avant d'ajouter : « L'intégration des cultures du nouveau continent doit contribuer à la fraternité humaine. » Il était décidément bien difficile au Président Cárdenas de choisir entre l'assimilation des populations indigènes aux sociétés nationales et la reconnaissance à ces derniers de leurs droits légitimes.

Pour autant, le bilan du Congrès fut positif, et il constitua un « point d'inflexion important, dans la mesure où il posa les bases d'une nouvelle politique indigéniste au niveau continental[1] ». Ainsi, le Congrès approuva une « Déclaration solennelle de principes » ainsi que 72 recommandations. Cette déclaration affirmait, entre autres :

> Premièrement : le problème de peuples indigènes d'Amérique est d'intérêt public, de caractère continental et lié aux propos affirmés de solidarité entre tous les peuples et gouvernements du monde.
>
> Deuxièmement : les procédures législatives et les pratiques qui trouvent leur origine dans des concepts de différences raciales et avec des tendances défavorables aux peuples indigènes sont déconseillées. Le principe fondamental en ce sens est l'égalité des droits et des chances pour tous les groupes de la population américaine.
>
> Troisièmement : toutes les mesures ou dispositions qui sont prises pour garantir les droits et protéger autant que nécessaire tous les groupes indigènes,

[1] Roberto PINEDA CAMACHO, *op. cit.*, p. 12.

> doivent l'être dans le respect des valeurs positives de leur personnalité historique et culturelle et dans le but d'élever leur situation économique et l'assimilation et l'exploitation des ressources de la technique moderne et de la culture universelle.

Ainsi, le Congrès proposa de proclamer le 29 avril « Jour de l'aborigène américain » ; cette proposition fut acceptée par l'Argentine, le Costa Rica et le Brésil, ce dernier préférant toutefois l'appellation « Jour de l'Indien ». Les participants décidèrent également de créer un Institut indigéniste interaméricain chargé de mettre en œuvre des résolutions des congrès, et d'orienter et de coordonner la politique indigéniste sur tout le continent ; cet Institut devint un organisme spécialisé de l'Organisation des États américains en 1953. Des instituts indigénistes filiales de l'Institut indigéniste interaméricain furent créés dans divers États latino-américains, avec le soutien de la Fondation Rockefeller, parmi lesquels la Commission nationale pour le développement des peuples indigènes au Mexique, l'Institut indigéniste national de Colombie — une organisation non gouvernementale —, l'Institut indigéniste péruvien, le Département des affaires indigénistes et des beaux-arts en Bolivie – devenu Institut indigéniste bolivien –, et l'Institut indigéniste en Équateur – lui aussi ayant le statut d'organisation non gouvernementale.

La Convention de Pátzcuaro entra en vigueur en 1942 après la ratification par cinq États : le Mexique, les États-Unis, l'Équateur, le Salvador, le Honduras et le Nicaragua.

Depuis, conformément à l'article I alinéa 1er, un Congrès indigéniste interaméricain est organisé au plus tous les quatre ans, permettant de définir les orientations générales de la politique indigène dans l'ensemble des pays participants. C'est ainsi que jusqu'au VIIe Congrès, qui s'est tenu à Brasilia en 1992, a prévalu une approche intégrationniste. Mais le IIIe Congrès, organisé à Mexico en 1980, a ouvert une période de révision critique de l'indigénisme, avec l'abandon du paternalisme, la reconnaissance des capacités de gestion des organisations indigènes, leur droit de participer à la gestion publique, le caractère pluriculturel et multilingue des sociétés nationales et la nécessité de respecter et de soutenir les droits de l'homme des peuples indigènes. Pour autant, la participation de représentants indigènes aux différents congrès fut toujours officieuse, et l'on ne peut que regretter qu'ils ne fussent toujours considérés que comme des sujets et non comme les auteurs de la définition des droits indigènes.

Dans le même sens, l'Institut indigéniste interaméricain a souligné l'importance d'un renouvellement de l'approche de la question indigène et le fait que celle-ci conduirait nécessairement à redéfinir la place des Indigènes dans la définition de leurs droits. Il paraissait en effet nécessaire de définir une nouvelle relation entre les peuples indigènes et les États, fondée sur le dialogue et la négociation. L'Institut indigéniste interaméricain appela ainsi de ses vœux une réforme de la Convention de Pátzcuaro, l'approbation de la

Déclaration américaine des droits des peuples indigènes et l'établissement du Forum des peuples indigènes des Amériques.

Dans ce but, l'Institut indigéniste interaméricain convoqua les leaders indigènes au premier Forum continental des peuples indigènes des Amériques qui se tint à Tlaxcala (Mexique) en décembre 1996, et parmi les résolutions finales adoptées le 11 décembre, il fut établi qu'un large processus de consultation et de participation des peuples indigènes serait réalisé afin que soient « intégrées leurs aspirations à l'autodéveloppement et à la reconnaissance de leur intégrité culturelle et territoriale ». Les délégués indigènes appuyèrent le projet d'instaurer un Forum permanent des peuples indigènes au sein du système interaméricain, en tant qu'instance formelle de dialogue et de négociation, et ils demandèrent le soutien de l'Institut indigéniste interaméricain dans le cadre de la Décennie internationale des peuples indigènes. Plusieurs réunions techniques de dirigeants d'organismes indigènes furent organisées sous l'égide de l'Institut indigéniste interaméricain, et les participants rappelèrent sans cesse la nécessité de réformer les institutions indigénistes interaméricaines, lesdites réformes devant se faire avec la participation effective des peuples indigènes[1].

Finalement, le 31 juillet 2009, le Conseil directeur de l'Institut indigéniste interaméricain approuva la clôture des activités de celle-ci, sur la base des accords établis par l'Assemblée générale ordinaire du 26 juin 2009 entre les représentants des États contractants de la Convention de Pátzcuaro[2].

Au regard du droit international, tant onusien que régional, il apparaît clairement que les droits indigènes ont fait l'objet d'une reconnaissance progressive, mais timide. Il va de soi que les gouvernants ne pouvaient nier la légitimité de tels droits. Pour autant, leur donner un effet contraignant, notamment à l'égard des gouvernements, des législateurs et des pouvoirs publics, soulevait d'importantes difficultés, bien entendu politiques, mais aussi économiques et sociales, puisque nombre de politiques publiques risquaient de se voir remises en cause. Aussi, les constituants ont été encore plus réticents que les institutions internationales et régionales à ériger les droits indigènes en droits fondamentaux. De nos jours, leur constitutionnalisation est encore très imparfaite, même si de réels progrès ont pu être enregistrés depuis les années quatre-vingt-dix.

---

[1] Voir en ce sens la Déclaration de Paranoá, réunion technique des dirigeants d'organismes indigénistes des Amériques, Brasilia, Brésil, 1er mai 1997 (*Anuario Indigenista*, 1997, III).

[2] Il est intéressant de noter que l'ensemble des biens et archives l'Institut indigéniste interaméricain ont été cédés au Programme universitaire Mexique nation multiculturelle de l'Université nationale autonome de Mexico, dans le but de créer un Centre de recherches, d'information et de documentation sur les peuples indigènes d'Amérique destiné aux chercheurs et aux organisations s'intéressant au développement des peuples indigènes et à l'histoire de l'indigénisme en Amérique.

La reconnaissance des droits indigènes consentie par les constitutions latino-américaines

Sauf à de rares occasions, le constitutionnalisme latino-américain du XIXe siècle et de la première moitié du XXe siècle n'a jamais fait grand cas des droits des peuples indigènes, et il a fallu attendre les années soixante-dix pour qu'une tendance inverse soit observable. Depuis une quarantaine d'années, les droits indigènes font l'objet d'une reconnaissance effective, et les grandes réformes constitutionnelles qui se sont succédé, essentiellement dans le cadre des transitions démocratiques, ont été l'occasion de constitutionnaliser lesdits droits.

La définition de la notion de peuples indigènes

L'étude comparative des constitutions latino-américaines sur la question des droits indigènes se heurte à une première difficulté d'ordre méthodologique qui réside dans le fait que les constituants n'ont pas tous retenu la même définition des sujets de droit concernés. Sont ainsi évoquées les notions de peuples, de nations, de minorités, d'ethnies, de communautés ou encore de populations indigènes.

Or, au-delà de l'imprécision sémantique, le choix des termes employés a une portée juridique indéniable. Ainsi, au regard du droit international, le droit à la libre détermination concerne les peuples, et le choix de certains constituants latino-américains de ne pas employer le terme « peuple », contrairement à la tendance générale, n'est donc pas anodin, puisqu'il permet de ne pas encourager les velléités d'indépendance, voire simplement les revendications d'autonomie, des populations indigènes.

On peut ainsi citer la Constitution de la Bolivie de 2009 qui consacre son chapitre 4 aux « Droits des nations et peuples indigènes originaires et paysans », et précise, à l'article 30 I : « Est nation et peuple indigène originaire paysan toute collectivité humaine qui partage l'identité culturelle, la langue, la tradition historique, les institutions, la territorialité et la cosmovision, et dont l'existence est antérieure à l'invasion coloniale espagnole. »

L'article 2 de la Constitution est révélateur de la portée juridique et politique de la reconnaissance des nations et peuples indigènes :

> Étant donné l'existence précoloniale des nations et des peuples indigènes originaires paysans et de leur domination ancestrale sur leurs territoires, est garantie leur libre détermination dans le cadre de l'unité de l'État, qui consiste en leur droit à l'autonomie, à l'autogouvernement, à leur culture, à la reconnaissance de leurs institutions et à la consolidation de leurs identités territoriales, conformément à cette Constitution et à la loi.

De plus, le constituant bolivien fait des nations et peuples indigènes une composante de la nation bolivienne. L'article 3 de la Constitution proclame ainsi : « La nation bolivienne est formée de la totalité des Boliviennes et des Boliviens, des nations et des peuples indigènes originaires paysans, et des communautés interculturelles et afro-boliviennes qui constituent ensemble le peuple bolivien. »

Mais c'est la Constitution mexicaine qui se montre la plus claire et la plus exhaustive sur les critères de définition des peuples indigènes. En effet, l'article 2 indique :

> La Nation mexicaine est une et indivisible. La Nation a une composition pluriculturelle qui trouve ses origines dans ses peuples indigènes qui sont ceux qui descendent des populations qui habitaient dans l'actuel territoire du pays quand la colonisation a commencé et qui conservent ses propres institutions sociales, économiques, culturelles et politiques, ou une partie de celles-ci. La conscience de leur identité indigène devra être le critère fondamental pour déterminer à qui s'appliquent les dispositions relatives aux peuples indigènes. Ce sont des communautés intégrantes d'un peuple indigène, qui forment une unité sociale, économique et culturelle, assise sur un territoire, et qui reconnaissent leurs propres autorités conformément à leurs us et coutumes. Le droit des peuples indigènes à la libre détermination sera exercé dans un cadre constitutionnel d'autonomie qui garantisse l'unité nationale. La reconnaissance des peuples et communautés indigènes sera faite par les constitutions et les lois des entités fédérales, qui devront prendre en compte, en plus des principes généraux établis aux paragraphes antérieurs de cet article, des critères ethnolinguistiques et d'implantation physique.

Par contre, d'autres constitutions évoquent les peuples indigènes sans en donner de définition. Ainsi, l'article 8 de la Constitution du Nicaragua affirme le caractère multiethnique de la société nicaraguayenne, l'article 5 reconnaît l'existence des peuples indigènes, et l'article 89 précise qu'un statut particulier est reconnu aux communautés de la côte atlantique, sans toutefois proposer de critère de détermination des populations concernées par les droits indigènes. De même, l'article 62 de la Constitution du Paraguay « reconnaît l'existence des peuples indigènes, définis comme des groupes de cultures antérieures à la formation et à l'organisation de l'État paraguayen », ce qui est pour le moins une définition évasive de la notion de peuple indigène. Quant à la Constitution du Venezuela, elle se montre à peine plus précise, son article 119 indiquant :

> L'État reconnaîtra l'existence des peuples et communautés indigènes, leur organisation sociale, politique et économique, leurs cultures, us et coutumes, langues et religions, ainsi que leur habitat et leurs droits originaires sur les terres qu'ils occupent de façon ancestrale et traditionnellement et qui sont nécessaires pour développer et garantir leurs modes de vie.

D'autres constitutions se montrent encore plus évasives, ne reconnaissant qu'indirectement les peuples indigènes. Ainsi, la Constitution de l'Argentine indique, à l'article 75 § 17, qu'il revient au Congrès de « reconnaître la préexistence ethnique et culturelle des peuples indigènes argentins ». De même, la Constitution de la Colombie indique, à l'article 96 2. c), que « les membres des peuples indigènes qui partagent des territoires frontaliers, en application du principe de réciprocité en vertu de traités publics » ont la nationalité colombienne par adoption, tandis que l'article 246 prévoit que « les autorités des peuples indigènes pourront exercer des fonctions juridictionnelles sur leur territoire ». Quant à la Constitution de l'Équateur, elle affirme, à l'article 1er, le caractère « interculturel, plurinational » de l'État, tandis que l'article 2 envisage indirectement l'existence des peuples indigènes en évoquant les langues ancestrales auxquelles est reconnu un statut de langue officielle. Il semble difficile d'envisager une reconnaissance plus minimaliste des peuples indigènes.

Un certain nombre de constitutions latino-américaines n'emploient pas l'expression « peuples indigènes » tout en leur consacrant quelques dispositions, en règle générale moins détaillées et moins protectrices de leurs droits, et ne proposent pas de critères précis de définition des populations concernées. Ainsi, la Constitution du Brésil utilise indistinctement quatre expressions différentes : « populations indigènes » (articles 209 et 215), « communautés indigènes » (article 210), « groupes indigènes » (article 231) et « Indiens » (article 20, ainsi que le Chapitre VIII qui leur est consacré). La Constitution du Costa Rica se contente d'évoquer sommairement les « langues indigènes » (article 76) et les « écoliers indigènes » (article 82). La Constitution du Guatemala consacre sa troisième section aux « communautés indigènes », évoquant les « groupes indigènes d'ascendance maya » (article 66) et les « populations indigènes ». La Constitution du Honduras prévoit simplement la « protection des droits et intérêts des communautés indigènes » (article 346). La Constitution du Panama évoque les « communautés indigènes » (articles 88, 124, 126 et 127), dont l'État doit assurer l'alphabétisation bilingue, les « langues aborigènes » qui doivent faire l'objet de programmes d'étude, de conservation et de diffusion (article 88), « l'identité ethnique des communautés indigènes nationales » (article 90) et le développement de « programmes d'éducation et de promotion pour les groupes indigènes » (article 108).

Enfin, les constitutions du Chili, du Pérou et du Salvador n'envisagent pas les populations indigènes, soit parce que la population est majoritairement indigène, comme au Pérou, et qu'il n'y a donc pas lieu de lui reconnaître de droits particuliers, soit parce que son importance est minimisée, comme au Chili et au Salvador. Par exemple, en ce qui concerne le Salvador, les estimations de la proportion d'Indigènes dans la population nationale oscillent, selon les auteurs, entre 0,022 %[1] et 21 %[2].

La reconnaissance de l'existence des peuples indigènes et la précision de la définition qu'en donne le constituant sont révélatrices de l'importance qu'il entend leur accorder, et les silences ou les imprécisions des textes cons-

---

[1] Mary Lisbeth GONZALEZ, « Magnitud de la población indígena », *in* George PSACHAROPOULOS et Harry Anthony PATRINOS, *Las poblaciones indígenas y la pobreza en América Latina. Estudio empírico*, Washington, D. F., Banco Mundial, 1992, p. 32.

[2] Julián BURGER, *Atlas Gaia Aborígenes. Para un futuro de los Pueblos Indígenas*, Madrid, Celeste Ediciones, 1992, p. 181.

titutionnels sont parfois aussi porteurs de sens que le contenu des dispositions. Ainsi, ladite reconnaissance entraîne nécessairement celle de la légitimité des droits indigènes, ce qui conduit à remettre en cause les principes d'unité nationale et d'égalité devant la loi – on est tenté de penser que si tel n'était pas le cas, l'ensemble des pays latino-américains aurait reconnu l'existence des peuples indigènes. De plus, l'existence même des peuples indigènes est étroitement conditionnée par la reconnaissance de leurs droits culturels. Sans elle, ceux-ci sont condamnés, d'une part, à être assimilés, disparaissant dans la société nationale, d'autre part, à être privés de l'ensemble des droits politiques, économiques et sociaux.

Les droits culturels

La reconnaissance des droits culturels des populations indigènes prend trois formes différentes et complémentaires. Le constituant peut proclamer le multiculturalisme de la société nationale, facilitant la coexistence de diverses populations au sein du même État et protégeant sur un plan formel l'unité nationale, cette dernière n'excluant pas *a priori* la diversité culturelle. Il devient alors possible de protéger les langues indigènes, voire de leur reconnaître le statut de langues officielles à côté de la langue dominante des populations non indigènes, l'espagnol ou le portugais. Enfin, la reconnaissance de multiculturalisme et du plurilinguisme ne ferait que ralentir un processus d'assimilation des populations indigènes dans la société nationale si elle n'était pas accompagnée de la promotion de l'enseignement bilingue, ce dernier permettant la transmission intergénérationnelle des cultures indigènes.

Le multiculturalisme

La reconnaissance constitutionnelle du multiculturalisme constitue la satisfaction d'une légitime revendication des communautés indigènes du respect d'un élément essentiel de leur identité : leur culture. En facilitant la coexistence de diverses cultures au sein du même État, la constitutionnalisation de la diversité culturelle permet de canaliser les revendications indigènes, de rendre le pluralisme ethnique compatible avec la recherche d'une unité politique de l'État et d'améliorer les relations sociales par la valorisation des diverses expressions culturelles dont il n'est plus possible de remettre en cause la légitimité.

Il est ainsi intéressant de souligner que la constitutionnalisation du multiculturalisme a coïncidé avec une évolution de l'approche de la question indigène, l'abandon d'une ancienne volonté affichée d'assimilation des populations indigènes aux populations nationales, et le passage de politiques paternalistes étouffant lentement le pluralisme culturel, pour adopter des politiques reconnaissant l'importance, pour le patrimoine culturel des nations, d'une diversité culturelle reposant sur la reconnaissance du caractère pluriethnique des sociétés latino-américaines.

Ainsi, les constitutions latino-américaines ont progressivement accepté la diversité culturelle dont l'importance a été proclamée par divers textes internationaux, notamment la Déclaration universelle sur la diversité culturelle du 2 novembre 2001[1], dont le § 14 de l'annexe impose aux États de « Respecter et protéger les savoirs traditionnels, notamment ceux des peuples autochtones [et de] reconnaître l'apport des connaissances traditionnelles », et la Convention sur la protection et la promotion de la diversité des expressions culturelles du 20 octobre 2005[2], dont l'article 3 proclame que « La protection et la promotion de la diversité des expressions culturelles impliquent la reconnaissance de l'égale dignité et du respect de toutes les cultures, y compris celles des personnes appartenant aux minorités et celles des peuples autochtones ».

Pourtant, le multiculturalisme, qui caractérise la population de la plupart des pays latino-américains, ne fait pas toujours l'objet d'une reconnaissance par le constituant, alors même qu'il constitue nécessairement un élément important de la structuration des systèmes politiques et sociaux.

Un certain nombre de constitutions se montrent très claires sur ce point. Ainsi, la Constitution de la Bolivie présente le pays comme « plurinational » et « interculturel », fondé sur le « pluralisme […] culturel et linguistique » (article 1er), et souligne l'importance du « dialogue intraculturel, interculturel et multilingue » (article 9) et de la protection du multilinguisme (article 30) et de l'identité culturelle des peuples indigènes (article 100). Dans le même sens, la Constitution de la Colombie reconnaît et protège la « diversité ethnique et culturelle » de la Nation colombienne (article 7). La Constitution de l'Équateur précise, à l'article 1er, que le pays est « un État constitutionnel […] interculturel, plurinational […] », tandis que l'article 6 évoque les « nationalités indigènes qui coexistent dans l'Équateur plurinational ». La Constitution du Mexique affirme que « la Nation est une et indivisible » (article 2), mais qu'elle « a une composition pluriculturelle fondée originellement sur ses peuples indigènes ». Dans le même sens, la Constitution du Nicaragua définit le peuple comme « pluriel et multiethnique » (articles 5 et 8). La Constitution du Paraguay affirme que le pays est « pluriculturel et bilingue » (article 140), l'État devant « respecter les particularités culturelles des peuples indigènes » (article 66). La Constitution du Pérou prévoit que toute personne a droit « à son identité ethnique et culturelle », et que l'État reconnaît et protège « la pluralité ethnique et culturelle de la Nation » (article 2 § 1). Enfin, la Constitution du Venezuela proclame que les « cultures populaires constitutives de la vénézuélianité bénéficient d'une attention spéciale, reconnaissant et respectant l'interculturalité sur le fondement du prin-

1 http://unesdoc.unesco.org/images/0012/001271/127162f.pdf (consulté le 27 juin 2014).
2 http://unesdoc.unesco.org/images/0014/001429/142919f.pdf (consulté le 27 juin 2014).

cipe d'égalité des cultures » (article 100), « les peuples indigènes » ayant « le droit de maintenir et de développer leur identité ethnique et culturelle, leur cosmovision, leurs valeurs, leur spiritualité et leurs lieux sacrés et de culte » (article 121).

D'autres constitutions latino-américaines se contentent d'une reconnaissance tacite de la diversité culturelle, ce qui lui donne une moindre importance politique alors même qu'il s'agit pourtant d'un principe à valeur constitutionnelle. La Constitution de l'Argentine reconnaît « la préexistence ethnique et culturelle des peuples indigènes argentins » (article 75 § 17) et déclare « garantir le respect de leur identité et le droit à une éducation bilingue et interculturelle », le § 19 du même article précisant que le Congrès doit « voter des lois qui protègent l'identité et la pluralité culturelle ». La Constitution du Guatemala reconnaît « le droit des personnes et des communautés à leur identité culturelle conformément à leurs valeurs, leur langue et leurs coutumes » (article 58), avant de leur consacrer les articles 66 à 70. La Constitution du Honduras prévoit que « l'État préservera et stimulera les cultures natives » (article 173). Enfin, la Constitution du Panama déclare que « l'État reconnaît et respecte l'identité ethnique des communautés indigènes nationales » et qu'il doit mettre en œuvre des programmes de mise en valeur de « leurs cultures » (article 90).

Ces différentes dispositions constitutionnelles sont toutes assez évasives. Elles se résument pour l'essentiel a des proclamations de principe dont on peut douter *a priori* de la portée juridique effective. Pour autant, elles constituent un préalable indispensable à la protection des langues indigènes sans lesquelles les cultures indigènes seraient condamnées à disparaître.

La protection des langues indigènes

La protection des langues indigènes est indissociable de la constitutionnalisation du multiculturalisme et indispensable à la protection du patrimoine culturel des populations indigènes. Les langues sont, en effet, le vecteur d'expression et de diffusion de la pensée, et certaines idées ou notions, propres à certaines cultures, ne peuvent être convenablement exposées que dans la langue native. La protection des langues indigènes est donc indispensable, d'une part, parce que celles-ci font partie intégrante des cultures indigènes, d'autre part, parce qu'elles sont indispensables à la pérennité desdites cultures en permettant une diffusion fidèle et précise des idées.

Or, la reconnaissance des langues indigènes par les constitutions latino-américaines est caractérisée par une grande diversité. À la différence des autres droits, lesdites langues font l'objet de dispositions particulières dans la plupart des constitutions, mais leur reconnaissance emprunte des formes très diverses, ce qui n'est pas toujours propice à une bonne protection de celles-ci.

Trois constitutions accordent aux langues indigènes une importante toute particulière.

C'est le cas, tout d'abord, de la Constitution de la Bolivie. Celle-ci évoque la question dès l'article 1er alinéa 2 qui proclame : « La Bolivie est fondée sur la pluralité et le pluralisme politique, économique, juridique, culturel et linguistique, au sein du processus intégrateur du pays. » Mais c'est l'article 5 qui donne le plus de précisions :

> Les langues officielles de l'État sont le castillan et tous les idiomes des nations et peuples indigènes originaires paysans, qui sont l'aymara, l'araona, le baure, le bésiro, le canichana, le cavineño, le cayubaba, le chácobo, le chimán, l'ese ejja, le guaraní, le guarasuwe, le guarayu, l'itonama, le leco, le machajuyaikallawaya, le machineri, le maropa, le mojeño-trinitario, le mojeño-ignaciano, le moré, le mosetén, le movima, le pacawara, le puquina, le quechua, le sirionó, le tacana, le tapiete, le toromona, le uru-chipaya, le weenhayek, le yaminawa, le yuki, le yuracaré et le zamuco.
>
> Le gouvernement plurinational et les gouvernements départementaux doivent utiliser au moins deux idiomes officiels. L'un d'eux doit être le castillan, et l'autre sera choisi en prenant en compte l'usage, la convenance, les circonstances, les nécessités et les préférences de la population dans sa totalité ou de celle du territoire en question. Les autres gouvernements autonomes doivent utiliser les idiomes propres à leur territoire, et l'un d'eux doit être le castillan.

Cet article constitue une innovation majeure dans le constitutionnalisme latino-américain, d'une part, en imposant le bilinguisme au niveau institutionnel, d'autre part, en accordant une reconnaissance officielle à chacune des langues indigènes – on peut légitimement penser que le constituant a souhaité proposer une liste exhaustive des langues indigènes, et que la liste proposée par l'article 5 ne sous-entend pas que d'éventuelles autres langues indigènes ne feraient pas l'objet d'une protection identique. En outre, l'article 30 II 9 précise que les peuples indigènes ont droit à ce que « leurs langues […] soient valorisées, respectées, défendues et promues ».

La Constitution du Nicaragua accorde, elle aussi, une place importante aux langues indigènes. Ainsi, l'article 11 reconnaît que « Les langues des communautés de la côte atlantique du Nicaragua auront un usage officiel dans les cas qu'établit la loi ». Par ailleurs, selon l'article 90, « Les communautés de la côte atlantique ont le droit à la libre expression et à la préservation de leurs langues de leur art et de leur culture. […] L'État créera des programmes spéciaux pour l'exercice de ces droits ». Dans son prolongement, l'article 91 proclame que « L'État a l'obligation de prendre des lois destinées à promouvoir des actions qui assurent qu'aucun Nicaraguayen ne fera l'objet de discrimination pour des raisons de langue, de culture et d'origine ».

La Constitution de l'Équateur, à l'article 2, indique : « Le castillan est l'idiome officiel de l'Équateur ; le castillan, le kichwa et le shuar sont des idiomes officiels de relation interculturelle. Les autres idiomes ancestraux sont d'usage officiel pour les peuples indigènes dans les zones qu'ils habitent et dans les termes fixés par la loi. L'État respectera et encouragera leur conservation et leur utilisation. » Quant à l'article 16, il précise que « Toutes les personnes, individuellement ou collectivement, ont droit à : 1. Une communication libre, interculturelle, incluante, diverse et participative, dans tous les domaines de l'interaction sociale, par tout moyen et sous toute forme, dans leur propre langue et avec leurs propres symboles ». La Constitution de l'Équateur est donc en retrait par rapport à celles de la Bolivie et du Nicaragua, dans la mesure où elle ne reconnaît qu'une seule langue officielle et qu'elle réserve les autres langues aux usages officiels des peuples indigènes dans les relations interculturelles et dans les zones qu'ils occupent. La proclamation du multilinguisme est donc restrictive, sans pour autant que l'on puisse y voir une reconnaissance constitutionnelle en demi-teinte des langues indigènes.

D'autres constitutions font également explicitement référence aux langues indigènes dont il s'agit de garantir l'usage et la conservation. Ainsi, la Constitution de la Colombie proclame, à l'article 10, que « Le castillan est l'idiome officiel de Colombie. Les langues et dialectes des groupes ethniques sont aussi officiels sur leurs territoires » ; il y a donc simplement une reconnaissance du multilinguisme dans le cadre des territoires indigènes, non au niveau national.

De même, la Constitution du Costa Rica indique, à l'article 76 : « L'espagnol est l'idiome officiel de la Nation. Toutefois, l'État veillera au maintien et à la culture des langues indigènes nationales. » Les langues indigènes ne sont donc pas considérées comme des langues officielles, ce qui peut nuire à l'effectivité de leur protection et les place, en outre, dans une position inférieure par rapport à l'espagnol.

Il en va de même de la Constitution du Mexique qui, à l'article 2 A, « reconnaît et garantit le droit des peuples et des communautés indigènes à la libre détermination et, par conséquent, à l'autonomie pour [...] préserver et enrichir leurs langues, leurs connaissances et tous les éléments qui constituent leur culture et leur identité ».

Au contraire, la Constitution du Guatemala accepte le plurilinguisme, mais place les langues indigènes dans une position inférieure par rapport à l'espagnol. L'article 143 proclame, en effet : « L'idiome officiel du Guatemala est l'espagnol. Les langues vernaculaires font partie du patrimoine culturel de la Nation. » Pour autant, l'article 58 affirme que le Guatemala « reconnaît le droit des peuples et des communautés à leur identité culturelle conformément à [...] leur langue », et l'article 66 précise que « l'État reconnaît, respecte et promeut [...] les langues et les dialectes ». La protection des langues indigènes semble donc finalement assez peu contraignante.

A priori, la Constitution du Pérou accorde une reconnaissance plus effective aux langues indigènes. Mais le texte constitutionnel est assez nuancé, et la protection du pluralisme semble assez factice. En effet, l'article 48 de la Constitution proclame que « sont idiomes officiels le castillan et, dans les zones où ils prédominent, le sont aussi le quechua, l'aymara et les autres langues aborigènes, selon la loi ». Or, on peut se demander ce que peut signifier le caractère officiel d'une langue qui serait limité au territoire où elle est parlée. Son usage en tant que langue officielle se limiterait-il aux actes d'autorités administratives décentralisées dans le cadre de l'État unitaire qu'est le Pérou, sachant que des actes officiels de l'État devraient être rédigés en espagnol pour être applicables sur l'ensemble du territoire sachant que l'on ne saurait envisager d'actes des pouvoirs publics qui ne seraient pas rédigés dans une langue officielle ? Quant à l'article 17 de la Constitution, il déclare que l'État « préserve les diverses manifestations culturelles et linguistiques du pays », ce qui ne l'engage pas à grand-chose, si ce n'est à éviter toute décision qui viserait clairement la disparition d'une langue indigène.

La même approche a été retenue par le constituant vénézuélien. En effet, l'article 9 de la Constitution affirme que « l'idiome officiel est le castillan », avant de préciser que « les idiomes indigènes sont aussi d'usage officiel pour les peuples indigènes et doivent être respectés sur tout le territoire de la République, constituant un patrimoine culturel de la Nation et de l'humanité ». Nous sommes de nouveau en présence d'un texte pour le moins ambigu, la Constitution parlant, d'une part, d'une langue officielle – le castillan –, d'autre part, de langues d'usage officiel – les langues indigènes. En outre, l'article 119 précise que « L'État reconnaît l'existence des peuples et des communautés indigènes, [...] de leurs langues et religions [...] », mais réserve au droit de propriété collective des terres la protection que doit accorder « l'Exécutif national, avec la participation des peuples indigènes ». On peut donc en déduire que les langues indigènes font l'objet d'une moindre protection.

Enfin, deux constitutions accordent aux langues indigènes une reconnaissance minimale.

D'une part, la Constitution du Brésil, à l'article 13, proclame que « la langue portugaise est l'idiome officiel de la République fédérale du Brésil », sans donner le même statut aux langues indigènes, celle-ci se contentant, à l'article 231, de reconnaître « aux Indiens leur organisation sociale, leurs coutumes, leurs langues, leurs croyances et leurs traditions [...] », sans que cela impose à l'État une obligation de protection, contrairement aux « territoires d'occupation ancestrale ».

D'autre part, la Constitution du Paraguay, à l'article 140, affirme que « le Paraguay est un pays pluriculturel et bilingue » et que « le castillan et le guarani sont les langues officielles ». En outre, « les langues indigènes, ainsi que celles d'autres minorités, font partie du patrimoine culturel de la Nation ». Pour autant, ces quelques dispositions constitutionnelles n'assurent pas une protection effective des langues indigènes. Ainsi, l'article 140 précise que « la loi établira les modalités d'utilisation » de ces langues, plaçant leur avenir entre les mains du législateur et les soumettant ainsi aux aléas de la vie politique.

Il apparaît donc qu'alors que les constitutions latino-américaines se montrent souvent évasives lorsqu'il s'agit de reconnaître le multiculturalisme, elles sont généralement moins réticentes à proclamer le multilinguisme, les dispositions consacrées à la question étant généralement plus précises. Pour autant, l'existence des langues indigènes serait à terme remise en cause en l'absence d'une éducation respectueuse de la diversité culturelle et linguistique.

L'éducation interculturelle

De nombreuses constitutions latino-américaines font référence au droit des peuples indigènes de recevoir une éducation bilingue. Il s'agit très clairement de faire accepter par les populations indigènes les systèmes éducatifs nationaux en les rassurant sur d'éventuels risques d'acculturation qui pourraient menacer la pérennité de leurs cultures.

Trois constitutions se distinguent par l'importance accordée à l'éducation bilingue.

La Constitution de la Bolivie, dans ses articles 3 et 78 alinéa 2, proclame que « l'éducation est intraculturelle, interculturelle et plurilingue dans tout le système éducatif ». Il en va de même pour l'enseignement supérieur (article 91) et pour la formation des enseignants (article 96 alinéa 1). Dans ce but, selon l'article 84, « l'État et la société ont le devoir d'éradiquer l'analphabétisme à travers des programmes conformes à la réalité culturelle et linguistique de la population ». Enfin, les universités sont appelées à jouer un rôle de premier plan dans la protection du multilinguisme. En effet, selon l'article 95 alinéa 2, « Les universités doivent mettre en œuvre des programmes pour la restauration, la préservation, le développement, l'apprentissage et la divulgation des différentes langues des nations et des peuples indigènes ».

De même, la Constitution du Mexique accorde une grande importance à la protection du multilinguisme. Ainsi, selon l'article 2 II de la Constitution, la fédération, les États fédérés et les communes doivent promouvoir l'égalité des chances des Indigènes et mettre fin aux pratiques discriminatoires ; pour cela, ils doivent « garantir et élever les niveaux de scolarité, en favorisant l'éducation bilingue et interculturelle, l'alphabétisation [...] établir un système de bourses pour les étudiants indigènes [...] définir et développer des programmes éducatifs de contenu régional qui reconnaissent l'héritage culturel de ses peuples [...] ».

Enfin, la Constitution de l'Équateur prévoit, à l'article 27, que « l'éducation [...] sera interculturelle », l'article 29 précisant que « l'État garantira [...] le droit des personnes d'apprendre dans leur propre langue et leur propre cadre culturel » et que les peuples indigènes pourront collectivement « développer, renforcer et promouvoir le système d'éducation interculturelle bilingue [...] conforme à la diversité culturelle, pour le soin et la préservation des identités en harmonie avec leurs méthodologies d'enseignement et d'apprentissage ».

D'autres constitutions envisagent l'éducation interculturelle bilingue sans pour autant l'assortir de droits particuliers complémentaires. Ainsi, la Constitution de l'Argentine, à l'article 75 § 17, impose à l'État de « garantir le respect de leur identité et le droit à une éducation bilingue et interculturelle ». L'article 121 de la Constitution du Nicaragua affirme que « les peuples indigènes et les communautés ethniques de la côte atlantique ont droit, dans leur région, à l'éducation interculturelle dans la langue maternelle ». L'article 10 de la Constitution de la Colombie prévoit que « l'enseignement donné aux communautés ayant des traditions juridiques propres sera bilingue ». L'article 76 de la Constitution du Guatemala précise que « dans les écoles établies dans des zones à population indigène prédominante, l'enseignement devra être assuré de préférence sous une forme bilingue ». Dans le même sens, la Constitution du Panama prévoit, à l'article 88, que « les langues aborigènes feront l'objet d'étude, de conservation et de divulgation spéciales et [que] l'État promouvra des programmes d'alphabétisation bilingue dans les communautés indigènes ». Enfin, la Constitution du Brésil établit à l'article 210 § 2 que « L'enseignement fondamental sera assuré en langue portugaise, les communautés indigènes étant assurées de l'utilisation également de leurs langues maternelles et de leurs propres processus d'apprentissage ».

La proclamation et la protection des droits culturels, linguistiques et éducatifs sont la garantie indispensable de la survie des populations indigènes face aux processus d'assimilation qui menacent les populations minoritaires. Mais elles représentent un enjeu important pour les gouvernements puisque ces derniers sont alors tenus de reconnaître à ces populations des droits politiques dont la légitimité semble alors s'imposer. Or, cela peut conduire à une remise en cause de l'unité nationale en encourageant des mouvements séparatistes, ce que les États peuvent difficilement accepter, alors même qu'il s'agit d'une évolution logique qui s'inscrit dans le prolongement de la consolidation démocratique, en particulier de la reconnaissance du droit des peuples à disposer d'eux-mêmes.

Les droits politiques

La satisfaction des revendications indigènes en matière de droits politiques s'est toujours heurtée à une certaine réticence des gouvernements, ces derniers craignant d'ouvrir la boîte de Pandore, de voir remise en cause l'unité nationale et encouragées les velléités, si ce n'est toujours d'indépendance, du moins d'autonomie poussée suffisamment loin pour porter atteinte à l'unité nationale, et d'être privés de leurs compétences sur certaines parties du territoire. Aussi les droits politiques n'ont-ils fait l'objet que d'une reconnaissance timide et limitée. Le droit à la libre détermination, proclamé par le droit international, se résume généralement à un droit à la libre administration, c'est-à-dire à une décentralisation administrative, jamais très poussée, et sans jamais revêtir une dimension politique à l'instar du système autonomique espagnol. Toutefois, les constitutions reconnaissent souvent aux populations indigènes un droit de participation politique, leur assurant ainsi d'être associées très directement aux prises de décisions les concernant tout particulièrement. L'unité nationale est ainsi préservée par la reconnaissance et la protection politique de la diversité ethnique.

La libre détermination des peuples indigènes

Le droit international proclame le droit des peuples à disposer d'eux-mêmes. Bien évidemment, les peuples indigènes sont particulièrement concernés par ce principe en raison, d'une part, des pratiques néocoloniales dont ils sont victimes plus de deux siècles, d'autre part, de la nécessité vitale pour nombre d'entre eux de défendre leur identité et leur héritage culturels et leur environnement. Pourtant, les peuples indigènes font l'objet d'un traitement de défaveur, le droit à l'autodétermination ne leur permettant pas d'accéder à l'indépendance, mais simplement à un statut d'autonomie ou de libre administration.

Ainsi, l'article 1er alinéa 1er du Pacte international relatif aux droits civils et politiques et l'article 1er du Pacte international relatif aux droits économiques, sociaux et culturels posent, dans les mêmes termes, le principe du droit des peuples à disposer d'eux-mêmes : « Tous les peuples ont le droit de disposer d'eux-mêmes. En vertu de ce droit, ils déterminent librement leur statut politique et assurent librement leur développement économique, social et culturel. »

Mais l'article 4 de la Déclaration des Nations unies sur les droits des peuples autochtones s'inscrit très clairement en retrait : « Les peuples autochtones, dans l'exercice de leur droit à l'autodétermination, ont le droit d'être autonomes et de s'administrer eux-mêmes pour tout ce qui touche à leurs affaires intérieures et locales, ainsi que de disposer des moyens de financer leurs activités autonomes. »

Ainsi, le droit à l'autodétermination se limite à un droit à l'autonomie et à la libre administration. Il n'est donc pas question de reconnaître aux peuples indigènes un droit à l'indépendance. De plus, l'article 5 précise que le droit à l'autonomie des peuples indigènes ne les prive pas de la possibilité d'être pleinement intégrés à la communauté nationale. Il s'agit même de faciliter une telle intégration tout en évitant que les populations indigènes fassent l'objet d'une assimilation pure et simple : « Les peuples autochtones ont le droit de maintenir et de renforcer leurs institutions politiques, juridiques, économiques, sociales et culturelles distinctes, tout en conservant le droit, si tel est leur choix, de participer pleinement à la vie politique, économique, sociale et culturelle de l'État. »

Le droit à l'autodétermination présente deux dimensions. D'une part, les peuples ont la liberté de choisir leur propre organisation politique : ils peuvent choisir d'accéder à l'indépendance – ce qui, comme nous l'avons vu, n'est pas le cas pour les peuples indigènes – ou de bénéficier simplement d'un statut d'autonomie, définir leur propre statut politique et juridique, choisir le type de développement économique et social qui leur convient ou encore mettre en œuvre les mesures devant leur permettre de protéger leur culture. D'autre part, ils doivent pouvoir jouir de l'ensemble des droits politiques correspondant à leur particularité, et ainsi participer à la prise des décisions qui les concernent.

Mais les constitutions latino-américaines sont pour le moins réticentes à reconnaître un droit effectif à l'autodétermination qui suppose le fait de pouvoir accéder à l'indépendance. Ainsi, elles rappellent généralement l'indivisibilité de l'État. Le principe d'autodétermination se résume donc généralement à un droit à l'autonomie, ce qui n'est pas satisfait. Mais cette approche de la question semble finalement largement retenue. Ainsi, Rodolfo Stavenhagen, rapporteur spécial sur la situation des droits de l'homme et des libertés fondamentales des Indigènes, a affirmé, le 15 novembre 2007 :

> Les peuples intéressés devront avoir le droit de décider leurs propres priorités en ce qui concerne le processus de développement, dans la mesure où celui-ci affecte leurs vies, leurs croyances, leurs institutions et leur bien-être spirituel et les terres qu'ils occupent ou qu'ils utilisent d'une certaine manière, et de contrôler, dans la mesure du possible, leur propre développement économique, social et culturel. De plus, lesdits peuples devront participer à la formulation, à l'application et à l'évaluation des plans et des programmes de développement national et régional susceptibles de les affecter directement[1].

C'est dans cette logique que s'inscrivent les constitutions latino-américaines lorsqu'elles évoquent le droit à l'autodétermination des peuples indigènes.

Ainsi en est-il de la Constitution de la Bolivie qui accorde une importance toute particulière au principe de libre détermination des peuples tout en en limitant la portée. En effet, selon l'article 2 :

> Étant donné l'existence précoloniale des nations et peuples indigènes originaires paysans et leur domination ancestrale sur leurs territoires, leur libre détermination est garantie dans le cadre de l'unité de l'État, qui consiste en leur droit à l'autonomie, à l'autogouvernement, à leur culture, à la reconnaissance de leurs institutions et à la consolidation de leurs entités territoriales, conformément à cette Constitution et à la loi.

---

[1] Rodolfo STAVENHAGEN, *Promotion et protection de tous les droits de l'homme, civils, politiques, économiques, sociaux et culturels, y compris le droit au développement. Rapport du rapporteur spécial sur la situation des droits de l'homme et des libertés fondamentales des peuples autochtones*, A/HRC/6/15, 15 novembre 2007, http://daccess-dds-ny.un.org/doc/UNDOC/GEN/G07/149/24/PDF/G0714924.pdf?OpenElement (consulté le 3 juillet 2014).

En outre, l'article 30 II 4 rappelle que les peuples indigènes ont droit « à la libre détermination et [à la] territorialité ».

La Constitution du Mexique consacre, elle aussi, expressément le droit à la libre détermination des peuples indigènes, accordant à la question de longs développements à l'article 2. Pour autant, le constituant a commencé par rappeler que « la nation mexicaine est une et indivisible ». Ledit article combine les principes de libre détermination et d'unité nationale : « Le droit des peuples indigènes à la libre détermination s'exercera dans un cadre constitutionnel d'autonomie qui assure l'unité nationale. »

Quatre autres constitutions latino-américaines reconnaissent le droit à l'autonomie des peuples indigènes.

La Constitution de la Colombie affirme, à l'article 2, l'attachement au principe d'autodétermination, mais uniquement dans les relations extérieures de l'État. L'article 287 envisage l'autonomie des « entités territoriales », mais sans établir de lien avec les populations indigènes. Toutefois, il semble évident que les territoires indigènes constituent l'une des entités territoriales de l'État et par conséquent que les peuples indigènes jouissent de l'autonomie pour la gestion de leurs intérêts, ce qui inclut le fait d'être gouvernés par leurs propres autorités et de gérer leurs ressources. Cela est d'ailleurs confirmé par l'article 330 qui se montre particulièrement précis :

> Conformément à la Constitution et aux lois, les territoires indigènes seront gouvernés par des conseils formés et réglementés selon les usages et les coutumes de leurs communautés et exerceront les fonctions suivantes :
> 1. Veiller à l'application des normes juridiques sur les usages du sol et le peuplement de leurs territoires ;
> 2. Élaborer les politiques et les plans et programmes de développement économique et social sur leur territoire ;
> 3. Promouvoir les investissements publics sur leurs territoires et veiller à leur bonne exécution ;
> 4. Percevoir et distribuer leurs ressources ;
> 5. Veiller à la préservation des ressources naturelles ;
> 6. Coordonner les programmes et les projets promus par les différentes communautés sur leur territoire ;
> 7. Collaborer au maintien de l'ordre public sur leur territoire conformément aux instructions et aux dispositions du gouvernement national ;
> 8. Représenter les territoires devant le gouvernement national et les autres entités auxquelles ils appartiennent ; et
> 9. Celles que prévoient la Constitution et les lois.

Ce luxe de détails ne parvient pas à cacher les motifs réels de l'affirmation de l'attachement au principe de libre administration : faire des autorités locales autonomes les collaborateurs du gouvernement national pour promouvoir le développement économique et faire taire les velléités d'indépendance.

À l'inverse, la Constitution de l'Équateur, tout en se limitant à reconnaître un droit à l'autonomie, n'occulte pas un point essentiel, à savoir la protection des particularités – notamment culturelles – des peuples indigènes. Ainsi, l'article 60 déclare que « les peuples ancestraux, indigènes, afro-équatoriens et montubios pourront constituer des circonscriptions territoriales pour la préservation de leur culture », ce que précise l'article 257 :

> Dans le cadre de l'organisation politico-administrative, pourront être formées des circonscriptions territoriales indigènes ou afro-équatoriennes qui exerceront la compétence du gouvernement territorial autonome correspondant, et elles seront régies par des principes d'interculturalité, de plurinationalité et conformément aux droits collectifs. Les paroisses, les cantons ou les provinces composés majoritairement de communautés, de peuples ou de nationalités indigènes, afro-équatoriens, montubios ou ancestraux pourront adopter ce régime d'administration spéciale, après une consultation approuvée par au moins les deux tiers des votes exprimés.

Il apparaît ainsi clairement que la libre détermination vise expressément la protection d'un patrimoine culturel et se limite à reconnaître aux Indigènes une autonomie administrative.

La Constitution du Nicaragua se montre plus claire. L'article 5 proclame que « sont des principes de la nation nicaraguayenne […] le respect de la libre autodétermination des peuples », l'article 181 précisant que « l'État organisera par une loi le régime d'autonomie pour les peuples indigènes et les communautés ethniques de la côte atlantique, laquelle devra contenir, entre autres, les attributions de leurs organes de gouvernement, leur relation avec le pouvoir exécutif et législatif et avec les communes, et l'exercice de leurs droits ». Si l'on peut penser que l'autonomie accordée aux populations indigènes est essentiellement administrative, on ne peut exclure qu'elle revête une dimension politique puisque la Constitution évoque les « organes de gouvernement » indigènes et leurs relations avec les pouvoirs exécutif et législatif. En outre, la loi établissant le régime d'autonomie doit être approuvée à la majorité requise pour les réformes constitutionnelles. On peut penser que si aucune dimension politique n'était envisagée pour le régime d'autonomie, l'adoption de la loi à la majorité simple suffirait.

Enfin, la Constitution du Paraguay affirme, à l'article 143, que « La République du Paraguay, dans ses relations internationales, accepte le droit international et se soumet aux principes suivants : […] l'autodétermination des peuples ». Sur le plan interne, le principe de l'autodétermination se limite à la reconnaissance d'un droit à l'autonomie des peuples indigènes. En effet, l'article 63, qui vise expressément la protection de l'« identité ethnique », déclare :

> Est reconnu et garanti le droit des peuples indigènes à préserver et à développer leur identité ethnique dans leur habitat respectif. Ils ont le droit, de même, d'appliquer librement leurs systèmes d'organisation politique, sociale, économique, culturelle et religieuse, ainsi qu'à la soumission volontaire à leurs normes coutumières pour la régulation de la coexistence intérieure tant que celles-ci ne portent pas atteinte aux droits fondamentaux établis par cette Constitution.

Cet article est assez ambigu puisqu'il envisage les systèmes d'organisation politique sans pour autant évoquer expressément le droit à l'autodétermination des peuples indigènes. En outre, dans la mesure où l'article 143 n'évoque ce droit que dans le cadre des relations internationales, un raisonnement *a contrario* conduit à conclure que le droit à l'autodétermination est implicitement exclu dans le cadre interne.

Enfin, deux autres constitutions – celles de l'Équateur et du Pérou – reconnaissent plus ou moins implicitement un certain degré d'autonomie aux populations indigènes.

D'une part, l'article 60 de la Constitution de l'Équateur déclare que « les peuples ancestraux, indigènes, afro-équatoriens et montubios pourront constituer des circonscriptions territoriales pour la préservation de leur culture », sans pour autant leur reconnaître un droit à l'autodétermination. L'article 257 précise que « dans le cadre de l'organisation politico-administrative, pourront être formées des circonscriptions territoriales indigènes ou afro-équatoriennes, qui exerceront les compétences du gouvernement territorial autonome correspondant ». Les communautés indigènes ne sont donc pas soumises à un statut particulier susceptible de conduire à l'indépendance en application du principe d'autodétermination, mais bénéficient d'un simple droit d'autonomie administrative, dans le cadre d'un État décentralisé, comme toute autre circonscription territoriale autonome.

D'autre part, la Constitution du Pérou se montre particulièrement succincte sur ce point, puisque l'article 89 déclare que « les communautés paysannes et autochtones ont une existence légale et sont des personnes morales. Elles sont autonomes dans leur organisation, dans le travail communal et dans l'usage et la libre disposition de leurs terres, ainsi que dans les affaires économiques et administratives, dans le cadre établi par la loi ». Aucune autre précision n'est apportée par la Constitution.

La définition *a minima* du droit des peuples indigènes à l'autodétermination est donc la tendance générale des constitutions qui reconnaissent ce droit. Sur le plan des principes, cette timidité des textes constitutionnels est, certes, regrettable, voire condamnable. Mais il s'agit là d'un choix raisonnable car la diversité des populations indigènes risquerait de conduire le sous-continent latino-américain à un véritable émiettement si le droit à l'autodétermination était strictement appliqué. En ne reconnaissant qu'un droit à l'autonomie, même renforcée et présentant éventuellement une dimension politique en plus de sa dimension administrative et économique, les constituants latino-américains ont fait un choix logique et prudent qui, par ailleurs, permet aux populations indigènes de s'administrer librement et ainsi de protéger leur identité et de défendre leurs intérêts face aux tendances hégémoniques des populations dominantes d'ascendance ibérique.

La participation politique

À défaut de pouvoir accéder à l'indépendance, les peuples indigènes latino-américains peuvent éventuellement bénéficier d'une autonomie administrative, voire politique – même si l'expression est ambiguë, surtout dans des États qui se proclament unitaires. Du droit à l'autodétermination qui en constitue le fondement découle également le droit à la participation politique des peuples indigènes. Ce dernier a été établi par différentes conventions internationales et s'impose donc à l'ensemble des pays latino-américains qui les ont ratifiées.

Ainsi, le Pacte international relatif aux droits civils et politiques prévoit, à l'article 5, que les peuples indigènes ont le droit, « si tel est leur choix, de participer pleinement à la vie politique, économique, sociale et culturelle de l'État », le principe étant rappelé à l'article 18 selon lequel « Les peuples autochtones ont le droit de participer à la prise de décisions sur des questions qui peuvent concerner leurs droits, par l'intermédiaire de représentants qu'ils ont eux-mêmes choisis conformément à leurs propres procédures ».

De même, la convention n° 169 de l'OIT, après avoir rappelé, à l'article 5, que « les peuples autochtones ont le droit [...] si tel est leur choix, de participer pleinement à la vie politique, économique, sociale et culturelle de l'État », précise, à l'article 18, que « les peuples autochtones ont le droit de participer à la prise de décisions sur des questions qui peuvent concerner leurs droits, par l'intermédiaire de représentants qu'ils ont eux-mêmes choisis conformément à leurs propres procédures » et, selon l'article 23, « d'être activement associés à l'élaboration et à la définition des programmes de santé, de logement et d'autres programmes économiques et sociaux les concernant ».

Enfin, la Déclaration des Nations unies sur les droits des peuples indigènes prévoit, à l'article 6 :

> [...] En appliquant les dispositions de la présente convention, les gouvernements doivent :
> (a) consulter les peuples intéressés, par des procédures appropriées, et en particulier à travers leurs institutions représentatives, chaque fois que l'on envisage des mesures législatives ou administratives susceptibles de les toucher directement ;
> (b) mettre en place les moyens par lesquels lesdits peuples peuvent, à égalité au moins avec les autres secteurs de la population, participer librement et à tous les niveaux à la prise de décisions dans les institutions électives et les organismes administratifs et autres qui sont responsables des politiques et des programmes qui les concernent ;
> (c) mettre en place les moyens permettant de développer pleinement les institutions et initiatives propres à ces peuples et, s'il y a lieu, leur fournir les ressources nécessaires à cette fin.

Hormis celles de l'Argentine, du Brésil, du Costa Rica, du Guatemala, du Honduras, du Pérou et du Salvador, les constitutions latino-américaines reconnaissent aux populations indigènes un droit de participation politique, dans le prolongement de leur droit à l'autodétermination. Il s'agit là d'un droit distinct du droit de suffrage et du droit de vote car, à la différence de ceux-ci, il ne s'agit pas d'un droit individuel, mais d'un droit collectif. Par ailleurs, il ne suffit pas de proclamer un droit de consultation : un authentique droit de participation doit être reconnu pour que soit satisfait le droit à l'autodétermination. Par conséquent, trois caractéristiques fondamentales doivent être réunies : la participation doit être libre, préalable et informée. Dans le cas contraire, l'intervention des populations indigènes est purement formelle et ne vise qu'à donner une apparence de légitimité à des décisions qui, en réalité, leur sont imposées.

En outre, le droit de participation politique s'exprime à travers le droit de vote et d'éligibilité qui suppose que les Indigènes soient reconnus comme des nationaux et qu'ils jouissent de l'ensemble des droits civiques qui s'y rattachent.

La Constitution colombienne prévoit une représentation parlementaire spéciale des Indigènes, l'article 171 indiquant qu'« il y aura un nombre additionnel de deux sénateurs élus dans une circonscription nationale spéciale pour les communautés indigènes », et l'article 176 précisant que « la loi pourra établir une circonscription spéciale pour assurer la participation à la Chambre des représentants des groupes ethniques et des minorités politiques. Par cette circonscription, on pourra élire jusqu'à quatre représentants ». Il s'agit là de dispositions symboliques, d'une part en raison du faible nombre de représentants envisagés, d'autre part parce que les Indigènes ne font pas l'objet d'une représentation spécifique au sein de la Chambre des représentants, leurs représentants étant confondus avec ceux des groupes ethniques – et l'on peut penser que d'autres communautés sont concernées – et de minorités politiques – sans qu'aucune définition n'en soit donnée.

Contrairement à la Constitution de la Colombie, celle du Venezuela et nettement plus claire. En effet, l'article 125 proclame : « Les peuples indigènes ont le droit de participer à la représentation politique. L'État garantira la représentation indigène à l'Assemblée nationale et dans les corps délibérants des entités fédérales et locales avec une population indigène, conformément à la loi. » Pour autant, elle ne précise pas en quoi consiste cette représentation, ses modalités étant fixées par le législateur. On peut toutefois penser qu'une représentation insuffisante des populations indigènes serait déclarée inconstitutionnelle par le Tribunal suprême de justice.

La Constitution de la Bolivie prévoit également une double participation politique des peuples indigènes. D'une part, l'article 30 II 15 indique que les peuples indigènes « doivent être consultés par des procédures appropriées, en particulier à travers leurs institutions, chaque fois que sont prévues des mesures législatives ou administratives susceptibles de les affecter », prévoyant plus spécifiquement un « droit à la consultation préalable obligatoire, réalisée par l'État, de bonne foi et de façon concertée, en ce qui concerne l'exploitation des ressources naturelles non renouvelables sur le territoire qu'ils habitent ». D'autre part, l'article 30 II 18 leur reconnaît le droit « à la participation dans les organes et institutions de l'État », l'article 26 II 4 précisant que le droit à la participation comprend « l'élection, la désignation et la nomination directes des représentants des nations et peuples indigènes originaires paysans conformément à leurs normes et procédures propres ». Certes, la loi doit fixer les modalités d'exercice du droit de participation et est donc soumise en partie aux aléas politiques. Pour autant, la Constitution de la Bolivie assure, en principe, une participation politique effective des populations indigènes.

Dans le même sens, l'article 57 de la Constitution de l'Équateur prévoit que parmi les droits collectifs garantis par la Constitution et les lois aux « communes, communautés, peuples et nationalités indigènes » figure celui de « participer par le biais de leurs représentants aux organismes officiels prévus par la loi, à la définition des politiques publiques qui les concernent, ainsi qu'à la conception et à la définition de leurs priorités dans les programmes et projets de l'État [...] ». La Constitution de l'Équateur se contente donc de reconnaître aux Indigènes un droit de représentation.

La Constitution du Mexique est plus ambitieuse. Certes, elle reconnaît un droit de représentation, puisque son article 2 prévoit que les populations indigènes peuvent « élire conformément à leurs normes les autorités ou représentants pour l'exercice de leurs propres formes de gouvernement interne », et « élire, dans les communes ayant une population indigène, des représentants dans les conseils municipaux ». Mais la Constitution prévoit également, à l'article 2 B IX, l'obligation des institutions publiques de consulter les peuples indigènes dans l'élaboration du plan national de développement et des projets nationaux et municipaux, et de tenir compte de leurs recommandations et de leurs propositions. Bien évidemment, dans la pratique, ces dernières ne sont prises en compte que dans la mesure où elles sont compatibles avec les orientations générales des projets initiaux, et l'obligation posée par la Constitution n'est donc pas très contraignante.

La Constitution du Nicaragua a retenu une solution similaire, puisque l'article 49 prévoit que les communautés de la côte atlantique peuvent constituer des organisations « dans le but de parvenir à la réalisation de leurs aspirations selon leurs propres intérêts et de participer à la construction d'une nouvelle société ». Là encore, l'obligation imposée aux autorités nicaraguayennes ne semble pas très contraignante, car la Constitution reste muette quant aux modalités concrètes de la participation des peuples indigènes et aux caractéristiques essentielles de ladite nouvelle société.

Dans le même sens, la Constitution du Paraguay, à l'article 65, « garantit aux peuples indigènes le droit de participer à la vie économique, sociale, politique et culturelle du pays, conformément à leurs usages coutumiers, à cette Constitution et aux lois nationales ». Les termes de la Constitution sont donc suffisamment vagues pour permettre une interprétation *a minima* de cette disposition constitutionnelle.

Quant à la Constitution du Panama, son article 124 se contente d'affirmer que « l'État accordera une attention spéciale aux communautés paysannes et indigènes afin de promouvoir leur participation économique, sociale et politique à la vie nationale ». Le droit de participation des populations indigènes n'est donc envisagé que de manière indirecte.

Les droits politiques indigènes font donc l'objet d'une reconnaissance parfois ambiguë, souvent timide, les gouvernements semblant manifestement craindre de ne plus maîtriser un processus politique conduisant les populations indigènes à revendiquer un droit à l'autodétermination au nom du principe de droit des peuples à disposer d'eux-mêmes. Ces droits politiques se résument donc, au mieux, à un droit de participation dans le cadre d'une décentralisation administrative plus ou moins poussée. Ils sont pourtant le préalable indispensable à la reconnaissance de droits territoriaux sans lesquels les droits économiques seraient très largement illusoires.

Les droits territoriaux

Les constitutions latino-américaines reconnaissent une importance toute particulière aux droits territoriaux, sans toutefois retenir une définition commune. Celles-ci s'entendent néanmoins sur l'idée qu'il s'agit essentiellement de droits collectifs, certaines insistant en outre sur l'importance de concilier lesdits droits avec l'intérêt national et le caractère indivisible de l'État.

Ainsi, l'article 75 § 17 de la Constitution de l'Argentine reconnaît « la personnalité juridique communautaire de ces communautés, et la possession et la propriété des terres qu'elles occupent traditionnellement » et le droit de « participation à la gestion de leurs ressources naturelles et aux autres intérêts qui les affectent », tout en prévoyant que « les provinces peuvent exercer concurremment ces attributions », ce qui peut représenter un risque potentiel quant à l'effectivité de ces droits.

Dans le même sens, l'article 5 alinéa 3 de la Constitution du Nicaragua prévoit que l'État reconnaît aux peuples indigènes le droit de « maintenir les formes communales de propriétés de leurs terres et la jouissance et l'usage [...] de celles-ci, le tout conformément à la loi ».

Par contre, l'article 57 § 4 de la Constitution de l'Équateur ne reconnaît pas aux peuples indigènes un droit de gestion de leurs ressources naturelles, mais simplement le droit de « conserver la propriété imprescriptible de leurs terres communautaires, qui seront inaliénables, insaisissables et indivisibles », ces terres étant, en outre, « exemptées de taxes et d'impôts ».

Mais la protection des droits indigènes peut se heurter à des objectifs politiques nationaux jugés supérieurs. Ainsi, la Constitution du Panama tente de concilier autant que possible la préservation des droits indigènes avec le développement des activités agricoles : alors que l'article 124 prévoit que « l'État apportera une attention spéciale aux communautés paysannes et indigènes afin de promouvoir leur participation économique, sociale et politique dans la vie nationale », l'article 125 affirme que « l'usage correct de la terre agricole est un devoir du propriétaire envers la communauté et sera encadré par la loi conformément à sa classification écologique, afin d'éviter la sous-utilisation et la diminution de son potentiel productif » ; dans le même sens, l'article 123 proclame que « l'État ne permettra pas l'existence de zones incultes, improductives ou abandonnées, et réglementera les relations de travail dans le domaine agricole, encourageant une productivité maximale et une juste distribution des bénéfices de celle-ci ». On peut donc se demander dans quelle mesure les droits indigènes résisteront aux impératifs liés à la production agricole nationale.

La même recherche d'une conciliation des impératifs de productivité et de protection des droits indigènes prévaut dans la Constitution du Pérou. En effet, l'article 88 déclare que « l'État soutient de façon préférentielle le développement agraire » et qu'il « garantit le droit de propriété sur la terre, privée ou communale ou de toute autre forme associative », tandis que l'article 89 prévoit que les communautés indigènes « sont autonomes dans leur organisation, dans le travail communal et dans l'usage et la libre disposition de leurs terres [...] ». Par ailleurs, « la propriété de leur terre est imprescriptible, sauf en cas d'abandon [...] ». *A priori*, la Constitution du Pérou semble soulever moins de difficultés que celle du Panama en ce qui concerne la conciliation d'impératifs contradictoires, mais cela dépend largement du bon vouloir des gouvernants.

À l'inverse, la Constitution du Paraguay semble plus respectueuse des droits indigènes, notamment de leur droit à conserver leur mode de vie spécifique, ce dernier étant très largement lié à la jouissance de leurs terres. L'article 64 déclare en effet :

> Les peuples indigènes ont le droit à la propriété communautaire de la terre, d'une étendue et d'une qualité suffisantes pour la conservation et le développement de leurs modes de vie particuliers. L'État leur fournira gratuitement ces terres, lesquelles seront inaliénables, indivisibles, non transférables, imprescriptibles, insusceptibles de garantir des obligations contractuelles ni d'être louées ; de même, elles seront exonérées d'impôt.
>
> Sont interdits le remembrement et le transfert de leur habitat sans le consentement exprès de ceux-ci.

De même, la Constitution du Venezuela propose une solution assez équilibrée, puisque l'article 119 prévoit que « l'État reconnaît l'existence des peuples et communautés indigènes, [...] leur habitat et leurs droits originaires sur les terres qu'ils occupent de façon ancestrale et traditionnelle et qui sont nécessaires pour développer et garantir leurs modes de vie », et que les peuples indigènes sont associés « à la définition et à la protection du droit à la propriété collective de leurs terres, lesquelles seront inaliénables, imprescriptibles, insaisissables et non transférables conformément à la Constitution et à la loi ».

Enfin, la Constitution de la Bolivie, à l'article 30, prévoit que « dans le cadre de l'unité de l'État et conformément à cette Constitution, les nations et peuples indigènes paysans jouissent [du droit de] propriété collective des terres et des territoires ». En outre, selon l'article 394 § III,

> L'État reconnaît, protège et garantit la propriété communautaire ou collective, qui comprend le territoire indigène paysan, les communautés interculturelles indigènes et les communautés paysannes. La propriété collective est déclarée indivisible, imprescriptible, insaisissable, inaliénable et irréversible, et la propriété agraire n'est pas soumise au paiement d'impôts.

Pour autant, selon le même article, il convient de veiller au maintien de « la complémentarité entre les droits collectifs et individuels respectant l'unité territoriale avec l'identité ».

Les droits territoriaux reconnus aux populations indigènes constituent un lien entre les droits politiques et les droits économiques. Ce sont eux qui permettent aux droits politiques de trouver leur prolongement dans les droits économiques dont l'exercice a pour cadre essentiel les territoires occupés par lesdites populations. De toute évidence, en l'absence de véritables droits politiques, dont la reconnaissance effective pourrait conduire à terme à la dislocation des États-nations, la proclamation de droits économiques, effectifs et suffisamment étendus, constitue la meilleure garantie de la pérennité des populations indigènes dont les cultures et les modes de vie sont ainsi protégés.

Les droits économiques

Les droits territoriaux sont indissociables des droits sur les ressources naturelles, que ces dernières soient ou non renouvelables, biologiques ou minérales, et situées à la surface des sols ou en sous-sol. D'ailleurs, les revendications indigènes portent indistinctement sur les territoires et les ressources qu'ils renferment, en tant que faisant partie d'un patrimoine commun dont ils jouissent traditionnellement et constituant des droits collectifs qui recoupent un ensemble de situations touchant tant à la propriété qu'à l'occupation et à l'exploitation, à la mise en valeur et à la conservation, à la gestion et à l'administration, *etc.*, cette grande diversité des questions soulevées étant clairement mise en évidence par la jurisprudence de la Cour interaméricaine des droits de l'homme, notamment dans les affaires *Comunidad Moiwana vs. Surinam* du 15 juin 2005[1] *ou Comunidad Indígena Xákmok Kásek vs. Paraguay* du 24 août 2010[2].

Pourtant, pour des raisons essentiellement politiques et économiques, les ressources naturelles ne bénéficient pas d'une protection suffisante de la part

---

[1] Serie C, N° 124.

[2] Serie C, N° 214.

des constitutions latino-américaines. Les Constitutions du Costa Rica, du Honduras et du Salvador n'y consacrent aucune disposition aux droits économiques des populations indigènes. Les autres reconnaissent certains droits qui peuvent être classés en trois catégories : un droit d'usage et de jouissance des ressources naturelles, un droit de participation à l'exploitation des ressources naturelles, et un droit de consultation sur les politiques relatives aux ressources naturelles.

Le droit d'usage et de jouissance des ressources naturelles

Concernant le droit d'usage et de jouissance des ressources naturelles, la Constitution de la Bolivie reconnaît aux nations et peuples indigènes le droit « à la gestion territoriale indigène autonome, à l'usage et à la jouissance exclusifs des ressources naturelles renouvelables existant sur leur territoire sans préjudice des droits légitimement acquis par des tiers » (article 31 II 17). Il s'agit là d'une bien faible protection des ressources naturelles puisque deux limites sont très clairement prévues par le texte constitutionnel : d'une part, les ressources naturelles non renouvelables ne sont pas concernées[1], d'autre part, les droits des tiers légitimement acquis sont protégés. Or, la notion de droits légitimement acquis est très floue. Certes, on peut penser qu'il s'agit de droits acquis dans le respect des droits indigènes, mais cela suppose alors que la reconnaissance de ces derniers soit rétroactive si l'on veut qu'une telle protection soit réellement efficace, ce qui ne semble, ni souhaitable sur le plan juridique, ni réaliste sur le plan pratique. Au mieux peut-on attendre de cette disposition qu'elle protège les populations indigènes de nouvelles spoliations, mais certainement pas qu'elle leur permette de mettre fin à des pratiques antérieures. Par exemple, il semble peu concevable que l'on ferme des palmeraies à huile installées sur des terres anciennement occupées par des forêts primaires, alors même que cela concerne des ressources naturelles renouvelables.

La Constitution du Brésil se montre moins restrictive puisque l'article 231.2 envisage la protection des « terres traditionnellement occupées par les Indiens », ces derniers se voyant reconnaître à la fois un droit de propriété permanente sur celles-ci et « l'usufruit exclusif des richesses du sol, des rivières et des lacs ». La seule ambiguïté réside dans la détermination du caractère traditionnel des terres occupées par les Indiens. Que deviennent les terres occupées par les Indiens du fait de leur déplacement forcé à la suite de la destruction de leur environnement naturel, notamment des forêts ? Il ne s'agit pas *a priori* de territoires traditionnellement occupés. De plus, on voit mal comment on pourrait remettre en cause des infrastructures construites sur des territoires indigènes – comme des barrages hydroélec-

[1] Voir *infra*.

triques ou des routes – ou la mise en culture de territoires anciennement occupés par les Indigènes.

La Constitution du Mexique présente également une certaine ambiguïté, puisque l'article 2 A. VI. reconnaît aux communautés indigènes un « droit à l'usage et à la jouissance préférentiels des ressources naturelles des lieux qu'habitent et occupent les communautés » indigènes, leur permettant en outre de s'associer à cet effet, mais prévoit également deux limites : d'une part, le respect des droits acquis, d'autre part, celles qui correspondent aux « zones stratégiques », sans définir précisément à quoi celles-ci correspondent. On peut penser que des installations militaires en font partie, mais qu'en est-il de grandes infrastructures civiles nécessaires au développement économique ? Les termes de la Constitution sont suffisamment vagues pour restreindre très fortement les droits indigènes.

Enfin, la Constitution du Nicaragua se montre beaucoup plus protectrice des droits indigènes. En effet, l'article 89 affirme que « l'État reconnaît les formes communautaires de propriété des terres des communautés de la côte atlantique. Elle reconnaît également la jouissance, l'usage et l'exploitation des eaux et forêts des terres communautaires ». Ces droits sont précisés par l'article 180 de la Constitution qui prévoit que l'État « garantit [aux] communautés la jouissance de leurs ressources naturelles [et] l'effectivité de leurs formes de propriété communautaire [...] ». Certes, se pose inévitablement la question de la définition des droits indigènes ; pour autant, ces derniers semblent être moins susceptibles de devoir s'effacer devant l'intérêt de la nation ou le respect des droits acquis.

Le droit de participer à l'exploitation des ressources naturelles

La participation à l'exploitation des ressources naturelles constitue la seconde modalité de définition et de protection des droits économiques indigènes liés aux droits territoriaux. Les dispositions constitutionnelles relatives qui leur sont consacrées sont généralement suffisamment vagues pour permettre une participation des Indigènes peu contraignante pour les États.

Ainsi, la Constitution de l'Argentine, à l'article 75 alinéa 17, confie au Congrès le soin de garantir « la possession et la propriété communautaires des terres [que les communautés indigènes] occupent traditionnellement », mais aussi et surtout d'assurer auxdites communautés « leur participation à la gestion de leurs ressources naturelles et des autres intérêts qui les concernent », les provinces pouvant en outre être associées à cette mission. Ces dispositions sont peu contraignantes : rien n'est dit quant à l'importance et aux modalités de ladite participation des communautés indigènes.

La Constitution de la Bolivie ne se montre pas plus précise. L'article 30 II 16 se contente d'affirmer que les « nations et peuples indigènes » on un droit « à la participation aux bénéfices de l'exploitation des ressources naturelles sur leurs territoires ». L'article 402 apporte peu de précisions puisqu'il affirme que « l'État à l'obligation d'établir des plans d'installation humaine pour parvenir à une distribution démographique rationnelle et à une meilleure jouissance de la terre et des ressources naturelles », et *a priori* on ne peut savoir s'il doit conduire à la mise en œuvre de politiques incitatives ou autoritaires d'implantation des populations sur le territoire national, de politiques d'aménagement du territoire pour favoriser la mise en valeur ou le désenclavement de certaines régions et attirer ainsi de nouvelles populations, si de telles politiques doivent favoriser les populations indigènes ou s'il s'agit d'assurer une mixité ethnique et donc viser *in fine* leur assimilation, *etc.*.

Au contraire, la Constitution de la Colombie ne présente pas la même ambiguïté. En effet, l'article 330 indique : « L'exploitation des ressources naturelles dans les territoires indigènes sera réalisée sans porter atteinte à l'intégrité culturelle, sociale et économique des communautés indigènes. Dans les décisions qui sont adoptées au sujet de ladite exploitation, le Gouvernement favorisera la participation des représentants des communautés concernées. » Certes, le texte de cet article n'est pas très ambitieux, puisqu'il s'agit simplement d'éviter que les populations indigènes souffrent de l'exploitation des ressources naturelles situées sur leurs territoires, en les associant aux prises de décisions en la matière, et une telle participation peut être simplement formelle, mais elle a le mérite de permettre auxdites populations d'être informées de certains projets les concernant.

Mais c'est certainement la Constitution de l'Équateur qui offre aux populations indigènes la meilleure protection en la matière. En effet, l'article 57 proclame :

> Sont reconnus et garantis aux communes, communautés, peuples et nationalités indigènes, conformément à la Constitution et aux pactes, conventions, déclarations et autres instruments internationaux des droits de l'homme, les droits collectifs suivants : [...] 6. Participer à l'usage, à l'usufruit, à l'administration et à la conservation des ressources naturelles renouvelables situées sur leurs terres.

Cet article rappelle, en effet, les obligations pesant sur les institutions équatoriennes en vertu des dispositions de droit international. Toutefois, on peut regretter que seules soient envisagées les ressources naturelles renouvelables, ce qui exclut l'exploitation des ressources non renouvelables, comme les pratiques extractrices, qui peuvent conduire à une véritable exclusion des populations indigènes.

Le droit de consultation sur les politiques relatives aux ressources naturelles

Enfin, un certain nombre de constitutions prévoient la consultation des populations indigènes sur les politiques relatives aux ressources naturelles.

Ainsi, la Constitution de la Bolivie, à l'article 30 II 15 indique que les peuples indigènes

> [ont le droit] d'être consultés par des procédures appropriées, et en particulier par le biais de leurs institutions, à chaque fois que sont prévues des mesures législatives ou administratives susceptibles de les affecter. Dans ce cadre, sera respecté et garanti le droit à la consultation préalable obligatoire, réalisée par l'État, de bonne foi et de façon concertée, en ce qui concerne l'exploitation des ressources naturelles non renouvelables sur le territoire qu'elles habitent.

Ainsi, alors même que, comme nous l'avons vu, les populations indigènes sont associées à l'exploitation des ressources naturelles renouvelables, elles ne sont que consultées sur celle des ressources naturelles non renouvelables, alors même que les conséquences de cette dernière sur l'effectivité de leurs droits territoriaux sont bien plus graves. Mais il est vrai que les enjeux économiques de l'exploitation des ressources non renouvelables, notamment dans le cadre de politiques extractrices, sont particulièrement importants : les droits indigènes s'effacent alors devant l'intérêt général.

La Constitution du Brésil prévoit également une consultation des populations indigènes. L'article 231 § 3 déclare, en effet :

> L'utilisation des ressources hydriques, y compris les potentiels énergétiques, la recherche et l'exploitation des richesses minérales sur les terres indigènes ne peut être réalisée qu'avec l'autorisation du Congrès national, les communautés concernées étant consultées et leur participation étant assurée aux résultats de l'exploitation, dans les conditions établies par la loi.

Mais cette consultation risque d'être faussée par le fait que les communautés indigènes doivent être associées aux résultats de l'exploitation des « richesses minérales », ce qui peut les conduire à se montrer favorables à des projets néfastes à l'environnement et donc susceptibles de mettre en cause leur survie.

Au contraire, la Constitution de l'Équateur se montre particulièrement protectrice des droits indigènes, puisque l'article 57 prévoit :

> Sont reconnus et garantis aux communes, communautés, peuples et nationalités indigènes, conformément à la Constitution et aux pactes, conventions, déclarations et autres instruments internationaux des droits de l'homme, les droits collectifs suivants : [...] 7. La consultation préalable, libre et informée, dans un délai raisonnable, des plans et programmes de prospection, d'exploitation et de commercialisation des ressources non renouvelables qui se trouvent sur leurs terres et qui peuvent les affecter sur le plan environnemental ou culturel ; la participation aux bénéfices que ces projets rapportent et la perception des indemnisations pour les préjudices sociaux, culturels et environnementaux qu'ils causent. La consultation que doivent réaliser les autorités compétentes sera obligatoire et opportune. Si le consentement des communautés consultées n'est pas obtenu, on procédera conformément à la Constitution et à la loi.

Certes, ne sont concernées que les ressources non renouvelables, et les populations indigènes ne disposent pas d'un droit de décision, mais d'un simple droit de consultation, mais les dispositions de l'article 57 sont toutefois particulièrement intéressantes : les Indigènes doivent avoir été informés, la consultation doit avoir lieu dans un délai raisonnable – toutefois sans que la Constitution précise les critères d'un « délai raisonnable » –, une participation aux bénéfices et une indemnisation des préjudices subis sont prévues, et surtout le consentement des communautés indigènes n'est, certes, pas indispensable, mais elle conduit les pouvoirs publics à mettre en œuvre des procédures juridiquement plus contraignantes.

Enfin, la Constitution du Venezuela est plus ambitieuse et plus mesurée que la Constitution de l'Équateur : toutes les ressources naturelles sont concernées, et non pas seulement les ressources non renouvelables. Ainsi, l'article 120 prévoit :

> L'exploitation par l'État des ressources naturelles dans les habitats indigènes sera faite sans léser l'intégrité culturelle, sociale et économique de ceux-ci et, de plus, elle fera l'objet d'une information et d'une consultation préalables des communautés indigènes concernées. Les bénéfices de cette exploitation de la part des peuples indigènes sont soumis à la Constitution et à la loi.

De même, on retrouve l'idée d'une information et d'une consultation préalables des populations indigènes. Par contre, le consentement de ces dernières n'est pas requis. Cette constitution reconnaît donc aux populations indigènes un véritable droit de regard sur l'exploitation des ressources naturelles, mais l'on peut douter que cela suffise à protéger effectivement leurs droits.

Les constitutions latino-américaines reconnaissent ainsi l'existence des droits indigènes sans toutefois leur accorder une protection effective, les termes des dispositions qui leur sont consacrées étant suffisamment évasifs pour laisser aux gouvernements une appréciable marge de manœuvre tout en sauvant les apparences. Il est, certes, tentant de prononcer contre les gouvernants une condamnation sans appel. Pourtant, il convient de garder à l'esprit les difficultés auxquelles ils ont dû faire face. Il leur revenait à la fois de reconnaître la légitimité des droits indigènes que leur imposaient la démocratisation et la supériorité du droit international sur le droit interne, de ne pas heurter de front les forces conservatrices très majoritairement opposées à une telle reconnaissance, d'éviter l'éclatement des États sous la pression des tentations indépendantistes, de ne pas hypothéquer le développement économique, *etc.*. Les enjeux étaient multiples et les impératifs difficilement conciliables, et même si l'on peut regretter que les droits indigènes n'aient pas bénéficié de meilleures garanties, on doit reconnaître aux constituants le mérite d'avoir, pour la première fois dans l'histoire constitutionnelle latino-américaine, accordé à cette question une place importante qui permet d'espérer de nouvelles avancées dans un futur proche.

La reconnaissance des droits indigènes se heurtant à de multiples écueils

La découverte de l'Amérique a été, pour les peuples indigènes, le début d'une longue descente aux enfers. Victimes de politiques discriminatoires et spoliatrices alors que, jusqu'au début du XXe siècle, ils constituaient la majorité de la population du sous-continent, les Indigènes n'ont suscité que mépris, incompréhension et rejet. L'accession à l'indépendance au XIXe siècle n'a pas fondamentalement changé leur situation, même si les législateurs nationaux ont dû sauver les apparences et afficher un attachement hypocrite à la philosophie des Lumières et aux droits de l'homme. Différentes législations ont ainsi proclamé des droits culturels et territoriaux au profit des Indigènes. Pourtant, et jusqu'à la fin du XXe siècle, de nombreux intellectuels n'ont pas hésité à considérer les populations indigènes comme étant en voie d'assimilation par la société dominante – c'est-à-dire de dissolution dans celle-ci. Dans un premier temps, on a pu voir dans les populations indigènes un facteur de désunion au moment de la Constitution des États-nations au lendemain de l'indépendance. Mais la question s'est rapidement déplacée sur le terrain économique, et les Indigènes ont été considérés comme un obstacle au développement. Ainsi, l'histoire des peuples indigènes latino-américains est celle de l'exclusion, de la discrimination, voire de pratiques génocidaires.

Mais la rédaction de nouvelles constitutions dans les années quatre-vingt-dix, dans le prolongement logique de la démocratisation du sous-continent, a été l'occasion de reconnaître aux Indigènes des droits garantis par la norme suprême. On pouvait y voir une avancée significative, surtout sur le plan politique, dans la mesure où le droit international – notamment la convention 169 de l'OIT du 27 juin 1989 – reconnaissait déjà à ces populations des droits politiques, économiques et culturels. Tel est notamment le cas en Bolivie et en Équateur, deux pays dans lesquels la population indigène est particulièrement nombreuse – 65 % de la population nationale en Bolivie, 43 % en Équateur[1].

Comme l'explique Cletus Gregor Barié dans son étude consacrée aux nouveaux développements constitutionnels en Bolivie et en Équateur, la soumission, l'esclavage, la spoliation et l'acculturation ont été le quotidien des populations indigènes durant tout le XIXe siècle, tandis que le XXe siècle est davantage associé à des politiques paternalistes visant l'intégration – c'est-à-dire l'assimilation, pour ne pas parler de dissolution – de celles-ci. Par ailleurs, même si des droits collectifs ont été reconnus aux Indigènes dans un certain nombre de pays dès les années vingt, il a fallu attendre les années quatre-vingt et quatre-vingt-dix pour que le constituant prenne réel-

[1] On peut toutefois noter qu'en 2001, l'État équatorien estimait officiellement la population indigène à 6,8 % de la population nationale. Cette très forte sous-évaluation s'expliquait par le fait que le recensement de la population équatorienne a été réalisée sur la méthode de l'autodéfinition, seule étant comptabilisées comme indigènes les populations acceptant ce qualificatif malgré les difficultés sociales qui en découlent.

lement conscience de l'importance de reconnaître et de protéger effectivement un certain nombre de droits fondamentaux. Le discours favorable aux Indigènes s'est radicalisé au début du XXIe siècle, notamment du fait de l'arrivée des socialistes au pouvoir dans plusieurs pays. C'est notamment le cas en Bolivie et en Équateur.

Dans ces deux pays, le multiculturalisme a ainsi été reconnu comme une réalité incontournable impliquant la prise en compte de revendications légitimes de nature culturelle, économique et territoriale. Mais plus encore, le constituant a innové en évoquant les concepts de « *vivir bien* », de « *buen vivir* » ou encore de « Mère terre », assez délicats à définir car liés à des notions très ancrées dans la culture indigène et étrangères aux sociétés occidentales. Il s'agit pourtant de notions essentielles pour la compréhension de la nature et de l'importance des revendications indigènes qui dépassent souvent le cadre étroit de ce que l'« Occidental » interprète comme étant une priorité. Les intérêts collectifs et individuels des Indigènes viennent buter sur l'intérêt général tel que défini dans le cadre des États-nations.

Même si la Bolivie et l'Équateur divergent par les modalités d'organisation du « vivre ensemble » au sein d'une société plurinationale et multiethnique, ces deux États se rejoignent sur la nécessité de reconnaître aux Indigènes des droits économiques et sociaux particulièrement larges qui incluent le droit à un environnement sain sans lequel les autres droits sont fictifs. C'est le cas notamment avec la Constitution de l'Équateur qui consacre pas moins de sept articles au développement et à l'environnement, envisageant « les systèmes économiques, politiques, socioculturels et environnementaux » devant permettre d'assurer le « *buen vivir* ». De même, la « Mère terre », socle essentiel de l'existence indigène, est évoquée cinq fois par la Constitution de la Bolivie et vingt-sept fois par la Constitution de l'Équateur. Comme le montre Cletus Gregor Barié, il s'agit là d'un élément essentiel de la défense des droits des populations indigènes. Il est vrai que la nature constitue le fondement essentiel du mode de vie des Indigènes.

Or, la protection de l'environnement est rarement compatible avec le développement économique. Le développement des réseaux routiers et des barrages hydroélectriques, des activités extractrices et de prospection pétrolière, ou encore de l'exploitation forestière et de l'agriculture extensive, sont autant de menaces pour l'environnement. De telles activités sont représentent également des chances, pour les populations latino-américaines, de sortir de la pauvreté, voire de la misère, et il est difficile de leur faire admettre que les droits indigènes doivent bénéficier d'un traitement prioritaire, quitte à sacrifier l'intérêt général et le développement économique du pays. Les gouvernements se retrouvent ainsi investis d'une mission impossible : concilier la protection de l'environnement, indissociable de la défense des droits indigènes, et le développement de l'économie sans lequel une partie importante de la population est condamnée à demeurer dans un état de grande pauvreté.

Telle est la question au cœur de l'étude que consacre Gustavo Soto Santiesteban au Territoire indigène et Parc national Isiboro Sécure, ou TIPNIS. Situé en Amazonie bolivienne, ce territoire, couvert des plus belles et plus riches forêts humides d'Amérique latine, et abritant une biodiversité sans équivalent, renferme également de grandes richesses économiques qui expliquent l'importance que revêt, aux yeux du gouvernement, la construction d'un réseau routier devant favoriser l'exploitation desdites richesses et permettre le développement économique de la région.

Les conséquences de ces nouvelles infrastructures sur l'environnement sont catastrophiques, et l'on peut penser que les écosystèmes ne pourront s'en remettre. De plus, le projet dénote un manque de vision à long terme de la part du gouvernement, en raison des conséquences économiques de la dégradation de l'environnement, notamment la perturbation du régime hydrique des fleuves de la région et la stérilisation des sols qui ruinent les cultivateurs.

Or, le gouvernement bolivien se targue haut et fort d'avoir à cœur la protection des populations indigènes. Le président bolivien Evo Morales, lui-même d'origine indigène, s'est d'ailleurs employé à constitutionnaliser les droits indigènes, la Constitution du 7 février 2009 prévoyant notamment la consultation préalable obligatoire des peuples indigènes avant l'exploitation des ressources naturelles non renouvelables sur leurs territoires.

Malheureusement, la protection juridique des droits indigènes est factice. Comme le montre Gustavo Soto Santiesteban, la région du TIPNIS attire, depuis plusieurs décennies, les convoitises de certains acteurs économiques sur fond de rivalités politiques. Plus encore, en cas d'incompatibilité entre les droits indigènes et les impératifs de développement économique, les premiers sont sacrifiés aux seconds. Or, ce sont les mêmes dirigeants qui ont fait avancer comme jamais auparavant la cause indigène et ont permis une large constitutionnalisation des droits indigènes, et qui remettent gravement en cause l'avenir des populations indigènes en sacrifiant leur environnement.

Il y a là une ambiguïté savamment entretenue, révélatrice d'un comportement, certes, déroutant et ambigu, mais moins incohérent qu'il n'y paraît de prime abord, et qui s'explique essentiellement par le fait que les gouvernants sont tenus de tenir compte d'impératifs parfois inconciliables. Il paraît en effet difficile, pour un gouvernement, d'hypothéquer le développement économique d'un pays où une partie importante de la population est toujours dans un état de grande pauvreté, même si c'est le prix à payer pour protéger un patrimoine naturel incomparable et irremplaçable. Il y va notamment de la stabilité du régime politique dont la légitimité pourrait être remise en cause par les populations qui ne comprendraient pas que le gouvernement se plie à des impératifs écologiques, même si le développement économique ne peut se réaliser à n'importe quel prix et si donner la priorité à celui-ci relève souvent d'un choix à courte vue qui hypothèque grandement l'avenir, y compris économique.

Mais la question est loin d'être uniquement économique, et revêt une dimension politique particulièrement importante. En effet, le gouvernement bolivien se doit de respecter le régime juridique du TIPNIS, et donc de protéger cette région de toute exploitation économique qui serait incompatible avec la conservation des richesses naturelles. C'est, dans l'État de droit qu'est devenue la Bolivie, un impératif dont il ne peut s'affranchir. Par ailleurs, la Constitution bolivienne affirme le caractère plurinational du pays, ce qui renforce la responsabilité du gouvernement dans la protection du cadre de vie des populations indigènes. La gestion du TIPNIS et les projets de développement économique sont donc largement antinomiques, et la tâche du gouvernement est d'autant plus ardue qu'il n'y a, ni en matière de développement économique, ni en matière de protection de l'environnement, de demi-mesure possible.

Tous les pays latino-américains ne sont pas également confrontés à de telles difficultés de concilier les impératifs économiques de développement avec le respect des droits indigènes, alors même que la prise en compte de ces derniers par les gouvernements et les juristes soulève souvent d'importantes difficultés. Il en va ainsi de la défense du droit de propriété des communautés indigènes au Pérou, à laquelle Antonio Peña Jumpa consacre son étude.

Dès le départ, lesdites communautés ne sont pas placées sur un pied d'égalité. En effet, autant les communautés andines sont mondialement connues – et donc reconnues – par le fait qu'elles descendent de grandes civilisations comme la civilisation inca, autant les communautés amazoniennes ne font pas l'objet d'une telle reconnaissance. Cela est d'autant plus regrettable qu'elles ont prouvé leur capacité à jouir des différents étages écologiques de l'Amazonie, non seulement sans les détruire ou les détériorer, mais aussi à les entretenir et à les mettre en valeur, apportant la preuve qu'une gestion raisonnée des richesses naturelles permet de les pérenniser. Cette inégalité entre les communautés andines et les communautés amazoniennes pose d'emblée la question de l'affirmation et de la protection de leurs droits, sachant que l'on ne peut envisager la coexistence de législations indigènes trop nombreuses accordant un traitement spécifique pour chaque communauté indigène.

Sur le fondement d'études de terrain menées auprès de diverses communautés andines et amazoniennes, Antonio Peña Jumpa revisite la notion de communauté indigène sur laquelle repose le droit le plus important pour la préservation de l'ensemble des droits indigènes : le droit de propriété. Si, à l'instar de l'auteur, on définit la communauté comme « un système de vie qui identifie les membres d'un groupe humain ou social, installés dans un espace physique déterminé, qui décident de se livrer à des pratiques communautaires pour leur développement et de soumettre leurs décisions individuelles ou familiales aux décisions collectives », on peut en déduire que chaque communauté devrait être soumise à une législation particulière prenant ainsi en considération la diversité des cultures, des usages et des coutumes et assurant la protection du territoire sans laquelle la pérennité des communautés indigènes ne saurait être assurée.

Le premier des droits est donc le droit de propriété. Or, la conception de la propriété diffère, non seulement entre les communautés indigènes et la communauté nationale, mais aussi entre les communautés indigènes, selon que celles-ci sont localisées dans les Andes ou en Amazonie. Ainsi, dans les communautés andines, la propriété peut être individuelle, familiale ou communautaire, tandis que dans les communautés amazoniennes, seules sont reconnues les propriétés familiales et communautaires. En Amazonie, les propriétés sont généralement plus étendues que dans les Andes. Dans les deux régions étudiées, la liberté d'usage du bien possédé varie, même si l'intérêt de la communauté doit primer celui de la famille ou de l'individu. De même, le transfert du droit de propriété varie en fonction du titulaire et de l'acquéreur présumé. L'ensemble de ces variantes, qu'étudie en détail Antonio Peña Jumpa, sont destinées à protéger le plus efficacement possible les droits des peuples indigènes, non seulement les droits fonciers, mais aussi, indirectement, les droits culturels et identitaires qui s'enracinent dans la propriété et l'usage d'un territoire et des ressources naturelles qu'il abrite.

Les spécificités et la variété de la propriété indigène rendent difficile la prise en considération par le constituant ou le législateur national. Celui-ci ne peut prendre en compte le droit de propriété indigène que de façon globale, sans entrer dans les détails.

C'est la principale raison pour laquelle le droit de propriété indigène fait essentiellement l'objet de dispositions constitutionnelles qui se contentent de fixer un cadre juridique global dans lequel les droits indigènes peuvent être affirmés et protégés. Ainsi, la Constitution péruvienne de 1993 proclame le droit de propriété andine et amazonienne. Cela a nécessité une adaptation des principes civilistes européens, encore prégnants en droit péruvien, à la réalité péruvienne, en particulier sur la question des communautés indigènes andines et amazoniennes. Par exemple, si l'article 70 de la Constitution proclame l'inviolabilité du droit de propriété, il va de soi que cette disposition ne suffit pas à permettre une articulation juridique entre les droits de propriété individuelle, familiale et communautaire. Il faut, pour cela, s'en remettre aux droits coutumiers indigènes dont on peut penser qu'ils prennent particulièrement bien en compte la diversité des situations concrètes et apportent des solutions pratiques aux conflits éventuels. Le constituant péruvien a ainsi pris soin d'ajouter quelques dispositions spécifiques aux communautés andines et amazoniennes, dont il a assuré la portée effective en rappelant la portée constitutionnelle de la convention n° 169 de l'OIT relative aux peuples indigènes et tribaux dans les pays indépendants. Ainsi, selon l'article 89 de la Constitution, les communautés autochtones bénéficient de la personnalité morale, de l'autonomie dans leur organisation, notamment sur le plan économique et administratif, de la protection de leurs terres, spécialement ce qui concerne le droit de propriété – avec l'affirmation des principes d'imprescriptibilité, d'inaliénabilité et d'insaisissabilité – et d'utilisation – qui englobe notamment la jouissance des ressources naturelles –, et le respect de l'identité culturelle.

Le modèle juridique des États latino-américains a souvent minimisé les traditions culturelles – notamment juridiques – des peuples ancestraux, montrant ainsi, si tant est que cela soit nécessaire, les limites concrètes de l'approche occidentale et universaliste des droits de l'homme. Certes, les pratiques des justices indigènes ne satisfont pas toujours aux prérequis occidentaux, voire sont parfois jugées irrecevables au regard de ces derniers – car estimées violentes, dégradantes, contraires aux droits de l'homme tels que les libéraux les définissent et qui sont censés avoir une portée universelle —, mais elles ont aussi le mérite de respecter la cosmovision des peuples indigènes et de dépasser la conception moniste de la défense de leurs droits qu'impose la vision « occidentalocentrique ».

Aux droits indigènes doit donc être reconnue une protection indigène assurée par des institutions et des procédures propres, n'en déplaise aux Occidentaux si fiers de la supériorité autoproclamée et de l'universalisme de leur droit.

Le premier défi que soulève une telle démarche est la remise en cause de l'État-nation – de surcroît unitaire – et la reconnaissance de sa nature plurinationale et multiculturelle. Il conduit à s'interroger sur la définition des droits auxquels il convient d'assurer une protection. C'est en effet la légitimité des droits qui peut fonder celle du pluralisme juridique. Tous les droits indigènes méritent-ils d'être protégés ? Sont-ils hiérarchisés ? Comment les articuler avec le droit national ? Comment, enfin, appuyer les droits indigènes par une reconnaissance en droit interne, notamment par leur constitutionnalisation ? Tels sont les principaux – mais non les seuls – défis que soulèvent la reconnaissance des droits indigènes et leur protection par les États latino-américains.

L'exemple de l'Équateur, auquel Christian Masapanta Gallegos consacre son étude, est particulièrement riche d'enseignements. En effet, dans ce pays, les droits indigènes ont fait l'objet d'une constitutionnalisation qui a menacé leur particularité par rapport au droit étatique. En étant constitutionnalisés par l'État, ils sont devenus des droits étatiques applicables à certaines parties de la population. Certes, il n'y a pas lieu de reprocher à l'Équateur d'avoir procédé à une telle constitutionnalisation, ne serait-ce que parce que cette dernière est en partie la conséquence logique de la reconnaissance des droits indigènes par le droit international – universel ou régional. Mais l'on peut craindre une tendance hégémonique gommant progressivement, dans un premier temps, la spécificité des droits indigènes, dans un second temps, leur existence même.

De même, en proclamant le principe d'égalité devant la loi, le système juridique équatorien ne protège pas les Indigènes d'éventuelles discriminations dont ils pourraient faire l'objet par une application uniforme d'un droit unique. Au contraire, il induit des processus d'exclusion et de marginalisation de certains groupes humains qui finissent par être placés dans une situation de particulière vulnérabilité. Paradoxalement, l'égalité juridique conduit à des pratiques discriminatoires, la spécificité des cultures et des coutumes indigènes, qui s'exprime notamment par un corpus juridique propre, n'étant pas défendue et prolongée par un système juridictionnel capable de donner toute son effectivité au droit indigène.

Enfin, en définissant l'Équateur comme un État, certes, unitaire, mais aussi interculturel et plurinational, la Constitution a permis la reconnaissance d'autres cultures et d'autres nationalités sur le territoire de cet État, tout en laissant subsister le risque d'une politique d'assimilation et d'homogénéisation du fait de la réaffirmation du principe de l'État-nation qui, par définition, fait correspondre un État avec une seule nation : l'affirmation du caractère plurinational de l'Équateur apparaît donc comme particulièrement ambiguë.

Une solution retenue a été celle de la coexistence, sur le territoire national, de juridictions nationales et de juridictions indigènes chargées d'appliquer, le droit national pour les premières, le droit indigène pour les secondes, mais elle ne répond qu'imparfaitement aux attentes et aux besoins des justiciables, confrontant inévitablement ces derniers à une insécurité juridique en raison des problèmes pratiques qu'elle soulève, notamment la détermination de la juridiction compétente, la portée des jugements, les modalités de leur exécution, *etc.*.

Christian Masapanta Gallegos se livre ainsi à un travail de déconstruction du modèle d'État national et de recherche des conditions de construction d'un État plurinational et multiculturel permettant la reconnaissance des droits de certains groupes qui méritent une protection particulière en raison, d'une part, de leurs spécificités culturelles, d'autre part, de leur faiblesse particulière et des risques d'exploitation qui les menacent en raison de leur localisation dans des régions qui attirent souvent la convoitise des industries extractrices, pétrolières et forestières, entre autres.

La reconnaissance du multiculturalisme des sociétés latino-américaines soulève de nombreuses questions juridiques et politiques. Parmi celles-ci, la plus importante semble être celle de la conciliation de la diversité ethnique et culturelle avec la proclamation de l'universalité du droit et de l'unité de la Nation. Celle-ci conduit parfois le constituant à faire des choix qui, de prime abord, ne manquent pas d'étonner le juriste occidental habitué à des choix plus clairs et, *a priori*, plus cohérents.

Ainsi, la Constitution colombienne de 1991 proclame, à l'article 7, que « l'État reconnaît et protège la diversité ethnique et culturelle de la Nation », rappelant ainsi implicitement le caractère « mononational » de l'État colombien tout en reconnaissant le pluriculturalisme.

Mais, outre cette ambiguïté sémantique, le constituant équatorien a également et surtout ouvert la boîte de Pandore jurisprudentielle de la protection des droits collectifs des peuples indigènes, qui va, par définition, bien au-delà de leur reconnaissance individuelle. La Cour constitutionnelle colombienne fait ainsi œuvre novatrice en assurant aux peuples indigènes une protection collective des droits fondamentaux évoqués dans les premiers articles de la Constitution.

Dans son étude consacrée au multiculturalisme et aux droits de l'homme collectif en Colombie, Natalia Rodríguez Uribe met ainsi en évidence les limites de l'universalisme juridique dans les États plurinationaux, ce qui peut expliquer que les constituants latino-américains, à l'instar du constituant colombien, se soient parfois montrés réticents à reconnaître le caractère plurinational des sociétés, d'où l'utilisation d'expressions aussi souples – et potentiellement ambiguës – que celle, retenue par l'article 7 de la Constitution colombienne, de « diversité ethnique et culturelle de la Nation ».

Par ailleurs, la doctrine dominante, notamment en Europe, se montre souvent réticente à s'écarter de la tradition individualiste en matière de droits de l'homme, préalable pourtant indispensable à la reconnaissance des droits collectifs des peuples indigènes, et ceci malgré les avancées doctrinales les plus significatives en la matière qui ont été permises par le droit international, non seulement la convention 169 de l'OIT, mais aussi un certain nombre de conventions régionales.

Dès lors se pose la question de la conciliation de l'universalité des droits de l'homme avec la reconnaissance de droits collectifs aux peuples indigènes. Natalia Rodríguez Uribe fait remarquer très pertinemment que la France et le Royaume-Uni se sont montrés fort réservés lorsqu'il a été question d'inclure, dans la Déclaration sur les droits des peuples autochtones, des droits collectifs. Une telle inclusion allait très nettement à l'encontre des conceptions classiques des droits de l'homme. Il est vrai que l'on pouvait craindre – et cela s'est d'ailleurs vérifié – que l'on ne puisse pas obtenir la protection de certains droits aux peuples indigènes en faisant abstraction de leur dimension collective.

Pour autant, hormis cet écueil pratique, l'affirmation de droits de l'homme collectifs présente des avantages. Elle permet notamment une protection plus effective des droits des peuples indigènes dès lors qu'ils sont proclamés et conceptualisés sur le plan collectif.

Toutefois, si le concept de droits collectifs peut paraître simple *a priori*, puisque lesdits droits ne se différencieraient des droits individuels que par le fait que leurs titulaires seraient des groupes de personnes et non des individus, deux questions se posent. D'une part, qu'est-ce qui fait qu'un groupe humain est spécifique au point de bénéficier d'un droit collectif ? D'autre part, dès lors que sont reconnus des droits collectifs, que deviennent les droits individuels de chaque membre ?

Toute la difficulté réside donc dans la définition des droits collectifs, tant au niveau du concept qu'à celui du contenu. La question est d'autant plus importante que, comme l'a remarqué Natalia Rodríguez Uribe, l'existence de droits de l'homme collectifs a cessé d'être une simple « expression à la mode » pour devenir le pilier des systèmes juridiques qui cherchent à garantir les droits des peuples indigènes.

La proclamation des droits indigènes, même au niveau constitutionnel, ne peut en aucun cas suffire à en garantir la portée. Il faut également prévoir des procédures juridictionnelles permettant de les appliquer ou de sanctionner leur non-respect. Or, les juridictions étatiques ne sont pas toujours capables de remplir une telle mission. Non seulement les procédures et les modes de raisonnement juridique sont imprégnés du droit « occidental » et ne permettent pas de saisir toute la subtilité des droits indigènes, mais il serait également illusoire d'espérer des juridictions nationales qu'elles connaissent en détail l'ensemble des règles et des principes juridiques en vigueur dans les différentes communautés indigènes concernées. Ainsi paraît-il nécessaire, voire indispensable, de reconnaître la compétence et la légitimité des juridictions indigènes, chargées d'appliquer le droit spécifique à chacune des communautés indigènes.

Tel est le sujet auquel Antonio Peña Jumpa consacre sa seconde contribution au présent ouvrage, en comparant les systèmes juridictionnels indigènes des Andes et de l'Amazonie péruviennes. À partir d'un ensemble de recherches de terrain menées auprès des communautés aymaras et aguarunas, l'auteur a pu mettre en évidence l'existence d'un ensemble d'authentiques institutions juridictionnelles communautaires chargées de résoudre les divers litiges pouvant apparaître, soit au sein d'une communauté, soit dans le cadre des relations intercommunautaires.

Dans les cas étudiés, il apparaît que l'on se trouve en présence d'authentiques organes juridictionnels qui appliquent des procédures précises et rendent des décisions reposant sur un raisonnement juridique rigoureux et revêtues, en règle générale, de l'autorité de la force jugée. La nature et la composition des juridictions varient en fonction de l'objet du litige à résoudre. Ainsi, chez les Aymaras, coexistent des organes « informels » de résolutions des litiges, que l'auteur appelle « familiaux-parentaux », et des organes « formels », ou encore « politico-communautaires ». Bien entendu, chaque type de juridiction a un domaine de compétences bien précis, le degré de spécialisation pouvant être particulièrement poussé, notamment en ce qui concerne les jugements des organes politico-communautaires qui bénéficient en outre d'une reconnaissance particulière de l'État péruvien. Les communautés aguarunas ont retenu une organisation juridictionnelle assez proche de celle des Aymaras, mais un certain nombre de caractéristiques les distinguent toutefois. Selon les types de litiges, les organes de résolution peuvent être l'émanation des familles concernées, la direction communautaire, le président de la milice, l'assemblée communautaire ou une juridiction spécialisée représentant l'OCCAAM (Organisation centrale des communautés aguarunas du Haut Marañón). Les procédures appliquées sont généralement très formalisées.

Ainsi, comme le montre Antonio Peña Jumpa, l'existence de ces organes juridictionnels facilite grandement l'application du droit communautaire et garantit son effectivité.

Pour autant, on doit se garder de surestimer l'intervention du juge dans la résoution des problèmes juridiques que soulève la question indigène en Amérique latine. En effet, même si la juridicisation des conflits contribue à la pacification des rapports des Indigènes avec les autres composantes des sociétés nationales, elle soulève, à son tour, des interrogations et laisse planer des incertitudes sur le statut et les droits et obligations des populations indigènes. Comme le montre Cristóbal Carmona Caldera dans son étude consacrée à l'indétermination du droit dans la résolution des conflits interculturels et à ce qu'il appelle le « tragique » dans la décision judiciaire, la grande difficulté à laquelle se trouve confronté le juge saisi d'un litige impliquant des populations indigènes est de définir les normes, les principes juridiques et les valeurs morales sur lesquels il lui revient de fonder sa décision.

Le juge doit trancher, non pas « entre le bien et le mal, entre le blanc et le noir, [mais] entre le gris et le gris ». Or, comme le souligne Cristóbal Carmona Caldera, cela suppose, soit qu'il n'y ait pas de solution rationnelle ou correcte au conflit, soit qu'il faille choisir entre deux principes incompatibles, et donc de sacrifier l'un d'eux. Le juge se trouve ainsi placé dans une situation délicate, puisqu'il lui est demandé d'appliquer et d'interpréter le droit indigène qui ne présente pas forcément le même caractère objectif et rationnel que le droit occidental auquel il est formé. Se pose ainsi la question de la légitimité du jugement rendu, puisque le juge doit combiner des normes, des méthodes d'interprétation et des raisonnements acceptables à la fois par les Indigènes et par l'ensemble de la population.

Ainsi, c'est moins le conflit impliquant des populations indigènes que sa résolution par le juge qui revêt une dimension « tragique », comme le dit Cristóbal Carmona Caldera qui fait sienne l'idée que défend Paul Ricœur[1] : dès lors que le juge doit choisir la solution au litige parmi plusieurs qui sont tout aussi recevables, juger « suppose par définition un domaine d'indécision » du fait de l'existence de deux normes ou principes *a priori* équivalents quoiqu'appartenant à des « univers normatifs différents ». La

---

[1] Paul RICŒUR, « La conscience et la loi. Enjeux philosophiques », *Le juste*, tome 1, Paris, Éditions Esprit, 1995, p. 219.

difficulté, l'ambiguïté et l'importance majeure de l'intervention du juge dans les conflits interculturels résident dans le fait que celui-ci doit intervenir simultanément dans des systèmes normatifs différents – voire antagoniques – qui sont l'expression de traditions juridiques différentes, mais d'équivalente légitimité, ce que n'admettent pas toujours les membres des communautés impliquées.

Cristóbal Carmona Caldera envisage ainsi, dans sa contribution, la « tragédie des valeurs » et la « tragédie de l'action » dans les conflits interculturels, en s'appuyant plus particulièrement sur l'exemple de la jurisprudence rendue dans la région chilienne de l'Araucanie sur la recevabilité des accords de réparation en matière de violence domestique.

Si l'extrême pauvreté dans laquelle vivent souvent les populations indigènes en Amérique latine, les injustices dont elles font quotidiennement l'objet et le mépris qui se lit dans les yeux de blancs trop sûrs d'une prétendue supériorité civilisationnelle – voire biologique – sont autant de conséquences de l'exploitation dont celles-ci font l'objet, victimes de la cupidité et de la bêtise humaine, la situation des enfants, condamnés à la pauvreté et qui n'ont souvent d'horizon que les limites de leur village, plus prison que refuge, est insupportable. Héritiers de siècles d'exploitations, ils ont pour avenir celui que leur concèdent les blancs au pouvoir politique, administratif ou économique. Rien ne semble pouvoir changer leur situation, ce qui ne la rend pas pour autant acceptable. Particulièrement vulnérables en raison de leur âge et de leur faiblesse physique et mentale, les enfants et les adolescents doivent bénéficier d'une protection particulière. Il s'agit là d'un impératif à la fois humain, moral, juridique et politique. Sujets de droit, titulaires d'un vaste ensemble de droits de l'homme, ils doivent être libérés de cet état d'asservissement dans lequel ils sont maintenus, souvent pour le plus grand profit de la population dominante, blanche et de culture occidentale. Telle est l'idée défendue par Maria Delia Bueno dans son étude consacrée à l'enfant indigène.

La question est d'autant plus délicate que les enfants ont des besoins spécifiques, en matière de nutrition, de santé, d'éducation et de protection de leur culture, et qu'ils sont titulaires, non seulement de droits de l'homme universellement reconnus, affirmés et garantis par le droit international, mais aussi de droits spécifiques répondant à leur situation de particulière vulnérabilité. Or, depuis des siècles, l'Amérique latine est coupable de défaillances notoires en matière de protection des droits économiques, sociaux et culturels, et les conditions essentielles de la dignité humaine sont loin d'être assurées.

La situation des enfants et des adolescents indigènes en Amérique latine n'est pas récente. Dès le début de la période coloniale au XVIe siècle, puis après l'accession à l'indépendance et la conquête du pouvoir par les élites blanches et métisses au XIXe siècle, les Indigènes, et tout particulièrement les jeunes, ont été victimes de politiques, soit d'assimilation et d'acculturation, soit de discrimination, dans le but d'étouffer toute « indianité » chez ces futurs adultes indigènes qui pourraient être tentés de remettre en cause la position dominante des populations dominantes. À quelques rares exceptions près, il a fallu attendre la fin du XXe siècle et la troisième vague de démocratisation prolongée par une intense activité constituante pour que les constitutions latino-américaines prennent enfin en compte la réalité indigène et assurent aux populations indigènes la protection qui leur faisait cruellement défaut. Les États latino-américains se sont alors reconnus comme pluriculturels et multiethniques.

Pour autant, comme le souligne pertinemment Maria Delia Bueno, les enfants et les adolescents indigènes demeurent dans un état de particulière vulnérabilité qui n'est pas toujours facile à établir : la gestion aléatoire des registres d'état civil permet de passer sous silence un certain nombre de naissances et ainsi de réduire d'autant l'importance numérique officielle des populations indigènes tout en cachant les violations des droits dont ils sont victimes ; de même, leur identité est relativement facilement niée, ou gommée par des politiques d'acculturation ; enfin, ils apparaissent comme les plus pauvres d'entre les pauvres, d'où des taux de mortalité infantile particulièrement élevés. Ethnocide et génocide se poursuivent, lentement. La cosmovision, si importante dans la culture indigène, ne se transmet alors que difficilement entre les générations. Ainsi, par l'intermédiaire des enfants et des adolescents, on cherche à réduire le poids des populations indigènes dans les sociétés nationales.

Heureusement, comme le montre Maria Delia Bueno, des solutions existent. La première d'entre elles est de conforter le socle familial et les liens de parenté et communautaires afin que les enfants jouissent d'un développement harmonieux. Mais cela suppose que l'État remplisse ses obligations, notamment sur le plan juridique, en garantissant l'intégrité des territoires indigènes. De façon plus générale, une approche pluridisciplinaire de la question indigène doit permettre une meilleure garantie des droits indigènes, en particulier de ceux des enfants et des adolescents, mais elle requiert une démarche de « décolonisation », pour reprendre l'expression de Maria Delia Bueno.

NOUVEAUX RÉCITS CONSTITUTIONNELS EN BOLIVIE ET EN ÉQUATEUR : LE « *VIVIR BIEN*[1] » ET LES DROITS DE LA NATURE

Cletus GREGOR BARIÉ

Depuis l'Indépendance, les législateurs latino-américains se sont préoccupés de façon récurrente de l'existence des peuples indigènes, ceux qui, encore au début du XXe siècle, représentaient la majorité de la population. De nombreuses dispositions législatives et documents officiels ont fait une mention directe ou indirecte aux peuples indigènes, qualifiés d'*Indiens*, de *naturels*, de *tribus* ou d'*Aborigènes*. Toutefois, les peuples indigènes ont été généralement vus comme des sources d'obstacles pour le développement d'une culture nationale et d'un marché unifié. Jusqu'à ces dernières années, de nombreux intellectuels, comme Juan José Sebreli (1991), voyaient dans les peuples indigènes de simples groupes en transition et en dissolution (pacifique ou forcée) vers une société dominante.

De fait, il existe une histoire pénible et honteuse de l'exclusion, de la discrimination, voire du génocide, encouragés ou légitimés par des juristes et des hommes politiques à travers des instruments juridiques (CLAVERO, 2002). Comme exemple parmi bien d'autres de cette logique d'exclusion, en 1854, le président de l'Équateur, José María Urbina, promulgua un décret qui établissait qu'« il est un devoir strict du Gouvernement de sortir de la barbarie et de faire prendre le chemin de la civilisation aux tribus indigènes qui habitent dans la partie orientale de la République » (*in* LEBOSO, 2009).

Les historiens ont identifié plusieurs tendances et discours généraux d'exclusion de la population indigène depuis la conquête, basés principalement sur la destruction physique et la soumission physique et morale, dans le prolongement de la colonisation qui a impliqué principalement la subordination, l'esclavage et l'endoctrinement religieux. Le XIXe siècle se caractérise

---

[1] Les expressions « *vivir bien* » et « *buen vivir* » ne sont pas traduisibles en français. Elles correspondent à une conception de l'écologie politique contemporaine en Amérique latine basée sur les connaissances ancestrales des peuples autochtones, qui vise à trouver un équilibre, la recherche de l'harmonie entre l'homme et la nature, et qui prévoit un retour à un mode de vie qui a été supprimée par colonisation (NDT).

par la dissolution des droits collectifs et des possessions indigènes fondés sur le libéralisme et le positivisme comme idéologies. Le XXe siècle est généralement associé à des politiques paternalistes, comme l'indigénisme, qui cherchaient l'intégration, volontaire ou forcée, des communautés. Durant les années quatre-vingts et quatre-vingt-dix, les politiques multiculturelles et de reconnaissance des identités ont mené d'importantes réformes politiques de démocratisation et de promotion des mécanismes du marché. Finalement, le début du XXIe siècle a vu la formation de nouveaux gouvernements de tendance socialiste, en particulier en Bolivie, en Équateur et au Venezuela, avec de forts discours de soutien à la cause indigène. Toutefois, ces mêmes gouvernements ont dû aussi affronter des résistances de communautés locales contre des politiques d'extraction (YRIGOYEN, 2011, GUDYNAS, 2012a).

Telles sont quelques tendances globales, le développement institutionnel et législatif dans la région en ce qui concerne les peuples indigènes, qui présentent des facettes nombreuses et variées, surtout quand on analyse des situations nationales ou sous-nationales spécifiques. Il y a de nombreux exemples de penseurs qui ont mené des réflexions critiques sur cette thématique, comme l'auteur péruvien José Carlos Mariátegui dans les années vingt, le juriste mexicain Lucio Mendieta y Núñez dans les années trente, ou le juriste chilien Alejandro Lipschutz dans les années soixante-dix.

Il existe également des antécédents inestimables de politiques fondées sur la protection juridique et un traitement plus respectueux des peuples indigènes qui n'ont pas été suffisamment explorés. Par exemple, en 1920, le Pérou a été le premier pays d'Amérique latine à reconnaître des droits collectifs dans sa Constitution ; en 1925, le Panama a accordé au peuple Kuna un statut autonome ; et en 1945, le Guatemala a défendu la mise en œuvre d'une politique globale de développement économique, social et culturel des groupes indigènes (article 83 de la Constitution). Enfin, les peuples indigènes sont mentionnés dans les législations d'Amérique latine depuis leur indépendance. Toutefois, cette référence ne représente pas une politique cohérente, mais apparaît de manière circonstancielle et, en général, prédomine une conception libérale classique de l'État et fondée sur les droits individuels (BARIÉ, 2003, p. 81-86).

De l'urgence à la consolidation du multiculturalisme[1]

Une nouvelle façon d'appréhender les droits des peuples indigènes apparaît en 1985 avec la Constitution guatémaltèque, quatre ans avant la présentation de la convention 169 de l'Organisation internationale de travail (OIT). Cette réforme s'inspire aussi des discussions internationales et des progrès enregistrés dans d'autres pays comme le Canada qui assume en 1982, pour la

[1] Les paragraphes suivants sur le constitutionnalisme multiculturel sont basés sur BARIÉ (2005).

première fois, dans le *Constitution Act* (une sorte d'amendement constitutionnel) son legs multiculturel et introduit un chapitre sur les droits des peuples aborigènes du Canada, consacré spécialement à la question des traités entre les Indigènes et les États.

La Constitution du Guatemala présente déjà quelques caractéristiques embryonnaires de ce que l'on a ensuite appelé un « nouveau modèle multiculturel », une nouvelle façon d'accepter les Indigènes comme groupe collectif et de leur accorder une certaine protection de leur communauté, de leur culture et de leurs terres : « Le droit des personnes et des communautés à leur identité culturelle » (article 58) signifie que, pour la première fois, est reconnu et garanti aux peuples indigènes le droit de vivre collectivement selon leurs propres coutumes. Plus tard, dans d'autres constitutions, on a retrouvé cette idée et on a pu parler de « nation multiethnique et multiculturelle ». On affirme aussi que les Indigènes ont le droit de s'organiser et de conserver leurs propres coutumes, leurs croyances, leurs langues et un système éducatif respectueux de leur culture.

Les terres des communautés indigènes sont protégées par l'État (article 67). Ceci est très important, car les Indigènes guatémaltèques ont été déplacés et exterminés durant de nombreuses années de guerre civile. Aujourd'hui, dans certaines constitutions, ces terres sont inaliénables, imprescriptibles et insaisissables.

L'État s'engage également à accroître la superficie des terres qu'occupent les Indigènes, après de nombreux siècles de spoliation : « L'État fournira des terres publiques aux communautés indigènes. » (article 68) Plusieurs constitutions de la région annoncent un plus large accès aux terres, que ce soit par le biais d'une réforme agraire (article 184 de la Constitution du Brésil), le développement de l'accès à la propriété de tous les travailleurs agricoles (article 64 de la Constitution de la Colombie), ou en visant directement les territoires indigènes (article 84 alinéa 3 de la Constitution de l'Équateur de 1998).

Un sujet important est la définition des Indigènes comme descendants de groupes qui ont précédé la formation de l'État, ce qui implique que l'on reconnaisse que les Indigènes étaient là initialement, et que ce n'est qu'ensuite qu'ont été créés les États. Ceci est le fondement de l'acceptation d'un pluralisme juridique, d'un régime d'autonomie ou de la récupération de terres.

En 1987, au Nicaragua, le gouvernement sandiniste, pressé par des revendications indépendantistes dans les régions de peuplement indigène, a élaboré une nouvelle constitution qui respectait la population indigène de la côte atlantique. Le Brésil adopta, en 1988, l'une des définitions les plus larges et les plus concrètes à l'époque de la territorialité indigène qui inclut des terres habitées, utilisées et nécessaires pour le bien-être des Indigènes (article 231 alinéa 1).

En 1991, la Colombie renforça encore plus les garanties accordées aux peuples indigènes : les territoires indigènes peuvent être des entités territoriales comme des unités politico-administratives. Elle établit en outre des mécanismes de représentation indigène au Parlement et instaura une tradition du droit coutumier à l'article 246 : « Les autorités des peuples indigènes pourront exercer des fonctions juridictionnelles dans leur cadre territorial, conformément à leurs propres normes et procédures, pourvu qu'elles ne soient pas contraires à la Constitution et aux lois de la République. »

L'année suivante, en 1992, le Mexique modifia sa Constitution politique, la Constitution historique de Querétaro de 1917, en reconnaissant sa « composition multiculturelle » et la protection de l'intégrité des terres des groupes indigènes. En outre, en 2001, fut approuvée une autre réforme constitutionnelle qui transférait les compétences en la matière aux États fédérés.

Le Paraguay suivit la tendance multiculturelle en 1992 et inclut presque tous les droits déjà existants. Au Pérou, sous la présidence d'Alberto Fujimori, une assemblée constituante élabora la Constitution de 1993 qui comportait des avancées en matière de reconnaissance culturelle (droit à l'identité, à l'éducation, et droit coutumier), mais qui permettait l'aliénation, c'est-à-dire la vente, de la propriété. En 1995, la Bolivie accepta son origine multiethnique et pluriculturelle et reconnut l'espace vital des Indigènes sur les terres communautaires d'origine.

En 1994, l'Argentine confia au Congrès le soin de veiller sur la préexistence ethnique et culturelle des peuples indigènes et sur la propriété communautaire, et garantit plusieurs droits pour les peuples indigènes, concentrés dans un seul article de la Constitution (article 75, alinéas 17 et 18). En 1998, l'Équateur élabora un modèle multiculturel beaucoup plus avancé, avec une analyse environnementaliste, la reconnaissance du troc et un adage tiré du droit quechua. Enfin, en 1999, le Venezuela a finalement conclu la série des constitutions multiculturelles.

Finalement, l'apparition de ces nouveaux droits constitutionnels à l'échelle continentale est très différente des reconnaissances ponctuelles qui les précèdent. Ces constitutions se distinguent par la plus grande participation des organisations indigènes aux assemblées constituantes, des concepts modernes et une plus grande ampleur. Il existe actuellement toute une série de constitutions qui acceptent la population indigène comme acteur collectif de son propre destin, comme sujet et non comme objet de droits :

> La reconnaissance constitutionnelle par un ensemble d'États latino-américains du caractère multiethnique et pluriculturel de leurs populations, soutenue par la ratification de la convention 169 de l'OIT, constitue une rupture symbolique remarquable avec le passé. Il a été suggéré que nous pourrions peut-être parler « d'un modèle multiculturel régional émergent ». (ASSIES, VAN DER HAAR et HOEKEMA, 1999, p. 506).

Cadre 1 : passage de l'État multiculturel à l'État plurinational
dans les constitutions d'Amérique latine

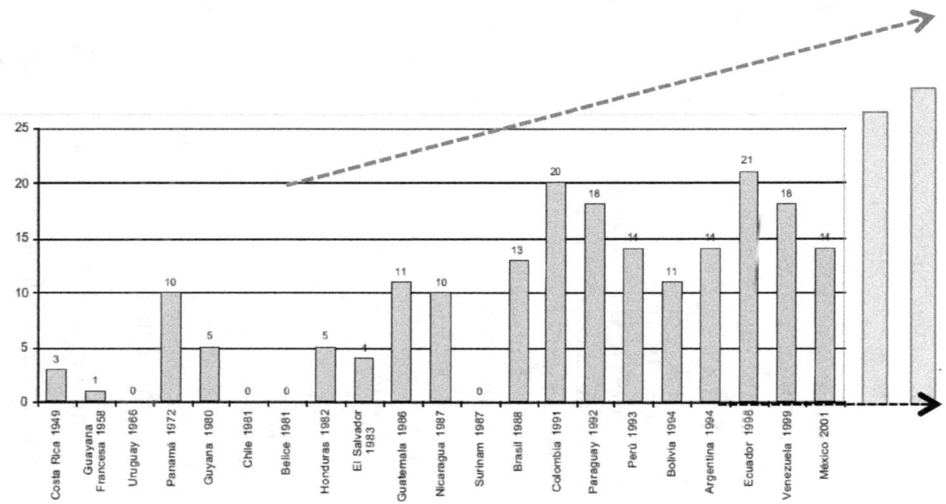

Les numéros indiquent le nombre de droits indigènes identifiés dans chaque constitution, selon les vingt-six catégories préalablement établies (BARIÉ, 2003). Les deux colonnes à droite des constitutions récentes d'Équateur et de Bolivie représentent seulement une estimation approximative, prenant en considération des catégories additionnelles qui sont apparues depuis, par exemple sur des peuples indigènes volontairement isolés, sur des systèmes de communication propres et sur des médecines traditionnelles.

Selon ces auteurs, les caractéristiques de ce modèle émergent sont la nature multiculturelle des sociétés, la reconnaissance des peuples indigènes comme collectivités différentes et infraétatiques, la loi coutumière, les droits collectifs de propriété protégés contre la vente, la fragmentation ou la confiscation, le statut social officiel des langues indigènes et la garantie d'une éducation bilingue.

L'importance de ce modèle étatique multiculturel, théorisé par Assies, van der Haar et Hoekema (1999), et par plusieurs autres auteurs comme Yrigoyen (2011) et Clavero (2008), a été empiriquement prouvée par une réforme historique des constitutions latino-américaines ; celui-ci est fondé sur vingt-six catégories liées à quatre grands blocs thématiques : 1. la reconnaissance générale des communautés indigènes comme collectivités, 2. les droits culturels, 3. les droits territoriaux et 4. les droits d'autonomie (BARIÉ, 2003). Il semble évident que le cycle de reconnaissances pluriethniques et multiculturelles a commencé avec la Constitution du Guatemala (1986-1987) et est arrivé à son apogée avec les constitutions de la Colombie, de l'Équateur et du Venezuela (1991, 1998, 1999). Un cycle différent de transformations beaucoup plus profondes a commencé avec le processus constituant en Bolivie et en Équateur (voir tableau 1).

Divers analystes ont rétrospectivement replacé l'urgence de ce modèle multiculturel dans le contexte plus vaste de la modernisation de l'État et des réformes économiques néolibérales postérieures. L'enthousiasme et l'optimisme initial ont fait place à une analyse plus sceptique et critique. Assies (2010, p. 60) analyse la majorité de ces réformes comme un « multiculturalisme manipulé » (*managed multiculturalism*) opposé au multiculturalisme transformateur (*transformative multiculturalism*) : « Le multiculturalisme vante la pluralité culturelle, mais sans effet concret durable pour les membres du groupe culturel opprimé. Par contre, des expressions transformatrices d'identités collectives redistribuent réellement le pouvoir et les ressources[1]. » La discussion n'est pas encore close : jusqu'à quel point ces pays ont-ils consolidé un multiculturalisme transformateur ?

La Bolivie et l'Équateur : une opportunité pour la comparaison

Le développement constitutionnel ultérieur au début du nouveau millénaire n'a pas encore fait l'objet d'une analyse et d'une comparaison systématiques, mais il paraît que les cas de l'Équateur (2008) et de la Bolivie (2009) représentent l'aboutissement de ce cycle, puisque ces pays ont commencé à évoluer vers une reconnaissance plurinationale, et non seulement pluriculturelle (voir tableau 2). Ces avancées impliquent une nouvelle conception interculturelle profonde de leurs institutions et de leurs sociétés et non

[1] « *Managed multiculturalism celebrates cultural plurality, but without concrete lasting effects for the members of the oppressed cultural group. By contrast, transformative expressions of group identities truly redistribute power and resources.* »

simplement la reconnaissance et le respect de quelque chose éloigné de l'« altérité » indigène. Ces constitutions laissent transparaître une intention manifeste d'avancer vers un multiculturalisme transformateur, pour esquisser un nouveau standard d'État plurinational et interculturel, comme l'a affirmé Miguel Palacín, le chef de l'organisation indigène CAOI (Coordination andine d'organisations indigènes) :

> Deux constitutions sur le continent proclament déjà l'État plurinational et le « *buen vivir* » : celles de la Bolivie et de l'Équateur. Leur matérialisation juridique et pratique est plus difficile dans un pays que dans l'autre, il y a des contradictions et des difficultés. Mais les peuples sont conscients qu'ils ont maintenant l'occasion historique de construire ce nouvel État et ce « *buen vivir* ». Et ils le feront avec l'État ou contre lui (*in* SOUSA SANTOS, 2010, p. 10).

Dans les deux pays, ces changements profonds sont liés à des leaderships forts et à des mouvements véhiculant un discours socialiste et antinéolibéral. Les gouvernements de gauche ont introduit des propositions et des revendications des mouvements indigènes et paysans dans leurs discours et dans leurs politiques (Robinson, 2011). Récemment, ces gouvernements ont commencé à perdre le soutien de certaines organisations indigènes qui perçoivent peu de changements substantiels dans leurs politiques économiques et se sentent trompées. En tout cas, la majorité de la population semble approuver ces chefs et les politiques sociales engagées, comme l'ont démontré les résultats de l'élection présidentielle de février 2013 en Équateur, où Rafaël Correa a obtenu plus de 57 % des voix (RUIZ MARRERO, 2011 ; DE LA TORRE, 2013).

En conclusion, il existe des similitudes surprenantes entre ces deux récents processus politiques, en particulier en ce qui concerne :

a) une arrivée au pouvoir de gouvernements réformistes avec des chefs forts et charismatiques,

b) des processus constituants hautement participatifs donnant aux peuples indigènes des possibilités de comparaison des expériences dans les deux pays,

c) des concepts constitutionnels innovants, liés au développement et à une vision progressiste,

d) des politiques significatives de redistribution, fondées sur une plus grande participation économique et sur l'incitation à l'exploitation des ressources naturelles (« néoextractivisme », GUDYNAS, 2012a),

e) un éloignement progressif et un conflit entre les organisations indigènes et les gouvernements, qui mettent en évidence différentes visions sur l'utilisation et la gestion des ressources naturelles : « Les politiques de ressources naturelles révèlent de très grandes contradictions entre ces gouvernements progressistes. Dans ce cas, le fossé est évident entre la rhétorique et la réalité politique. » (BLANKE, 2013, p. 4)[1]

La combinaison de ces facteurs circonstanciels en Bolivie et en Équateur est une occasion exceptionnelle pour des recherches comparatives qui veulent ouvrir de nouvelles perspectives sur les débats politiques et sociaux récents sur l'utilisation des ressources naturelles et le développement durable[2].

Certes, à l'heure actuelle, les conditions ne paraissent pas réunies pour avancer davantage dans la reconnaissance des droits des peuples indigènes dans la région, en particulier du fait d'une forte opposition de groupes économiques et politiques. Un signe de cette résistance contre une plus grande prise en compte des droits des peuples indigènes est la stagnation des négociations sur le projet de déclaration américaine sur les droits des peuples indigènes au sein de l'Organisation des États américains (OEA). La Bolivie et l'Équateur apparaîtront probablement encore longtemps comme étant à l'avant-garde constitutionnelle en la matière.

Cadre 2 : les réformes constitutionnelles en Amérique latine

Date de promulgation	Pays / reconnaissance
1986 (révisée en 1993)	Le Guatemala reconnaît le « droit à l'identité culturelle des personnes et des communautés » (article 58), protège les « groupes ethniques » (article 66) et leurs « terres et coopératives agricoles » (article 67). La troisième section « Communautés indigènes » (titre II, chapitre II comporte cinq articles spécifiques sur le thème (article 66-70).
1987 (révisée en 1995)	Le Nicaragua assume officiellement sa « nature multiethnique » (article 8) et reconnaît aux communautés de la côte atlantique le droit de « préser-

[1] « *Die Rohstoffpolitik birgt also einen enormen Widerspruch für die progressiven Regierungen. Hier klaffen Rhetorik und politische Realität vieler national – "populärer" Regierungen besonders auseinander.* »

[2] Malgré toutes ces similitudes entre les récents processus politiques et sociaux dans chaque pays, il ne suffit pas de rappeler également les fortes différences structurelles, par exemple celles liées à l'influence politique et au poids numérique des peuples indigènes, aux traditions institutionnelles et au fonctionnement de l'État de droit. Par exemple, la Bolivie manifeste une gouvernabilité plus grande que l'Équateur, selon les indicateurs de la Banque mondiale (d'après une recherche comparative *in* <http://info.worldbank.org/governance/wgi/index.aspx #reports>. Elle obtient également de meilleurs résultats selon l'indice de transformation de Bertelsmann (Bertelsmann Stiftung, 2012). Les comparaisons se heurtent à diverses limites méthodologiques ; par exemple les recencements nationaux et les données statistiques correspondantes sur la population indigène ne sont pas nécessairement comparables dans chaque pays.

	ver et de développer leur identité » (article 89). Il reconnaît également « les formes communautaires de propriété des terres » et « l'usage et la jouissance des eaux et des forêts » (article 89). Le chapitre IV : Droits des communautés de la côte atlantique (titre IV) comprend trois articles (articles 89-91).
1988	Le Brésil accepte et protège les diverses manifestations « des cultures populaires, indigènes et afro-brésiliennes » (article 215 alinéa 1). Le chapitre VIII : Des Indiens (titre VIII) – qui comporte deux longs articles – reconnaît aux Indiens « leur organisation sociale, leurs coutumes, leurs langues et leurs droits originaires sur les terres qu'ils occupent traditionnellement » (article 231).
1991 (révisée en 2001)	La Colombie « reconnaît et protège la diversité ethnique et culturelle de la nation » (article 7), les « terres préservées » sont déclarées « inaliénables » (article 63). Pour la première fois en Amérique latine, l'exercice de « fonctions juridictionnelles » est permis aux autorités indigènes (article 246), et sont créés des « entités territoriales indigènes » (article 286).
1992 (révisée ultérieurement)	Le Mexique déclare sa « composition multiculturelle reposant à l'origine sur ses peuples indigènes » (article 4), reconnaît « la personnalité morale » des noyaux de population indigène et « protège l'intégrité des terres des groupes indigènes » (article 27, VII). Par une autre réforme en 2001, le Mexique renforce les dispositions en faveur des peuples indigènes (article 2).
1992	Le Paraguay se définit lui-même comme un « pays pluriculturel et bilingue » (article 140), garantit « le droit des peuples indigènes à développer leur identité ethnique » (article 64) et déclare la propriété communautaire « insaisissable et non transférable » (article 64). Le chapitre V : Des peuples indigènes (titre II, partie I) comprend cinq articles.
1993	Le Pérou « reconnaît et protège la pluralité ethnique et culturelle de la nation » (article 2, 19°, titre III, chapitre II). Au chapitre « Régime agraire et des communautés paysannes et indigènes » (articles 88 et 89), l'État garantit le droit de sa propriété imprescriptible (mais non inaliénable), et il reconnaît la personnalité morale des communautés. On reconnaît également aux autorités indigènes l'exercice de fonctions juridictionnelles (article 149).

1995 (révisée)	La Bolivie se déclare « multiethnique et pluriculturelle » (article 1er), reconnaît les droits des peuples indigènes sur leurs « terres communautaires d'origine », leur personnalité morale, et l'exercice de l'application de normes (article 171). La Bolivie a engagé un processus constituant en 2008-2009 (voir *infra*).
1994	L'Argentine délègue au Congrès la reconnaissance de plusieurs droits : la préexistence ethnique et culturelle des peuples indigènes argentins, le respect de leur identité, l'éducation bilingue et interculturelle, la personnalité morale, et la possession et la propriété communautaire des terres traditionnellement occupées (article 75 alinéa 17).
1996-1998	L'Équateur se proclame en 1996 « État souverain, indépendant, démocratique, unitaire, décentralisé, pluriculturel et multiethnique » (article 1er). Deux années plus tard, il répète, dans une nouvelle constitution, le caractère « pluriculturel et multiethnique » de la nation (article 1er), qu'il développe longuement par de multiples références, notamment dans la section première « Des peuples indigènes et noirs afro-équatoriens » (article 3, chapitre V) : protéger l'identité, conserver la propriété imprescriptible, participer à l'usage et à l'administration des ressources naturelles renouvelables (article 84). Il instaure également des circonscriptions indigènes (article 224) et reconnaît aux autorités indigènes le droit d'exercer des fonctions juridictionnelles (article 191). En 2008, l'Équateur y consacre un nouveau chapitre de la Constitution (voir *infra*).
1999	Le Venezuela se refonde comme République « multiethnique et pluriculturelle » (préambule). Le chapitre VIII « Des droits des peuples indigènes » (titre III) comprend huit articles et un grand éventail de droits : reconnaissance de l'organisation sociale, du caractère inaliénable des terres occupées de façon ancestrale, promotion de pratiques économiques, propriété intellectuelle, participation à l'Assemblée nationale (articles 119-126). À ceci est ajoutée l'application de procédures juridictionnelles (article 260).

2008 À l'issue d'un long processus constitutionnel étendu, l'Équateur devient un État interculturel et plurinational et établit une longue série de droits, en particulier dans le chapitre « Droits des communautés, des peuples et des nationalités ». Entre autres, il établit : le maintien de territoires ancestraux ; la consultation libre, préalable et informée des projets d'extraction ; l'exercice de droits propres ; des mécanismes de représentation et de participation et d'établissement de circonscriptions territoriales (article 57). En outre, la Constitution envisage de façon transversale plusieurs concepts d'inspiration indigène, comme le « *buen vivir* » (*sumak kawsay*) et les droits de la Mère Terre (Pachamama). Avec 444 articles, il s'agit d'une des constitutions les plus longues du monde.

2009 La Bolivie « refonde » le pays après une période de mobilisation sociale et de processus constituant hautement participatif, et se proclame comme un État unitaire social de droit plurinational communautaire. Le chapitre IV sur les droits des nations et des peuples indigènes originaires paysans comprend un très vaste ensemble de garanties, comme en Équateur. Par exemple, il garantit le droit à la libre détermination et à la territorialité, à la propriété collective, à la consultation, à l'exercice de ses systèmes politiques, juridiques et économiques, à la participation aux bénéfices de l'exploitation des ressources naturelles et à la gestion territoriale indigène autonome (article 30, II). La Bolivie introduit une série de principes indigènes comme *suma qamaña* (« *vivir bien* »), *ñandereko* (vie harmonieuse), *teko kavi* (« *buen vivir* ») et *ivi maraei* (terre sans mal) (article 8).

« *Vivir bien* » – « *buen vivir* »

Les concepts de « *vivir bien* »/« *buen vivir* » et de Mère Terre s'avèrent être les aspects les plus nouveaux des constitutions de la Bolivie et de l'Équateur. « *Vivir bien* » apparaît sept fois dans la Constitution de la Bolivie et son synonyme « *buen vivir* » est mentionné vingt et une fois dans la Constitution de l'Équateur, y compris dans les titres. La traduction en anglais de ces concepts n'est pas univoque ; dans les traductions consultées (RUCHT, 2011 ; Constituent Assembly, 2011), nous trouvons des variantes comme : *good live*, *live well*, *well being*, *living well* (Bolivie) et *good way of living* (Équateur) ; comme terme générique, on utilise parfois *Good living* pour les deux variantes. En français, la traduction est plus simple : vivre bien/bien-être/bien vivre[1].

Le « *vivir bien* » est une idée toujours très débattue dans la région, et jusqu'à présent il n'a pas été consolidé comme concept clairement structuré et fondé. Selon l'anthropologue bolivien Mario Yapu, le « *vivir bien* » est encore une intuition subjective, dynamique et imprécise, principalement liée aux valeurs humaines (*in* MAMANI PACASI et alii., 2012, p. 20). Si l'on considère l'état embryonnaire de la discussion sur ce concept émergent, une analyse qualitative plus détaillée des textes constitutionnels s'avère assez prometteuse (sur ce cas, fondé sur la *Grounded Theory* et réalisé avec le logiciel Maxqda, voir CORBIN et STRAUSS, 2007, et la présentation de quelques résultats comparatifs en tableau 3).

La Bolivie

Dans le cas bolivien, le « *buen vivir* » apparaît comme une partie essentielle de la refondation de l'État, comme l'annonce le préambule de la Constitution :

> Peuple bolivien, de composition plurielle, du plus lointain de l'histoire, inspiré par les luttes du passé, le soulèvement indigène anticolonial, l'indépendance, les luttes populaires de libération, les marches indigènes, sociales et syndicales, les guerres de l'eau et d'octobre, les luttes pour la terre et le territoire, et avec la mémoire de nos martyrs, nous construisons un nouvel État… En remplissant le mandat de nos peuples, avec la force de notre Pachamama et grâce à Dieu, nous refondons la Bolivie. (nous soulignons)

Ce nouvel État est fondé et guidé par de nouveaux principes et de nouvelles valeurs, comme la souveraineté, la solidarité et l'équité dans la distribution et la redistribution du produit social, et se base surtout sur « la recherche du "*vivir bien*" » (préambule), qui est l'un des nouveaux principes éthiques et moraux, exprimée en langues indigènes :

> L'État assume et promeut comme principes éthiques et moraux de la société plurielle : *ama qhilla*, *ama llulla*, *ama suwa* (ne sois pas paresseux, ne sois pas menteur, ne sois pas voleur), *suma qamaña* ("*vivir bien*"), *ñandereko* (vie harmonieuse), *teko kavi* (bonne vie), *ivi maraei* (terre sans mal) et *qhapaj ñan* (chemin ou vie noble) (article 8, I).

Le concept de « *vivir bien* » vient à l'origine de l'expression aymara « *suma qamaña* », qui correspond à « *sumac kawsayen* » en quechua. Il combine l'idée du bien-être matériel avec la coexistence sociale pacifique et le soutien et la solidarité mutuels. Celui qui vit bien, le « *suma qamiri* », n'est pas le riche, mais celui qui partage : « Le *suma qamiri* devient celui qui vit et coexiste bien, parce qu'il est accueilli par tous et qu'il sait accueillir et collaborer avec plus ou moins ce qu'il a. D'une certaine manière, il ne peut

[1] « Les sources juridiques originales consultés ont été *Estado Plurinacional de Bolivia* (2009) et *Asamblea Constituyente* (2008).

pas être pris individuellement, mais seulement dans et avec un groupe social plus grand. » (ALBÓ, 2009, p. 3)

Le « *vivir bien* » devient alors une espèce de métavaleur (à laquelle d'autres valeurs plus communes doivent être soumises, comme celles d'égalité, d'inclusion et d'équité sociale, voir l'article 8, II). Le système éducatif (article 80) et le nouveau modèle économique (article 306, I et III) doivent, eux aussi, être guidés par le principe du « *vivir bien* ».

Le texte constitutionnel propose aussi quelques pistes contextuelles sur le « *vivir bien* », en particulier au Titre I sur l'organisation économique de l'État, bien qu'il n'offre pas une définition précise : il ne paraît pas être un concept rigide et statique, mais quelque chose de flexible que les Boliviens sont invités à chercher continuellement (« recherche du "*vivir bien*" », préambule), qui se caractérise par le fait qu'il a de multiples dimensions (article 313) et qu'il est lié à l'« amélioration de la qualité de la vie » (article 306, I). Il paraît aussi exprimer et contenir les intérêts collectifs, en complément ou contrepoids des intérêts individuels, en particulier dans le cadre d'une économie plurielle : « L'économie sociale et communautaire complétera l'intérêt individuel avec le "*vivir bien*" collectif. » (article 306, III)

En conclusion, le « *vivir bien* » se présente ici à la fois comme la base d'un État refondé comme une métavaleur, inspirée par les cosmovisions indigènes. Le « *vivir bien* » doit guider tout le système éducatif et une économie plurielle. C'est un objectif et une aspiration, liés à la qualité de la vie, et qui représentent et complètent l'intérêt collectif face à l'intérêt individuel.

L'Équateur

Le « *buen vivir* » a des connotations différentes dans la Constitution de l'Équateur. Initialement, comme en Bolivie, il apparaît dans le contexte de la rénovation (et non d'une refondation) de l'État : « Nous, peuple souverain de l'Équateur… <u>décidons de construire une nouvelle forme de coexistence</u> des citoyens, dans la diversité et en harmonie avec la nature, pour atteindre le "*buen vivir*", le *sumak kawsay*. » (préambule, nous soulignons) Le « *buen vivir* » est aussi associé à la sagesse et à la philosophie ancestrales, au terme quechua *sumac kawsay* employé comme synonyme.

Sumac kawsay fait partie des revendications historiques de la CONAIE (Confédération des nationalités indigènes d'Équateur), et il a été présenté principalement comme une critique d'une économie d'accumulation effrénée : « L'objectif et les principes de l'économie ne doivent pas être la rentabilité, mais le bien-être humain, le "*vivir bien*", le *sumak kawsay*. L'économie est seulement un outil au service de la Communauté. » (CONAIE, 2007, p. 7) Dans cette proposition pour l'Assemblée constituante, *sumac kawsay* est présenté comme un principe éthique, fondé sur la réciprocité et promu par les communautés. Le texte constitutionnel intègre finalement certains points de la proposition, mais ne propose pas de définition précise. L'utilisation relativement récurrente de ce concept et l'existence d'un chapitre spécifique sur les droits du « *vivir bien* » nous permettent d'avoir une idée de sa portée et sa signification originale.

Nous trouvons alors dans la Constitution de l'Équateur quatre aspects liés au « *vivir bien* » : 1. Les droits et garanties économiques, sociaux et culturels dans le cadre d'un chapitre spécial consacré au « *buen vivir* » ; 2. Le système économique ; 3. Le développement et l'environnement ; 4. Le rôle de l'État et des citoyens.

En premier lieu, le chapitre sur les droits du « *buen vivir* » établit une série de droits économiques et sociaux, comme « le droit à l'eau, à l'alimentation, à l'éducation, à la culture physique, au travail, à la sécurité sociale, à un environnement sain, et d'autres qui assurent le "*buen vivir*" » (article 32). L'ensemble de sujets que comprend le chapitre du « *buen vivir* » est même beaucoup plus vaste, puisqu'il inclut deux chapitres (l'inclusion et l'équité ; la biodiversité et les ressources naturelles) et des sections sur des matières très diverses, notamment la culture physique et le temps libre, la communication sociale, la science, la technologie, l'innovation et les savoirs ancestraux, la gestion du risque, la population et la mobilité humaine, la sécurité humaine, le transport, la nature et l'environnement, la biodiversité, le patrimoine naturel et les écosystèmes, les ressources naturelles, le sol, l'eau, la biosphère et l'écologie urbaine et les énergies alternatives. De toute façon, il apparaît que l'accent est mis dans ce chapitre sur l'éducation, en tant que secteur prioritaire et comme condition indispensable pour obtenir le « *buen vivir* » (article 26), et sur la santé, un droit garanti par l'État (article 32).

Dans le régime du « *buen vivir* », on a également établi un système national de science, technologie, innovation et savoirs ancestraux pour améliorer la qualité de la vie et contribuer à la réalisation du « *buen vivir* » (article 385). Un rôle de promoteur revient à l'État parce qu'il doit « promouvoir la génération et la production de la connaissance, favoriser la recherche scientifique et technologique, et renforcer les savoirs ancestraux, pour contribuer ainsi à la réalisation du "buen vivir", au *sumak kawsay* » (article 387 alinéa 2).

Deuxièmement, le « *buen vivir* », en suivant l'approche originale de la CONAIE d'une critique de l'économie du marché, définit comme l'un de ses axes principaux la création d'un système économique social et solidaire qui reconnaît l'être humain comme étant le sujet et la fin et « a pour but de garantir la production et la reproduction des conditions matérielles et immatérielles qui permettent le "*buen vivir*" » (article 283). On établit en outre différentes formes d'organisation de la production, l'État favorisant les manières et les modalités qui « assurent le "*buen vivir*" de la population » (article 319). Même l'endettement public doit être soumis au principe du « *buen vivir* » (article 290 alinéa 2).

Troisièmement, il y a sept articles constitutionnels consacrés au développement et à l'environnement. La Constitution établit un nouveau régime de développement, qui est « l'ensemble organisé, durable et dynamique des systèmes économiques, politiques, socioculturels et environnementaux » devant permettre d'obtenir le « *buen vivir* » (article 275). L'État est chargé de planifier le développement national et durable et la redistribution des ressources pour atteindre le « *buen vivir* » (article 3 alinéa 5). Dans ce contexte d'un État impulsant le développement, les richesses naturelles devraient profiter aux personnes, aux communautés, aux peuples et aux nationalités pour qu'ils puissent bien vivre (article 74), mais en respectant le droit à un environnement sain et écologiquement équilibré qui garantisse le « *buen vivir* » (article 14). Le territoire des provinces amazoniennes et la province des Galapagos sont en outre soumis à un régime spécial afin de conserver leurs écosystèmes et leur patrimoine pour le « *buen vivir* » (articles 250 et 258).

En quatrième lieu, le « *buen vivir* » implique une série de nouveaux rôles, incluant des droits et des obligations, tant pour l'État que pour les individus et la communauté. L'État est directement responsable de ce que la société atteigne le « *buen vivir* » : « Les politiques publiques et la prestation de biens et de services publics devront chercher à rendre effectifs le "*buen vivir*" et tous les droits. » (article 85 alinéa 1) Ceci implique qu'il doit aussi diriger le processus de développement, et promouvoir les politiques publiques et les activités économiques (article 277).

En outre, cette direction de l'État sur des questions du « *buen vivir* » conduit aussi les personnes et les collectivités à « prendre part à toutes les phases et à tous les domaines de la gestion publique et de la planification du développement national et local » (article 278 alinéa 1). De fait, tous les Équatoriens ont également le devoir « de promouvoir le bien commun et d'opposer l'intérêt général à l'intérêt particulier, conformément au "*buen vivir*" » (article 83 alinéa 7) ; les organisations sociales sont invitées à « formuler des propositions et des revendications économiques, politiques, environnementales, sociales et culturelles ; et les autres initiatives qui contribuent au "*buen vivir*" » (article 97). Le « *buen vivir* » nécessite alors un fort leadership de l'État, combiné avec une forte participation et un accompagnement des citoyens. De fait, la Constitution équatorienne se distingue sur le plan international par le vaste éventail de mécanismes de participation sociale, comme l'indique l'analyste Fernando Buendía (communication personnelle, décembre 2012).

Finalement, de ce vaste corpus de droits liés au « *buen vivir* », nous pouvons extraire quelques caractéristiques générales. Le « *buen vivir* » fait partie d'un nouveau projet de coexistence en Équateur, inspiré du concept quechua de *sumac kawsay*. C'est un objectif possible et réalisable, lié à l'accomplissement d'un vaste ensemble de droits sociaux, économiques et collectifs (comme l'accès à eau, à éducation et à santé) et à un système économique mixte avec une forte orientation sociale. L'État a l'obligation de promouvoir et d'impulser ces droits, et les individus, les communautés et les nationalités (en incluant les peuples indigènes) doivent prendre part à la planification et à la mise en œuvre. Le « *buen vivir* » en Équateur est lié à la gestion de la diversité, à l'harmonie avec la nature, à l'environnement sain, au développement durable, à l'inclusion sociale et à la redistribution. Il représente l'intérêt général face à l'intérêt particulier (article 83 alinéa 7). Il implique aussi le droit de profiter de l'environnement et de la richesse naturelle.

Les droits de la Mère Terre

Les constitutions de Bolivie et d'Équateur introduisent une autre nouveauté juridique, qui complète l'analyse du « *vivir bien* »/« *buen vivir* » : les droits de la Mère Terre et de la nature auxquels le texte bolivien se réfère cinq fois et l'équatorien vingt-sept fois (en incluant un chapitre consacré aux droits de la nature).

La Bolivie

Dans le cas de la Bolivie, la Mère Terre a une connotation clairement spirituelle et est enracinée dans des traditions indigènes. « Nous peuplons cette Mère Terre sacrée avec des visages différents… En remplissant le mandat de nos peuples, avec la force de notre Pachamama et grâce à Dieu, nous refondons la Bolivie. » (Préambule). Pachamama comme divinité bienveillante de la fertilité en aymara et en quechua se traduit également par « Mère Monde ». Remarquons que Mère Terre (qui n'est évoquée qu'une fois en Bolivie) et Pachamama (qui apparaît une fois en Bolivie et deux fois en Équateur, bien qu'écrit différemment : Pacha Mama) sont écrites avec des majuscules dans les deux constitutions, comme on fait généralement pour des noms propres. Pour une analyse complète des connotations de Mère Terre, on a pris en considération quelques concepts connexes, comme la nature, les ressources naturelles et l'environnement (voir les résultats d'analyse qualitative en tableau 3).

En Bolivie, l'un des principaux buts et l'une des principales fonctions de l'État sont « de promouvoir et de garantir l'utilisation responsable et planifiée des ressources naturelles, et de promouvoir son industrialisation… ainsi que la conservation de l'environnement, pour le bien-être des générations actuelles et futures » (article 9 alinéa 6). Dans ce texte constitutionnel, il y a plusieurs références qui accordent à l'État et aux organismes territoriaux le droit de propriété originaire sur les ressources naturelles et qui le désignent en même temps comme le gardien de la nature, de l'environnement et de la biodiversité (voir articles 9, 189, 298, 299 II alinéa 1 et 342).

Les ressources naturelles devraient profiter à l'industrialisation, sans endommager la nature : « L'industrialisation des ressources naturelles pour mettre fin à la dépendance à l'égard de l'exportation de matières premières et pour obtenir une économie productive, dans le cadre du développement durable, en harmonie avec la nature » (article 311 alinéa 3). De plus, toutes les organisations devraient protéger l'environnement (article 312, III) ; les principes d'harmonie avec la nature, la défense de la biodiversité et l'interdiction de l'appropriation privée guident même les relations et les négociations internationales (article 255, II, alinéa 7). Quant aux peuples indigènes, la Constitution leur assure le droit à « l'utilisation et [à] la jouissance exclusive des ressources naturelles renouvelables » et « la définition de leur développement conformément à leurs critères culturels et à leurs principes de coexistence harmonieuse avec la nature » (article 403).

En résumé, en Bolivie, le droit de la Mère Terre a un fondement spirituel, et est lié (de manière souple et non clairement structurée) à la recherche d'une harmonie avec la nature et avec la protection de la matière vivante (y compris de la biodiversité), face à une appropriation par des particuliers. L'État est responsable de la promotion de l'industrialisation des ressources naturelles, en prenant soin de l'harmonie avec la nature. Les peuples indigènes ont le droit exclusif de l'utilisation et de l'utilisation des ressources renouvelables, conformément à leur cosmovision.

La nature n'est pas un sujet de droit clairement défini, mais l'objet de diverses politiques. La Bolivie a récemment développé le concept de droits de la Mère Terre dans sa législation, en particulier dans la loi sur les droits de la Mère Terre n° 071 de décembre 2010 qui établit une défense de la Mère Terre, et dans la loi-cadre sur la Mère Terre et le développement intégral pour « *vivir bien* » n° 300 d'octobre 2012. Ces lois font actuellement l'objet d'une polémique entre plusieurs organisations indigènes et le gouvernement (Bolpress, 2012).

L'Équateur

En Équateur, la Mère Terre fait l'objet d'un chapitre spécial dans la Constitution (chapitre VII) et est considérée comme un sujet de droit, comme les individus et les collectivités (articles 10 et 277 alinéa 1) :

> La nature ou Pacha Mama, où se reproduit et se réalise la vie, a droit au respect total de son existence et au maintien et à la régénération de ses cycles vitaux, de sa structure, de ses fonctions et de ses processus évolutifs. Toute personne, communauté, peuple ou nationalité pourra exiger de l'autorité publique l'application des droits de la nature (article 71).

Ce droit inclut aussi le droit de récupérer un état antérieur à la destruction, c'est-à-dire à la réparation des dommages écologiques subis : « La nature a droit à la restauration. Cette restauration sera indépendante de l'obligation qu'ont l'État et les personnes physiques ou morales d'indemniser les individus et les groupes qui dépendent des systèmes naturels touchés. » (article 72)

Le cycle de la vie naturelle doit donc être complètement respecté et conforté – pas seulement en considérant les êtres humains. Comme en Bolivie, en Équateur, l'État doit être à la fois responsable (ou « tuteur » à travers « une défense de l'environnement et de la nature ») de ces droits en tant que responsable également de l'exploration des ressources naturelles stratégiques :

> L'État se réserve le droit d'administrer, de réglementer, de contrôler et de gérer les secteurs stratégiques… Sont considérés comme des secteurs stratégiques l'énergie sous toutes ses formes, les télécommunications, les ressources naturelles non renouvelables, le transport et la raffinerie d'hydrocarbures, la biodiversité et le patrimoine génétique, le spectre radioélectrique, l'eau, et les autres secteurs déterminés par la loi (article 313).
>
> Les ressources naturelles non renouvelables appartiennent au patrimoine inaliénable et imprescriptible de l'État (article 317).
>
> L'exercice complet de la tutelle étatique sur l'atmosphère et la coresponsabilité de la citoyenneté dans sa préservation seront organisés à travers un système national décentralisé de gestion de l'environnement, qui aura à sa charge la protection de l'environnement et de la nature (article 399).

Les individus et la collectivité ont le droit de vivre dans un environnement sain et en harmonie avec la nature (articles 33, 66 et 27), mais ils ont aussi l'obligation de protéger les droits de la nature : « Sont des devoirs et des responsabilités des Équatoriens… le respect des droits de la nature, la préservation d'un environnement sain et l'utilisation des ressources naturelles de manière rationnelle, soutenable et durable » (article 83 alinéa 6). Le soin apporté par l'État à la nature se combine à l'observation continue et au contrôle des citoyens : « Toute personne, communauté, peuple ou nationalité pourra exiger de l'autorité publique l'application des droits de la nature » (article 71).

Ce nouveau type de droits a aussi des prolongements dans le domaine économique et la conception du développement, comme nous l'avons déjà vu en ce qui concerne le « *vivir bien* ». Le système économique est défini comme social, fondé sur la solidarité et l'harmonie avec la nature (article 283) et les politiques nationales doivent prendre en considération « les limites biophysiques de la nature et le respect de la vie et des cultures » en favorisant une mise en valeur efficace (article 284 alinéa 4).

Les exportations doivent suivre un critère de responsabilité environnementale et de respect de la nature (article 306). L'utilisation de la nature est également conditionnée par l'endettement public (article 290 alinéa 2), le fonctionnement et le but de diverses organisations de production (article 319) et la restriction d'activités qui peuvent affecter les cycles naturels (article 73). De ce fait, l'Équateur est déclaré exempt de cultures et de semences transgéniques (article 401), ce qui est unique dans la région. D'autre part, l'État est responsable de la planification du régime de développement pour la réalisation du « *buen vivir* » et de *sumac kawsay* (article 275). Le régime de développement a, entre autres, l'objectif d'améliorer la qualité et l'espérance de vie et en même temps de restaurer et de conserver la nature (article 276 alinéas 1 et 4).

Il y a d'autres matières qui relèvent de l'État et des droits de la nature, comme la protection contre les catastrophes naturelles (article 389) et la promotion « d'un modèle de développement durable, équilibré sur le plan environnemental et respectueux de la diversité culturelle, qui conserve la biodiversité et la capacité de régénération naturelle des écosystèmes, et assure la satisfaction des besoins des générations présentes et futures » (article 395 alinéa 1er). À ceci, il faut ajouter d'autres questions, comme le développement « de technologies et d'innovations qui promeuvent la production nationale, renforcent l'efficacité et la productivité, améliorent la qualité de la vie et contribuent à la réalisation du "*buen vivir*" » (article 385 alinéa 3), et « la liberté de création et de recherche dans le cadre du respect de l'éthique, de la nature, de l'environnement, et la protection des connaissances ancestrales » (article 387 alinéa 4).

En résumé, l'Équateur accorde à la Mère Terre un véritable statut social légal qui dépasse l'idée conventionnelle de la protection de l'environnement. Fondés sur une conception spirituelle et indigène de la Pachamama, les droits de la Mère Terre sont compris comme le respect du maintien et de la restauration des cycles vitaux et biologiques de la vie comme un prérequis pour le « *buen vivir* ». L'État assume un rôle important de gardien et de garant de ces droits. La société civile et les communautés peuvent aussi mener des actions quand les cycles de la nature sont menacés – et non seulement quand ils perçoivent une affectation directe. Les droits de la Mère Terre sont envisagés transversalement dans les constitutions à travers un système économique solidaire, un régime de développement et un processus de planification participative.

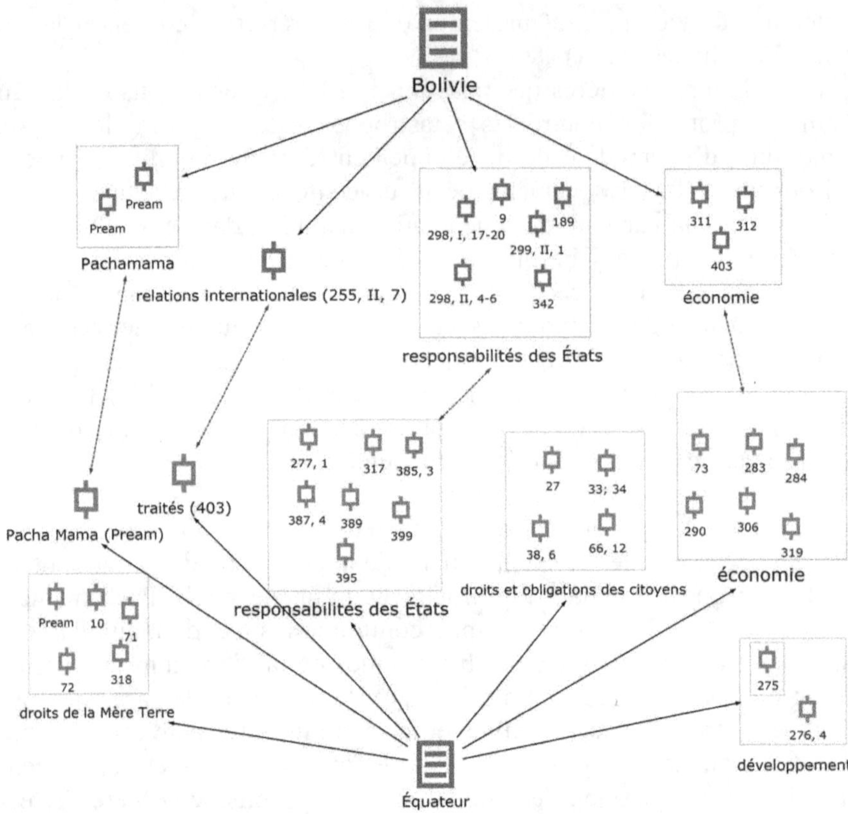

Différences et similitudes

En comparaison, le concept bolivien du « *vivir bien* » apparaît comme plus philosophique et plus réfléchi (profondément enraciné dans des cosmovisions indigènes), avec une forte portée morale (il s'agit d'une sorte de métavaleur) et des caractéristiques utopiques (il est encore en voie de construction à travers une recherche constante). Il n'implique pas de garanties concrètes ou d'obligations pour l'État, les citoyens et les peuples ; le lien avec le concept de développement durable n'est pas direct. L'accent est mis sur dans les communautés locales, l'inclusion sociale et la qualité de la vie. Le « *vivir bien* » est un objectif à atteindre depuis la base locale et communautaire jusqu'au niveau national. Ces connotations sur le « *vivir bien* » paraissent réalistes, puisqu'elles reflètent l'état naissant de l'art et de la discussion sur la signification de ces nouveaux concepts.

Par contre, la proposition équatorienne sur le « *buen vivir* » se caractérise comme étant plus normative et plus centrée sur l'État : le « *buen vivir* » apparaît comme étant l'application concrète d'une série de droits de deuxième et de troisième génération, comme les a décrits Vasak (1977)[1]. Le « *buen vivir* » en Équateur est conçu comme le renforcement des droits économiques, sociaux et culturels (aussi appelés de deuxième génération), comme le droit au travail, au niveau de vie adéquat, à la santé et à l'éducation. Il s'inspire à la fois des droits qui ont été récemment confortés durant les années quatre-vingt (de troisième génération), comme les droits collectifs, à l'identité, à la paix et à la coexistence, au développement durable et à un environnement sain.

De fait, le « *buen vivir* » se présente dans la Constitution de l'Équateur comme un droit de plus ou, en d'autres termes, comme la somme de plusieurs droits de deuxième et de troisième génération : « Pour la réalisation du "*buen vivir*", incomberont à l'État des devoirs généraux… de garantir les droits des personnes, des collectivités et de la nature » (article 277 alinéa 1). « Les politiques publiques et la fourniture de biens et de services publics seront destinées à rendre effectifs le "*buen vivir*" et tous les droits » (article 85 alinéa 1, nous soulignons). L'État a un rôle fondamental de définition et de mise en œuvre du « *buen vivir* » ; les citoyens et les communautés doivent l'accompagner et le soutenir. Dans la Constitution de l'Équateur, le « *buen vivir* » est présenté comme un paradigme pleinement consolidé, fondé sur la jouissance effective d'un bloc de droits de l'homme de deuxième et de troisième génération, non comme un chemin à découvrir.

Il existe aussi certaines similitudes entre les deux pays : le « *buen vivir* » apparaît dans les deux cas comme un contrepoids à l'intérêt personnel ou individuel, c'est-à-dire qu'il représente l'intérêt collectif et la recherche du bien commun. Il est lié à un modèle d'économie mixte et solidaire orientée vers une meilleure qualité de la vie. Les deux constitutions associent le « *buen vivir* » à un nouveau pacte social (« refondation », « nouvelle forme de coexistence des citoyens ») et avec les sagesses indigènes.

Sur un autre plan, les droits de la Mère Terre ou de la nature en Bolivie ne sont pas réellement des droits au sens strict. Cela vaudrait la peine de réviser la législation sur le sujet, produit d'un intense débat avec des organisations indigènes, ce qui dépasserait cette analyse purement constitutionnelle. L'harmonie avec la nature est plus une expression complémentaire qu'une garantie, et la différence entre la protection conventionnelle de

[1] « Tandis que les droits de la première génération (civils et politiques) se fondent sur le droit de s'opposer à l'État et ceux de la deuxième génération (économiques, sociaux et culturels) sur le droit d'exiger de l'État, les droits de l'homme de la troisième génération que l'on propose aujourd'hui à la communauté internationale sont les droits à la solidarité. S'inspirant d'une certaine conception de la vie humaine en communauté, de tels droits (droit au développement, droit à un environnement sain et écologiquement équilibré, droit à la paix, droit de propriété sur le patrimoine commun de l'humanité) ne peuvent être mis en œuvre que grâce à l'effort conjugué de tous : depuis les individus et les États jusqu'aux entités et aux organes publics et privés. » (VASAK, 1977: 29).

l'environnement (sans la présence de la nature comme sujet juridique propre) et le respect de la Pachamama n'est pas explicite.

L'État a un rôle principal et contradictoire et des conflits structurels apparaissent entre les différents objectifs esquissés, puisque l'impératif d'industrialiser les ressources naturelles stratégiques n'est pas facilement compatible avec la responsabilité de protéger l'environnement et la biodiversité, ce qui suscite des tensions structurelles semblables dans le texte constitutionnel de l'Équateur.

La création d'un tribunal agroenvironnemental en Bolivie pour résoudre les questions de l'utilisation et la jouissance de ressources naturelles renouvelables, hydriques et forestières et des demandes relatives à l'affectation du système écologique et la conservation des espèces animales (article 189) sous-entend que les membres de l'assemblée constituante étaient tout à fait conscients des défis qu'impliquent ces nouvelles analyses sur la nature. Une autre innovation de cette Constitution est l'analyse de la diplomatie en faveur du droit de la nature (article 255) qui a été mis en pratique par le ministre des Relations extérieures, David Choquehuanca, et un accent particulier mis sur les cosmovisions indigènes sur le développement.

Dans le cas de l'Équateur, les droits de la nature finissent par être un concept assez cohérent et bien structuré, voire bien plus précis que le « *buen vivir* ». La différence établie entre des mesures conventionnelles de protection d'environnement (avec la philosophie de la réparation des dommages et le dédommagement des personnes ou des communautés touchées) et le respect et la restauration des cycles biologiques donnent l'impression que le droit constitutionnel a une grande capacité d'innovation. Le texte annonce le passage de la conception anthropocentrique à une conception biocentrique du droit.

Provocations finales

Il existe un débat vif et parfois polémique sur la signification et la portée du concept du « *buen vivir* »/« *vivir* bien » et de la Mère Terre (FARAH and VASAPOLLO (ed.), 2011). Comme signe de leur capacité à avoir un impact sur les discussions internationales, ces concepts ont même été inclus dans les programmes des organisations indigènes et des déclarations des Nations unies, comme la Conférence Rio+20 sur le développement durable en 2012 (UNCSD, 2012, p. 7).

L'un des meilleurs points de départ pour entreprendre une analyse sur le sens et les implications de ces concepts est constitué des Constitutions de Bolivie et d'Équateur, puisqu'elles reflètent des discussions et des débats publics auxquels la participation a été forte dans ces deux pays – au-delà des échanges d'experts ou de juristes (entrevues avec Jorge Jury, Ampam Karakas, Elizabeth Salguero, 2013). Les deux processus constituants sont relativement comparables et ont créé des catégories nouvelles qui, à travers un processus de mise en œuvre de politiques publiques, sont devenues sociales (BRESLIN, 2008). Ce processus de mise en œuvre peut être analysé et contrôlé, permettant une comparaison plus enrichissante.

Toutefois, l'approche traditionnelle de l'analyse constitutionnelle à partir de l'anthropologie juridique, focalisée sur des standards et des droits des peuples indigènes, est dépassée par la complexité de ces nouvelles constitutions. Les constitutions « du modèle pluriculturel émergent » (1986-1999) se prêtaient à l'analyse par catégories en termes quantitatifs et qualitatifs dans la reconnaissance de certains droits. Cette analyse plus juridique est encore utile et nécessaire, mais elle atteint ses limites dans le cas des constitutions analysées, parce qu'elle ne perçoit pas la profondeur et la qualité des droits et parce qu'elle ne tient pas compte du poids et de la logique interne des constitutions : par exemple, le droit d'avoir des territoires indigènes pourrait être annulé par le droit d'expropriation pour cause d'utilité publique[1]. De fait, dans une étude comparative sur les constitutions latino-américaines de 2003, nous avons commencé à traiter de cette limitation dans l'analyse elle-même, et c'est la raison pour laquelle nous avons signalé que l'outil de catégorisation par des concepts « ne prend en considération que des droits explicites et ne peut pas rendre compte de la profondeur ou de l'efficacité de ces garanties ni de leur développement dans la législation spécifique » (BARIÉ, 2003, p. 551).

La *Grounded Theory* permet une analyse beaucoup plus profonde et qualitative de ces textes constitutionnels (CORBIN et STRAUSS, 2007). En outre, si nous les concevons comme des « récits constitutionnels » (BRESLIN, 2 008 ; COVER, 1983 ; EVANS, 2010), écrits par de nombreuses mains (les participants directs ou indirects des assemblées constituantes) avec la prétention de définir l'être et le devoir être de la nation, notre regard est enrichi et plus large :

> Les constitutions sont, en partie, une histoire qu'un pays raconte sur lui-même. Il dit au monde qu'un pays est : démocratique et respectueux des droits ; révolutionnaire et radical ; religieux et juste ; traditionaliste et légaliste… L'un des potentiels puissants d'un récit est le fait de donner sens à ce qui serait autrement un ensemble d'informations aléatoires – d'apporter une cohérence au chaos ou une signification à ce qui pourrait être dénué de sens (EVANS, 2010, p. 437-438)[2].

---

[1] « Les pharmacologues appellent "contre-indications" les circonstances particulières qui bloquent l'effet d'un médicament déterminé. Ce concept est également valable pour les droits indigènes. Nous avons vu, dans le cas du Brésil, que la notion de monoculturalisme sousjascent contredit les garanties pluriculturelles et que les larges compétences des militaires invalident des droits territoriaux des Indigènes. Les constitutions latino-américaines sont des constructions juridiques complexes avec des tensions internes et des forces antagoniques. En ce sens, il est indispensable de chercher les contrepoids, les éléments neutralisants des dispositions indigénistes. » (BARIÉ, 2003, p. 553)

[2] « *Constitutions are, in part, a story that a country tells about itself. It tells the world that a country is: democratic and rights respecting; revolutionary and radical; religious and right-*

Naturellement, pendant le processus de rédaction, ces récits ont été transformés et adaptés au langage juridique, mais leur caractère narratif et déclaratif semble avoir été conservé, notamment dans les préambules. Un regard pragmatique qui compare une prétention juridique et politique pratique ne peut arriver à concevoir ces deux constitutions que comme une « liste de vœux pieux » ou comme des documents « populistes » et démagogiques (NOLTE, 2009). Toutefois, cette interprétation sceptique de la portée de ces constitutions ne prend pas en considération la capacité mobilisatrice des grands projets constitutionnels et de leur rôle dans les processus de transformation sociale :

> Dans ces processus constituants, les sociétés ont donné d'elles-mêmes une image qui ne correspond pas à cent pour cent avec la réalité. Mais ainsi a été établie une feuille de route pour transformer la société… Ses particularités sont le compromis avec le « *buen vivir* » comme objectif de la Constitution et la reconnaissance de la terre comme sujet de droit (FATHEUER, 2011, p. 16)[1].

Quels résultats fait apparaître finalement l'analyse qualitative des deux textes ? Tout d'abord, le « *buen vivir* » n'est pas pour l'instant un nouveau paradigme, bien que, par exemple, les auteurs du Plan national pour le « *buen vivir* » de l'Équateur (2009-2013) se réfèrent à une transition du concept de développement au « *buen vivir* » en termes de « changement de paradigme » (SENPLADES, 2009, p. 31). Dans ces textes constitutionnels, il n'existe pas de caractéristiques identifiables suffisantes pour parler d'un nouveau paradigme, bien qu'il soit certain que, comme proposition et idée, le « *buen vivir* » a une influence sur les conceptions traditionnelles du développement et de l'économie ; cette « transversalisation » de l'idéal du « *buen vivir* » peut être relevée dans les constitutions elles-mêmes.

L'Équateur défend une idée du « *buen vivir* » basée sur une série de droits économiques, sociaux, culturels et de troisième génération. L'État établit les priorités et les citoyens doivent les mettre en œuvre : « Pour la réalisation du "*buen vivir*", seront des devoirs généraux de l'État… la direction, la planification et la réglementation du processus de développement… la promotion et le développement des activités économiques. » (article 277) « Pour la réalisation du "*buen vivir*", il revient aux personnes et aux collectivités… de prendre part à toutes les phases et à tous les domaines de la gestion publique et de la planification du développement national et local. » (article 278 alinéa 1)

---

eous; traditionalist and lawyerly… One of the powerful potentials of a narrative is its role in making sense of what might otherwise be a collection of random information — of bringing coherence to chaos or meaning to what otherwise might be meaningless. »

[1] « *In den verfassungsgebenden Prozessen haben die Gesellschaften ein Selbstbild entworfen, dem die Gegenwart offensichtlich nicht zu 100 Prozent entspricht. Aber in den Prozessen entstand so etwas wie eine "road map" gesellschaftlicher Umgestaltung… Besonderheiten [beider Verfassungen] sind: das Bekenntnis zum guten Leben als Verfassungsziel und die Anerkennung der Natur als Rechtssubjekt.* »

Les constituants boliviens ont été suffisamment prudents de maintenir l'idée de « *vivir bien* » comme une utopie réalisable, un principe moral ou une aspiration à construire, pas à pas, depuis les organisations de base jusqu'au niveau national. Les peuples indigènes, par exemple, peuvent définir « leur développement en fonction de leurs critères culturels et de leurs principes de coexistence harmonieuse avec la nature » (article 403, I). La vision bolivienne du « *vivir bien* » est certainement ambiguë mais, curieusement, de ceci découle sa grande force, et non sa faiblesse. Ainsi, la Constitution bolivienne évite le risque de l'imposition centralisatrice d'un modèle unique d'organisation sociale et de production, analysé avec lucidité par Scott (1998). Dans les deux constitutions persistent des visions conventionnelles du développement et, de ce fait, le concept de « développement » (avec toute une série d'adjectifs dans ces textes comme « intégral » « équitable » « productif », « culturel » « national », « durable », « solidaire ») est encore le paradigme prédominant.

Au-delà de l'analyse constitutionnelle, y compris dans les discussions d'experts, le « *buen vivir* » est encore une idée émergente et non un concept bien structuré et fondé. En se référant aux idées de l'économiste équatorien Alberto Acosta, l'analyste Eduardo Gudynas décrit le « *buen vivir* » comme un concept hétérogène en construction (*in* FARAH and VASAPOLLO (ed.), 2011, p. 231).

Il y a certainement quelques aspects sur lesquels il existe une certaine coïncidence entre les différents auteurs qui examinent le concept de « *buen vivir* » et que l'on retrouve déjà dans ces deux constitutions : par exemple, le rejet des théories économiques néoclassiques, l'accent mis sur l'économie locale et la recherche d'une nouvelle relation entre l'être humain et la nature. Cependant, il existe des différences marquées entre les acteurs, comme les représentants indigènes et ceux de l'État, sur les bases philosophiques du « *buen vivir* » et sa mise en pratique. Plusieurs aspects du « *buen vivir* » n'ont pas été examinés et analysés en détail, comme le modèle économique proposé, le rôle des ressources naturelles et les mécanismes pour concilier les intérêts dans des contextes hautement asymétriques.

Deuxièmement, les droits de la Mère Terre apparaissent soigneusement intégrés dans le corpus constitutionnel de l'Équateur. Cela implique un changement significatif de la façon de concevoir la nature, non seulement comme la somme d'un ensemble de ressources plus ou moins utiles pour être exploitées, mais aussi comme des cycles vitaux indépendants et interdépendants. Dans cette Constitution, la nature finit par être une sorte de souverain silencieux, avec les citoyens et les collectivités. Les membres de l'assemblée constitutive sont ainsi parvenus à renouveler la législation environnementale conventionnelle et à passer d'une vision anthropocentrique à une autre vision biocentrique et holistique. La restauration est un concept nouveau qui se différencie clairement du droit des personnes de vivre et de jouir d'un environnement (en tant que droit de troisième génération) et de recevoir des compensations pour les dommages environnementaux.

Le droit de la nature dans la constitution de l'Équateur couvre les trois dimensions que pose Stone (1974) dans un essai précurseur sur les droits légaux en tant qu'objets naturels, bien que cela nécessite d'instaurer et de compléter les mécanismes juridiques et institutionnels de mise en œuvre (SUAREZ, 2012) :

1. La nature est un sujet de droit et elle peut agir pour la défense de ses droits (par le biais de tuteurs, comme le Défenseur de l'environnement et le Défenseur de la nature, et par l'interpellation de citoyens) ;

2. Il y a des instances compétentes pour répondre à ces droits et pour exiger des compensations (par exemple, les tribunaux) ;

3. La compensation doit être directement destinée à restaurer le sujet de droit (à travers la régénération des cycles).

Comme le signale Fatheuer (2011, p. 25), le travail de conseil de certaines ONG qui promeuvent les idées de Stone sur le droit de nature, comme l'*Environment Legal Defense Fund* (www.celdf.org) à l'assemblée constituante a sûrement contribué à l'approfondissement de la discussion et à une plus grande structuration des droits de la nature dans le texte constitutionnel.

L'Équateur dispose probablement aujourd'hui de la Constitution la plus avancée dans le monde en matière d'environnement : « Le texte constitutionnel est très clair, tant en ce qui concerne la reconnaissance de la nature comme sujet, qu'en ce qui concerne sa redéfinition élargie dans une logique interculturelle, en incorporant la catégorie Pachamama. Il fait un nouveau pas, en indiquant que la restauration des environnements dégradés est aussi un droit à la Nature. » (GUDYNAS, 2012b, p. 9)

En troisième lieu, il existe des dispositions « dissonantes » et conflictuelles dans les deux textes. Il semble que les Constitutions de la Bolivie et de l'Équateur relatent simultanément plusieurs histoires qui, parfois convergent, parfois se contredisent : les voix multiples contenues dans ces constitutions racontent, d'une part, l'histoire des peuples indigènes et de leur sagesse ancestrale, et récupèrent aussi la mémoire historique sur la destruction et l'exploitation effrénée des ressources naturelles et des populations locales par des dirigeants irresponsables. Ils célèbrent la prise croissante de pouvoir des exclus et font le rêve de dépasser l'exclusion sociale par le biais d'un gouvernement populaire et représentatif. En même temps, ils réécrivent un discours de démocratie participative et de respect des droits de l'homme. Ces différentes voix qui ont été incorporées dans les dispositions constitutionnelles suscitent des tensions et des ambivalences, par exemple, entre le droit des peuples indigènes à la « libre détermination » (Bolivie, article 2) ou à « l'autodétermination » (Équateur, article 57 alinéa 21) et la récupération et le renforcement de la capacité de gestion de l'État.

Les gouvernements actuels de la Bolivie et de l'Équateur, qui ont été des promoteurs actifs des changements constitutionnels, ont en même temps le mandat de profiter (et même d'industrialiser, en Bolivie) des ressources naturelles et de protéger les droits de la nature et des peuples indigènes. Des forces centrifuges et centripètes ont convergé et se sont alors conjuguées simultanément dans ces textes, suscitant de vives tensions entre, par exemple, des autonomies indigènes locales et l'État central régulateur et interventionniste. En outre, des objectifs traditionnels de développement, encore inspirés des analyses développementalistes de l'ECLA (Commission Économique pour l'Amérique latine) sont combinés avec les droits récents de la troisième génération et avec les concepts d'avant-garde comme le droit de la nature (qui pourraient être compris comme une nouvelle génération ou une nouvelle dimension de droits).

Les nouvelles approches du développement durable font partie et sont le résultat d'un vif débat politique entre différents acteurs aux intérêts forts. Dans les discours publics et les conflits continus sont souvent sous-jacentes des luttes concrètes pour les territoires, l'influence et les ressources. La polémique principale semble se centrer maintenant sur la question de savoir « comment comprendre et appliquer le nouveau cadre constitutionnel et le réconcilier avec des ambitions développementalistes » (correspondance avec Ton Salman, 18 février 2013) : « La question de l'utilisation des ressources naturelles finit par être la plus sensible et la pomme de discorde entre les organisations indigènes et les États[12]. » (MERINOS, 2011)

Les deux Constitutions condensent et reflètent alors des positions nationales contradictoires et annoncent de futurs conflits. Cordero Ponce (2012) identifie de fortes tensions entre une interprétation nationale populaire et une autre plus indigène de ces nouveaux concepts ; aussi Sousa et Grijalva (eds.) (2012, p. 34) sont-ils d'accord pour affirmer : « Le nouvel État développementaliste (comme est en vient à être appelée l'activité de l'État) et le néoextractivisme sont en contradiction avec la concrétisation des droits de la nature en Équateur ou avec l'application de la loi sur les droits de la Mère Terre en Bolivie. »

Actuellement, un fort pourcentage de conflits sociaux dans les deux pays, et même dans la région, est lié à des projets d'extraction (ALVARADO, 2008). Ces Constitutions reflètent des tensions structurelles et suscitent de nouveaux conflits dans leur processus de mise en œuvre :

> Durant les dernières décennies, les conflits sociaux sur des industries extractives ont changé d'échelle en Bolivie, en Équateur et au Pérou. Divers groupes sont organisés et protestent contre les effets environnementaux et so-

---

[1] « *Theses constitutions condense and reflect contradictive narratives and announce future conflicts: the question of the use of natural resources results to be the most sensitive point and the bone of contention between indigenous organizations and states.* »

[2] « Accès, contrôle et utilisation des ressources naturelles » est la nomenclature communément utilisée par la FAO (Organisation des Nations unies pour l'alimentation et l'agriculture), pour se référer aux différents intérêts qu'il faut prendre en compte sur les ressources naturelles. » (MATIRU, 2000)

ciaux de l'extraction pétrolière et minière, le degré de collecte par l'État d'impôts sur les entreprises concernées par la production et le transport et la façon dont ces profits devraient être distribués. (JASKOSKI, 2011, p. 4)[1]

Le modèle extractif fait l'objet d'un grand nombre de conflits locaux, régionaux et transnationaux, qui se répercutent en particulier sur la population la plus pauvre. Les conflits environnementaux et territoriaux se sont aggravés. Les grands projets miniers, en particulier, sont remis en cause en raison des dommages environnementaux qu'ils causent. Il existe actuellement environ 184 conflits actifs et, pour certains, violents, qui affectent plus de 250 communes et communautés dans la toute l'Amérique latine (BLANKE, 2013, p. 3)[2].

En quatrième lieu, ces États « refondés », qui ont émergé de vastes processus constitutionnels en tant que nouveaux acteurs régulateurs et responsables, sont en même temps des facteurs de succès et de risque dans la mise en œuvre d'une politique du « *buen vivir* » et du droit de la Pachamama. Considérant les tensions implicites contenues dans ces constitutions, on note une nécessité de trouver des espaces de négociation et de dialogue pour canaliser ces demandes souvent contradictoires et ambivalentes. Sans ces mécanismes pour transformer les conflits latents et ouverts (qui peuvent être des procédures juridiques de participation et déjà conçues) et sans institution véritablement indépendante (comme devraient l'être les défenseurs), ces contradictions pourraient être finalement résolues par l'imposition de décisions unilatérales qui ne s'inscrivent généralement pas à moyen et long terme. Même dans les nouvelles économies mixtes et solidaires, dans lesquelles un système communautaire de production coexiste avec les entreprises capitalistes modernes, il serait illusoire de supposer la suspension de relations historiques de pouvoir et d'asymétries enracinées.

La transformation des textes constitutionnels en normes cohérentes et en institutions qui mettent en œuvre des politiques concrètes et effectives demeure un défi. Dans le cas des droits des peuples indigènes persiste la grande insuffisance de la mise en œuvre, définie par les experts comme la différence entre « les bonnes intentions fréquemment exprimées à travers des réformes constitutionnelles et autres textes législatifs et la réelle jouissance

---

[1] « *In recent decades, social conflict surrounding the extractive industries has escalated in Bolivia, Ecuador, and Peru. Groups organize against and protest the environmental and social effects of hydrocarbons and mining extraction, the degree to which the state captures royalties from the private companies involved in production and transport, and how those royalties are distributed.* »

[2] « *Das extraktive Modell verursacht eine Vielzahl lokaler, regionaler und transnationaler Konflikte, die vor allem die ärmste Bevölkerung zu spüren bekommt. Umwelt und Territorialkonflikte haben zugenommen und sich zugespitzt. Gerade die großen Bergbauprojekte stehen wegen ihrer Umweltschäden im Visier der Kritik. Derzeit gibt es ca. 184 aktive und z. T. gewalttätige Konflikte, von denen über 250 Gemeinden in ganz Lateinamerika betroffen sind.* »

des droits de l'homme sur le plan pratique et quotidien » (STAVENHAGEN, 2007, p. 2).

Pour conclure, il y a plusieurs pistes à explorer pour approfondir et compléter l'analyse. D'une part, il pourrait être utile de revoir et d'analyser les discussions, au sein des assemblées constituantes, sur les affaires conflictuelles, et de relire ensuite le texte des constitutions à la lumière de ces débats. Comme le fait remarquer Jorge Jurado (entrevue personnelle), la question de la gestion des ressources a suscité de fortes polémiques au sein des commissions spécialisées, comme la Table ronde n° 5 - Ressources naturelles et biodiversité, dirigée par le chef indigène Mónica Chuji.

Une autre possibilité pour avancer est d'élargir l'analyse constitutionnelle en prenant en considération d'autres concepts comme le développement, les territoires, les ressources naturelles et l'industrialisation, qui n'ont été qu'effleurés ici. La poursuite du processus de mise en œuvre du mandat constitutionnel en matière de droit de la nature et sur le « *vivir bien* »/« *buen vivir* » est un autre domaine à explorer (voir SUÁREZ, 2012).

Également significative est l'analyse des relations dynamiques entre des organisations et des représentants de l'État, à travers les différentes instances de dialogue formel et informel existant, et des thématiques pointues et conflictuelles comme la gestion de l'eau (BAUD, DE CASTRO, and HOGENBOOM, 2011) et la politique minière. Le sujet de la discussion et de la négociation sur l'exploitation minière en Amazonie pourrait être revisité, par exemple, dans le cas du Parc national Yasuní en Équateur. Cette initiative de protection de l'une des zones à la biodiversité les plus riches de la planète, dans laquelle, en outre, pourraient vivre des peuples indigènes qui n'ont jamais été en contact avec la civilisation occidentale, a récemment échoué pour des raisons nationales et internationales.

Finalement, si l'on considère les grandes avancées et le caractère précurseur du droit de l'environnement dans la Constitution de l'Équateur et dans la législation de la Bolivie, cela mériterait la peine de reprendre l'histoire de la construction collective de cette idée, en prenant en considération les liens avec des discussions internationales sur l'écologie, le changement climatique et le développement durable. De nombreuses tâches sont encore en suspens dans un domaine d'étude assez nouveau.

Références bibliographiques

ALBÓ, X., *Suma qamaña = el buen convivir*, La Paz, Bolivia, CIPCA (Centro de Investigación y Promoción del Campesinado), 2009.

ALVARADO MERINO, G., *Gestión ambiental y conflicto social en América Latina*, Buenos Aires, CLACSO, 2008.

ARANIBAR, A. M., CHAPARRO ÁVILA, E., SALGADO PAVEZ, R., *La Industria Extractiva en América Latina y El Caribe y su Relación con las Minorías*

Étnicas, Recursos naturales e infraestructura, Santiago, Chile CEPAL, División de Recursos Naturales e Infraestructura, 2011.

ARCHONDO, R., *Memoria del foro a dónde vamos?: progreso en diferentes culturas*, La Paz, Bolivia, Agencia Alemana de Cooperación Técnica, La Paz, 2004.

Asamblea Constituyente, *Constitución del Ecuador*, Quito, Ecuador, 2008.

ASSIES, W., « The limits of state reform and multiculturalism in Latin America : contemporary illustrations », *in* BOELENS, R., GETCHES, D. H., GUEVARA GIL, J.A. (Eds.), *Out of the Mainstream : Water Rights, Politics and Identity*, Earthscan, London, 2010, p. 57-73.

ASSIES, W., HAAR, G. VAN DER, HOEKEMA, A.J., *El reto de la diversidad : pueblos indígenas y reforma del estado en América Latina*, El Colegio de Michoacán A.C., 1999.

ASSIES, W., VAN DER HAAR, G., HOEKEMA, A.J., « Los pueblos indígenas y la reforma del Estado en América Latina », *Papeles de población*, n° 031, 2002, p. 95-115.

BARBIER, C., « The mining sector prey to social conflicts all over the South American continent », 2012, <http://en.actu-cci.com/territories-latin-america/12256-the-mining-sector-prey-to-social-conflicts-all-over-the-south-american-contine> (consulté le 14 octobre 2012).

BARIÉ, C. G., *Pueblos indígenas y derechos constitucionales en América Latina : un panorama*, La Paz Instituto Interamericano Indigenista - Abya-Yala, 2003.

BARIÉ, C. G., « Latinoamérica : ¿un emergente modelo multicultural? », *Boletín del Colegio de Estudios Latinoamericanos*, n° 12, 2005, p. 8-12.

BARIÉ, C. G., « La cuestión territorial de los pueblos indígenas en la perspectiva latinoamericana », *in Visiones Indígenas De Descentralización, Seminario Taller Visiones Indígenas De Descentralización.* La Paz, Bolivia Friedrich Ebert Stiftung, 2008 (a), p. 59-140.

BARIÉ, C. G., « El debate actual sobre autonomías en la legislación internacional : experiencias prácticas », *in Pueblos Indígenas : Derechos, Estrategias Económicas y Desarrollo Con Identidad*, Horlemann, Ediciones Foro de diálogo, 2008 (b), p. 32-56.

BAUD, M., « Identity Politics and Indigenous Movements in Andean History », *in* BOELENS, R., GETCHES, D., GUEVARA-GIL, A. (eds.), *Out of the Mainstream : Water Rights, Politics and Identity*, London, Routledge, 2011, p. 99-118.

BAUD, M., DE CASTRO, F., HOGENBOOM, B., « Environmental Governance in Latin America : Towards an Integrative Research Agenda », *European Review of Latin American and Caribbean Studies*, n° 90, 2011, p. 79-88.

Bertelsmann Stiftung, « Transformation Index BTI 2012 », <http://www.bti-project.org/uploads/tx_jpdownloads/BTI2012_Scores.xls> (consulté le 4 novembre 2013).

BLANKE, S., *Ein neues Eldorado? Rohstoffpolitik in Lateinamerika heute, Perspektive*, Berlin Friedrich Ebert Stiftung, 2013.

Bolpress, « "Es procapitalista" : Parlamentarios Indígenas y el Conamaq impugnan la Ley de la Madre Tierra », *Bolpress*, 2012.

BRESLIN, B., *From words to worlds exploring constitutional functionality : exploring constitutional functionality, Johns Hopkins series in constitutional thought*, Baltimore, Johns Hopkins Univ. Press, 2008.

CLAVERO, B., *Genocidio y justicia : La Destrucción de las Indias, ayer y hoy*, Madrid, Marcial Pons Historia, 2002.

CLAVERO, B., « Geografía jurídica de América Latina : pueblos indígenas entre constituciones mestizas », *Siglo XXI*, 2008.

CLAVERO, B., MAMANI, C., « Derechos de la Madre Tierra en medios no indígenas », *in El Horizonte de los derechos de la naturaleza. Agencia Latinoamericana de Información*, Quito, Ecuador, ALAI, 2012, p. 10-12.

CONAIE, *Propuesta de la CONAIE frente a la Asamblea Constituyente. Principios y lineamientos para la nueva constitución del Ecuador. Por un Estado Plurinacional, Unitario, Soberano, Incluyente, Equitativo y Laico*, Quito, Ecuador, CONAIE (Confederación de las Nacionalidades y Pueblos Indígenas del Ecuador), 2007.

Constituent Assembly, Republic of Ecuador : Constitution of 2008, <http://pdba.georgetown.edu/Constitutions/Ecuador/english08.html>.

CORBIN, J., STRAUSS, A., *Basics of Qualitative Research : Techniques and Procedures for Developing Grounded Theory*, Thousand Oaks, SAGE Publications, 3rd ed., 2007.

CORDERO PONCE, S., « Estados plurinacionales en Bolivia y Ecuador. Nuevas ciudadanías, ¿más democracia? », Nueva Sociedad, 2012, p. 134-148.

COVER, R.M., « The Supreme Court. 1982 Term - Foreword : Nomos and Narrative », *Harvard Law Review* , n° 97, 1983, p. 4-68.

DE LA TORRE, C., *Populismus in Lateinamerika. Zwischen Demokratisierung und Autoritarismus*, Berlin, Friedrich Ebert Stiftung, 2013.

Estado Plurinacional de Bolivia, Constitución política del Estado Plurinacional de Bolivia. La Paz, Bolivia, Estado Plurinacoal de Bolivia (Ministerio de la Presidencia), 2009.

EVANS, C.M., *Constitutional Narratives : Constitutional Adjudication on the Religion Clauses in Australia and Malaysia* (SSRN Scholarly Paper No. ID 1709127), Rochester, Social Science Research Network, NY, 2010.

FARAH HENRICH, I., VASAPOLLO, L. (Eds.), *Vivir bien : ¿paradigma no capitalista?*, 1. ed. La Paz, Bolivia, ed. CIDES-UMSA [u.a.], 2011.

FATHEUER, T., *Buen Vivir eine kurze Einführung in Lateinamerikas neue Konzepte zum guten Leben und zu den Rechten der Natur*, Berlin, Heinrich-Böll-Stiftung, 2011.

GARCÍA LINERA, Á., *Vom Rand ins Zentrum – Die Neugestaltung von Staat und Gesellschaft in Bolivien*, Zurich, Switzerland, Rotpunktverlag, 2012.

GÄRTNER, P., « Bolivia indígena 2012 – Paradigma oder Ausnahme? Ein Literaturbericht, (Teil 1) », *Quetzal - Online Magazin*, 2012, <http://www.quetzal-leipzig.de/lateinamerika/bolivien/bolivia-indigena-2012-paradigma-ausnahme-literaturberic ht-19093.html>.

GUDYNAS, E., « Buen vivir : Germando alternativas al desarrollo », *América Latina en Movimiento*, n° 462, 2011, p. 1-20.

GUDYNAS, E., « Estado compensador y nuevos extractivismos. Las ambivalencias del progresismo sudamericano », *Nueva Sociedad*, n° 237, 2012 (a), p. 128-146.

GUDYNAS, E., « El largo recorrido de los derechos de la naturaleza », *América Latina en Movimiento*, n° 479, 2012 (b), p. 7-9.

IWGIA, « Indigenous peoples in Latin America - a general overview », International Work Group for Indigenous Affairs (IWGIA), 2012, <http://www.iwgia.org/regions/latin-america/indigenous-peoples-in-latin-america> (consulté le 17 octobre 2012).

JASKOSKI, M., *Resource conflicts. Emerging Struggles over Strategic Commodities in Latin America (Scope Report No. 2012004),* PASCC Report. The Center on Contemporary Conflict, Monterey, CA., Naval Postgraduate School, 2011.

KUHN, T. S., *The Structure of Scientific Revolutions*, Chicago, University of Chicago Press, 2nd ed., 1970.

LAMBERT, R., « Le spectre du pachamamisme. Des droits pour la Terre ? », *Le Monde diplomatique*, n° 3, 2011.

LEBOSO, O., « Indigenas americanos : Explotación, genocidio y olvido », <http://www.monografias.com/trabajos/indigenas/indi genas.shtml> (consulté le 18 septembre 2013).

MAMANI PACASI, R. et al., *Vivir Bien, significados y representaciones desde la vida cotidiana : Cuatro miradas : Jesús de Machaca (La Paz), San Ignacio de Mojos (Beni), La Guardia (Santa Cruz) y zona sur de Cochabamba*, La Paz, Bolivia, U-Pieb, 2012.

MARTÍ I PUIG, S., *Pueblos indígenas y política en América Latina : el reconocimiento de sus derechos y el impacto de sus demandas a inicios del siglo XXI*, Barcelona, Fundación CIDOB, 2007.

MATIRU, V., *Conflict and Natural Resource Management*, Rome, Italy, Food and Agriculture Organization of the United Nations, 2000.

MEENTZEN, A., *Políticas públicas para los pueblos indígenas en América Latina : los casos de México, Guatemala, Ecuador, Perú y Bolivia*, Lima, Konrad Adenauer Stiftung, 2007.

MERINO, R., « What is "Post" in Post-Neoliberal Economic Policy? Extractive Industry Dependence and Indigenous Land Rights in Bolivia and Ecuador », *SSRN eLibrary*, 2011.

MOLINA RIVERO, R. (Ed.), *El pluralismo jurídico en América Latina : Visiones críticas desde la teoría y la práctica*, La Paz, Bolivia.RELAJU - Red Latinoamericana de Antropología Jurídica, 2012.

NOLTE, D., « Verfassungspopulismus und Verfassungswandel in Lateinamerika », *Giga Focus*, GIGA (German Institute for Global and Area Studies), 2009.

OLIVÉ, L., et al., *Pluralismo epistemológico*, Muela del Diablo Editores, Consejo Latinoamericano de Ciencias Sociales (CLACSO), Postgrado en Ciencias del Desarrollo, Universidad Mayor de San Andrés, La Paz, 2009.

PACHECO BALANZA, D., *Fomento al diálogo político y los procesos de negociación entre organizaciones indígenas, Estado y otros involucrados, Documento de trabajo*, La Paz, Bolivia, GIZ Proindigena, 2011.

Permanent Forum on Indigenous Issues, *Study on the need to recognize and respect the rights of Mother Earth*, New York, United Nations, Economic and Social Council, 2010 (No. E/C.19/2010/4).

PERRY, R. J., *From time immemorial : indigenous peoples and state systems*, Austin, University of Texas Press, 1996.

QUISPE, W.C.P., FERNÁNDEZ, G.C., PAIRUMANI, N.C., *Visiones de desarrollo en comunidades aymaras : tradición y modernidad en tiempos de globalización*, La Paz, Bolivia, Fundación PIEB, 2003.

ROBINSON, W.I., « Les voies du socialisme latino-américain », *Le Monde Diplomatique*, n° 11, 2011, p. 13-19.

RODRÍGUEZ-PIÑERO, L., *Indigenous peoples, Postcolonialism, and International Law : The ILO Regime*, New York, Oxford University Press, 2006.

RUCHT, J.J., *Political Constitution of the State*, 2009 (Bolivia), World Constitutions Illustrated, New York, William S. Hein & Co, 2011.

RUIZ MARRERO, C., « The New Latin American "Progresismo" and the Extractivism of the 21st Century », *CIP Americas*, 2011,<http://www.cipamericas.org/archives/4025> (consulté le 17 décembre 2012.12).

SALMAN, T., « Entre protestar y gobernar. Movimientos sociales en Bolivia en tiempos del MAS », T'*inkazos*, n° 29, 2011, p. 21-43.

SCHILLING-VACAFLOR DEL CARPIO, A., *Recht als umkämpftes Terrain : die neue Verfassung und indigene Völker in Bolivien*, Baden-Baden Nomos, 2010.

SCHILLING-VACAFLOR, A., FLEMMER, R., *Das Recht auf vorherige Konsultation : Rechtsnormen, Praxis und Konflikte in Lateinamerika*, Eschborn, GIZ-KIVLAK, 2013.

SCOTT, J.C., *Seeing like a state : how certain schemes to improve the human condition have failed*, Yale agrarian studiesThe Yale ISPS series, New Haven,Yale Univ. Press, 1998.

SEBRELI, J.J., *El Asedio a la Modernidad : Crítica Del Relativismo Cultural*, Buenos Aires, Editorial Sudamericana S.A, 1991.

SENPLADES, República del Ecuador, *Plan Nacional de Desarrollo. Plan Nacional para el Buen Vivir 2009-2013 : Construyendo un Estado Plurinacional e intercultural*, Quito, SENPLADES (Secretaría Nacional de Planificación y Desarrollo), 2009.

SIERRA, M.T., « Derecho indígena y acceso a la justicia en México : Perspectivas desde la interlegalidad », *Revista IIDH* n° 41, 2005, p. 287-314.

SOUSA SANTOS, B. DE, GRIJALVA JIMÉNEZ, A. (Eds.), *Justicia indígena, plurinacionalidad e interculturalidad en Ecuado*r, Quito, Ecuador, Ediciones Abya Yala, Fundacion Rosa Luxemburg. ed., 2012.

SOUSA SANTOS, B. DE, *Refundación del Estado en América Latina. Perspectivas desde una epistemología del Sur*, Lima, Peru, Instituto Internacional de Derecho y Sociedad. ed., 2010.

STAVENHAGEN, R., *Implementation of General Assembly Resolution 60/251 of 15 march 2006 entitled « human rights council ». Report of the Special Rapporteur on the situation of human rights and fundamental freedoms of indigenous people, A/HRC/4/32*, Geneva, United Nations, General Assembly, Human Rights Council, 2007.

STONE, C. D., *Should Trees Have Standing?: Toward Legal Rights for Natural Objects*, Los Altos, William Kaufmann, 1974.

STRÖBELE-GREGOR, J., « Lithium in Bolivien : Das staatliche Lithium-Programm, Szenarien sozio-ökologischer Konflikte und Dimensionen sozialer Ungleichheit », *desiguALdades.net Research Network on Interdependent Inequalities in Latin America*, ed, Working Paper, Berlin, 2012.

SUÁREZ, S., *Efectivización de los derechos de la naturaleza : evolución jurisprudencial, Temas de Análisis*, Quito, Ecuador, CEDA (Centro Ecuatoriano de Derecho Ambiental), 2012.

Tebtebba and Forest Peoples Programme, Extracting promises : indigenous peoples, extractive industries & the World Bank, Tebtebba, indigenous peoples' International Centre for Policy Research and Éducation ; Forest Peoples Programme, Baguio City, Philippines ; Moreton-in-Marsh, U.K, 2005.

UNCSD, *Report of the United Nations Conference on Sustainable Development*, United Nations Conference on Sustainable Development (UNCSD), Rio de Janeiro, Brazil, 2012.

VASAK, K., « A 30-year struggle; the sustained efforts to give force of law to the Universal Declaration of Human Rights », *The UNESCO Courier*, XXX, 1977, p. 28-32.

YRIGOYEN FAJARDO, R. Z., « El horizonte del constitucionalismo pluralista : del multiculturalismo a la descolonización », *in* RODRÍGUEZ GARAVITO, C. (Ed.), *El derecho en América Latina. Un mapa para el pensamiento jurídico del siglo XXI, derecho y política*, Buenos Aires, Siglo XXI, 2011, p. 139-158.

ZUAZO OBLITAS, M., QUIROGA SAN MARTÍN, C. (Eds.), *Lo que unos no quieren recordar es lo que otros no pueden olvidar : Asamblea Constituyente, descolonización e interculturalidad*, La Paz, Bolivia, Fundación Friedrich Ebert (FES), 2011.

Entrevues

Jorge JURADO, ambassadeur d'Équateur en Allemagne, ex-secrétaire national de l'eau SENEGUA, 27 juillet 2013.

Ampam KARAKRAS IPIAK, Shuar de l'Amazonie équatorienne, assesseur de la CONAIE (Confédération de nationalités indigènes d'Équateur), 9 août 2013.

Elizabeth SALGUERO, ambassadeur de Bolivie en Allemagne, 24 juillet 2013.

LA MÉTAPHORE DU TIPNIS

Gustavo SOTO SANTIESTEBAN

« Le vieux monde se meurt, le nouveau monde tarde à apparaître, et dans ce clair-obscur surgissent les monstres. »

Antonio GRAMSCI

Les métaphores et les moments constitutifs

Il est connu que la métaphore excède amplement une fonction simplement esthétique et rhétorique, mais permet d'accéder au moment auroral ou crépusculaire de la langue[1] et des discours, à travers des processus de déplacement et de concentration de signes, avec des effets sur la connaissance des seuils épistémologiques constitutifs. De multiples brins de langages et d'historicité courte et longue s'entrelacent pour porter un nouveau regard sur un tissu sous-jacent de faits collectifs.

Depuis ce point de vue, nous étudierons, dans la présente contribution, la lutte des peuples amazoniens (Mojeños Trinitarios et Yuracarés) qui habitent le Territoire indigène et Parc national Isiboro Sécure (TIPNIS) et lui donnent un sens. Cette lutte a eu pour effet général de dévoiler définitivement ce que l'on appelle le « processus de changement » bolivien, un moment tératologique de l'histoire dominante et un moment génésique d'une autre histoire qui, selon nous, débute en Amérique du Sud.

« La plus belle forêt du monde »

Le naturaliste français Alcide d'Orbigni désignait ainsi, au milieu du XIXe siècle, la région comprise entre les rivières Isiboro et Sécure. Le 1,20 million d'hectares de ce territoire amazonien héberge des écosystèmes uniques. La région reste inondée une grande partie de l'année grâce à un système hydrologique complexe,

[1] Umberto ECO, *Semiótica y filosofía del lenguaje*, Barcelona, Ed. Lumen, 1990.

composé de rivières de montagne très pentues d'eaux transparentes, et de rivières très dynamiques de plaine d'eaux blanches et obscures. Dans le parc, il y a plus de 170 lagunes qui préservent une richesse hydrobiologique inestimable. Ces caractéristiques ont semblé propices pour abriter une grande diversité de vie. 402 espèces de flore sont enregistrées, et l'on estime à plus de 3 000 les espèces des plantes supérieures. Les bois de piémont et les bois humides de plaine abritent plus de 108 espèces de mammifères (30 % des espèces du pays), et plus de 470 espèces d'oiseaux, correspondants à 34 % du total national, dont plusieurs en voie de disparition, comme les ours jucumari, le londra (loup d'eau) et les oiseaux terenura sbarpei et mpeüon rufaxilla. Ce monde animal merveilleux et divers compte plus de 39 espèces de reptiles, 53 espèces d'amphibiens et 188 espèces de poissons et de mammifères aquatiques, comme le dauphin rose, lui aussi menacé de disparition[1].

Dans le TIPNIS on trouve ce que les biologistes[2] appellent trois provinces biogéographiques : Beniana, le sud-ouest Amazonien et Yungueña, ce qui lui donne une grande diversité d'espèces et d'écosystèmes. C'est la plus grande étendue restante et la mieux conservée de la forêt amazonienne du piémont andin en Bolivie (alto Sécure) et l'une des dernières zones en bon état de cet écosystème en Amérique du Sud. Les écosystèmes du Beni dans le TIPNIS forment un paysage semi-naturel adaptatif, qui maintient des niveaux très importants de conservation de la flore et de la faune coexistant avec les modèles traditionnels d'utilisation humaine des pampas, des zones humides, des lagunes et des rivières. En ce sens, il représente un paysage culturel unique en Amérique du Sud. La zone beniana du TIPNIS comporte l'une des plus importantes zones humides de Bolivie, avec une grande étendue de marais, de lagunes, de pampas inondées, de ruisseaux et de rivières. Autrement dit, si le bocage existe dans cet état, c'est grâce au mode de vie, à la façon dont les peuples habitent la terre.

Le ministère de l'Environnement et de l'Eau, par l'intermédiaire du SERNAP (Service national des zones protégées), a lancé une évaluation environnementale – effectuée durant les premiers mois de 2011 – présentée à l'Assemblée des maires du TIPNIS durant les journées qui ont précédé la VIIe marche – qui signale les impacts environnementaux probables suivants de la construction de la route Villa Tunari - San Ignacio de Moxot :

A- Le paysage régional subandin de Mosetenes :

Les écosystèmes et la biodiversité :

- la perte irréversible d'espèces caractéristiques et précieuses de faune et de flore,
- la dégradation et la perte des communautés biologiques yungueñas du bassin subandin,

[1] SERNAP, Plan de Manejo, Territorio Indígena - Parque Nacional Isiboro Sécure, La Paz, 2005.

[2] Ministerio de Medio Ambiente y Agua / Servicio Nacional de Áreas Protegidas, *Evaluación Ambiental Estratégica para el desarrollo integral sustentable del Territorio Indígena Parque Nacional Isiboro Sécure - TIPNIS*, Consultora RUMBOL, julio 2011.

- la perte de ressources naturelles liées à la biodiversité,
- l'invasion d'espèces exotiques et d'animaux nuisibles,
- l'affaiblissement et la perturbation de la capacité de réponse et d'adaptation aux changements climatiques,
- la perte des relations spatiales et fonctionnelles entre les écosystèmes du bassin subandin,
- la perte et la dégradation du bois subandin yungueño.

Les eaux et les sols :

- des déséquilibres et des perturbations graves dans les flux hydriques (superficiel et souterrain) vers le piémont et Beni Sur,
- l'aggravation de l'érosion du piémont avec une surcharge en sédiments vers les paysages du Piémont et Beni sur,
- la désertification climatique régionale du fait de la perte ou de la diminution de la couverture végétale qui capte les précipitations en montagne.

L'utilisation des ressources :

- la déculturation, la déstructuration et l'extinction de groupes indigènes nomades dans le bassin subandin,
- l'exploitation forestière non régulée et non durable,
- la chasse non régulée.

B- Le paysage régional du piémont : le système de paysage d'Alto Sécure

Systèmes et biodiversité :

- la perte et la dégradation de forêts et d'écosystèmes amazoniens qui présentent une grande importance biogéographique et une grande valeur de conservation,
- la perte d'espèces de flore et de faune inestimables, représentatives ou menacées,

Les eaux et les sols :

- la perte significative de la capacité d'adaptation hydrologique aux effets des changements climatiques,
- la perturbation et les changements irréversibles des régimes naturels adaptatifs de drainage, de charge/décharge d'aquifères, et des inondations,
- les changements ou les détournements artificiels des lits fluviaux, la diminution des débits hydriques superficiels et souterrains,
- l'augmentation excessive de l'assèchement des terres par l'augmentation de l'ensoleillement : une désertification anthropiquement induite,
- des changements extraordinaires de lits fluviaux et souterrains,
- la pollution bactérienne et organique des eaux avec la propagation et la prolifération de maladies comme le choléra, la paratyphoïde et la gastro-entérite,

- la pollution chimique des eaux avec des précurseurs de la cocaïne, des pesticides, des engrais chimiques, des combustibles, des huiles, des produits industriels, etc.,
- la diminution ou la perte de la productivité naturelle des eaux, notamment de la production piscicole.

L'utilisation des ressources :

- la prolifération peu ou pas du tout planifiée de nouvelles installations humaines,
- la déforestation non contrôlable, l'exploitation forestière non régulée,
- le développement non régulé de la pratique de la chasse et de la pêche,
- le développement de cultures non durables : une prolifération accrue de la culture du coca,
- la densification du réseau routier local,
- la multiplication des incendies,
- la prospection et l'exploitation d'hydrocarbures.

C- Le paysage régional du Beni Sur :

Les écosystèmes et la biodiversité

- la perte, la déstructuration ou la diminution d'écosystèmes de savane d'intérêt prioritaire pour la conservation,
- la perte ou la diminution d'espèces de faune et de flore,
- la diminution de la capacité de réponse au changement climatique,
- la perturbation des relations spatiales et fonctionnelles entre des écosystèmes.

Les eaux et les sols :

- la perturbation des fonctions hydrologiques régionales : une augmentation du risque hydrologique et un amoindrissement de la fonction de réservoir et une distribution superficielle des eaux,
- l'augmentation des processus de colmatage des cours d'eau par le développement du traînage de sédiments en suspension grâce à l'érosion et à la déforestation par les eaux arrivant du piémont et la région subandine,
- une plus grande variabilité horizontale et des changements latéraux plus imprévisibles des lits fluviaux,
- les altérations dans les débits hydriques moyens des rivières et des ruisseaux,
- l'importation, par les eaux, des polluants bactériens et chimiques.

L'utilisation des ressources :

- la perte progressive de l'identité culturelle et de la mémoire collective des modes traditionnels d'utilisation des ressources naturelles,
- la perte de ressources des marchands de bois des forêts alluviales riveraines du fait de l'incursion d'exploitants forestiers pirates originaires du bassin subandin et de nouvelles zones de colonisation,
- l'importation depuis le piémont de mauvaises pratiques de gestion et d'utilisation des ressources naturelles,
- le développement de la chasse et de la pêche non durables ni de subsistance,
- le développement de la culture du coca dans les forêts alluviales riveraines.

D- Le paysage régional du piémont. Un système de paysage de colonisation :

Les écosystèmes et la biodiversité :

- la destruction des forêts primaires du piémont sud du TIPNIS,
- la destruction de la faune primaire et l'apparition d'espèces invasives, étrangères, généralistes,
- la disparition des groupes indigènes du piémont,
- une plus grande incidence des risques du changement climatique et une faible capacité d'adaptation à celui-ci,
- une plus grande vulnérabilité face aux risques naturels d'inondation par des changements latéraux de lits fluviaux,
- la grande importance des maladies comme le choléra, la paratyphoïde et la gastro-entérite.

Les eaux et les sols :

- l'aggravation de la perturbation et des changements irréversibles des régimes naturels adaptatifs par un drainage, une charge/décharge de nappes phréatiques et des inondations,
- le développement de cours ou de déviations artificielles de lits fluviaux,
- l'augmentation excessive de l'évaporation des terres par augmentation de l'ensoleillement : une désertification anthropiquement induite,
- l'aggravation de la diminution de débits hydriques superficiels et souterrains,
- l'augmentation de changements extraordinaires du cours de lits fluviaux et souterrains,
- l'augmentation de la pollution bactérienne et organique des eaux avec la propagation et la prolifération de maladies telles que le choléra, la paratyphoïde et la gastro-entérite,

- l'augmentation de la pollution chimique des eaux par des précurseurs de la cocaïne, des pesticides, des engrais chimiques, des combustibles, des huiles, des produits industriels, etc.,
- l'intensification de la diminution ou de la perte de la productivité naturelle des eaux, avec des pertes importantes de la production piscicole des eaux en aval.

L'utilisation des ressources :

- l'intensification incontrôlable de nouvelles installations humaines et la conquête de terres avec une incidence sévère sur ce qui reste des forêts et des zones protégées,
- la diminution des cultures de subsistance et d'exportation avec une tendance à la monoculture du coca,
- la pollution chimique sévère des eaux superficielles et des nappes phréatiques par des précurseurs de la cocaïne, des pesticides, des engrais chimiques, des combustibles, des huiles, des produits industriels, etc.,
- la multiplication d'incendies par l'écobuage de pâturages et de jachères qui s'étend de plus en plus vers les zones adjacentes.

Les conclusions de l'EAE sur les impacts négatifs de la route sont accablantes. Il faut signaler que ladite étude a été délibérément et totalement ignorée par le gouvernement d'Evo Morales, le même qui, lors du Forum permanent pour les questions indigènes des Nations unies, le 21 avril 2008, présentait les « dix commandements pour sauver la mère terre » et soulignait : « Mes sœurs et mes frères, ici, il y a deux chemins ; soit nous suivons le chemin du capitalisme et de la mort, soit nous avançons sur le chemin indigène de l'harmonie avec la nature et la vie, tout pour sauver l'humanité. » Comme nous le verrons tout au long de cette étude, la double morale n'a pas été l'exclusivité des gouvernements néolibéraux ouvertement procapitalistes.

La naissance et la crise de l'État national bolivien

Le libéralisme bolivien, qui a dominé durant les trois premières décennies du XXe siècle, s'est appuyé sur l'échec militaire du soulèvement indigène de Zárate Willka qui avait formulé les deux axes centraux de la revendication indigène : des terres communautaires et l'autonomie, demandes que le processus séculier semble ne pas avoir satisfaites puisqu'elles ont resurgi en 1990, en 2001-2003, en 2008, en 2011 et en 2012.

La défaite bolivienne de la Guerre du Chaco (1932-1935) – dictée par les intérêts rivaux de la Standard Oil Co. et de la Royal Dutch Shell – a initié un processus de délégitimation du modèle oligarchique qui a pris, en Bolivie, les traits de la *Rosca*, une sorte de mafia endogamique, grande propriétaire foncière et minière, créole et blanche, qui dominait le pays par l'armée et le vote qualifié – dont étaient exclus les Indiens, les femmes et les pauvres. Les tranchées de la guerre du Chaco ont été, par leur horreur, le premier espace de communication de cette société cloisonnée. Dans ce contexte ont surgi de nouvelles propositions et de nouveaux partis politiques inspirés du bolchevisme, du nationalisme et du fascisme. Tous, intégrationnistes et développementalistes à leur manière, ne pouvaient penser que la solution de ce que l'on appelait le « problème indien » passait par l'autodétermination. Les Indiens trouvèrent des espaces et des alliés dans leur résistance – tant dans la logique culturelle de l'*Ayllu*[1] que dans celle du syndicat –, conformément aux caractéristiques particulières du processus de siège et de parcelle – des terres agricoles dans les différentes régions du pays. L'un des partis de l'après-guerre du Chaco, le MNR, fondé par les parents pauvres de l'oligarchie, a pu s'associer de façon plus rapide et plus efficace avec le syndicalisme minier (FSTMB) qui se développait et avec les autorités indigènes, alors qu'il était au pouvoir avec le colonel nationaliste G. Villarroel, dont l'une des mesures en faveur des Indigènes fut l'abolition de la servitude personnelle – le *pongueaje*[2]. Villarroel fut renversé et pendu par une conspiration d'oligarques et de staliniens, unis dans le Front allié dans le contexte de la Seconde Guerre mondiale (1946). Le MNR, qui n'a pas été détruit, a continué de conspirer dans la clandestinité tout en menant une campagne ouverte jusqu'à sa victoire électorale en 1951, malgré le système du vote qualifié. Violant les règles de la démocratie représentative, l'armée de l'oligarchie ignora le résultat des urnes, et ainsi s'est déchaîné un processus d'affrontements violents qui culmina avec les journées insurrectionnelles d'avril 1952 au cours desquelles, après trois jours de combat, les manufacturiers, les mineurs et la classe moyenne battirent l'armée oligarchique qui fit acte de reddition formelle.

C'est dans cette circonstance particulière qu'est née la Centrale ouvrière bolivienne (COB), dont les membres empruntèrent plus les traits de conseillistes que ceux de simples syndicalistes, avec des milices armées et un co-gouvernement : le 1er mai 1953, cinq bataillons de membres défilèrent en exhibant leurs armes. Cette force ouvrière et la prise immédiate de fermes et d'haciendas ont incité le MNR à mettre en œuvre des réformes plus radicales et plus urgentes que celles qu'il avait prévues dans son programme électoral. La réforme agraire de 1953 mit fin à la prise de fermes organisée par les Aymaras et les Quechuas et encouragée par syndicalistes de la COB – dans la ligne des soutiens de la FOL anarchiste de La Paz dans les années trente. Commença alors un processus long et toujours inachevé de remise de terres privées aux paysans. Le métissage, la propriété privée de la terre, l'hispanisation et l'industrialisation étaient les principes et les hypothèses du développementalisme à la bolivienne, clairement incarné par le MNR et

[1] Mot d'origine quechua et aymara désignant une communauté de plusieurs familles dont les membres considèrent qu'ils ont une origine commune [NDT].

[2] Esclavage de fait des travailleurs agricoles indiens [NDT].

partagé avec les groupes marxistes résiduels. La remise de titres agraires fut gérée par les dirigeants successifs de l'État pour obtenir l'adhésion de principe à ses politiques et pour mettre un obstacle à l'alliance stratégique ouvrière et paysanne, selon le vocabulaire de l'époque. Au lieu de cela, c'est un pacte militaire-paysan qui a été institutionnalisé.

À la fin de la période 1952-1964, on avait encouragé l'apparition d'un système de répartition des terres où prédominaient les grandes propriétés agro-industrielles dans l'est bolivien et du travail des mines dans l'ouest ; les relations avec les USA étaient devenues plus étroites ; les forces armées avaient été reconstituées et un syndicalisme paysan s'était organisé. Pour sa part, le prolétariat minier avait rompu avec l'aile droite du MNR, réduit ses milices armées au minimum et s'était profondément séparé du syndicalisme paysan. L'usure de la fraction centriste du MNR permit à la cellule militaire du parti de mettre fin au régime. Le vice-président, le général Barrientos, mena à bien avec une main de fer la tâche d'apprivoiser les mineurs insoumis. Les massacres et les luttes entre 1965 et 1967 ont ponctué cette histoire. Barrientos avait, non seulement le soutien, mais aussi une sympathie du monde syndical paysan quechua, dont la langue étant dominante. L'importance et le poids de ce secteur social s'exprimèrent très nettement dans la Brigade parlementaire paysanne (formée de députés et de sénateurs) et chez les ministres que pouvait imposer le syndicalisme paysan. C'est l'un des facteurs explicatifs – parmi les nombreux et complexes aspects politiques et militaires – de l'échec de la guérilla d'Ernesto Guevara dans le nord-est bolivien, dans les années 1967. Le monde rural était les yeux et les oreilles de ses alliés militaires, non d'étrangers. Le syndicalisme paysan prébendalisé n'a pas non plus joué un rôle prépondérant sous les gouvernements de fait des généraux Ovando et Torres (1969-1971) qui ont tenté de récupérer l'esprit anti-impérialiste et populaire du projet national – la nationalisation de la Gulf Oil Co. et de la mine Matilde – et qui durent faire front en même temps à la radicalisation des classes moyennes (Guérilla de Teoponte) et des classes prolétaires (Assemblée du peuple). On pourrait résumer l'histoire sociale bolivienne entre des années 1960 à 1980 par cette dynamique qui a généré la solitude du syndicalisme minier bolivien et la faiblesse de la gauche politique bolivienne. La majorité démographique de la population bolivienne était absente, quand elle n'était pas alliée à la classe dominante – militaire ou civile. Les premières tentatives d'un syndicalisme paysan indépendant étaient encore résolument minoritaires. C'est dans ces circonstances que la fraction de droite du MNR avec son principal rival, le vieux parti phalangiste FSB, représentants de la nouvelle classe dominante, purent réaliser le coup d'État d'août 1971 et mettre en place la dictature du colonel Banzer (1971-1978).

En janvier 1974, la dictature de Banzer décida un ajustement économique qui impliquait l'augmentation des prix des articles de première nécessité. La protestation initiée par les manufacturiers de Quillacollo s'étendit dans toute la vallée et sur l'Altiplano : 20 000 paysans bloquèrent les routes interdépartementales et inaugurèrent la méthode de lutte paysanne par antonomase. L'épicentre se situait dans la région où la pression syndicale paysanne était la plus forte (la haute vallée de Cochabamba) et qui constituait un espace clef du Pacte militaire paysan. Les paysans espéraient négocier et, dans ce cas, imposer leurs solutions, comme dans les années soixante. Mais ils ont reçu une pluie de mitrailles d'artillerie et d'aviation : 80 morts et disparus, des centaines de blessés et de prisonniers. Ce fait sanglant a ouvert les yeux à de larges secteurs ruraux, de sorte que les arguments du *Manifeste de Tiahuanaco* (1973) contre le processus de la réforme agraire et de la réalité politique nationale ont pu ouvrir la voie. Dans ce document, l'échec du développement national est manifeste, le projet éducatif intégrationniste est fortement critiqué, et la gauche n'admet pas le projet paysan lui-même et accorde une importance secondaire à la paysannerie, selon la téléologie historique marxiste.

En 1979, sur la base des dirigeants kataristes, se constitua finalement la CSUTCB, le pacte militaire-paysan fut rompu, et le syndicalisme paysan s'incorpora à la COB, établissant au moins formellement l'alliance ouvriers-paysans. Bien que l'arrivée des bataillons paysans fût saluée, son rôle établi continua d'être secondaire. La période intense de la transition démocratique (1978-1982) initiée par la grève des femmes minières et rythmée par trois élections, quatre coups d'État, des massacres massifs comme celui de novembre 1979 et la chasse paramilitaire entre 1980 et 1982, a fait apparaître un nouvel acteur de premier plan : Genaro Flores qui, ce n'est pas un hasard, était le dirigeant clef de ce processus paysan-indigène, et qui, à la tête du comité clandestin de la COB, avait payé dans son corps le prix de cette lutte, les balles paramilitaires l'ayant laissé dans une chaise roulante.

La détérioration qui en résulta de l'administration inepte du modèle étatique de développement national – la Bolivie est un cas parmi d'autres de l'échec du développementalisme tiers-mondiste – aggravée par la cleptomanie du banzerisme, avide de pétrodollars qui provoquent la dynamique de la dette externe, conduisit à la faillite de l'entreprise fondamentale de l'économie bolivienne, COMIBOL, et au licenciement de 25 000 mineurs qui faisaient de la Bolivie l'icône de la lutte prolétarienne latino-américaine. Peu avant de mourir, le prolétariat fit son testament politique, son chant du cygne : la Cogestion ouvrière majoritaire, et la FSTMB livra sa dernière bataille testamentaire, laissant son legs au répertoire des formes de mobilisation : la Marche pour la Vie (1985).

Les colons et les cultivateurs de coca

On peut dire que les colons sont le produit de l'échec de la réforme agraire et du processus de 1952. Ils sont l'expression des politiques internes de souveraineté et d'occupation élaborées par les gouvernements républicains antérieurs à la Révolution nationale de 1952 et fortement promues par celle-ci et qui projetaient une économie de marché paysanne orientée vers le marché intérieur – initialement basée sur la production d'agrumes, de fruits exotiques, de riz et actuellement de coca et de cocaïne. Ainsi demeure l'imaginaire colonial qui considérait l'Amazonie comme vide et source de richesses extraordinaires. L'euphémisme gouvernemental de la nouvelle Constitution politique de l'État les qualifie maintenant d'interculturels, croyant qu'en changeant le nom, elle cache la chose, c'est-à-dire le fait profond dont la colonialité est portée maintenant par les paysans, comme nous le verrons très clairement dans le cas du TIPNIS.

Les colons sont arrivés au Chapare à partir des années soixante-dix. Les premières familles de paysans se sont installées dans les environs de Villa Tunari et ont avancé jusqu'à Isinuta, mais ceux qui n'ont pas trouvé d'espace disponible dans ces secteurs ont installé leurs *chacos*[1] à l'intérieur du Parc national Isiboro Sécure. Les migrants ont occupé des terres, défriché et préparé des terrains pour l'agriculture, principalement pour les plantations de coca. En plus des sentiers ouverts par l'exploration pétrolière à partir de la fin des années cinquante, la construction d'un tronçon de chemin vicinal dans les années soixante-dix jusqu'à l'installation yuracaré de Moleto, dans le parc, a facilité ces installations.

Ce processus s'est accéléré, surtout durant la période du premier essor de la chaîne de production de coca et de cocaïne (de 1980 à 1987), du fait des sécheresses récurrentes et de la migration forcée entraînée par la faillite des mines appartenant à l'État (1985), et le massacre blanc du prolétariat minier bolivien, connu sous l'euphémisme de relocalisation qui a transformé la région du Chapare en la plus grande région productrice de coca dit non traditionnel en Bolivie.

Sur les campements miniers vides et leurs cimetières remplis – par la silicose et des décennies de répression –, on a construit la nouvelle Bolivie néolibérale, à partir de 1985, conduite par le MNR, allié à l'ADN et soutenu par le MIR, ce trio de partis ayant administré le modèle d'ajustement structurel. Le modèle néolibéral implanté en 1985 a subsisté sur le plan social grâce à la richesse tirée de l'économie du coca et de la cocaïne. Les chiffres officiels évoqués devant le Club de Paris, en 2003, – avec lequel était négociée la dette externe du pays – avançaient la somme très conservatrice de 500 millions de dollars annuels qui étaient versés et circulaient dans l'économie bolivienne. Les gouvernements néolibéraux ont joui, jusqu'en 2000, d'une paix sociale reposant sur cette manne verte, et le décret 21060, qui initia la logique économique néolibérale, interdit les enquêtes sur les fortunes, c'est-à-dire qu'il donna carte blanche à l'investissement des « cocadollars » dans l'économie formelle. D'autre part, ils étaient pressés par la stratégie des États-Unis – plus connue comme la Fausse guerre contre les

[1] Lotissements agricoles indigènes traditionnels [NDT].

drogues – pour mettre en œuvre des plans répressifs de réduction des cultures en offrant un développement alternatif non viable, aucun produit agricole ni aucune autre activité économique, dans les zones tropicales de Co-Cochabamba, n'étant aussi rentable que la production de feuilles de coca. Celle-ci a été le moteur économique générateur de fortunes au sommet et d'emplois dans la construction, la contrebande, le commerce de ventes de détail qui inonde les rues des villes boliviennes, l'importation de vieilles voitures provenant du Sud-est asiatique. Évidemment, dans cette entreprise du libéralisme réel, la distribution des profits et des risques est inéquitable et asymétrique : les producteurs de coca étaient, durant les années quatre-vingt-dix, une sorte de lumpenprolétariat diabolisé et victimisé de cette économie, dont les barons régnaient sur le système financier et politique.

Ce jeu d'hypocrisies a perçu annuellement le tribut de vies d'hommes, de femmes et d'enfants de la région de Cochabamba. Toutefois, les résistances et les victoires relatives des producteurs de coca ont pris la forme de 4 000 hectares de coca qui existaient encore au début de 1997 dans le Chapare. Le dernier rapport de l'ONU sur l'extension des plantations de coca en Amérique du Sud montre qu'en général celles-ci ont crû, mais en particulier trois fois plus en Colombie, deux fois plus au Pérou, et de près de 40 % en Bolivie (ONU 2010). La dynamique de la superficie des terres agricoles plantées de coca, liée à la production de la cocaïne, était fortement stimulée par le marché latino-américain, en particulier du Brésil.

La population colonisatrice dans le TIPNIS (20 000 familles, selon une récente étude[1]) est composée de paysans de la vallée et du plateau boliviens (34,5 % de Cochabamba, 26,8 % de Potosí et 19,1 % d'Oruro). La grande majorité (84 %) est agricultrice, 6,3 % sont mineurs, 3,4 % maçons, 2 % chauffeurs et 1,9 % négociants. Le flux plus important de migration de colons qu'a reçu le TIPNIS a eu lieu de 1985 à 1992. Son système productif déprédateur de la forêt, fondé sur la logique de la culture sur brûlis, se caractérise par une ouverture continue de la frontière agricole avec une tendance à la monoculture, en donnant la priorité à la production d'une seule culture commercialisable, le coca. La possession de la terre distribuée sous le contrôle du syndicat prend la forme de propriétés privées individuelles, d'une superficie moyenne de seize hectares, contrairement à la propriété communautaire du territoire indigène.

Dans le TIPNIS ont été distribués 5 650 hectares, dont 3 000 hectares demeurent boisés et quelque 2 000 hectares ont été mis en culture. Sur ces terres, la culture de feuille de coca est dominante, et l'on trouve des colonies dans lesquelles la monoculture s'est généralisée. En outre, les recettes des familles proviennent pour 98 % de la vente de feuille de coca. Actuellement, la dynamique précédemment soulignée s'est accélérée et confirmée, surtout

[1] Fundación Tierra, « Estudio de caso n° 2 Tipnis, la coca y una carretera acechan a la Loma Santa: 2010 ».

dans les deux nouvelles zones de colonisation ; ainsi, les terres qui se sont retrouvées entre les mains des colons, et qui représentaient initialement 5 650 hectares, sont aujourd'hui plus étendues. En outre, la relation entre la surface de forêt vierge et celle de la forêt exploitée est inversée en faveur de la seconde. Chaque année, on exploite 1 000 hectares de forêt vierge à l'intérieur du TIPNIS. La dynamique des deux zones de colonisation, qui a dépassé la ligne rouge, s'accélérera grâce à la route. Quant à la croissance de la frontière agricole du coca, elle comprend le piémont proprement dit et la forêt inondable entre l'Isiboro et l'Ichoa. Enfin, on peut noter que ces populations disposent d'hôpitaux, d'écoles et d'infrastructure provenant en grande partie de programmes de soutien à la politique d'éradication financée par les États-Unis[1].

L'intérêt des planteurs de coca pour les terres du TIPNIS s'est accru en raison de la promesse électorale d'Evo Morales et de la nouvelle loi relative aux terres en friches – une fois que la Constitution politique a constitutionnalisé la grande propriété agro-industrielle et conjuré le fantasme de la prise de terres. De là proviennent tant la menace contre l'ensemble des TCO de l'Amazonie bolivienne que la résistance exprimée dans les Marches indigènes. À la fin de 2009, l'annonce gouvernementale de la construction de la route Villa Tunari-San Ignacio de Moxos a provoqué l'invasion des colons sur les zones communautaires Yuracarés, ce qui a provoqué des heurts qui ont causé plusieurs blessés et la mort d'un colon par flèche.

La « feuille sacrée », expression consacrée par la lutte d'Evo Morales et de ses planteurs de coca dans les années quatre-vingt-dix, bien qu'elle signifie la résistance à l'impérialisme, dissimule le caractère fondamental de son rôle dans la genèse du dispositif colonial/capitaliste. Serait-il superflu de rappeler que l'expansion coloniale de la culture de feuille de coca chez les Yungas de La Paz répond aux nécessités de l'industrie minière d'argent à Potosí ? Ne fait-elle pas partie de cette célèbre histoire de sang et de boue de l'accumulation du début du capitalisme ? N'est-elle pas l'une des affaires les plus rentables et les plus sanglantes de l'actuel capitalisme global ? La feuille de coca a elle-même deux faces, un endroit et un envers : réconfort et substitut de l'aliment permettant la surexploitation minière coloniale, républicaine et nationaliste, génératrice d'un mouvement social très fort, et l'autre modalité d'accumulation, de consommation et de subjectivité capitalistes. Les victimes dans les années quatre-vingt-dix sont devenues aujourd'hui les bourreaux des Indigènes. La feuille de coca, désacralisée, arrachée au contexte de son utilisation rituelle, est donc, depuis cinq cents ans, génésique de capitalisme. Pour cette raison fondamentale, il convient de parler de coca traditionnel et de coca excédentaire.

[1] EAE.

Les indigènes du TIPNIS

Comme nous le voyons, le Parc est occupé par deux types de populationl : d'une part, les communautés mojeñas-trinitarias, yuraracarés et chimanes (1 685 familles organisées en 63 communautés), d'autre part, les colons (20 000 familles).

Les Moxeños, d'origine arawak, ont produit l'extraordinaire culture hydraulique de Moxos, au moins 1550 ans avant Jésus-Christ, qui, par des barrages, des canaux, des remblais et des lagunes artificielles, ont contrôlé les débordements périodiques des rivières descendant des Andes et ont conquis des terres agricoles fertiles pour l'agriculture. Après l'expulsion des jésuites et l'affaiblissement de leurs missions au XVIIIe siècle, les fuites de Moxeños vers les contreforts andins se sont multipliées. À la fin du XIXe siècle, avec l'essor du caoutchouc et de la châtaigne, on a intensifié la dépossession des terres traditionnelles et le harcèlement direct de la population indigène pour l'utiliser comme main-d'œuvre esclave. Ces faits expliquent l'apparition d'un mouvement millénariste connu comme « La recherche de la Loma Santa », le nomadisme massif depuis le village de Santísima Trinidad vers leurs zones d'occupation ancestrale afin d'échapper à la tyrannie et aux abus. Les régions occupées par les chercheurs de la Loma Santa durant les 165 dernières années ont été l'actuel TIPNIS et la forêt de Chimanes adjacente. La construction d'une spiritualité qui entremêle des éléments missionnaires et amazoniens, la musique et la fête est une caractéristique de la force identitaire mojeña-trinitaria. Actuellement, les Mojeños, environ 6 370 personnes, se situent dans la TCO TIPNIS, sur le Territoire indigène multiethnique, TIM, dans TCO Yuqui-CIRI et dans TCO Joaquiniano.

Bien que le peuple Yuracaré (soit approximativement 2 829 personnes dans les TCO TIPNIS, et la TCO Yuqui-CIRI) ait eu des contacts avec l'ordre des Franciscains, ceux-ci n'ont pas réussi à le réduire. Le peuple yuracaré est organisé par le biais de groupes locaux dispersés et itinérants qui occupent un vaste espace territorial (contreforts orientaux des Andes, depuis la rivière Ichilo y Chapare Plaque jusqu'à la rivière Sécure).

Les 8 615 personnes environ du peuple Tsimane/Chimán – peuple rebelle qui n'a pas pu être intégré au processus jésuitique des réductions – habitent sur le territoire du TIPNIS, sur le Territoire indigène multiethnique TIM et dans la TCO Chimán, TICH. Dans le TIPNIS, ils occupent la forêt Chimán, au nord-ouest du Parc.

Les activités économiques des peuples indigènes du TIPNIS démontrent la permanence des savoirs et des technologies adaptés aux écosystèmes. Leur agriculture itinérante de multiples cultures et de rotation périodique, adaptée aux caractéristiques écologiques et aux dynamiques de régénération de la forêt, est orientée plus vers la consommation familiale autarcique que vers le marché, afin d'obtenir une plus grande sécurité alimentaire en ce qui concerne le reste de la population rurale bolivienne[1]. Outre l'agriculture, ils se livrent à la pêche, à la chasse et à l'élevage de petits animaux, à l'exploitation forestière par la récolte de matériaux de construction et autres, au bétail familial, à la culture du cacao et à l'industrie artisanale durable du cuir de lézard, endémique dans la région.

Les principaux acteurs internes du Parc national sont la zone subcentrale du TIPNIS – titulaire du droit de propriété de la TCO – et le SERNAP, qui co-administrent le Parc, ce dernier ayant en outre le caractère de secteur protégé. Dans cette co-administration, ne sont pris en considération ni la Sécure subcentrale, ni le CONISUR.

La région subcentrale indigène Isiboro Sécure (SCIIS)

C'est l'organisation qui a représenté durant de nombreuses années les trois peuples ethniques existants dans le TIPNIS et qui a été la principale organisation des peuples indigènes, particulièrement de 1987 à 1996. En réfutant l'EAE en 2011, qui considère avoir terminé son rôle historique, la continuité des décisions des XXIXe et XXXe Rencontres des maires de 2010 et de 2011, malgré le changement de directive – comme leurs us et coutumes organisationnels – la SCIIS – affiliée à la CPEMB – a organisé la IIIe Marche et ses différentes réalisations, justement liées à la défense du territoire et à l'exigence de l'application des droits indigènes. Mais sans doute, et comme nous verrons donc, ce sont les femmes du TIPNIS qui ont donné tout son sens à la Marche par leur participation à celle-ci, en assumant en outre la représentation du Comité de la VIIIe Marche indigène, instance suprême de cette dernière.

La zone subcentrale des communautés de la rivière Sécure

C'est une organisation qui correspond à vingt communautés indigènes situées sur les rives de la rivière Sécure[2], affiliées à la CPIB.

Le Conseil indigène du Sud, CONISUR

Le CONISUR organise et représente quatorze ex-communautés du secteur de colonisation dans la région sud du TIPNIS. Si l'on veut se montrer rigoureux, on ne peut pas parler d'organisation indigène, mais de plantation de coca ou d'organisation colonisatrice[3], du fait de leur inscription pratique

[1] EAE.

[2] Il s'agit des communautés Asunta, Uswea, Oromono, Arebuta, La Curva (Chimanes), San José, Totora, Nueva Natividad, Pto. San Lorenzo, Villa Fátima, San Bernardo, Villa Fátima (Moxeños) Santo Domingo, Nueva Lacea, San Bartolomé, San Vicente, Santa Anita et Nueva Vida (Yuracaré).

[3] Il s'agit des communautés Limo del Isiboro, Santa Fe, San Juan del Isiboro, San Juan de Dios, San Benito, Sanandita, Secejsama, Fátima, San Antonio, Mercedes de Lojojota, San Juan de la Angosta, Carmen Nueva Esperanza, San Jorgito et Puerto Pancho.

aux syndicats de producteurs de coca, bien que faisant encore partie de la CPITCO.

À la fin d'octobre 2011, il a été responsable d'un vol et d'une intimidation honteuse contre les Indigènes qui avaient participé à la marche et qui étaient de retour dans leur communauté (30 octobre 2011) et, en janvier 2012, il a organisé une contremarche propagandiste en faveur de la route pour essayer d'occulter la « demande indigène », et fait voter la loi 222 plus connue comme la consultation qui annule la loi 180, obtenue par la VIIe Marche, qui interdit la construction de la route.

Un territoire disputé

Le gouvernement de Barrientos – celui de l'Accord militaire paysan qui a mis fin à la révolution nationale mise en échec en 1952 – a créé le Parc national Isiboro Sécure (PNIS) par le décret-loi 07401 du 22 novembre 1965. Dans ses motivations, il évoque :

> [le] devoir suprême du Gouvernement de conserver les bassins hydrographiques et les sources des rivières afin d'éviter des inondations et des interférences dans la navigation ; ... dans les provinces du chapare et de Moxos des départements de Cochabamba et de Beni, l'État possède des zones qui, par leur beauté particulière, leur situation, leur topographie, la richesse de la flore et de la faune, méritent d'être conservées comme réserves vierges ; ... la construction du chemin forestier et les plans de colonisation mettent en grave danger l'intégrité des ressources naturelles renouvelables et, par conséquent, la beauté de la région ; (...) les parcs nationaux constituent des centres d'agrément, de tourisme, d'étude et de recherche, de croissance et de défense des ressources naturelles renouvelables.

La qualification de Parc national, accordée au TIPNIS en 1965, selon l'article 20 du règlement sur les secteurs protégés, signifie :

> la protection stricte et permanente d'échantillons représentatifs d'écosystèmes ou de provinces biogéographiques et des ressources de flore et de faune, ainsi que des ressources géomorphologiques, scéniques ou paysagistiques qui recouvrent une surface qui garantit la continuité des processus écologiques et évolutifs de ses écosystèmes.

En outre, le règlement précise, à l'article 23 :

> Dans le secteur compris dans un parc (sanctuaire ou monument), sont interdites l'utilisation extractive ou consomptive de ses ressources renouvelables ou non renouvelables et toute construction d'infrastructure, excepté pour recherche scientifique, de l'écotourisme, l'éducation environnementale et les activités de subsistance des peuples originaires, dûment qualifiées et autorisées, en raison desquelles ces catégories offrent à la population des opportunités pour le tourisme et les loisirs dans la nature, la recherche scientifique, le suivi des processus écologiques, l'interprétation, l'éducation environnementale et la prise de conscience écologique, en accord avec son zonage des plans d'administration et les normes réglementaires.

Ces définitions interdisent par conséquent l'activité pétrolière et la construction d'infrastructures routières.

Le premier gouvernement démocratique – qui a mis fin à la série de dictatures militaires de Siles Suazo, de la coalition de nationalistes, de sociaux-démocrates et de communistes, de la seconde hyperinflation mondiale – a promulgué la loi 676 du 7 décembre 1984 qui, à l'article 1er, « Déclare prioritaire et d'urgence nationale la construction de la route Cochabamba-Trinidad » ; à l'article 2, elle envisage la constitution d'un Comité d'impulsion pour l'exécution du projet, formé d'un représentant des corporations de développement (aujourd'hui gouvernements de départements) et des comités civiques des deux départements, de même que son article 4 autorise « le pouvoir exécutif à gérer les crédits internes pour l'exécution des ouvrages ».

Dans le même sens, le gouvernement néolibéral de Paz Estenssoro a fait voter la loi 717 du 15 février 1985 qui, à l'article unique, établit :

> Les travaux de voirie destinés à relier le département du Beni à d'autres départements de la République doivent obligatoirement être construits simultanément à partir des deux extrémités de la voie, quelle que soit la phase de leur exécution, c'est-à-dire le nivellement, l'enrochement, l'asphaltage et autres.

La première marche pour le territoire et la dignité de 1990 – résultant du processus d'organisation indigène des années quatre-vingt –, motivée notamment par la déprédation des forêts de Mara, a été décisive pour casser l'imaginaire dominant d'une Bolivie simplement andine. Ainsi, la diversité des peuples amazoniens et de leurs revendications est devenue plus visible et plus audible. Pressé, le gouvernement de Paz Zamora a promulgué le décret suprême 22610 du 24 novembre 1990 qui reconnut le PNIS comme territoire des peuples Mojeño, Yuracaré et Chimán, ses habitants ancestraux, lui donna le nom de « Territoire indigène Parc national Isiboro Sécure » (TIPNIS), et reconnut l'autorité de la convention 169 de l'OIT ratifiée par la loi 1257 de 1991.

En 1992, les dirigeants Marcial Fabricano, de la zone subcentrale du TIPNIS, leader de la marche de 1990, et Evo Morales Ayma, représentant des cultivateurs de coca et des colonisateurs, ont identifié des points géographiques devant séparer clairement la surface colonisée du territoire habité par les communautés indigènes. En 1994, des Indigènes et des colons du TIPNIS ont défini pour la première fois, par un accord, les points géographiques de la première ligne rouge qui délimitait le territoire habité par des peuples indigènes et le secteur colonisé.

Le 25 avril 1997, l'Institut national de réforme agraire émit le titre TCO-NAL-000002 par lequel fut accordé, sur la base de l'extension de l'AP/Territoire indigène, le TCO en qualité de dotation provisoire à la zone subcentrale du TIPNIS avec 1 236 296 hectares.

Le gouvernement d'Hugo Banzer – de retour au pouvoir à la suite d'élections – promulgua la loi n° 1185 du 18 novembre 1999 qui, à l'article unique, « Autorise le pouvoir exécutif à gérer dans l'urgence le financement international pour développer les études de faisabilité et de conception finale du tronçon [de la route] Villa Tunari-San Ignacio de Moxos, correspondant au projet de route Cochabamba-Trinidad ».

Sous le gouvernement du leader néolibéral Gonzalo Sánchez de Losada fut pris le décret suprême 26 996 du 17 avril 2003 dont l'objectif était de compléter le réseau routier de base du pays en lui incorporant « le tronçon compris entre les localités de Villa Tunari et de San Ignacio de Moxos ».

Evo Morales, durant la première année de son premier gouvernement, promulgua la loi 3 477 du 22 novembre 2006 qui proclame :

> Est déclarée de priorité nationale et départementale l'élaboration de l'étude du tracé final et de la construction du tronçon Villa Tunari-San Ignacio de Moxos, correspondant à la route Cochabamba-Beni, du réseau routier fondamental. (...) Le pouvoir exécutif, à travers les préfectures de Cochabamba et de Beni, et les instances gouvernementales, est chargé de gérer des sources de financement ou d'assigner les ressources économiques nécessaires.

Le 4 août 2008, au cœur de la déstabilisation favorisée par les grands propriétaires fonciers de Santa Cruz – et dont la conspiration a échoué, entre autres motifs, par la réticence du Brésil à les soutenir totalement dans leurs projets –, a été signé le contrat ABC N° 218/08 GCT-OBR-BNDES par la présidente temporaire de l'Administration bolivienne des routes (ABC), Patricia Ballivián Estenssoro, le directeur administratif financier, José Luis Zúñiga Tarifa, le directeur de la construction, Carlos Méndez Cárdenas, et le représentant légal du constructeur OAS, Geraldo Pereira Santana, pour la conception et la construction de la route pour un montant de 415 000 425 $. Le 4 septembre 2008, les présidents de la Bolivie, Evo Morales, et du Brésil, Luiz Inacio Lula Da Silva, signèrent une convention de financement de la route.

Quelques mois plus tard, en janvier 2009, la Constitution politique de l'État plurinational approuvée, pour la première fois dans l'histoire bolivienne, par référendum populaire, accordait, dans une quarantaine d'articles, la protection juridique suprême aux droits des peuples indigènes et à leurs territoires.

La même année, le décret suprême 621/3 2009 autorisait le ministre de la Planification à signer le protocole de financement avec la République fédérative du Brésil pour les travaux du tronçon de la route Villa Tunari-San Ignacio de Moxos et la convention auxiliaire avec l'ABC.

Le 13 juin 2009, le président Evo Morales donna un titre exécutoire à la zone subcentrale du TIPNIS avec une surface réduite de 1 091 656 hectares, attribua le Polygone 7, de 124 000 hectares, comme dotation de propriété familiale individuelle aux cultivateurs de coca et aux communautés indigènes qui ont accepté la logique productive du coca, leurs formes d'organisations syndicales et la propriété privée de la terre, à l'exception de la communauté de Santísima Trinidad (un peu plus de 2 000 hectares collectifs annexés à la TCO) qui jouera un rôle clef dans la défense du TIPNIS, avec, à sa tête, Adolfo Moye. Pendant la procédure de transfert des titres de propriété, Evo Morales chargea les Indigènes d'« assumer la défense du territoire par tous les moyens et devant toutes les instances ».

La loi 005 du 7 avril 2010 approuva le protocole de financement souscrit entre l'État plurinational de la Bolivie et la République fédérative du Brésil pour l'exécution du projet de route Villa Tunari-San Ignacio de Moxos.

Par le décret suprême du 6 décembre 2010, les Terres communautaires d'origine (TCO) furent renommées Territoire indigène originaire paysan (TIOC) conformément à la nouvelle constitution.

Le 15 février 2011, l'État plurinational de la Bolivie et le BNDES signèrent le contrat de collaboration financière n° 10219991 pour un montant de 332 millions de dollars, destiné au financement du projet de route Villa Tunari-San Ignacio de Moxos. Le 6 mai 2011, l'Assemblée législative plurinationale (ALP) vota la loi n° 112 qui approuvait l'engagement des crédits, et le lendemain, le Président Evo Morales promulgua le texte qui prévoyait que les opérations de financement seraient suivies par la convention de paiements et de crédits réciproques de l'Association latino-américaine d'intégration (ALADI).

Dans le cadre de l'actuelle guerre contre le TIPNIS dans sa phase de propagande, il y a quelques jours, le président Morales a fait l'annonce de la suspension du contrat avec OAS, sans que l'on connaisse aucun document officiel ni les conversations qu'il a eues à ce sujet avec la présidente Dilma Roussef dans le cadre du récent sommet des Amériques.

Cette énumération permet de démontrer la fragilité du simulacre de l'État-nation – mirage et travail de Sisyphe dans lequel s'obstine une grande partie des intellectuels et des progressistes boliviens et latino-américains – incapable de soutenir une politique publique cohérente, indépendamment du secteur qu'administrent civils et militaires, du caractère de la domination – démocratique, représentative ou *de facto* –, des idéologies justificatrices : néolibérale ou nationaliste ou, le pire des maux, de l'État plurinational de façon totalement dérisoire.

Face à toutes ces menaces, la Rencontre des maires du TIPNIS, des 17 et 18 mai 2010, la plus haute autorité des communautés, établit une ligne stratégique de conduite conservée tout au long du conflit et dont l'importance nous conduit à la citer *in extenso*[1] :

> Vu et considérant
>
> Que notre Président Evo Morales s'est fait le principal défenseur des droits des peuples indigènes et de la Mère Terre, qui est pour nous la Loma Santa, en promouvant la Conférence mondiale des peuples sur le changement climatique et les droits de la Mère Terre, dont les conclusions ont été livrées et bien reçues par les Nations unies.

---

[1] *Resolución nº 0001/2010 del XXIX Encuentro extraordinario de Corregidores del TIPNIS - Territorio indígena y Parque nacional Isiboro Sécure autónomo de los pueblos indígenas Moxeño, Yuracaré y Chimán.*

Que l'État bolivien a ratifié le respect des droits des peuples indigènes et de leur libre détermination, dans le cadre de la convention 169 de l'OIT et de la Déclaration des Nations unies sur les droits des peuples indigènes, intégrés dans la Constitution politique de l'État en vigueur.
Que, le TIPNIS est un secteur protégé – Parc national et territoire indigène –, avec le titre exécutoire obtenu en juin 2009 et remis par le président Evo Morales qui, au moment de la remise, a demandé que l'on assure la défense territoriale par tous les moyens et devant toutes les instances.
Qu'avant d'entreprendre tout ouvrage, par mandat constitutionnel, l'État plurinational de la Bolivie doit garantir la protection de la biodiversité bolivienne au moyen du recensement complet des espèces de flore et de faune existantes.
Que l'ouverture de cette route présente une menace pour la vie des peuples qui habitent dans le TIPNIS, par la perte des ressources naturelles et de toute la biodiversité sur laquelle reposent la culture et la vie les Moxeños, des Yuracarés et des Chimanes, qui ont vécu et continueront de vivre sur leur territoire dès avant la création du pays.
Que la destruction de notre territoire est aussi une atteinte contre l'humanité dans son ensemble parce qu'elle aggravera le réchauffement de la planète.
Que nous sommes fatigués d'envoyer des lettres et des résolutions avec notre position de rejet de l'initiative de la construction d'une route qui relie Villa Tunari à San Ignacio de Moxos, qui n'ont été jamais prises en considération ni écoutées par les précédents gouvernements ou par le gouvernement actuel.
Que, même sans la construction de la route mentionnée, on effectue des allotissements sur le supposé tracé qui serait déjà établi, de telle sorte que notre territoire est constamment victime d'asservissement et que les membres de nos communautés souffrent de harcèlements permanents qui aboutissent dans de nombreux cas à de violentes agressions, dont les antécédents sont notoires comme ceux de septembre 2009.
Que le TIPNIS n'est pas le seul territoire soumis à une violation des droits indigènes, mais qu'il y a également, entre autres, les frères de l'APG par l'exploration des gisements d'hydrocarbures et la pollution du Parc Aguarague, le CPILAP par des explorations d'hydrocarbures dans le Madidi en territoire mosetén, [et] le CIRABO avec les initiatives de construction des barrages hydroélectriques.
PAR CONSÉQUENT : En suivant la politique de défense des droits de la Mère Terre, impulsée par le Président Evo Morales, conformément à la déclaration de Tiquipaya et pour la défense de nos droits comme peuples indigènes établis par la convention 169 et la Déclaration des Nations unies, repris dans le texte constitutionnel et qui s'imposent à l'État plurinational de la Bolivie, devant la possibilité de subir un ethnocide. NOUS DÉCIDONS :
1. De rejeter fermement et sans négociation possible la construction de la route Villa Tunari-San Ignacio de Moxos ou toute voie routière qui affecte notre territoire, notre grande maison.
2. D'exiger du gouvernement de l'État plurinational et des gouvernements du monde, qu'ils soient cohérents avec les droits de la Mère Terre et avec les peuples indigènes.

3. De déclarer l'état d'urgence et la mobilisation immédiate et permanente pour la défense de nos droits, l'intégrité territoriale et les droits de la Mère Terre.
4. D'informer nos autorités traditionnelles et nos représentants sur toutes les actions de l'État plurinational pour qu'ils effectuent toutes les actions nécessaires pour la défense des droits de la Mère Terre et de nos droits comme peuples indigènes devant des instances nationales et internationales.
5. D'assumer comme nôtres les problèmes auxquels font face nos TCO et secteurs protégés frères victimes de la violation des droits constitutionnellement acquis.
Fait dans la Communauté de San Miguelito del Isiboro et sur le Territoire indigène et Parc national Isiboro Sécure le dix-huit mai deux mille dix.

Le 15 août 2001 commença la VIIIe Marche avec une plate-forme de treize points sur la défense du TIPNIS. L'année précédente, la VIIe Marche, contrecarrée politiquement par le gouvernement et focalisée sur la loi d'autonomies, avait déjà pris en compte le sujet du TIPNIS, mais comme point secondaire.

Le capitalisme du XXIe siècle

En 2000, les présidents néolibéraux de la région ont lancé le plan le plus agressif de « Développement et intégration de l'infrastructure régionale sud-américaine » (IIRSA). L'IIRSA est un ensemble de 514 mégaprojets d'énergie hydroélectrique, de routes, de gazoducs, d'infrastructures portuaires, avec un investissement initial prévu de 69 milliards de dollars, financés par BID-CAF-FONPLATA, l'Union européenne, la banque Santander, et le BNDES du Brésil au bénéfice immédiat des entreprises de construction brésiliennes comme : Odebrecht, Andrade Gutiérrez, Camargo-Correa, OAS, Furnas, Suez-Tractebel. Ces mégaprojets font partie de la stratégie historique brésilienne de colonisation de l'Amazonie continentale, déjà conçue par les dictatures militaires, appelée successivement « Brésil en action », « En avant Brésil », et aujourd'hui « PAC - Plan d'accélération de la croissance ». À la fin de 2010, on compta t 51 projets conclus et 196 en phase d'application pour un investissement prévu de 38 milliards de dollars/103 projets en phase d'études pour 17 milliards de dollars, et 31 projets stratégiques de mise en œuvre prioritaire pour 10 milliards de dollars (Agenda 2010-2015).

L'ensemble de ces axes d'intégration et de développement concerne des territoires où l'on trouve la plus grande concentration de ressources naturelles : les gisements miniers, les hydrocarbures, les forêts, l'eau, et surtout les ressources de la biodiversité. Ils ont pour principal objectif l'exploration, l'exploitation et l'exportation des ressources naturelles du continent. Certaines régions importantes en raison de leurs ressources se sont retrouvées concernées simultanément par deux ou trois axes (six axes dans le cas de la Bolivie).

Dans les projets mis en œuvre dans différents pays sud-américains, on a déjà noté les impacts suivants :

- l'extraction intensive des ressources naturelles non renouvelables (pétrole, gaz, minéraux),
- la destruction de zones à la biodiversité très riche pour développer des monocultures (soja ou canne à sucre pour biocarburants, plantations de cellulose…),
- la déforestation massive : 74 % de la déforestation de la région amazonienne s'est produite sur les terrains à 50 km de part et d'autre des routes les plus importantes,
- des dommages irréversibles aux écosystèmes,
- les violations des droits de l'homme : en particulier des droits collectifs des peuples communautés indigènes (1,6 million d'indigènes de 370 peuples et cultures) reconnus par des constitutions, la convention 169 de l'OIT et la Déclaration des Nations unies sur les droits des peuples indigènes, parmi lesquels les droits au territoire, à la consultation libre, préalable, informée, de bonne foi, à l'eau, et de définir leur propre développement,
- la corruption,
- l'accroissement de la dette externe.

Après onze années, l'initiative IIRSA a été reprise par l'UNASUR sous le nom de COSIPLAN, (2011), et a été marquée par une grave accélération dont se sont rendus responsables les gouvernements « progressistes et révolutionnaires » sous la baguette de la Banque nationale du développement économique et social (BNDES) du Brésil. La BNDES est la banque stratégique pour la constitution d'oligopoles et l'internationalisation des corporations brésiliennes. Elle disposait, en 2010, d'un portefeuille de crédits de 162 milliards de réaux (100 milliards de dollars), plus que la CAF, la BID et la Banque mondiale réunis.

Pour la Bolivie, de nombreux projets IIRSA ont été prévus, notamment les projets suivants :

- axe andin : 74 projets/5 milliards de dollars ; transport terrestre, échanges frontaliers et projets énergétiques,
- axe Capricorne : 34 Projets/2 milliards de dollars ; priorité : routes et chemins de fer,
- axe sud andin : parmi les projets figure la construction du « mégaport » de Mejillones pour l'exportation des minerais de San Cristóbal, le gazoduc nord argentin, la route Tarija-Bermejo Saute,
- axe aqueduc Paraguay-Parana, lié au Mutún et au Corridor Santa Cruz-Puerto Suárez,

- axe Pérou-Brésil-Bolivie : 18 projets, pour 11,6 milliards de dollars, avec l'amélioration des routes, un complexe hydroélectrique, le bois, la route biocénique Brésil-Pérou,
- axe interocéanique central : 44 projets pour 3,3 milliards de dollars, avec des routes, des chemins de fer, des gazoducs et l'industrie minière.

Malgré les multiples changements politiques que nous avons vécus en Bolivie, depuis l'année 2000, l'IIRSA continue à travailler sans relâche avec tous les gouvernements (néolibéraux, transitoires et révolutionnaires).

Toutefois, et de façon étonnante, le gouvernement qui a donné le plus grand élan à l'IIRSA est celui d'Evo Morales Ayma, dont le programme de gouvernement 2010-2015 (cf. www.cne.org.bo) inscrit comme siens tous les ensembles de projets IIRSA, notamment tous les projets de routes de l'IIRSA, les mégaprojets de production hydroélectrique et d'exportation d'énergie électrique.

La route Tunari-San Ignacio de Moxos, qui figure dans le Plan, est la partie secondaire du Corridor Nord dans son axe Pérou-Brésil-Bolivie qui relie l'Amazonie bolivienne à l'État de Rondonia au Brésil avec le Pacifique en mettant en œuvre la géopolitique brésilienne d'occupation de l'Amazonie continentale pour l'expansion d'entreprises agro-industrielles, d'exploitation forestière, minière, d'hydrocarbures, et pharmaceutiques. Il y a quelques forts indices confirmant cette hypothèse, liés à l'arrivée de Lula en Bolivie en pleine VIIIe marche indigène pour jouer les bons offices pour l'entreprise de construction brésilienne OAS. L'opinion publique s'est demandé si elle ne constituait pas un soutien du gouvernement brésilien au gouvernement d'Evo Morales pour la mise en œuvre du barrage de Cachuela Esperanza.

Le modèle IIRSA s'est reproduit dans le cas du TIPNIS.

En 1994, l'entreprise pétrolière REPSOL a acquis les droits d'exploitation du gisement pétrolier de Sécure pendant trente années. REPSOL a causé des dommages dans le TIPNIS suite à l'exploration pétrolière (tests sismiques, déforestation, pollution par des résidus de boues et du pétrole brut, présence et bruits de machines…) ; il a commis des infractions à la législation environnementale en endommageant des rivières, des forêts, en entravant des activités économiques et culturelles, et en général en affectant la vie des peuples indigènes et des populations paysannes ; et il a négligé les engagements environnementaux et sociaux envers la population.

La nationalisation des hydrocarbures en 2006 – sur le fondement de la loi sur les hydrocarbures de 2005 – a confirmé le contrat pétrolier par la loi 3672 du 23 avril 2007 sur la zone d'exploration Rio Hondo signé avec Petrobras Bolivia à 50 % et Total E&P Bolivie à 50 %, pour trente années à partir de 2007. Cela concerne un million d'hectares, dans les départements de Beni, Cochabamba, La Paz, et cela affecte aussi le TIPNIS au nord-ouest. La partie centrale, soit 17,7 % du territoire et 23 000 hectares, correspond à une partie de la zone de Sécure accordée à YPFB Petroandina SAM, (entreprise formée par Petrolíferos Fiscales Bolivianos et l'entreprise vénézuélienne PDVSA) par un contrat d'exploration et d'exploitation d'hydrocarbures approuvé en juillet 2008 par la loi 3911. La société mixte Petroandina SAM, qui fait partie d'un *addendum* au contrat d'exploration et d'exploitation des gisements pétroliers dans les régions subandine nord et subandine sud – signés par PDVSA Bolivie entre 2007 et 2008 – prévoit d'investir 2,4 millions de dollars dans des activités d'exploration de la région de Sécure pendant une période de cinq années. Dans ce cadre, la construction de la route Villa Tunari-San Ignacio constitue une activité préalable pour faciliter les travaux d'exploration de Petroandina. L'entreprise consultante CONNAL, qui a élaboré l'EEIA du tronçon I, confirme que « l'objectif du projet est de faciliter les études pour l'exploitation pétrolière[1] ».

L'appétit brésilien ne se limite pas au gaz bolivien, mais comprend aussi des routes, des barrages, des investissements dans l'agro-industrie. Par exemple, le complexe hydroélectrique du Río Madera, quatre barrages qui permettront à l'industrie brésilienne de disposer presque 10 000 mégawatts. Deux de ces quatre barrages seront construits en territoire bolivien. L'un d'eux, à Cachuela Esperanza, produira de l'énergie pour 65 dollars le mégawatt/heure, soit trois fois le coût actuel dans le système interconnecté de la Bolivie (20 dollars) et 50 % plus cher que le coût de production de Jira (43 mw/h). Le secteur inondé (au moins 1 000 km^2) sera presque deux fois plus grand que les secteurs inondés de Jirau et de Santos Antonio réunis et produira seulement le tiers de leur énergie. Il contribuera au réchauffement de la planète en produisant davantage de gaz à effet de serre et ne répondra pas aux nécessités énergétiques urgentes des populations du nord bolivien. Il augmentera la dette externe envers le Brésil de plus de 2 milliards de dollars, en faisant de ce pays notre principal créancier. Les experts soupçonnent que Cachuela Esperanza soit un barrage destiné surtout à retenir les sédiments du côté bolivien, pour que les barrages brésiliens de Jirau et de Santo Antonio soient plus efficaces[2].

Le contrat EP Bolivia-ABC/OAS-BNDES pour la construction de la route confirme les précédents d'OAS et les pratiques de corruption, de suppléments tarifaires et de négociations inhérentes aux mégaprojets d'intégration.

En application du contrat, l'OAS avait un délai de quarante mois pour la livraison de l'ouvrage à partir du moment où elle avait reçu l'ordre d'agir (28 août 2009) du SICOES. Selon les dispositions du formulaire SIIN 001, la date de livraison devait être le 10 décembre 2012. La longueur totale de la route est de 306 kilomètres, qui se divisent en trois tronçons : le premier, de 47 kilomètres, qui part de Villa Tunari, actuellement en construction ; le second, qui n'a pas reçu le consentement des peuples indigènes, a une lon-

---

[1] *Atlas de contratos petroleros*, CEADESC, 2008, et http://www.hidrobarburosbolivia.org.

[2] Cf. « Seminario Internacional Cachuela Esperanza », <http://www.ceadess.org>.

gueur de 177 kilomètres et relierait les populations d'Isinuta et de Monte Grande del Apere. Enfin, le troisième, de 82 kilomètres, relie Monte Grande del Apere à San Ignacio de Moxos. La route de 306 kilomètres nécessitera un investissement total de 415 millions de dollars, à peu près 80 % du coût étant couverts par le Brésil (332 millions de dollars), la Bolivie apportant les 83 millions de dollars restants par le biais des gouvernements Beni et de Cochabamba.

Le BNDES attendait la libération du droit de passage pour commencer à débloquer les crédits. Toutefois, l'OAS avait déjà engagé les travaux avec 20 % des ressources de l'État bolivien. Le 23 juillet 2009, l'OAS a sollicité une avance partielle de cinq millions de dollars pour effectuer les études d'ingénierie nécessaires à la conception finale. Le 22 décembre 2009, l'OAS a émis un certificat de paiement pour la seconde avance de 2,5 millions de dollars. Le 31 mai 2011, l'OAS a demandé une avance sur l'apport externe de 66,4 millions de dollars. Ce même jour, le constructeur brésilien a reçu une autre avance sur l'apport local de 16,7 millions de dollars. Les documents respectifs concernant ces avances ont été remis par Ricardo Martins, directeur général d'OAS, à Luis Sánchez-Gómez Cuquerella, président exécutif d'ABC, et à Fernando Flores Yavi, directeur des constructions de cet organisme.

Le 23 novembre 2007[1], l'Autorité environnementale compétente (AAC) accorda au projet Villa Tunari-San Ignacio de Moxos la Catégorie I, violant la réglementation environnementale bolivienne qui établit qu'un parc national et un secteur protégé ne peuvent pas avoir de catégorie selon l'article 23 du règlement sur les secteurs protégés (DS 24780).

> Dans le secteur des parcs, des sanctuaires ou des monuments, sont interdites l'utilisation extractive ou consomptive de leurs ressources renouvelables ou non renouvelables et la construction d'infrastructures, excepté pour recherche scientifique, l'écotourisme, l'éducation environnementale et les activités de subsistance des peuples indigènes (décret suprême 24781).

Pour la construction de tout ouvrage, sont nécessaires : 1) une fiche environnementale (FA), 2) une étude d'évaluation des impacts sur l'environnement (EEIA), 3) une évaluation d'impact sur l'environnement (EIA), 4) une déclaration d'impact sur l'environnement (DIA) dite « licence ». De manière frauduleuse, le projet a été divisé en trois tronçons, en palliant le fait que la catégorisation est effectuée sur un ouvrage en totalité et non et sur les parties de ce dernier (catégorie un, catégorie deux, catégorie trois) avec une justification *ad hoc*, violant la norme environnementale en étant commis ainsi une série de :

> II. Des infractions administratives avec un impact sur l'environnement : a) l'engagement d'une activité ou la mise en œuvre d'un ouvrage ou d'un projet sans disposer de la licence environnementale correspondante (...), b) l'élargissement ou la modification d'un projet, d'un ouvrage ou d'une activité

[1] Source : document du MDRAyMA-VBRFMA DGMA FA No. 3063 (c)/07.

sans accomplir la procédure d'évaluation des impacts sur l'environnement (DS 28592 17/01/2006, complétant le règlement sur la gestion environnementale).

La justification officielle de ce processus vient ensuite ; d'abord des critères d'ingénierie, ensuite une tentative de justification environnementale (source : *Memoria del EEIA Tramo 1 elaborado por la Consultora Connal S.R.L. para OAS y ABC*).

1. Villa Tunari - Isinuta. - Plateforme améliorée avec des débris de 6,5 mètres de large (conduits de diamètre réduit et ponts sur les cours d'eau).
2. Isinuta - Escuela Ichoa. - Chemin de pénétration amélioré avec des débris, sans travaux de drainage, la route est sinueuse (horizontalement et verticalement).
3. École Ichoa - Monte Grande. - Il n'y a pas route.
4. Monte Grande - San Ignacio de Moxos. - Chemin ouvert jusqu'à 40 km et 60 km de San Ignacio avec des améliorations.

D'autre part,

Puisque le tronçon carrossable Villa Tunari-San Ignacio de Moxos comprend des tronçons de différentes caractéristiques physiques, écologiques, socio-économiques, et culturelles, il est nécessaire d'effectuer une analyse de chacun des sous-tronçons en présence. C'est pour cela qu'au cours d'une réunion à laquelle ont participé la direction socioenvironnementale d'ABC, le SERNAP, l'Autorité environnementale nationale et les techniciens de l'entreprise OAS Ltda., on a défini l'élaboration de trois fiches environnementales des sous-tronçons suivants : Tronçon 1 : Villa Tunari-Isinuta, Tronçon 2 : Isinuta-Monte Grande, Tronçon 3 : Monte Grande-San Ignacio de Moxos.

Il est intéressant de souligner que de nombreux indices sont donnés par des observations officielles d'institutions de l'État plurinational bolivien et d'autorités nommées par le gouvernement de Morales lui-même.

Par exemple, le vice-ministère de l'Investissement public et du Financement extérieur, le 3 septembre 2008 (VIPFE, VIPFE/DGPP/UIFSI/000229/2008-002401), a précisé que sur les 332,1 millions de dollars, 30 avaient le caractère de concessionnaire (2,07 %, sur une durée de vingt ans, avec cinq années de tolérance), et 302,1 avaient un caractère commercial (taux du Libor à cinq années plus un *spread* de 1 %, sur une durée de douze années et trois années de période de tolérance). Ce crédit a été entamé dans le cadre d'un crédit global pour la route Riberalta-Rurrenabaque en plus de la route Villa Tunari-San Ignacio de Moxos. Parmi les observations les plus importantes de cette répartition publique à la proposition de financement de l'Entreprise OAS, on peut mentionner :

Cela ne tient pas compte de l'étude préalable dans laquelle a été identifiée l'alternative la plus favorable (p. 3).

La portée de l'EEI n'est pas délimitée, et les effets sur l'environnement qui affecteront directement le territoire concerné, qui a le double statut social de territoire indigène et de secteur protégé, ne sont pas pris en considération. (...) La route entre Ichoa et Norte Grande n'existant pas, les grandes lignes du tronçon devraient se situer hors de la zone centrale du Parc. Conformément à la réglementation sur les secteurs protégés, ce secteur ne devrait être touché en aucune manière. Le coût estimé par l'OAS, de 1,3 million par kilomètre, s'avère élevé si on le compare à d'autres projets de l'ABC comme le montre le tableau suivant :

Tronçon	Longueur (km)	Budget (millions de $)	Coût au km ($)
Potosí-Tarija (chaussée rigide)	313	225	718 850
Potosí-Uyuni (chaussée rigide)	200	98,30	491 500
Rurrenabaque-Australia-Riberalta (chaussée flexible)	510	224	439 215
« Y » d'intégration	338	110	325 500

En décembre 2008, le constructeur OAS Ltda., par l'intermédiaire de l'administrateur bolivien de *Carreteras Villa Tunari-San Ignacio de Moxos* (ABC) a présenté à l'Organisme sectoriel compétent (OSC) la fiche environnementale du tronçon 1 : Villa Tunari-Isinuta. Après la procédure de révision de la fiche environnementale mentionnée, l'Autorité environnementale compétente (AAC) a accordé au présent projet, la catégorie I, c'est-à-dire qu'il fallait élaborer une étude analytique intégrale d'impact environnemental. Sur la base de la catégorisation accordée, l'entreprise OAS Ltda. a engagé les services de la Consultora Connal S.R.L pour l'élaboration de l'étude d'évaluation de l'impact environnemental intégral du tronçon 1 : Villa Tunari-Isinuta. L'évaluation institutionnelle du VIPFE indique finalement une grave faute administrative :

> Le document de base d'engagement (DBC), à l'alinéa 44 de la page 19, indique : préalablement à la signature du contrat de travaux publics avec l'entreprise adjudicataire, le gouvernement de la République de la Bolivie, par les instances compétentes, devra signer et approuver la convention de financement. Par conséquent, la convention de financement aurait dû être préalable au contrat de travaux publics signé le 4 août 2008. Tout ce qui a été proposé en août est que l'État assume le financement et, par conséquent, on a violé les normes de base d'engagement, le décret suprême 29190 de 2007.

Le 14 juin le 2010, le document GPAE/847/2010 de l'Inspection des finances générale de l'État plurinational adressé à ABC indiquait, parmi les observations passibles de sanctions administratives :

> L'allongement illégal des délais dans l'appel d'offres / vingt-deux amendements postérieurs au document de base d'engagement qui manquent de justification documentée / de multiples erreurs dans la méthodologie du calcul de prix, et surtout le non-respect de la norme qui établit que le prix référentiel du

contrat exige l'appui d'études ou d'étapes préalables à la décision de la modalité d'engagement « clé en main », comme description de la nécessité du projet lui-même, des alternatives, de la quantification et de l'identification des bénéfices de ce dernier, également des alternatives à l'investissement et à l'opération / l'incohérence du modèle de contrat et du contrat / la non-application des spécifications détaillées dans le cahier des charges (...)

Devant tant d'irrégularités, le 25 août 2010, le vice-ministre de l'Environnement Juan Pablo Ramos et le directeur de l'Environnement Luis Beltrán ont renoncé à leurs charges de façon irrévocable après que des autorités de gouvernement ont tenté de les obliger à signer une licence environnementale pour la construction de la route.

L'agonie de l'État-nation plurinational

Le TIPNIS, non seulement apporte un éclairage sur la radicale absence de cadre institutionnel – comme l'affirmerait une certaine perspective analytique –, mais démontre également l'occultation persistante et la tyrannie des Indigènes du TIPNIS. Les gouvernements néolibéraux entre 1991 et 2005 ont systématiquement ignoré les articles 2, 6, 7, 14, 15 et 16 de la convention 169 ratifiée par la loi 1257.

Dans le processus constituant bolivien (2006-2008), un courant influent dans le monde indigène, intimement lié au parti de gouvernement, a obtenu de placer au centre de la demande indigène l'exigence politique de participation et de contrôle de l'État, qui est entrée dans les faits de façon très timide dans certaines structures ministérielles sans que cela ait la moindre incidence sur la prise de décisions. Un succès conjoncturel a également été enregistré par le fait que l'Indigène et le paysan ont été pris en compte dans seul bloc constitutionnalisé IOC (Indigène-paysan-originaire), au prix de l'autodétermination politique indigène, et en abandonnant le droit de participer en tant que peuple indigène sans médiation partisane, qui existait déjà depuis la réforme constitutionnelle de 2005. Le « bloc social » de l'IOC est traversé par la contradiction stratégique profonde entre des visions paysannes de développement économique contre les visions indigènes relatives aux droits de la nature et de leurs modes vie non développementalistes (*Buen vivir*, *Yvy Maraey*/« Terre sans mal »), sujets qui, en leur temps, ont nourri le discours et l'image déjà très affecté, d'Evo Morales.

Parmi les résultats de ce courant dans l'Assemblée constituante, nous pouvons énumérer l'appellation « État plurinational », certains récits indigènes de l'histoire bolivienne contenue dans le préambule de la Constitution, la représentation politique indigène réduite et médiatisée dans l'Assemblée législative plurinationale (ALP) qui, aujourd'hui, s'oppose au parti de gouvernement. En définitive, ces réalisations, plus imaginaires qui symboliques, ont été suffisantes, dans un premier temps, pour conforter le sentiment des organisations indigènes de faire partie de l'État bolivien : les grandes mobilisations de soutien au gouvernement contre la déstabilisation de Santa Cruz en 2008 et le soutien électoral incontestable et réitéré, de 2006 à 2010. Les défilés militaires des organisations indigènes et paysannes jointes aux forces armées – qui, sans remonter très loin dans le temps, les avaient sévèrement réprimés entre 2000 et 2003 – sont aussi des indices éloquents de ce sentiment légitime et de la non moins évidente cooptation. Certains y voient une chance de renaissance du Pacte militaire paysan.

En décidant la construction de la route sans suivre les procédures techniques, administratives et juridiques, sans une étude préalable d'impact sur l'environnement, en transgressant la loi 1333 et les règlements, le règlement sur les secteurs protégés et les traités internationaux touchant aux questions environnementales, le gouvernement d'Evo Morales poursuit et aggrave la conduite précédente, parce qu'en plus des normes en vigueur avant 2006, le processus de changement social exprimé par la loi 3760 du 7 novembre 2007 a élevé au rang de loi les 46 articles de la Déclaration des Nations unies sur les droits des peuples indigènes, approuvée par la 62e session de l'Assemblée générale de l'ONU. La nouvelle Constitution politique de l'État plurinational (CPEP) approuvée par référendum a incorporé au bloc de constitutionnalité tous les droits de la charte internationale (accords et conventions, parmi lesquelles la déclaration et la convention). Le conflit du TIPNIS a donc montré que le gouvernement de Morales violait pratiquement tout le bloc de constitutionnalité, en plus d'une douzaine d'articles relatifs à l'environnement. Il a procédé ainsi, tant avant qu'après la Marche, avec la circonstance aggravante de l'existence d'une jurisprudence comme la sentence du Tribunal constitutionnel du 25 octobre 2010, dans une affaire semblable, *Capitanía guaraní de Itika Guasu versus Servicio Departamental de caminos de Tarija*, au sujet de la construction d'une route sur le territoire communautaire et le droit à la consultation :

> *Considérations sur l'application de la Constitution politique de l'État en vigueur*
>
> Comme ce recours [...] a été présenté et jugé par le Tribunal de protection constitutionnelle en application de la loi fondamentale abrogée, il est pertinent de déterminer, avant d'analyser la résolution venue en révision, quelle norme constitutionnelle sera appliquée. En ce sens, conformément aux fondements développés dans le jugement 0006/2010-R du 6 avril, en partant du principe *pro homine* contenu dans les articles 5 du Pacte international des droits civils et politiques (PIDCP), 29 de la Convention américaine des droits de l'homme, 13. IV et 256 de la Constitution politique de l'Équateur, le juge doit appliquer les normes qui s'avèrent les plus favorables pour la personne, sa liberté et ses droits, ainsi qu'interpréter ces normes de la manière la plus large. De même, conformément au principe d'interprétation progressive de la norme, entre plusieurs sens possibles, on doit opter pour celui qui limite dans une moindre mesure le droit ou la garantie qui est dénoncé comme nuisible, c'est-à-dire que l'on doit choisir l'interprétation la plus large quant à la reconnaissance des droits et une interprétation plus restreinte quand on établit des limites à l'exercice de ces derniers. Conformément à ces principes, la loi

fondamentale en vigueur étant protectrice, il est naturel de l'appliquer ; cependant, dans chaque cas concret, on effectuera l'analyse des normes constitutionnelles pour donner la préférence à celles qui s'avèrent plus favorables au requérant. Le droit à la consultation préalable dans les normes du bloc de constitutionnalité a été reconnu aux peuples indigènes dans la convention 169 de l'OIT, dont l'article 6.1 a établi qu'en appliquant les dispositions de la convention 169, les gouvernements devront : « a) consulter les peuples intéressés, au moyen de procédures appropriées et en particulier à travers leurs instances représentatives, chaque fois que l'on prévoit des mesures législatives ou administratives susceptibles de les affecter directement ». L'article 6.2 de la convention a indiqué : « Les consultations réalisées en application de cette convention devront être effectuées de bonne foi et d'une manière appropriée aux circonstances, afin d'arriver à un accord ou d'obtenir le consentement sur les mesures proposées. » La consultation, conformément à l'article 15.2 de la convention 169, est étendue aux ressources existantes sur les terres des peuples indigènes, mais il faut préciser que, quand la propriété des minéraux ou des ressources du sous-sol appartiendront à l'État, les gouvernements devront établir ou maintenir des procédures en vue de consulter les peuples intéressés, afin de déterminer dans quelle mesure les intérêts de ces peuples seraient affectés avant d'entreprendre ou d'autoriser tout programme de prospection ou d'exploitation des ressources existantes sur ces terres. Ces normes ont été étendues et précisées dans la Déclaration des Nations unies sur les droits des peuples indigènes qui, à l'article 19, établit : « Les États procéderont à des consultations et coopéreront de bonne foi avec les peuples indigènes intéressés par le biais de leurs institutions représentatives avant d'adopter et d'appliquer des mesures législatives et administratives qui les affectent, pour obtenir leur consentement libre, préalable et informé ». En outre, l'article 32 de la Déclaration, en particulier en ce qui concerne les terres et les territoires, soutient : « 1. Les peuples indigènes ont le droit de déterminer et d'élaborer les priorités et les stratégies pour le développement ou l'utilisation de leurs terres ou de leurs territoires et des autres ressources. 2. Les États procéderont à des consultations et coopéreront de bonne foi avec les peuples indigènes intéressés par le biais de leurs institutions représentatives propres afin d'obtenir leur consentement libre et informé avant d'approuver tout projet qui affecte leurs terres ou leurs territoires et d'autres ressources, en particulier par rapport au développement, à l'utilisation ou à l'exploitation des ressources minérales, hydriques ou d'un autre type. 3. Les États établiront des mécanismes efficaces pour la réparation juste et équitable par ces activités, et on adoptera des mesures adéquates pour limiter leurs conséquences nuisibles de nature environnementale, économique, sociale, culturelle ou spirituelle. »
Pour sa part, la Constitution politique de l'État reconnaît à l'article 30. 15) le droit « [d']être consultés au moyen de procédures appropriées, et en particulier par le biais de leurs institutions, chaque fois que l'on prévoit des mesures législatives ou administratives susceptibles de les affecter », en ajoutant en outre que « sera respecté et garanti le droit à la consultation préalable obligatoire, effectuée par l'État, de bonne foi et concertée, en ce qui concerne l'exploitation des ressources naturelles non renouvelables dans les territoires

qu'ils habitent ». Quant aux ressources naturelles, l'article 403 de la Constitution politique reconnaît l'intégralité du territoire indigène originaire paysan, qui inclut le droit à la terre, à l'utilisation et à l'utilisation exclusive des ressources naturelles renouvelables, à la consultation préalable et informée à la participation aux bénéfices par l'exploitation des ressources naturelles non renouvelables situées sur leurs territoires. Or, à la lumière des normes constitutionnelles et internationales sur les droits des peuples indigènes, qui, comme cela est indiqué, font partie du bloc de constitutionnalité, conformément à ce qui est établi par l'article 410 de la Constitution politique de l'État, on peut conclure que la consultation préalable est un devoir de l'État, tant au niveau central qu'à celui des organismes territoriaux autonomes, qui doit être rempli par le biais des institutions représentatives des peuples indigènes. Cette consultation doit être effectuée de bonne foi et de manière appropriée aux circonstances dans les cas suivants : a) avant d'adopter ou d'appliquer des lois ou des mesures qui peuvent affecter directement les peuples indigènes (articles 6.1. de la convention 169, 19 de la Déclaration des Nations unies sur les droits des peuples indigènes, et 30.15 de la Constitution politique de l'État) ; avant d'approuver tout projet qui affecte leurs terres ou leurs territoires et leurs autres ressources (article 32.2. de la Déclaration des Nations unies sur les droits des peuples indigènes) ; c) avant d'autoriser ou d'entreprendre tout programme de prospection ou d'exploitation des ressources naturelles qui se trouvent sur les terres où habitent des peuples indigènes (articles 15.2 de la convention 169, 32.2. de la Déclaration des Nations unies sur les droits des peuples indigènes, et 30.15 et 403 de la Constitution politique de l'État) ; et d) avant d'utiliser les terres ou les territoires indigènes pour des activités militaires (article 30 de la Déclaration des Nations unies sur les droits des peuples indigènes). La consultation mentionnée doit être réalisée afin d'obtenir un accord avec les peuples ou leur consentement libre, préalable et informé. Or, il convient de préciser que ce consentement est envisagé comme un but de la consultation, non comme un droit en lui-même, sauf dans les deux situations prévues, tant dans la convention 169 que dans la Déclaration des Nations unies sur les droits des peuples indigènes : 1. le transfert des terres occupées et leur déménagement (articles 16.2 de la convention 169 et 10 de la Déclaration des Nations unies sur les droits des peuples indigènes) ; et, 2. le stockage ou l'élimination de matériaux dangereux sur les terres ou les territoires des peuples indigènes (article 29 de la Déclaration). Aux deux hypothèses précisées, on doit en ajouter une troisième, qui a été jurisprudentiellement établie par la Cour interaméricaine des droits de l'homme dans l'affaire *Pueblo Saramaka v. Surinam*, dans laquelle elle a reconnu le droit au consentement : « (...) quand il s'agit de plans de développement ou d'investissement à une grande échelle qui auraient un impact majeur sur le territoire Saramaka, l'État, non seulement a l'obligation, de consulter les Saramakas, mais doit aussi obtenir le consentement libre, informé et préalable de ceux-ci, selon leurs coutumes et leurs traditions. La Cour considère que la différence entre la "consultation" et le "consentement" dans ce contexte requiert une plus grande analyse. » Dans le même jugement, il est indiqué que « (...) le rapporteur spécial de l'ONU sur la situation des droits de l'homme et des libertés fondamentales des peuples indigènes a observé, de

manière semblable, que : chaque fois que l'on mène à terme [des projets à grande échelle] dans des secteurs occupés par des peuples indigènes, il est probable que ces communautés doivent faire face à des changements sociaux et économiques profonds que les autorités compétentes sont capables de comprendre, beaucoup moins d'anticiper. Les effets principaux (...) comprennent la perte de territoires et de terres traditionnelles, le délogement, la migration et la possible réinstallation, l'épuisement des ressources nécessaires pour la subsistance physique et culturelle, la destruction et la pollution de l'environnement traditionnel, la désorganisation sociale et communautaire, les impacts sanitaires et nutritionnels négatifs de longue durée [et], dans certains cas, des abus et des violences. Par conséquent, le rapporteur spécial de l'ONU a établi qu'« est essentiel le consentement libre, préalable et informé pour la protection des droits de l'homme des peuples indigènes sur de grands projets de développement » (Cour IDH, *Pueblo Saramaka. Vs. Surinam*. Excepciones Preliminares, Fondo, Reparaciones y Costas, STC du 28 novembre 2007, Serie C No. 172).
Conformément à ce qui est précisé, pour mettre en œuvre les projets des trois hypothèses précédemment indiquées, on doit obtenir le consentement des peuples indigènes, ce qui signifie que dans ces cas les peuples ont le pouvoir d'interdire le projet ; dans les autres cas, quand la consultation est réalisée de bonne foi, avec des méthodes et une information appropriées, les peuples indigènes ont le droit de prendre part à l'élaboration du projet, l'État devant agir de façon raisonnable, se soumettant aux normes, aux principes et aux valeurs contenus dans la Constitution politique de l'État, parmi lesquels le principe de légalité et d'interdiction de l'arbitraire, en respectant les droits des communautés originaires, et en évitant des impacts nuisibles à leur habitat et à leur *modus vivendi*.

Un minimum de sagesse conseillait d'abandonner le projet de route ; toutefois, les intérêts en jeu (des producteurs de coca et des Brésiliens, pour résumer) poussaient au conflit, par des déclarations permanentes et radicales d'Evo Morales, (« il y aura une route, qu'ils le veuillent ou non », 29 juin 2011) ou encore, plus révélatrice : « Si j'avais du temps, j'irais séduire les compagnes et je les convaincrais de ne pas s'opposer. Et les jeunes, ils ont des instructions du Président pour conquérir les compagnes des Yuracarés pour qu'elles ne s'opposent pas à la construction de la route » (Evo Morales, 31 juillet 2011).

Les déclarations racistes et sexistes d'Evo Morales ont conduit au divorce avec la société civile urbaine. Mais elles ont surtout renforcé l'indignation des femmes indigènes de la CNMIB (*Justa Cabrera*) et de Nelly Romero (vice-présidente de la CIDOB), qui ont exigé des excuses publiques. Les femmes indigènes ont constitué le noyau principal de la Marche et assumé la direction de la Commission de la VIIe Marche indigène (Yenny Suarez de l'organisation des femmes du TIPNIS.)

Les excuses ne suffisaient pas, car, en ayant établi l'interdiction soumise à pénalisation, l'État avait en outre omis d'appliquer la Convention sur l'élimination de toutes les formes de discrimination contre la femme que la

Bolivie a ratifiée en 1989, par la loi 1100, et qui fait maintenant partie du bloc de constitutionnalité. La CEDAW stipule à ce sujet, dans son premier article :

> La discrimination contre la femme désignera toute distinction, exclusion ou restriction fondée sur le sexe qui a pour but ou pour résultat d'amoindrir ou d'annuler la reconnaissance, la jouissance ou l'exercice par la femme, indépendamment de son état civil, sur la base de l'égalité entre l'homme et de la femme, des droits de l'homme et des libertés fondamentales dans les sphères politique, économique, sociale, culturelle et civile ou dans toute autre sphère. (…) Les États parties condamnent la discrimination contre la femme sous toutes ses formes. Ils conviennent de suivre, par tous les moyens appropriés et sans délai, une politique visant à éliminer la discrimination contre la femme et, dans un tel but, ils s'engagent à (…) : d) s'abstenir d'adopter tout acte ou toute pratique de discrimination contre la femme et de veiller à ce que les autorités et les établissements publics agissent conformément à cette obligation.

Roberto Coraite, secrétaire exécutif de la Confédération syndicale unique de travailleurs paysans de Bolivie (CSUTCB), pilier central du soutien au gouvernement, a déclaré : « Il faut différencier ce qui bénéficie le plus à nos frères du territoire (les indigènes), la route ou le fait d'être maintenus dans la clandestinité, dans l'indigence, pour ainsi dire à l'état sauvage, ce qui est le plus important[1]. »

Et les jours suivants, alors qu'il était consulté sur la question de savoir si les peuples indigènes avaient le droit de décider de leur mode de vie, il déclara :

> J'ai vécu avec nos frères indigènes, ils n'ont pas de médecins, ils sont toujours aux intempéries, ils n'ont pas de maisons, ils n'ont pas la santé, ils n'ont rien. Cela vous plairait-il de vivre ainsi ? Mettez-vous à leur place – se répondant à lui-même –, ils sont gâleux, ils ont mal aux yeux. Vous aimeriez vivre ainsi ? Moi non[2].

Roberto Coraite a ainsi beaucoup apporté aux sciences sociales boliviennes, en démontrant que le racisme et le colonialisme étaient un *continuum* de positions (il y a toujours un autre qui occupe la place de l'Indien) et non une contradiction binaire et élémentaire (*q'aras*[3] contre *t'aras*[4]) et que le mythe du développement propagé il y a des siècles par les gauches et les droites était la mentalité dominante dans l'« État plurinational ».

Cette sorte de promotion et d'incitation à la discrimination raciale ou ethnique se serait donc exprimée, de manière plus nette, par des groupes de choc de colons qui, soutenus par un détachement policier de 450 individus,

---

[1] <http://www.laprensa.com.bo/diario/actualidad/bolivia/20110906/roberto-coraite-de-la-csutcb-afirmo-que-desea-que-la-carretera-evite-que_5690_9859. html>.

[2] <http://www.fmbolivia.tv/2011/09/roberto-coraite-dice-que-los-indigenas-tienen-%E2%80%9Csarna%E2%80%9D-y-%E2%80%9Cpuchi chi%E2%8 0%9D/>.

[3] Blancs [NDT].

[4] Indiens [NDT].

ont encerclé la marche pendant plusieurs semaines (du 30 août au 24 septembre) dans la localité de Yucumo, en confisquant les vivres et les médicaments envoyés par la mobilisation solidaire urbaine, en essayant de séquestrer des dirigeants de la marche et en empêchant l'accès des marcheurs à l'eau, en violant le droit à la vie elle-même.

L'exaspération des femmes marcheuses, privées de l'accès à l'eau, a profité de la présence du chef et philosophe officiel du Suma Qamaña, pour briser l'encerclement policier et avancer de centaines de mètres pour accéder à l'eau. Le fait a été présenté comme un « kidnapping » du chef et les leaders font actuellement l'objet de poursuites pour tentative de meurtre, confirmant la criminalisation de la protestation sociale qui se répand dans la région et dans le monde.

Répression policière à Chaparina

Profitant de l'incident avec le chef Choquehuanca, le 25 septembre, au Pont San Lorenzo, après des semaines de harcèlements et de tourments, une intervention violente s'est produite à la VIIIe Marche : des femmes menottées, traînées, frappées, des enfants séparés de leurs mères, des personnes âgées, des hommes et des femmes ensanglantées[1]… en violation de la Constitution politique :

> Article 15.
> I. Toute personne a droit à la vie et à l'intégrité physique, psychologique et sexuelle. Personne ne sera torturé ni ne subira de traitements cruels, inhumains, dégradants ou humiliants. La peine de mort est abolie.
> II. Toutes les personnes, en particulier les femmes, ont le droit de ne pas subir de violence physique, sexuelle ou psychologique, tant en famille que dans la société.
> Article 61.
> I. Est interdite et sanctionnée toute forme de violence contre les enfants et les adolescents, tant en famille que dans la société.
> Article 109.
> I. Tous les droits reconnus dans la Constitution sont directement applicables et jouissent de garanties égales pour leur protection.
> II. Article 114.
> I. Est interdite toute forme de torture, de disparition, d'emprisonnement, de contrainte, de prélèvement ou de toute forme de violence physique ou morale. Les agents publics ou les autorités publiques qui les appliquent, les incitent ou les tolèrent seront écartés, sans préjudice des sanctions déterminées par la loi.

La VIIIe Marche, après 600 kilomètres et 64 jours, est arrivée à La Paz, siège du gouvernement, afin d'exiger des mesures pour protéger le TIPNIS, en passant outre l'encerclement, le harcèlement, les décès accidentels

[1] Des photographies sont visibles sur le site <http://eju.tv/2011/09/imgenes-sobre-la-violenta-represin-policial-a-la-marcha-indgena-hay-detenidos-y-nios-desaparecidos>.

d'enfants, les campagnes de discrédit, les menaces contre les ONG, la répression, au milieu d'une multitude spontanée – environ un million de personnes – qui l'a renforcée de telle sorte que le gouvernement n'a pas eu d'autre choix que celui d'approuver à contrecœur, le 24 octobre, la loi de protection indigène du Parc national Isiboro Sécure.

Article 1er. - (Déclaration du patrimoine du TIPNIS)

Le Territoire indigène et Parc national Isiboro Sécure – TIPNIS – est déclaré patrimoine socioculturel et naturel, zone de préservation écologique, de reproduction historique et d'habitat des peuples indigènes Chimán, Yuracaré et Mojeño-trinitario, dont la protection et la conservation sont d'intérêt primordial pour l'État plurinational de Bolivie.

II. Dans le cadre des articles 30, 385, 394 et 403 de la Constitution politique de l'État et d'autres normes en vigueur, le Territoire indigène et Parc national Isiboro Sécure – TIPNIS – est certifié territoire indigène des peuples Chimán, Yuracaré et Mojeño-trinitario, indivisible, imprescriptible, insaisissable, inaliénable et irréversible et comme secteur protégé d'intérêt national.

III. De même, le Territoire indigène Parc national Isiboro Sécure – TIPNIS – est déclaré zone intangible.

Article 2. - (Territoire indigène et secteur protégé)

Le Territoire indigène et Parc national Isiboro Sécure – TIPNIS – appartenant, non seulement à la catégorie de territoire indigène, mais aussi à la catégorie de secteur protégé, il est constitué, en garantie de conservation, du caractère durable et de l'intégrité des systèmes de vie, du maintien des cycles écologiques et des processus naturels en coexistence harmonieuse avec la Mère Terre et ses droits.

Article 3. - (Routes à travers le TIPNIS)

Il est établi que la route Villa Tunari-San Ignacio de Moxos, comme toute autre, ne traversera pas le Territoire indigène et Parc national Isiboro Sécure.

Article 4. - (Protection)

Vu le caractère intangible du Territoire indigène et du Parc national Isiboro Sécure – TIPNIS –, les mesures légales nécessaires devront être adoptées pour permettre d'inverser, d'annuler ou de laisser sans effet les actes qui contreviennent à cette nature juridique.

Article 5. - (Interdiction d'installations humaines illégales sur le Territoire indigène et le Parc national Isoboro Sécure – TIPNIS)

Conformément à l'article 1er de la présente loi déclarant le caractère intangible du territoire, les installations et les occupations de fait encouragées ou opérées par des personnes étrangères aux titulaires du Territoire indigène et du Parc national Isiboro Sécure – TIPNIS – sont illégales et seront passibles de délogement, si nécessaire avec l'intervention de la force publique à la demande de l'autorité administrative ou judiciaire compétente.

À quelques semaines de la promulgation de la loi 180, le gouvernement a organisé une contremarche grotesque, avec un énorme déploiement de publicité, avec les communautés indigènes du CONISUR, déjà inscrites aux fédérations des planteurs de coca, de propriétaires de terre individuelle et ayant le droit de cultiver un demi-hectare de coca, pour essayer de légitimer une autre norme sur le sujet, la loi 222, appelée cyniquement « Loi de consultation préalable des peuples indigènes du Territoire indigène et du Parc national Isiboro-Sécure - TIPNIS » dont les effets annulent la précédente. La loi 222 adoptée de façon intempestive, sans aucune concertation, posthume, obligatoire, désinformée, de mauvaise foi, et visant la subordination, est appliquée grâce au copinage ouvert conduit en personne par Evo Morales, une campagne de désinformation et une militarisation croissante du territoire et la criminalisation de la protestation. Durant ces journées, on a ouvert un nouveau chapitre dans cette histoire de la résistance, la IXe Marche, qui est partie de Trinité, le 27 avril 2013, et qui pourrait déterminer le destin de ce gouvernement.

Le « Gatopardismo » dé/colonisateur

Il y a trente ans a été formulée une hypothèse descriptive[1], une sorte de norme, au sujet du nationalisme révolutionnaire (NR) : épistémè des processus politiques et idéologiques boliviens, sorte de grammaire discursive que le pouvoir cherche à capturer, utiliser et reproduire ; langue qui parle par le biais des occupants passagers de l'État et qui constate en outre la circulation sémantique et morale de ceux qui entrent par la gauche (discursivement) et sortent, pragmatiquement, par la droite du dispositif. Le développement de l'État-nation toujours frustré par la *Rosca*, l'impérialisme, les néolibéraux, est une tâche historique à laquelle ont échoué des militaires nationalistes, les mouvementistes, et maintenant les « masistes[2] ».

L'imaginaire du développement est justement l'axe de ce qu'Aníbal Quijano a appelé la colonialité du pouvoir, c'est-à-dire le cœur historique du dispositif capitaliste : économique, autoritaire et disciplinaire, raciste, déprédateur et réificateur de la nature, producteur de désirs et de subjectivité consuméristes. Il suffirait de parcourir le paradigme sémantique de ce nationalisme révolutionnaire nouvelle version qui a remplacé révolution par émancipation et refondation, nation par plurinational, antipatrie par néolibéralisme, mais qui n'a pas touché à son noyau central : ni l'idée de développement national, encore moins celles de modernité et de progrès, et évidemment, nullement sa pulsion répressive, c'est-à-dire l'esprit du nationalisme révolutionnaire. Au contraire, les budgets de ces dernières années accordent un traitement préférentiel aux militaires et aux policiers.

L'evisme, l'actuel masque indigène du nationalisme révolutionnaire, se ternit chaque jour un peu plus du fait de la contradiction insoluble entre son discours écologiste et anti-impérialiste et sa politique extractiviste. De la nécessité impérieuse de dissimuler l'antinomie découle la stratégie d'occupation du domaine politico-communicationnel avec des polarisations

---

[1] Gustavo SOTO S., *Opinión* 24/08/2005, et *Revista Libertaria* n° 1, 2007. Voir également Luis HUÁSCAR ANTEZANA, *in Decursos* 15-16, numéro spécial de la *Revista del CESU* consacré au thème.

[2] Militants du *Movimiento Al Socialismo* [NDT].

secondaires comme celles qu'il soutient contre l'Église catholique ou les médias (qui, soit dit en passant, n'ont à aucun moment cessé de bénéficier des énormes recettes publicitaires de l'État), mettant ainsi en scène un « processus révolutionnaire combatif » diffusé par une certaine agitation de l'intelligentsia latino-américaine, dont l'aveuglement volontaire ne signifie pas que cette imposture puisse se conclure par des « funérailles de troisième catégorie pour une révolution à genoux ». Scène probable, une fois que les actuels occupants de l'État auront consolidé, avec une légitimité populaire inédite et une plus grande efficience que les néolibéraux, l'articulation entre la Bolivie et le capitalisme du XXIe siècle, et que les pouvoirs auront organisé, globalement et régionalement, un changement de gérants.

Toutefois, en Bolivie, depuis 2011, le désenchantement et le malaise croissants d'organisations indigènes, syndicales et de citoyens qui considèrent comme normale la reconduction du processus, ont commencé à s'exprimer. Les mobilisations contre l'augmentation du prix des produits pétroliers fin 2010 et les « Marches du TIPNIS » qui exigent la jouissance totale des droits territoriaux, du *Buen Vivir/Loma Santa* et des droits collectifs et individuels, sont les germes d'un projet démocratique alternatif, c'est-à-dire clairement anticapitaliste, capable de mettre fin au caractère colonial du pouvoir.

C'est peut-être le sens du cri de guerre « *Tipnis somos todos*[1] *!* »

Bibliographie

Bibliographie générale

AAVV, *Memoria del Foro Departamental: Territorio Indígena y Parque Nacional Isiboro Sécure*, Subcentral TIPNIS, Campaña de defensa del TIPNIS, Cochabamba, 2010.

CEADESC, *Atlas de Megaproyectos de infraestructura en Bolivia*, Ed. El País, SCZ, 2011.

Consultora CONNAL S.R.L., *Construcción de la carretera Villa Tunari-San Ignacio de Moxos Tramo: Villa Tunari-Isinuta. Estudio de Evaluación de Impacto Ambiental Analitico Integral Memoria del EEIA*, tomo I, República de Bolivia/Ministerio de Obras Públicas Servicios y Vivienda/Administradora Boliviana de Carreteras Gerencia Socio-Ambiental, La Paz , 2010.

DIEZ ASTETE, Álvaro, Pu*eblos Indígenas de Tierras Bajas*, La Paz. 1998.

QUEREJAZU LEWIS, Roy, *Etnografía amazónica boliviana*, UMSS, Cochabamba, 2009.

Trayectoria histórica y cultural de los trinitarios, UMSS Cochabamba, 2008.

[1] « Nous sommes tous Tipnis » [NDT].

ROJAS, NAVARRO, PAZ et al (RUMBOL), *EAE - Evaluación ambiental estratégica para el desarrollo integral sustentable del Territorial Indígena Parque Nacional Isiboro Sécure - TIPNIS*, MdMyA-SERNAP, 2011.
SERNAP - MAPAZA, *Plan de Manejo TIPNIS, Plan estratégico y Programas de Gestión*, 2002.
Estado Plurinacional de Bolivia, *Constitución Política del Estado Plurinacional*, 2009.

Lois et décrets

Décret-loi n° 07401 du 22 novembre 1965.
Décret suprême n° 22610 du 24 septembre 1990
Instituto Nacional de Reforma Agraria (INRA) R.A TCO-NAL-000002 25 avril 1997.
Loi n° 676 du 7 décembre 1984.
Loi n° 717 du 15 février 1985.
Loi n° 1185 du 18 septembre 1999.
Décret suprême n° 26996 du 17 avril 2003.
Loi n° 3477 du 22 septembre 2006, contrat ABC n° 218/08 GCT-OBR-BNDES du 4 août 2008.
Décret suprême n° 62 du 1er mars 2009.
Loi n° 005 du 7 avril 2010.
Loi n° 112, contrat de collaboration financière n° 10219991 pour 332 millions de dollars.
Loi n° 1257 du 11 juillet 1991 autorisant la ratification de la convention sur les peuples indigènes et tribaux dans les pays indépendants (convention 169 de l'OIT).
Loi n° 3760 du 7 novembre 2007 qui élève au rang de loi les 46 articles de la Déclaration des Nations unies sur les droits de l'homme des peuples indigènes.
Jugement du Tribunal constitutionnel du 25 octobre 2010, Vice Ministerio de Inversión Pública y Financiamiento Externo VIPFE/DGPP/UIFSI /000229/2008-002401.
Contraloria General del Estado 2010, GPAE/847/2010, Observaciones al documento de Licitación.

Sigles et abréviations

CIDOB : Confederación de Pueblos Indígenas de Bolivia.
CONISUR : Concejo Indígena del Sur.
CPEMB : Central de Pueblos Étnicos Mojeños del Beni.
CPIB : Central de Pueblos Indígenas del Beni.
CPITCO Central de Pueblos Indígenas del trópico de Cochabamba.
EAE : Evaluación Ambiental Estratégica INE Instituto Nacional de Estadística.

INRA : Instituto Nacional de Reforma Agraria PNIS Parque Nacional Isiboro Sécure.
SCIIS : Subcentral Indígena Isiboro Sécure.
SERNAP : Servicio Nacional de Áreas Protegidas TCO Tierra Comunitaria de Origen.
TICH : Tierra Comunitaria Chimán.
TIM : Territorio Indígena Multiétnico.
TIM : Territorio Indígena Mojeño.
TIPNIS : Territorio Indígena y Parque Nacional Isiboro-Sécure.
YPFB : Yacimientos Petrolíferos Fiscales Bolivianos.

Sites web

http://www.iirsa.org.
http://www.ceadesc.org.
http://www.biceca.org.
http://www.erbol.com.bo.
http://www.fundaciontierra.org.
http://ww.aininoticias.org.

La propriété originaire en Amérique latine : le droit de propriété dans les communautés andines et amazoniennes du Pérou

Antonio Peña Jumpa

Les communautés andines et amazoniennes sont le reflet du passé originel qui a façonné l'identité du territoire péruvien et, en grande partie, celle du territoire sud-américain. Avant l'arrivée des Espagnols, et des Européens en général, les premières populations du Pérou, identifiées par des cultures millénaires, avaient déjà développé des modes de vie en occupant les différents étages écologiques du territoire.

Des premiers versants des Andes jusqu'à la *puna*[1], les communautés andines ont construit de grandes civilisations mondialement connues, comme la civilisation Inca. Les communautés amazoniennes, moins connues sur le plan historique, ont à leur tour occupé, depuis des temps immémoriaux, les divers étages écologiques de l'Amazonie, en les entretenant et en les rendant profitables pour l'actuelle humanité. Les deux groupes de communautés reflètent une identité historique culturelle incluant le concept de propriété.

Sur la base d'un travail de terrain auprès des communautés andines aymaras et les communautés amazoniennes kandozi et shapras, nous nous proposons de présenter le concept de propriété qu'elles ont développé. Chaque communauté a certainement sa particularité, mais il est possible d'identifier certains critères généraux.

L'étude de terrain que nous présentons dans le présent texte correspond à deux zones de recherches. La première coïncide avec le Sud Andin du Pérou, précisément la région de Puno où, à partir de 1988, nous avons étudié les Aymaras des communautés de la province d'Huancané. La seconde zone d'étude correspond à l'Amazonie du nord du Pérou, dans la Région de Loreto, où nous travaillons depuis quelques années, avec les Kandozi et les Shapras des communautés de la province de Datem del Marañón. Dans la mesure du possible, nous recourrons à des informations sur les communautés

[1] La *puna* est la région de la Cordillère des Andes située entre 3 500 et 4 800 mètres d'altitude (NDT).

andines quechuas et sur des communautés amazoniennes aguarunas, avec lesquelles nous avons également travaillé.

Nous commencerons par une brève ébauche théorique sur les concepts de communauté, de droit et de droit de propriété. Puis nous présenterons les résultats de nos études de terrain sur le droit de propriété dans les communautés aymaras, et nous évoquerons le droit de propriété dans les communautés kandozi et shapras que nous avons étudiées. Enfin, nous analyserons la reconnaissance et la protection du droit de propriété à partir de sa conceptualisation en droit constitutionnel péruvien.

Communauté, droit et droit de propriété au Pérou

Le concept de communauté, comme le concept de droit, sont deux « méga concepts » difficiles à définir. Le premier, plus lié aux sciences sociales comme la sociologie et l'anthropologie, a trait à la vie et à la composition de groupes humains qui ont historiquement peuplé la planète. Il s'agit d'un concept matériel ou de fait, étant donné que nous pouvons connaître, voir et ressentir ce qu'est une communauté. Le second, davantage lié aux sciences juridiques et à la théorie générale du droit, a trait aux règles et aux normes, aux principes et aux procédures qui identifient ces mêmes groupes humains. Il s'agit davantage d'un concept abstrait et formel, dans la mesure où il fait l'objet d'une réflexion et d'une formulation.

Nous allons tout d'abord développer brièvement ces deux concepts, pour proposer ensuite une présentation du droit de propriété.

Le concept de communauté

La communauté constitue un système de vie qui identifie les membres d'un groupe humain ou social, installés dans un espace physique déterminé, qui décident de se livrer à des pratiques communautaires pour leur développement et de soumettre leurs décisions individuelles ou familiales aux décisions collectives[1]. De cette définition, il est intéressant de tirer les trois éléments principaux : l'espace physique commun, les pratiques de vie communautaire et la priorité des décisions collectives.

La communauté a, en premier lieu, un espace physique commun, dénommé terrain, terre ou territoire, sur lequel vivent ses membres.

En deuxième lieu, la communauté a des pratiques de vie communautaire fondées sur une identité culturelle. Cela signifie la capacité de ses membres de partager une ou plusieurs langues, des coutumes et des fêtes, et de développer leurs relations humaines en tant qu'enfant, homme, femme, membre d'une famille, solidaire avec le nécessiteux, etc..

Un troisième élément est la priorité donnée aux accords collectifs ou communautaires dans leurs relations sociales. Cela signifie que l'être humain

---

[1] Voir PEÑA, 1998 ; DIEZ, 1999.

membre d'une communauté interagit avec ses frères, son partenaire, son voisin ou son collègue, en construisant une organisation sociale fondée sur des relations collectives ou communautaires qui sont prioritaires par rapport à ses relations individuelles. Une première organisation collective est la cellule familiale qui peut être nucléaire (père, mère et enfants) ou étendue (incluant principalement les grands-parents, les oncles et tantes, et les neveux et nièces). La deuxième organisation collective est la communauté elle-même, ou son organisation communautaire. Au sein de celle-ci, on distingue la présence d'autorités traditionnelles communautaires, comme le *Yatire* (le savant) chez les Aymaras, ou l'*Apu* (le chef) chez les Kandozis et les Shapras, ou encore des autorités modernes comme le président de la communauté ou son lieutenant-gouverneur, qui se trouvent légitimés par leur alternance aux postes ou par les liens de parenté entre toutes les cellules familiales.

Ces trois éléments nous donnent une idée de ce que signifient une communauté et le fait d'en être membre. Sa systématisation répond fondamentalement à deux expériences ou à deux modèles de vie communautaire : l'un est l'expérience des communautés aymaras de Calahuyo, de Titihue, de Tiquirini-Totería, de Villa Quishuarani, de Chijichaya, de Sustía Munaypa et de Huancho de la province d'Huancané dans la région de Puno (visitées à partir de 1988) ; l'autre est l'expérience des communautés kandozis de Muse Karucha, de Nueva Yarina, de Nuevo Progreso, et des communautés shapras de Unanchay et d'Inca Roca de la province Datem del Marañón dans la région de Loreto (visitées à partir de 2010), que l'on peut compléter par l'expérience des communautés aguarunas de Yamayakat, El Nazaret et Wachapea de la province de Bagua dans la région Amazonas (visitées en 2009).

Le concept de droit

Le concept de droit signifie l'ensemble de règles ou de normes, de principes ou de procédures qui identifient un groupe humain ou social, comme c'est également le cas d'une communauté[1]. C'est un concept intrinsèque au groupe humain en tant que tel, dans la mesure où celui-ci recourt à celui-ci comme moyen et comme fin pour rendre possible la coexistence de deux ou plusieurs personnes.

Les principes du concept de droit sont les valeurs qui sont construites depuis les origines du groupe humain ou social et qui lui donnent un sens. Par exemple, le « respect du frère ou des frères » dans une communauté est un principe construit historiquement par les individus et les familles de la communauté afin de rendre possibles leur développement et leur cohabitation en son sein. En vertu de ce principe, il est normal que deux frères ou sœurs ne se disputent pas pour un terrain ou un bien hérité de leurs parents, ou qu'ils

---

[1] PEÑA, 1998 ; 2006.

s'entraident par l'Ayni ou par la prestation de travail dans une relation de réciprocité.

Les règles ou les normes du concept de droit correspondent à des constructions logiques qui, à partir de leur relation avec les principes du même groupe humain, sont décidées par ses autorités ou ses représentants. La règle ou la norme élaborée par les membres du groupe social établit des droits et des obligations entre les sujets impliqués. Ainsi, dans le cadre de la *minka* (communautés aymaras) ou de la *minga* (communautés kandozis et shapras)[1], la participation à la construction d'une école donne droit aux membres d'une communauté de profiter d'une rencontre de tous les représentants familiaux de la communauté pour construire l'école, mais aussi d'exiger que tous leurs voisins participent. La *minka* ou la *minga* implique aussi des obligations, en particulier celle qui force tous les membres de la communauté à s'acquitter de leur participation, celle-ci permettant aux enfants et à leurs familles de profiter de l'ouvrage une fois que ce dernier aura été terminé. Dans ce dernier cas, les membres de la communauté peuvent convenir d'une sanction qui punit celui qui, sans justification, ne remplit pas son obligation de participer à la réalisation collective du travail.

Les procédures juridiques définissent finalement les étapes ou l'ensemble des actes qui rendent possible l'élaboration ou l'accomplissement des règles ou des normes, celles-ci étant à leur tour le reflet des principes du groupe humain ou social. Les procédures se composent de règles ou de normes qui rendent possible que les membres du groupe humain ou social atteignent un objectif ou un but pratique, reconnu par le groupe lui-même. Par exemple, l'élection du président d'une communauté suppose l'accomplissement d'un ensemble de règles et d'étapes qui composent la procédure. Ainsi, il y a une étape de convocation, une étape d'information, une étape de vote, une étape de comptage des votes, ainsi qu'une étape de proclamation. C'est la procédure qui rend possible la cohabitation ou le sentiment collectif du groupe social ou de la communauté.

Les principes, les règles et les procédures sont liés les uns aux autres pour rendre possible le concept de droit dans un groupe social ou une communauté. Si l'on exclut l'un de ces éléments, on perd ou on détruit le concept de droit.

Le droit de propriété

Avant de définir le droit de propriété, il est important de définir le concept de propriété.

La propriété peut être définie comme une relation que les membres d'un groupe social ou d'une communauté établissent entre eux en se référant à des

[1] La *minka* (*minga* en langue quechua) est une tradition sud-américaine de travail collectif à des fins sociales (NDT).

biens ou à des choses qu'ils considèrent comme les leurs ou comme placés sous leur domination. Les biens peuvent être des ressources naturelles, comme l'eau, le bois ou une parcelle de terrain, mais aussi des fruits ou des produits comme les céréales d'une récolte, une chaise, une table ou une maison. Ces biens ou ces choses sont la raison particulière du concept de propriété ; ce n'est qu'à travers ceux-ci que l'on peut établir la relation des personnes qui conduit au concept. Par exemple, la propriété d'un terrain est définie par le terrain de référence sans lequel on ne peut pas parler de propriété. Les personnes sont en relation entre elles en disant « ce terrain est le mien » ou « ce terrain n'est pas le tien », mais sans l'existence du terrain, il n'est pas possible d'affirmer ou de nier sa propriété.

Mais la relation des personnes qui a pour référence un bien ou une chose peut aussi conduire à une typologie spéciale des caractéristiques de la propriété. Ces caractéristiques principales sont : une possession, un usufruit, une disposition ou un transfert et la protection desdits biens ou choses. Chacune de ces caractéristiques n'est possible que par référence à un bien ou à une chose.

À partir de la définition préalable de la propriété, on peut affirmer que le droit de propriété consiste en un ensemble de principes, de règles et de procédures relatifs au concept de propriété d'un groupe social ou d'une communauté déterminée. Les personnes ou les membres d'un groupe social ou d'une communauté déterminé établissent leurs relations particulières fondées sur les biens ou les choses auxquels ils se réfèrent, en reconstruisant quotidiennement les principes, les règles et les procédures de cette relation.

Le concept de propriété dans les communautés andines

La propriété dans les communautés andines est liée à leur milieu géographique et à leur culture. Le milieu géographique est vivant dans le monde des communautés. Les coteaux, les versants, les rivières, les lagunes, les bois ou la pampa sont des espaces géographiques qui interagissent avec les pluies, le vent, la grêle, le soleil et la présence de l'être humain[1].

La propriété est entendue, dans ce milieu géographique, comme une situation dynamique, sujette aux changements qui surviennent au jour le jour, en développant avec elle son propre concept de culture. Dans ce contexte dynamique, il y a des espaces de stabilité relative où les copropriétaires ont identifié leurs parcelles de terrain et construisent leurs demeures à l'intérieur

[1] L'étendue de la propriété d'une communauté andine dans la zone étudiée est variable et dépend de la zone et de l'étage écologique où elle se trouve, ainsi que de son histoire sociale et culturelle. Son étendue peut aller de 283 hectares, comme pour la communauté aymara de Calahuyo, à 1 013 hectares, comme pour la communauté aymara de Titihue qui comprend trois secteurs. Dans le cas de la communauté aymara de Trinquirini Yotería, l'étendue du territoire est différente : elle inclut 299 hectares sur son lieu d'origine (située dans la zone montagneuse comme Calahuyo et Titihue), mais aussi un territoire de 1 000 hectares qui a été ajouté par adjudication (situé dans un étage écologique différent et éloigné : la zone Puna).

de celles-ci. Ces demeures et ces parcelles de terrain établissent la relation la plus personnelle qu'ont les copropriétaires, en pratiquant l'agriculture et l'élevage comme principales activités économiques.

Une parcelle de terre peut mesurer de 200 à 400 mètres carrés, mais une famille peut avoir plusieurs parcelles qui font ensemble entre un et huit hectares. Dans un registre de la communauté aymara de Calahuyo, on a relevé les données suivantes :

Dimension totale des parcelles	Nombre de familles possédantes	Pourcentage
Moins d'un hectare	18	22,8
De 1 à 2 hectares	42	53,2
De 2 à 3 hectares	11	13,9
De 3 à 4 hectares	4	5,1
De 4 à 5 hectares	2	2,5
De 5 à 6 hectares	-	-
De 6 à 7 hectares	2	2,5
Total	79	100

Source : PEÑA, 1998, p. 110.

Comme on peut le voir, dans les communautés aymaras du Sud Andin, comme c'est le cas de Calahuyo, la possession de parcelles de terrains est hétérogène. Si la taille des familles des propriétaires se trouve dans la catégorie de celles qui possèdent entre moins d'un hectare et deux hectares, dans d'autres communautés andines, comme dans le cas de Cajamarca, la superficie totale des parcelles d'une famille peut être supérieure à sept ou huit hectares, mais l'on peut aussi trouver des communautés excessivement fractionnées, où les parcelles de la grande majorité des familles sont inférieures à un hectare, comme c'est le cas dans les communautés Aïmaras de Moho, dans la même région de Puno.

À côté des parcelles familiales, d'autres espaces de stabilité relative apparaissent comme les coteaux, y compris leurs versants, les bois, les lacs et les rivières. Ce sont des espaces géographiquement moins stables que les parcelles ou les demeures familiales, mais qui apparaissent comme complémentaires au développement individuel et familial ; ils s'identifient comme des biens communaux. Sur les coteaux, le pâturage doit correspondre à un usage commun ; dans les bois, on peut trouver le bois et les fruits qui servent à la consommation quotidienne de l'ensemble des familles ; et dans les rivières ou les lacs se trouvent les poissons qui font partie du régime quotidien des copropriétaires andins. De plus, sur les versants, les copropriétaires peuvent travailler ensemble pour les transformer en terrasses ou en parcelles d'usage commun pour l'agriculture, en leur permettant ainsi de compléter leurs revenus familiaux.

La propriété dans les communautés andines est ainsi constituée en propriétés familiales et propriété communautaire. Les parcelles et les demeures sont normalement des propriétés familiales, tandis que les pâturages, les bois, les terrasses ou les parcelles de versants sont une propriété communautaire. À côté de ces deux principaux types de propriétés se développe, à proprement parler, la culture des copropriétaires, comme nous l'avons indiqué. Ainsi, la culture de l'organisation sociale se développe à côté de l'organisation économique en distinguant ce qui relève de la famille de ce qui relève de la communauté, et la culture des fêtes patronales et la résolution des conflits font aussi la distinction entre ce qui relève de la famille et ce qui relève de la communauté. La culture est envisagée dans les relations de propriété, mais ces dernières se construisent aussi à partir de la culture.

Le droit fait son apparition dans la culture même des communautés andines relative à la propriété. Entre les copropriétaires, des principes, des règles et des procédures se développent sur la propriété.

Les principes sont liés à l'origine de la propriété et aux conditions de son développement. Ces principes sont ceux qui permettent de distinguer entre une propriété familiale et une propriété communautaire. Après avoir pris en compte la nécessité d'une famille en ce qui concerne la demeure et les terres, le principe retenu est celui de la primauté de l'usage de parcelles par des familles et l'accès à la demeure de toute famille. Le principe même limite les individus : les parcelles de terre et la demeure sont des biens qui bénéficient à la famille en tant qu'entité intégrant des parents et des enfants, et non aux individus seuls ou séparés de cette famille.

Les principes sont aussi liés à l'intérêt collectif qui pousse à la propriété des coteaux, des bois, des lacs et des rivières. Ces biens étant nécessaires, non seulement en tant que complément pour chaque famille, mais aussi et surtout en raison de la participation de toutes les familles à son entretien et à son utilisation, une relation entre toutes les familles sur la base desdits biens est légitimée. Les pâturages des coteaux, les arbres des forêts, comme les poissons des rivières ou des lacs sont des biens naturels et non des produits de l'activité familiale, qu'il faut partager et dont tout le monde doit prendre soin. Le collectif apparaît ainsi comme s'opposant au particulier et au familial ; il y a des biens qui relèvent de tous, qui sont plus utiles et sur lesquels la propriété de tous est justifiée, en application du principe de l'existence collective entre les copropriétaires.

Mais les principes sont aussi liés à la vocation cosmogonique des copropriétaires et de leur propriété. Les parcelles familiales et les pâturages et autres biens communs sont liés à des êtres ou à des divinités surhumaines. Ainsi, l'ensemble des parcelles agricoles, familiales ou communautaires est lié à la *Pachamama* (Mère terre), une divinité de la fertilité. De même, les coteaux de la communauté, avec ou sans pâturages, sont connectés aux *Apus* ou *Achachilas*, divinités qui voient tout et qui prennent soin de la communauté.

D'un autre côté, les règles et les procédures apparaissent comme des éléments plus objectifs du droit de propriété familiale et communautaire des copropriétaires andins. Voyons d'abord une référence aux règles et aux procédures de la propriété familiale, puis les règles et la procédure de la propriété communautaire.

Les règles de la propriété familiale relèvent de la protection de ses biens principaux comme les parcelles familiales. Celles-ci ne peuvent pas abandonner tout contrôle à des tiers étrangers à la communauté, mais elles peuvent être transférées à un parent ou à un membre actif de la communauté. C'est une règle historique que conservent les membres des communautés du Sud Andin, qui est celle qui leur a permis de maintenir l'intégrité et l'identité de leur communauté. Il est également établi que les parcelles familiales sont respectées par les autres familles et par l'ensemble de la communauté. C'est une autre règle historique qui a permis aux familles une certaine confidentialité pour leur développement et pour contribuer convenablement à la communauté.

Dans le même sens, une autre règle historique ou fondamentale dans les communautés consiste à respecter ce que chaque famille fait avec sa parcelle de terrain : semer, laisser la terre se reposer, élever des bovins ou des ovins, des poules ou des cochons d'Inde, etc., dès lors que les voisins ne sont pas affectés. Par exemple, il ne faut pas laisser le bétail au bord de la parcelle voisine parce qu'il peut abîmer la récolte de la famille voisine, de même qu'il ne faut pas laisser son bétail en liberté parce que l'on est sûr qu'il se déplacera sur les parcelles voisines en causant des dommages. En vertu de ces règles relatives à la propriété familiale, il est possible de conforter un respect mutuel et un lien privilégié entre les familles et les copropriétaires en général.

Les procédures appliquées à la propriété familiale comportent un ensemble de règles qui permettent la prise de décision par un copropriétaire et sa famille concernant ses biens ou sa propriété. Si une famille est d'accord pour transférer l'une de ses parcelles d'un terrain, l'ensemble des copropriétaires de la communauté entend que ladite famille applique une procédure : d'abord, proposer la vente ou le transfert de propriété de son terrain à un parent proche et, seulement après, le proposer à une personne étrangère à la famille. De même, quand une famille a des problèmes avec une autre parce qu'elle est supposée ne pas avoir respecté les limites de sa parcelle en empiétant sur une parcelle voisine, la famille lésée peut appliquer une procédure de plainte ou de réclamation consistant à engager un dialogue avec l'envahisseur (qui peut être un frère, un cousin ou un parent éloigné), normalement avec l'appui d'un parent et, s'il n'obtient pas satisfaction, il recourra à l'autorité de la communauté. De même, dans le cas où une famille oublie d'attacher ses animaux, occasionnant des dommages aux récoltes par leur déplacement sur les terrains voisins, les familles lésées peuvent engager une procédure pour dénoncer cette attitude : elle peut directement attirer l'attention du fautif, s'adresser à ses parents, mais aussi recourir aux autorités de la communauté pour qu'elles rappellent le fautif à ses obligations et lui demandent de réparer les dommages occasionnés.

Dans la propriété communautaire, il existe également des règles et des procédures bien précises. Parmi les règles, nous pouvons noter que la propriété communautaire ne se transfère jamais et que ses fruits sont partagés entre tous les membres de la famille. La règle de l'inaliénabilité est fondée sur la même raison de protection du territoire d'un État : il ne peut être aliéné. Cela n'empêche pas qu'à certains moments se produit un échange de terres ou de forêts avec une communauté voisine afin de mettre fin à un différend ou à un conflit territorial. Dans un tel cas, la procédure qui est appliquée requiert l'accord de l'assemblée et la négociation par l'intermédiaire des représentants de la communauté (son président ou son lieutenant-gouverneur). Après l'acceptation par les membres de la communauté de l'engagement des négociations, les représentants se réunissent pour parvenir aux accords préliminaires qui seront soumis à l'assemblée. Celle-ci approuvera en dernière instance l'accord ou la proposition, par un vote unanime ou par consensus.

Une autre règle importante en ce qui concerne les biens communs est celle qui a trait aux profits communs, comme la participation aux semailles et à la récolte des parcelles communautaires, la jouissance des pâturages communs ou la cueillette des fruits, ou l'extraction d'autres biens dans les forêts. Toutes les familles sont autorisées à jouir desdits avantages. Dans le cas où une famille en est empêchée, on applique la procédure de la réclamation. La famille affectée recourra aux autorités chargées de l'activité ou de la distribution du bénéfice et, dans le cas où la demande n'est pas satisfaite, elle saisira les autorités centrales de la communauté ou l'assemblée.

De même, comme règles des communautés, il est établi que toutes les familles ou leurs représentants sont obligés de prendre part aux travaux communs, comme l'entretien des rivières ou des canaux d'irrigation, la construction ou reconstruction des chemins, ou la réparation ou la construction d'une salle de classe. Pour cela, on met en œuvre une procédure préalable et une procédure postérieure. La procédure préalable suppose l'accord au sein de l'Assemblée pour réaliser le travail, ledit accord prévoyant également la sanction à appliquer – en général la condamnation à une amende – à la famille qui ne participe pas. La procédure postérieure consiste en un contrôle de l'application de l'accord : on vérifie que toutes les familles y prennent part, et celle qui n'a pas participé sera convoquée par les autorités ou sanctionnée lors de la prochaine réunion de l'assemblée.

Ainsi, des principes, des règles et des procédures composent le concept de propriété entre les copropriétaires du Sud Andin. Les types de propriétés que l'on peut distinguer sont ceux que nous avons identifiés comme la propriété familiale et la propriété communautaire. À ceux-ci s'appliquent les principes, les règles et les procédures qui concernent les biens communs qui rendent possible la vie en communauté. Entre la propriété familiale et la propriété communautaire se développe la culture des copropriétaires. Entre eux, il est également possible de trouver une complémentarité. Mais, quand il s'agit de respecter et de protéger les deux, c'est l'intérêt de l'ensemble de familles ou l'intérêt commun qui primera.

Le concept de propriété dans les communautés amazoniennes

Dans les communautés amazoniennes aguarunas, kandozis et shapras, le concept de propriété suit, en général, la structure ébauchée pour les communautés andines sur les droits de propriété familiale et communautaire. Ladite structure est conditionnée par deux importantes particularités différentes : d'une part, les territoires des communautés amazoniennes sont étonnamment plus étendus que ceux des communautés andines, normalement identifiés aux grandes forêts, aux rivières et aux lacs communs dans des climats tropicaux ; d'autre part, les relations des membres des communautés amazoniennes avec leurs biens sont prioritairement fondées sur des relations familiales, sous l'autorité de l'*Apu* ou du chef qui n'est autre qu'un aïeul remarquable ou préparé à exercer cette fonction[1].

Les biens de la communauté amazonienne appartiennent à la famille, mais la famille est la communauté. Étant donné l'étendue et les caractéristiques de ses territoires, la famille se développe à partir d'un tronc commun et rend possible la communauté. Il en résulte que la frontière entre ce qui relève de la famille et ce qui relève de la communauté est ténue, contrairement à ce qui concerne les communautés andines, comme nous l'avons noté.

Les biens qui relèvent des communautés amazoniennes sont, entre autres, les grandes forêts, comme nous l'avons indiqué, normalement de plus de 1 000 hectares, les grands cours d'eau, les lacs, les ruisseaux et les ravines qui peuvent traverser plus d'une communauté ; les petites parcelles de terre,

---

[1] L'extension des territoires des communautés amazoniennes a été délimitée par la possession historique de leurs familles respectives qui n'étaient pas nombreuses. Les territoires sont tellement étendus que leur enregistrement peut être ultérieurement remis en cause. En effet, entre les communautés, il y a eu une copropriété à travers le déplacement à différentes époques, sauf l'exception des communautés plus sédentaires. Une communauté kandozi comme Musa Karucha peut être composée de cinquante familles nucléaires, mais demander la possession de 10 000 hectares de forêts supplémentaires, et un droit de propriété sur le lac Rimachi, un immense lac d'approximativement 75 kilomètres de périmètre où les membres de la communauté pêchaient dans le passé. Les communautés Shapras demandent de plus grandes extensions de territoires.
Dans le cas des communautés amazoniennes possédant des territoires enregistrés, il faut citer le cas des communautés aguarunas de l'Alto Marañon, dans la région d'Amazonas. Parmi ces communautés, les plus connues sont la communauté de Yamayakat, qui comprend, en plus d'une annexe, 1382 hectares reconnus pour 67 familles, soit environ 388 habitants ; la communauté de Nazareth, qui comprend cinq annexes, 3875 hectares, reconnus pour 253 familles, soit environ 950 habitants ; la communauté de Wachapea, qui comprend quatre annexes, 3 279 hectares reconnus pour soixante familles, soit environ 600 habitants (PEÑA, 2009).

près de la rivière, qui peuvent mesurer 20, 30 ou 40 mètres carrés ; la maison en bois et à l'intérieur de celle-ci les outils ou les ustensiles de la maison, et le verger près de la maison et le bateau (appelé *peque-peque*, en raison du bruit du petit moteur qui le propulse). La ferme, le verger près de la maison, les outils et les ustensiles, ainsi que le bateau sont clairement une propriété familiale. Les bois et ses ressources en bois, en fruits et en animaux, ainsi que les rivières, les lacs et les ravines avec les poissons ou les animaux qui y vivent, sont la propriété communautaire, ou appartiennent à l'ensemble des familles qui identifie un territoire déterminé.

Des principes, des normes et des procédures s'appliquent et découlent de cette distinction de biens. Les principes partent de la distinction entre le communautaire et le familial. Dans la propriété communautaire, les principes sont identifiés par la valeur que les copropriétaires donnent à leur territoire commun qui renferme leurs biens communs.

Le principe fondamental dans les communautés amazoniennes est que le territoire de la communauté appartient à tous, et tous sont prêts à le défendre au prix de leur vie. La raison de ce principe est que sur ledit territoire se trouvent les bois, les rivières et les lacs qui constituent des biens communs, comme nous l'avons indiqué, mais surtout qu'ils constituent leur milieu de vie principal qui a permis jusqu'à aujourd'hui de vivre confortablement sans dépendre de la ville ou d'autres milieux. Les bois sont, selon une opinion des copropriétaires amazoniens, « leur pharmacie, leur marché, leur banque ou leur quincaillerie » (un témoignage réitéré des dirigeants de la zone), en tant qu'ils leur permettent de se pourvoir en plantes médicinales (une pharmacie), en fruits et en animaux pour leur alimentation (un marché), et en bois ou autres biens pour leurs demeures et leur commercialisation (la banque et la quincaillerie). Les rivières, les lacs et les ravines sont, à leur tour, les moyens de se fournir en poissons et en autres animaux comme la tortue et le lézard pour leur consommation et leur vente.

Mais les principes se rattachent aussi à la propriété familiale. La maison, la ferme (la parcelle), le bateau constituent les biens principaux familiaux qui sont autorisés, protégés ou défendus par le principe de nécessité familiale (ou de la famille nucléaire). Chaque famille est autorisée à ensemencer sa terre ou sa parcelle sur brûlis et à disposer d'une parcelle nécessaire en fonction du nombre d'enfants et de sa capacité pour sa plantation. De même, chaque famille a besoin de disposer d'une demeure conforme aux caractéristiques de son climat et de sa culture : normalement des maisons de bois découvertes pour leur aération afin de faire face à la chaleur du climat tropical. Chaque famille dispose également d'un bateau avec un petit moteur pour la pêche et le transport vers des lieux d'échange de biens et de services, ou pour des raisons d'urgences[1].

---

[1] L'un des problèmes sérieux qui se posent aux communautés amazoniennes sont les maladies « rares » qui ont commencé à se propager parmi leurs membres. Dans le cas des Kandozis et

Les règles et les procédures ressortent aussi à côté des principes dans la propriété des communautés amazoniennes. Il y a des règles et des procédures particulières appliquées à la propriété communautaire et à la propriété familiale. Les règles applicables à la propriété communautaire ou collective sont destinées à la protéger en interdisant sa vente, sa déprédation et sa pollution : la terre, les bois et les rivières et les lacs appartenant à tous et constituant les principaux moyens d'autosubsistance, il est impensable qu'ils puissent être transférés ou vendus, qu'ils puissent faire l'objet de déprédation par les copropriétaires, ou qu'ils puissent être touchés par la pollution, tous devant chercher à l'éviter.

Les procédures permettent l'application de ces règles à la propriété communautaire. Dans des assemblées, les copropriétaires confirment la défense de leur territoire en refusant toute possibilité de perte, sauf celle qui résulte d'échanges ou de copropriété avec des communautés voisines pour agir à leur propre convenance. Également dans des assemblées, les copropriétaires soumettront le cas du copropriétaire qui commet des déprédations de ses ressources, par exemple qui vend le bois d'un arbre sans permission de la communauté, et attireront son attention ou le sanctionneront selon la gravité. Enfin, face à la pollution des rivières, des lacs ou des bois causée par l'un de ses copropriétaires, ils réagiront de façon similaire en cas de déprédation, mais cela résulte de causes externes, et ils agiront de façon coordonnée avec d'autres communautés affectées : ils identifieront la cause (normalement, une compagnie pétrolière connue), ils se plaindront devant le responsable lui-même et devant l'autorité la plus proche ou spécialisée et, selon le cas, ils peuvent agir pour empêcher que la pollution se poursuive.

Les règles et les procédures appliquées à la propriété familiale suivent les principes que nous avons signalés. Le droit au logement et au respect de la maison par autrui, la liberté de se lancer dans une exploitation maraîchère près du fleuve ou de la maison familiale, et l'utilisation et la mise à disposition d'un bateau pour l'usage familial pour la pêche ou pour aller au centre de soin ou à la ville se traduisent en normes qui sont implicitement reconnues par les membres de la communauté. Ainsi, une règle peut être dégagée dans les termes suivants : chaque famille a le droit d'avoir une maison et de délimiter la zone qu'elle occupe, de telle sorte qu'elle respecte la zone d'une autre famille ou son logement. Une autre règle serait que toute famille a le droit de réaliser le brûlis d'une zone déterminée du territoire de la communauté pour la transformer en exploitation maraîchère, celle-ci pouvant être laissée au repos au bout d'un certain temps sans qu'une autre famille l'envahisse ou en profite. De même, chaque famille a le droit de construire un bateau à partir des ressources de la forêt et de l'équiper d'un petit moteur pour ses déplacements ou pour pêcher.

---

des Shapras, la maladie qui les touche depuis plusieurs années est l'hépatite B. En cas d'urgence, les bateaux sont le meilleur moyen pour prendre rapidement en charge le patient.

Des procédures complètent ces règles. Le droit d'acquérir un logement se matérialise par une procédure qui inclut le dialogue des familles et devant les autorités pour donner à un couple déjà constitué en famille la possibilité de jouir d'une autonomie. Le droit d'autoriser une exploitation agricole suppose aussi procédure une courte : toute famille qui en a besoin et qui en a la capacité peut rendre cultivable une parcelle de terrain par le brûlis, à la seule condition d'en parler aux autres membres de la famille et d'en informer les autorités et les voisins.

La famille pourra rendre cultivable plus d'une parcelle de terrain dans les mêmes conditions et, si ses droits sur ces terrains agricoles ne sont pas respectés, elle peut engager un recours devant les membres de la famille concernés ou devant l'*Apu* ou le chef de la communauté. Enfin, le droit au bateau ou *peque-peque* peut être aussi lié à la procédure de son acquisition ou de son utilisation dans la communauté et au respect de son usage limité à la pêche. Le *peque-peque* peut être acquis par la vente, le troc ou par héritage, mais il faut en informer la famille et les autorités.

Le *peque-peque* est l'un des rares biens – et l'un de ceux qui ont la plus grande valeur – qui peut faire l'objet d'un transfert de propriété au sein de la communauté, celui-ci étant d'abord proposé à la vente à des membres de la famille proche ou à des frères de la même communauté ou du même groupe culturel, avant d'être proposé à des amis d'autres communautés ou à des étrangers. Son utilisation limitée à la pêche est liée à la protection de l'habitat et à la prévention d'une pêche excessive, pour laquelle les membres de la communauté disposent d'une procédure permettant d'attirer l'attention sur le problème et, le cas échéant, de sanctionner.

Les règles et procédures, comme les principes, sont implicites entre les membres de la communauté, et elles n'ont pas besoin d'être écrites. Leur force coercitive apparaît quand elles ne sont pas respectées et appliquées. Par exemple, l'invasion des forêts par les étrangers, ou la pratique de la pêche par les membres de la communauté ou les métis non autorisés dans les rivières et les lacs qui sont identifiés comme étant la propriété de la communauté amazonienne, produit la réaction collective de ses membres. Les membres de la communauté n'hésiteront pas à s'organiser et à prendre les armes traditionnelles ou les fusils pour aller à la rencontre des étrangers ou des métis et les expulser ou les sanctionner. Cela arrive aussi pour la protection des biens familiaux bien que, dans un tel cas, les principes, les règles et les procédures jouent au sein de la communauté, normalement entre les familles. Par exemple, l'exploitation agricole familiale irrégulière provoque la réaction de la famille affectée contre la famille envahissante, ne faisant appel qu'en ultime recours au soutien des autorités pour résoudre le conflit.

Ainsi, les principes, les règles et les procédures sont appliqués conformément aux concepts de propriété communautaire et familiale des communautés amazoniennes. Comme cela se produit dans les communautés andines, il s'agit de rendre possible l'application du droit de propriété entre les membres de la communauté. Des principes, des règles et des procédures complémentaires permettent le développement et la protection du droit de propriété dans les communautés.

La reconnaissance et la protection constitutionnelle du droit de propriété andine et amazonienne par la Constitution péruvienne de 1993

La tradition juridique civiliste, qui appartient à cette famille ou à la tradition juridique qui trouve ses origines dans l'Empire romain et qui a été ultérieurement développée avec l'apport des juristes français et allemands, identifie un concept de propriété ou de droit de propriété différent de celui que nous avons présenté pour les communautés andines et les communautés amazoniennes étudiées. La législation péruvienne, depuis l'époque coloniale espagnole au XVe siècle, a suivi la conception de propriété de cette famille ou tradition juridique. Après de longs processus de protestation et de luttes, au XXe siècle, d'importants changements ont été opérés dans la législation péruvienne, tout particulièrement en ce qui concerne le droit de propriété des communautés andines et amazoniennes. Aujourd'hui, le cadre juridique est établi en particulier par le texte au sommet de la hiérarchie des normes : la constitution.

Bien que la Constitution du Pérou en vigueur soit encore totalement guidée par les préceptes du droit civil européen, son adaptation à la réalité péruvienne, en particulier sur la question des communautés andines et amazoniennes, est un fait. Ainsi, on affirme constitutionnellement, en suivant la tradition européenne, que toute personne a droit à la propriété et à l'héritage (article 2 alinéa 16 de la Constitution). Ce droit, à son tour, coïncide avec la garantie de son exercice établie dans les termes suivants : « Le droit de propriété est inviolable » (article 70 de la Constitution). Ce que soulignent les normes est que tout individu a droit à la propriété et à l'héritage, garantis comme inviolables. Toutefois, ces droits dans les communautés andines et amazoniennes sont insuffisants, non seulement parce que, comme nous l'avons vu, la propriété est familiale et communautaire, ceci incluant l'individu dans cette relation, mais aussi parce que sa protection et sa garantie se trouvent assurées par les principes, les normes et les procédures qu'appliquent les membres des communautés.

Tenant compte de ces différences, la Constitution du Pérou a ajouté des règles spéciales concernant les communautés andines et amazoniennes. Mais elle reconnaît aussi la validité constitutionnelle d'une norme internationale qui traite des droits des communautés andines et amazoniennes : la convention n° 169 de l'Organisation internationale du travail (OIT) relative aux peuples indigènes et tribaux dans des pays indépendants[1]. En ce qui con-

---

[1] La convention date de 1989, mais elle a été ratifiée par l'État péruvien en 1993. Dans la mesure où la convention traite des sujets de droits de l'homme, la Constitution lui reconnaît un rang constitutionnel (en accord avec la quatrième disposition finale de la Constitution et

cerne le droit de propriété, les règles principales sont établies par l'article 89 de la Constitution. Selon cette norme, les communautés andines sont identifiées comme des « communautés paysannes », et les communautés indigènes sont identifiées comme des « communautés autochtones ».

> Article 89. - Les communautés paysannes et autochtones ont une existence légale et sont des personnes morales.
>
> Elles sont autonomes dans leur organisation, dans le travail communautaire et dans l'utilisation et la libre disposition de leurs terres, ainsi que dans les domaines économique et administratif, dans le cadre que la loi établit. La propriété de leurs terres est imprescriptible, sauf dans le cas d'abandon prévu par l'article précédent.
>
> L'État respecte l'identité culturelle des communautés paysannes et autochtones.

La norme souligne l'existence et le caractère particulier de personnes morales reconnu aux communautés paysannes ou andines, et aux communautés autochtones ou amazoniennes. Mais elle souligne en outre tout particulièrement leur autonomie en matière d'organisation (sociale, économique et culturelle), de travail communautaire (droit de travail), d'utilisation et de libre disposition de leurs terres, ainsi qu'en matière économique et administrative (gestion). Dans le même sens, la norme souligne le caractère insaisissable de leurs terres et l'engagement de l'État de respecter leur identité culturelle.

Le point qu'il convient de souligner dans notre étude est celui de l'autonomie que la Constitution politique reconnaît aux communautés paysannes ou andines, ainsi qu'aux communautés autochtones ou amazoniennes en ce qui concerne l'utilisation et la libre disposition de leurs terres. Sur la base de cette autonomie, on respecte la libre répartition des terres au sein des communautés, ce qui comprend la classification en propriété familiale et propriété communautaire que nous avons vue. Mais cette autonomie comprend aussi une meilleure utilisation des terres des membres des communautés andines et amazoniennes considérées, ce qui suppose l'utilisation de leurs ressources naturelles, et le principe d'imprescriptibilité des terres des communautés andines et amazoniennes qui, combiné aux critères précédents, nous conduit aussi à soutenir le caractère inaliénable et insaisissable de leurs terres.

Voyons ensuite chacun de ces aspects séparément. Nous donnerons tout d'abord une appréciation générale du caractère autonome de l'utilisation et de la possession des terres appliquées aux droits de propriété des communautés précédemment traités, puis nous soulignerons les garanties de ces droits

l'article 3 de la Constitution politique du Pérou). Il convient, en outre, d'avoir à l'esprit que bien que la convention réglemente la situation des peuples indigènes ou des peuples tribaux, elle n'oppose pas de limites aux peuples ou aux populations qui utilisent d'autres dénominations, pourvu qu'ils remplissent les caractéristiques particulières des premières populations qui ont habité le territoire (article 1er de la convention).

sur la base de l'utilisation des ressources naturelles et l'application à leurs terres des principes d'imprescriptibilité, d'inaliénabilité et d'insaisissabilité.

L'autonomie dans l'utilisation et la disposition des terres

Tout ce qui est indiqué précédemment sur la propriété et le droit de propriété dans les communautés andines et les communautés amazoniennes expliquent leur autonomie dans l'utilisation et la disposition de leurs terres, garantis par la constitution. Leurs particularités, dans chaque communauté, s'ajoutent à ce contenu général présenté.

Comme nous l'avons dit, les communautés andines et amazoniennes ont normalement des terres d'utilisation ou d'exploitation familiale et des terres d'utilisation ou d'exploitation collective. Les premières sont respectées comme si elles étaient des propriétés privées conformément à la définition par la famille ou la tradition juridique du droit civil, comme nous l'avons vu, mais avec beaucoup de variantes selon leur situation dans les étages écologiques et les différences culturelles par régions. Dans certains cas, l'origine de la possession de ces terrains se retrouve dans l'attribution historique, dans d'autres cas ce sont les produits d'attributions temporaires renouvelés par périodes. Dans le cas des communautés amazoniennes, il peut en outre arriver que la propriété familiale puisse être volontairement délimitée, à l'initiative familiale, en prenant une portion du terrain dans toute partie du territoire communautaire non occupée par une autre famille, vu l'étendue de la communauté.

Par contre, les terres communautaires sont destinées à l'utilisation par tous les membres de la communauté. Dans les communautés andines, les pâturages des collines et les poissons des rivières et des lacs sont normalement des biens communautaires, tandis que, dans les communautés amazoniennes, les fruits et les animaux des forêts et les poissons des rivières et des lacs sont des biens communautaires. Mais, dans les communautés, il existe aussi beaucoup de variantes où la propriété communautaire est combinée ou est transformée avec la propriété familiale. Dans le Sud Andin péruvien, par exemple, il est possible de consacrer à l'agriculture des terres prises dans la partie communautaire, en distribuant de nouvelles obligations et de nouveaux droits aux familles qui veulent en bénéficier.

Ces particularités sur la propriété familiale et communautaire permettent de comprendre l'autonomie dans l'utilisation et la disposition des terres de la communauté andines et amazoniennes et de construire à proprement parler le droit de propriété.

La jouissance des ressources naturelles

Les ressources naturelles sont tous ces biens que nous pouvons trouver dans le sol et le sous-sol, les rivières, les lacs et les forêts d'un territoire déterminé. On parle généralement de ressources naturelles renouvelables et de ressources naturelles non renouvelables, les premières étant celles qui sont obtenues de la nature sans affecter son existence ou sa reproduction, comme la terre qui est employée pour l'agriculture ou les pâturages utilisés pour le bétail. Par contre, les ressources naturelles non renouvelables sont celles qui sont obtenues de la nature, mais dont l'utilisation affecte son existence ou sa reproduction, comme les minerais ou le pétrole qui, une fois utilisés pour la fabrication et l'utilisation de véhicules, cessent d'exister. Les copropriétaires dans les Andes et l'Amazonie ont historiquement utilisé les ressources naturelles renouvelables situées sur leurs territoires, avec une attention traditionnelle et sans aucune limitation par une autorité externe. Il n'a été qu'en partie dans leur intérêt d'utiliser les ressources naturelles non renouvelables, comme les minéraux, pour la fabrication de bijoux ou d'autres objets utilisés dans leurs activités culturelles.

En ce sens, les poissons, les fruits, les récoltes de leurs cultures, le bétail obtenu après allaitement ou engraissement, le bois exploité rationnellement, entre autres, sont des ressources naturelles renouvelables dont les copropriétaires ont historiquement profité. La vie et le développement culturel ont dépendu de ces ressources.

Le problème relatif aux ressources naturelles et à la propriété des communautés andines et amazoniennes se pose au sujet de l'application d'une autre norme constitutionnelle, l'article 66 de la Constitution. Celle-ci fixe les limites de la propriété des ressources naturelles dans les termes suivants :

> Article 66. - Les ressources naturelles, renouvelables et non renouvelables, sont le patrimoine de la nation. L'État est souverain dans leur utilisation. Une loi organique fixe les conditions de leur utilisation et de leur octroi à des particuliers. La concession accorde à son titulaire un droit réel, soumis à cette norme légale.

Selon la norme citée, les communautés andines et amazoniennes, en tant que partie de l'État péruvien, seraient touchées par le contrôle et la mise à disposition des ressources naturelles, renouvelables et non renouvelables, à la charge des autorités de l'État. Toutefois, cette norme doit être conforme à une autre norme de rang constitutionnel qui correspond à l'article 15 de la convention 169 de l'Organisation internationale du travail. Selon cette norme, les peuples indigènes, dans lesquels on inclut les communautés andines et amazoniennes, ont des droits spéciaux sur les ressources naturelles, renouvelables et non renouvelables. Ainsi :

> 1. Les droits des peuples concernés par les ressources naturelles existantes sur leurs terres devront être particulièrement protégés. Ces droits comprennent le droit de ces peuples à participer à l'utilisation, à l'administration et à la conservation de ces ressources.
>
> 2. Dans le cas où l'État est propriétaire des minéraux ou des ressources du sous-sol, ou a des droits sur d'autres ressources existantes sur les terres, les gouvernements devront établir ou mettre en œuvre des procédures en vue de consulter les peuples intéressés, afin de déterminer si les intérêts de ces peuples seraient affectés, et dans quelle mesure, avant d'entreprendre ou

> d'autoriser tout programme de prospection ou d'exploitation des ressources existantes sur leurs terres. Les peuples intéressés devront participer autant que possible aux bénéfices que rapportent de telles activités, et percevoir une indemnisation équitable pour tous dommages qu'ils peuvent subir du fait de ces activités.

Conformément à l'article cité, les communautés andines et amazoniennes ont un droit prioritaire sur les ressources naturelles qu'elles ont historiquement utilisées et sur celles qui sont découvertes sur ou sous leur territoire. Selon le premier paragraphe, il s'agit des ressources naturelles renouvelables utilisées, administrées et conservées par les communautés. Selon le second paragraphe, pour l'utilisation des ressources naturelles non renouvelables (qui ne sont pas utilisée par les communautés), on doit consulter au préalable les communautés concernées, les profits devront être partagés avec les communautés intéressées et, en cas de dommages, elles doivent être équitablement indemnisées. Cette norme est fondée sur l'idée précédente : les copropriétaires ont historiquement utilisé ces ressources naturelles, même avant la création des États. En outre, l'utilisation de ces ressources est liée au concept de développement durable, qui rend possible la conservation des ressources naturelles.

En comparant les articles 66 et 89 de la Constitution du Pérou avec l'article 15 de la convention 169 de l'OIT, en cas de conflit dans leur application, on favorise la norme ou les normes spéciales. Ceci signifie qu'en cas de contestation des ressources naturelles situées sur ou sous le territoire d'une communauté, on appliquera l'article 89 de la Constitution et l'article 15 de la convention 169 de l'OIT, en garantissant ainsi les droits historiques des communautés andines ou amazoniennes.

Le principe d'imprescriptibilité

Le principe d'imprescriptibilité se réfère au droit que les personnes ont sur certains biens, pour que ceux-ci ne fassent pas l'objet d'une appropriation au fil du temps par des tiers. Le concept est opposé à celui de « prescription acquisitive de propriété » qui signifie justement la possibilité pour l'utilisateur d'un bien de se l'approprier au fil du temps, bien qu'agissant de mauvaise foi (dans un tel cas, on distingue la possession de biens meubles, par exemple une voiture, de celle des biens immeubles, par exemple un terrain, cinq années devant s'écouler pour obtenir la propriété des premiers et dix années en ce qui concerne les seconds).

Les terres ou les territoires des communautés andines et amazoniennes jouissent de ce droit d'imprescriptibilité. Personne, ni les autorités, ni les institutions de l'État, ne peuvent s'approprier ces terres ou ces territoires en alléguant leur possession depuis plus de dix années ou leur abandon durant un temps déterminé. L'imprescriptibilité est le droit qui permet à ces communautés d'être maintenues sur leurs terres ou leurs territoires pour garantir leurs activités sociales et économiques et le développement de leur culture.

Le problème que connaissent de nombreuses communautés en ce qui concerne ce droit d'imprescriptibilité est un défaut de reconnaissance et d'enregistrement de leurs terres ou de leurs territoires. Un grand nombre de communautés amazoniennes, actuellement, se trouvent ainsi limitées dans ce droit, étant affectées par des projets ou des actions de tiers : des fonctionnaires d'institutions publiques, des entreprises privées ou des particuliers, des groupes de migrants comme les colons, entre autres[4].

Le principe d'inaliénabilité

L'inaliénabilité de la propriété correspond au 7droit des personnes sur un bien pour qu'il ne puisse pas être aliéné. Notons qu'il s'agit d'un droit, non d'une obligation. Pour les communautés andines et amazoniennes, ce droit a été établi par l'article 163 de la Constitution de 1979 :

> [Les terres des communautés paysannes et indigènes] sont aussi inaliénables, sauf en vertu d'une loi fondée sur l'intérêt de la communauté et votée par une majorité qualifiée des deux tiers de ses membres, ou en cas d'expropriation pour cause d'utilité publique. Dans les deux cas avec paiement préalable en argent…[5]

Comme on peut le voir, l'inaliénabilité de la propriété communautaire était limitée pour deux raisons : la possibilité de vente des terres, avec l'accord des deux tiers des membres de la communauté et pourvu que cela lui soit favorable, et l'expropriation pour cause d'utilité publique. Ces deux raisons sont conservées, et pour cette raison il convient d'affirmer que le droit constitutionnel est toujours en vigueur.

Il convient toutefois de préciser que l'inaliénabilité de la propriété dans une communauté n'a jamais signifié que les copropriétaires étaient empêchés d'échanger ou d'aliéner leurs terres. Ils l'ont toujours fait, en particulier en raison des migrations, comme dans les communautés aymaras du Sud Andin. Mais la vente, le troc ou le transfert de la terre a été fait sur la base de parcelles et toujours au sein de la communauté entre des membres de la famille ou des parents proches (qui sont la totalité ou la majorité des membres d'une

[4] Il convient de considérer sur ce point l'ensemble des conflits socio-environnementaux au niveau des communautés amazoniennes. L'un de ces conflits, ce qui est emblématique, est celui survenu le 5 juin 2009, quand le gouvernement central a tenté de réformer, par décrets-lois, les droits ancestraux des communautés. Cela a donné lieu à une grève prolongée dans la province de Bagua. Le gouvernement est intervenu par la force, au prix de nombreux morts parmi les policiers et les Indigènes. Le gouvernement central a dû abroger les principaux décrets.

[5] Article 163 de la Constitution du Pérou de 1979 : « Les terres des communautés paysannes et indigènes sont insaisissables et imprescriptibles. Elles sont également inaliénables, sauf en vertu d'une loi fondée sur l'intérêt de la communauté, et demandée à la majorité qualifiée des deux tiers de ses membres, ou en cas d'expropriation pour cause d'utilité publique, dans les deux cas contre paiement préalable en argent. L'accaparement de terres dans la communauté est interdit. »

communauté) comme nous l'avons souligné. Le droit d'inaliénabilité a toujours opéré face à des tiers non membres de la communauté.

Le principe d'insaisissabilité

Si la terre ou le territoire des communautés andines et amazoniennes ne peut être ni saisi, ni aliéné en faveur de tiers non-copropriétaires, la saisie n'est pas non plus envisageable. Il s'agit d'un droit d'effet complémentaire qui garantit l'application des droits préalables.

L'insaisissabilité de la propriété des communautés andines et amazoniennes était aussi un droit constitutionnel express dans la Constitution de 1979. Dans l'article 163 précité, il était établi : « Les terres des communautés paysannes et indigènes sont insaisissables et inaliénables... » Dans le système normatif en vigueur, ce droit constitutionnel est non écrit ; il en va de même de même du droit à l'inaliénabilité que nous avons évoqué. La raison d'être ce droit constitutionnel se trouve dans la nature de la propriété communautaire ou collective (semblable au territoire d'un petit État) et les limites opposées aux organismes financiers ou bancaires ou à d'autres particuliers pour acquérir ces propriétés.

Conclusions

Nos précédents développements nous permettent de conclure que l'étude du droit de propriété des communautés andines et amazoniennes inclut celle des concepts de communauté et de droit. En partant d'un contenu particulier de ces concepts, le droit de propriété est défini comme l'ensemble des principes, des règles et des procédures que les membres d'un groupe social ou d'une communauté déterminée établissent sur la base des biens ou des choses qu'ils comprennent comme étant les leurs, en reconstruisant quotidiennement les principes, les règles et les procédures de cette relation.

Dans les communautés andines aymaras du Sud Andin, il existe un concept particulier de propriété basé sur la distinction entre les parcelles ou les biens familiaux, liés aux activités agricoles et d'élevage principalement, et les terrains ou les biens communautaires, liés principalement aux pâturages et aux avantages communautaires, à côté desquels on développe un ensemble de principes, de normes et de procédures qui établissent l'inaliénabilité ou la non-vente à des tiers étrangers à la communauté et le respect mutuel de chaque famille en ce qui concerne ses biens et les biens de la communauté.

Dans les communautés amazoniennes kandozis et shapras de la région de Loreto, il existe aussi un concept particulier de propriété basée sur de petites parcelles ou biens familiaux, liés principalement à l'agriculture sur brûlis, et sur de grandes étendues de forêts ou de grands territoires communautaires principalement liés à des activités de chasse et de pêche, au sujet desquels on a établi des principes, des normes et des procédures qui fondent la défense de l'ensemble de leur propriété, en interdisant leur vente, leur déprédation et leur pollution, à l'exception de biens comme le *peque-peque* dont la propriété peut être transférée de préférence au sein de la communauté.

Le droit de propriété des communautés andines et amazoniennes, identifiées comme des communautés paysannes et des communautés indigènes par la Constitution politique du Pérou, est tout particulièrement reconnu et protégé dans la Constitution politique du Pérou de 1993 qui établit l'autonomie de l'utilisation et du droit à disposer de ses terres, parmi lesquels on inclut le droit à l'utilisation de ses ressources naturelles et les principes d'imprescriptibilité, d'inaliénabilité et d'insaisissabilité.

Bibliographie

Javier ALBO, « Esposos, suegros y padrinos entre los aimaras », *in Parentesco y matrimonio en los Andes*, Lima, Fondo editorial PUCP, 1980.

Francisco BALLÓN AGUIRRE, *Manual del Derecho de los Pueblos Indígenas*, Lima, Defensoría del Puebl , 2e éd., 2004.

Enrique BERNALES BALLESTREROS, Marcial RUBIO CORREA et alii., « *La Constitución de 1993: análisis y comentario* », *Lecturas sobre temas constitucionales*, n° 10, Lima, 1994.

Enrique BERNALES BALLESTREROS, *La Constitución de 1993: análisis comparado*, Lima, Ciedla, 1996.

Hildebrando CASTRO-POZO, *Nuestra Comunidad Indígena*, Lima, Perugraf, 2e éd, 1979.

Enrique CHIRINOS SOTO, *Constitución de 1993: lectura y comentario*, Lima, Antonella Chirinos Montalbetti, 4e éd., 1997.

Carlos CONTRERAS, *Comunidades campesinas y nativas: normatividad y desarrollo*, Lima, Fundación Friedrich Naumann, 1989.

Fernando DE TRAZEGNIES GRANDA, Medina AROCA, Javier AMÉRICO et alii., *Comunidades campesinas y nativas en el nuevo contexto nacional*, Lima, Editorial CAAAP, 1993.

Laureano DEL CASTILLO PINTO, « Conflictos en tierras de Comunidades Campesinas y legislación », *in Las Comunidades Campesinas en el siglo XXI*, Lima, Editorial ALLPA, 2004.

Alejandro DIEZ HURTADO, *Comunidades mestizas: tierras, elecciones y rituales en la sierra de Pacaipampa (Piura)*, Lima, PUCP et CIPCA. 1999.

Guillermo FIGALLO ADRINAZÉN, « Las comunidades campesinas y nativas en la Constitución Política », *in Socialismo y participación*, n° 39, Lima, septembre 1987.

Guillermo FIGALLO ADRINAZÉN, « Comunidades Campesinas y Nativas: comentario al artículo 89 de la Constitución Política del Perú 1993 », *in La Constitución comentada*, Gaceta Jurídica, Tomo I, 2005.

Alejandro LAOS, Marlene CATILLO, Laureano DEL CASTILLO, Carlos MONGE et Minda BUSTAMANTE, *Las Comunidades Campesinas en el siglo XXI*, Lima, Grupo Allpa, Comunidades y Desarrollo, 2004.

John Alden MASON, *The ancient civilisations of Peru*, Harmondsworth, Penguin Books, 1968, réimpr. 1978.
John MURRA, « Andean Societies before 1532 », En *The Cambridge history of Latin America*, Cambridge, Cambridge University Press, vol. I., 1984.
Antonio PEÑA JUMPA, *Justicia Comunal en los Andes del Perú : el caso de Calahuyo*, Lima, Fondo Editorial PUCP, 1998.
Antonio PEÑA JUMPA, « Un Análisis socio-antropológico del Derecho para el Perú », *Revista Foro Jurídico*, n° 1, 2002 ; *in Revista del Taller de Derecho*, PUCP, Lima, 2002.
Antonio PEÑA JUMPA, *Multiculturalidad y Constitución, el caso de la Justicia Comunal Aguaruna en el Alto Marañón*, Lima, CEC, 2009.
Antonio PEÑA JUMPA, *Communitarian Law and Justice based on Peoples Identity. The Aymara experience*, Leuven, Khatolieke Universiteit Leuven, PhD. 2006.
Orlando PLAZA, Marfil FRANCKE, *Formas de dominio, Economía y Comunidades Campesinas*, Lima, DESC, 2e éd., 1985.
María ROSTROWOROWSKI DE DIEZ, *Historia del Tahuantinsuyu*, Lima, Instituto de Estudios Peruanos, 1988.
Javier TORD NICOLINI, Carlos LAZO GARCÍA, « Economía y Sociedad en el Perú colonial », *Historia del Perú*, T. IV, Lima, Editor y editorial Juan Mejía Baca, 1985.
LUIS EDUARDO VALCÁRCEL, *Historia del Perú Antiguo*, Lima, Editorial Juan Mejía Baca, 3 vol., 1978.

LE DROIT INDIGÈNE DANS LE CONTEXTE CONSTITUTIONNEL ÉQUATORIEN : ENTRE L'EXIGIBILITÉ DES DROITS ET LA RECONNAISSANCE DU PLURALISME JURIDIQUE

Christian MASAPANTA GALLEGOS

« Et ainsi ne pouvant faire que ce qui est juste fût fort, on a fait que ce qui est fort fût juste. »
(Blaise Pascal)

Parler de la juridiction indigène ne consiste pas simplement à se référer à des individus d'une collectivité déterminée faisant l'objet d'une procédure judiciaire, mais à évoquer une série de problèmes juridiques qui ont été historiquement occultés par le modèle juridique hégémonique équatorien qui, enraciné dans une tradition positiviste, a minimisé les traditions culturelles des peuples ancestraux.

On a beaucoup reproché aux pratiques de justice indigène d'être violentes, dégradantes et contraires aux droits de l'homme, celles-ci étant présentées de façon stéréotypée comme des pratiques de peuples non civilisés. Mais il se peut que nous ayons pensé que cette réalité obéissait à une cosmovision qui s'écarte beaucoup de la perception blanche métisse, relativisant ainsi ce que nous entendons comme une manière juste d'imposer des sanctions.

Le présent travail tourne autour de la question centrale de savoir si, au-delà de la reconnaissance constitutionnelle des droits et de la justice indigènes, les acteurs judiciaires ont dépassé la conception moniste de la protection des droits indigènes.

À partir de cette interrogation, nous allons nous livrer à une analyse du droit indigène en nous fondant sur les dispositions contenues dans la Charte fondamentale de l'État équatorien et dans les normes internationales qui s'intéressent aux Indigènes. En ce sens, nous partons de la conception de l'État-nation, en la confrontant à l'État pluriculturel, en cherchant les critères de justification de la reconnaissance du multiculturalisme dans un État unitaire comme l'État équatorien, pour nous livrer ensuite à l'étude concrète du droit indigène au sujet duquel nous formulons une série de questions : que devons-nous comprendre par droits indigènes ? quelles sont ses caractéristiques ? en quoi consiste le pluralisme juridique ? *etc.*. Nous répondrons à ces questions en faisant appel à des auteurs nationaux et internationaux connaisseurs de la thématique posée. Par l'application de la théorie de Pierre Bourdieu dans le champ juridique hégémonique, nous analyserons l'*habitus* traditionaliste des autorités judiciaires et la nécessité d'une interprétation multiculturelle du texte constitutionnel, pour nous pencher ensuite sur deux des principaux droits qui font l'objet d'une lutte des peuples indigènes : l'inviolabilité des territoires ancestraux et la consultation préalable. De plus, comme ces droits indigènes reconnus par les textes internationaux font partie du bloc de constitutionnalité dans l'ordre juridique équatorien, nous analyserons la justification de cette affirmation en nous appuyant sur la norme internationale et sur les résolutions de la Cour interaméricaine des droits de l'homme qui établissent des paramètres à suivre pour la protection des droits indigènes. Enfin, nous conclurons notre étude par un commentaire sur la question de savoir si leurs pratiques sujettes à procès sont une atteinte aux droits de l'homme.

Alberto Acosta estime que « la pauvreté dans le pays a un visage d'indigène[1] ». Rien n'est plus juste pour refléter l'apathie et l'exclusion sociale par laquelle on a manipulé la culture de ces peuples et de ces nationalités auxquels, avançant l'idée fallacieuse d'une égalité formelle, on a aussi imposé la justice en méconnaissant leurs pratiques coutumières.

En outre, nous ne pouvons pas rester aveugles face aux diverses cultures et nationalités qui coexistent avec la culture hégémonique. Nous devons générer un processus d'assimilation et de dialogue interculturel dans lequel sont récupérées les bonnes choses de chacun des systèmes. Il ne s'agit pas de créer un parallélisme quant à l'introduction des procédures, mais de reconnaître qu'il existe des personnes qui, par leurs conditions, requièrent un traitement spécial et que, dans le domaine juridique, on doit accepter et appliquer un droit indigène aux membres de ces groupements pour obtenir une administration effective de la justice.

La distinction entre le modèle classique d'État-nation et le modèle d'État plurinational

Le système juridictionnel équatorien a été historiquement assimilé à un système hégémonique dans lequel convergent des processus de caractère divers, les mêmes qui sont instruits sous le principe d'égalité devant la loi, avec la prémisse que « l'ignorance de la loi n'excuse personne ». Cette vision propre de l'État libéral du XIXe siècle, paraphrasant l'illustre maître Luigi Ferrajoli, reflète une attitude biaisée de l'administration de la justice

[1] Alberto ACOSTA, « El Estado plurinacional puerta para una sociedad democrática », *in* Alberto ACOSTA et Esperanza MARTÍNEZ (comp.), *Plurinacionalidad: Democracia en la diversidad*, Quito, Ediciones Abya-Yala, 2009, p. 16.

équatorienne face à la possibilité de coexistence avec d'autres formes d'administration de la justice éloignées du modèle hégémonique.

Cela met ainsi en évidence, dans la réalité juridique équatorienne, ce qui, en termes habermassiens, est reconnu comme étant des « processus d'exclusion de l'autre » par lesquels se produisent, dans une même société, des processus d'exclusion et de marginalisation de certains groupes qui finissent par être les plus vulnérables et par conséquent les plus exposés de par leur faiblesse et l'imposition d'un modèle hégémonique.

Bien que, dans la norme tant constitutionnelle que législative, une espèce d'égalité formelle soit établie, celle-ci est affectée, sur le plan pratique, par une série de variables qui opèrent pour que se produisent des processus d'exclusion internes qui finissent par se transformer en pratiques discriminatoires à l'égard des catégories les plus sensibles, comme cela a été traditionnellement observé dans le système judiciaire équatorien qui se montre réticent à accepter la coexistence avec d'autres formes d'administration de la justice.

Dans ce scénario, la constitution équatorienne, c'est-à-dire la norme principale qui détermine la structure de l'État équatorien, définit l'Équateur comme un État unitaire, interculturel et plurinational, situation qui emporte l'engagement de reconnaître l'existence d'autres cultures et d'autres nationalités sur son territoire. À partir de ce préalable s'établit une situation dans laquelle on adopte la vision d'un État unitaire propre à une conception traditionaliste d'État-nation, avec la supercherie d'une homogénéisation. D'autre part, on exclut la reconnaissance d'une diversité culturelle exprimée par l'existence de plusieurs nationalités sur le territoire étatique.

La juridiction indigène répond précisément à cette nécessité de respect des différences culturelles existantes entre les divers groupes sociaux qui composent la société équatorienne, pour lesquels sa cosmovision du monde tend à être différente du modèle traditionnel imposé par la population blanche et métisse, et pour lesquels la satisfaction de la justice tellement désirée passe par des procédures, des sanctions et des effets différents du système juridictionnel traditionnel. Cependant, ceci suscite un grand dilemme au moment de rendre la justice. Il se produit, en effet, une confrontation pratique en ce qui concerne l'administration de la justice sur le territoire national entre, d'une part, la juridiction ordinaire, cette dernière correspondant à un modèle occidental de mise en œuvre progressive des divers systèmes juridiques de droit romain germanique et français, et, d'autre part, la réalité à laquelle sont confrontés les différents peuples et les nationalités indigènes qui conservent une administration de justice présentant des caractéristiques propres, laquelle mérite une attention particulière.

L'objet de ce travail est de tenter une déconstruction du modèle d'État national, en dépassant cet atavisme excessivement formaliste pour évoluer vers un État pluriel dans lequel sont reconnues les différences de certains groupes, en formant ainsi un État plurinational et multiculturel dans lequel sont reconnus les droits de certains groupes qui méritent une protection particulière en raison de leur exploitation. Cela répond à une lutte pour leur revendication, qui va de pair avec la nouvelle tendance constitutionnaliste du droit.

On a déjà dépassé la conception de l'État-nation libéral conçu comme unitaire et monoculturel, par laquelle on imposait la citoyenneté en tant que signe d'appartenance à un certain État, en devant, pour jouir de cette citoyenneté, partager certains éléments comme la « *civitas* » et l'« *ethnos* », à partir desquels était conçue une identité nationale. La tendance actuelle a dépassé cette catégorisation et ce préjugé, en considérant même les étrangers comme appartenant à l'État indépendamment de leur origine territoriale, et plus encore en reconnaissant les traditions culturelles ainsi que la justice des groupes ancestraux comme une réalité au sein de l'État unitaire.

Que devons-nous comprendre par pluralisme juridique ?

Cette confrontation de l'État dit unitaire appelé avec l'État plurinational suscite plusieurs inquiétudes. Notamment, que devons-nous entendre par pluralisme juridique ? Pour répondre, à cette question, nous devons affirmer :

> Le pluralisme juridique constitue l'un des concepts centraux, tant de l'anthropologie que de la sociologie juridique, et il se réfère à la coexistence de divers systèmes juridiques dans un même domaine social, ce qui pose la question de la vision ethnocentrique du droit occidental qui a été construit en se voyant assigner le rôle de référence juridique unique et légitime pour le positivisme juridique, conception que l'entreprise coloniale est venue approuver et consolider (FITZPATRICK 1998). La mise en cause du caractère central du droit étatique a été l'un des centres d'intérêt des études anthropologiques du droit et de la sociologie juridique qui cherchaient à rendre compte de l'utilisation d'autres systèmes juridiques dans les États nationaux[1].

Entre autres facteurs, le plus grand empêchement à la mise en œuvre d'un véritable pluralisme juridique a été la résistance de nombreux juristes qui ne concevaient pas le droit comme une matière interdisciplinaire qui devait être enrichie par l'apport d'autres branches et d'autres instruments comme les traités et les conventions internationales. Cette situation était due, dans une large mesure, au fort travers positiviste et à l'empreinte d'un modèle paléo-positiviste.

Il est certain que, dans la dynamique qui caractérise les sciences juridiques, l'aide d'autres disciplines est nécessaire pour parvenir à mettre en œuvre une administration effective de la justice, réalité qui est encore plus indispensable quand il s'agit d'identifier des facteurs aussi significatifs et requérant une connaissance aussi spécialisée que la détermination des droits

---

[1] Elisa CRUZ RUEDA, « Principios Generales del Derecho Indígena », *in Hacia sistemas jurídicos plurales*, Bogotá, Konrad Adenauer Stiftung, 2008, p. 31.

d'une certaine ethnie ou d'un certain groupe ; c'est la raison pour laquelle il s'avère indispensable pour le juge de disposer des éléments de valeur comme l'expertise anthropologique dans la résolution de conflits où une certaine science ne permet pas de déterminer s'ils doivent être résolus par la juridiction indigène ou par la juridiction ordinaire.

Il a été démontré que les acteurs du système judiciaire ordinaire n'appliquent pas les normes issues de la Constitution ou d'instruments juridiques internationaux relatifs aux peuples indigènes, mais celles qui sont expressément déterminées par une loi[1]. Cet attachement sans restriction au texte de loi montre les obstacles soulevés par un *habitus* judiciaire qui penche vers une tradition positiviste, quand la Constitution elle-même détermine qu'en matière de garantie des droits, il conviendra de veiller à la protection effective de ces derniers, même en l'absence d'une loi ; cela est consacré par l'article 11.3 de la Constitution de la République[2].

> Le défi est de concevoir le principe de plurinationalité comme la substance fondamentale dans l'exercice de la démocratie inclusive, mais surtout comme la proposition d'une vie différente et dans une plus grande harmonie et une plus grande proximité avec la Nature ; on ne peut donc pas cesser d'appréhender la plurinationalité avec d'autres définitions qui doivent avoir un lien avec le territoire et la gestion des richesses naturelles. Ce sont justement les peuples indigènes qui, par un exercice permanent de résistance et de construction, sont aussi devenus des acteurs locaux, nationaux et même internationaux[3].

Par ce panorama, ce que nous essayons de démontrer est que, dans la nouvelle conception juridique protectrice, les autorités judiciaires doivent négliger des atavismes positivistes et reconnaître le pluralisme juridique existant en Équateur ; ainsi, on ne prétend pas créer une juridiction parallèle, ni susciter une confrontation entre la justice ordinaire et la justice indigène, mais on recherche une administration correcte et diligente de la justice en accord avec la réalité culturelle de ceux qui la saisissent.

Le pluralisme ou la diversité culturelle n'est rien d'autre que la reconnaissance juridique expresse de la coexistence de différents peuples dans un

---

[1] Carlos POVEDA, « Jurisdicción Indígena », *in Reconocimiento de Derechos, exigibilidad de obligaciones*, Revista *FORO*, n° 8, Quito, UASB-Corporación Editora Nacional, II semestre 2007, p. 184.

[2] Article 11.3 de la Constitution de l'Équateur : « Les droits et garanties établis par la Constitution et les instruments internationaux des droits de l'homme seront d'application directe et immédiate et devant tout agent public, administratif ou judiciaire, d'office ou sur demande. [...] Les droits seront pleinement applicables. On ne pourra alléguer un défaut de la norme juridique pour justifier sa violation ou sa méconnaissance, pour écarter l'application de ces droits ou pour nier leur reconnaissance. »

[3] Alberto ACOSTA, « El Estado plurinacional puerta para una sociedad democrática », *in* Alberto ACOSTA y Esperanza MARTÍNEZ (comp.), *Plurinacionalidad: Democracia en la diversidad*, Quito, Ediciones Abya-Yala, 2009, p. 17.

pays et du fait que ladite reconnaissance impose à l'État l'obligation de compter avec la participation de ces peuples.

> La reconnaissance de la société moderne comme un monde pluriel où il n'existe pas un profil de pensée mais une confluence de fragments socioculturels, qui s'éloigne de la conception unitaire de la « nature humaine », a donné lieu, en occident, à la consécration du principe constitutionnel de respect de la diversité culturelle. Les États ont alors découvert la nécessité de faire valoir l'existence de diverses communautés traditionnelles, comme fondement important du bien-être de leurs membres, en permettant à l'individu de définir son identité non comme « citoyen » dans le concept abstrait d'appartenance à une société territoriale définie et à un État dirigeant, mais comme une identité fondée sur des valeurs ethniques et culturelles concrètes. [...] Ce changement de vision politique a eu des répercussions sur le droit. [...] La fonction de la loi se concentrait sur la relation entre l'État et la citoyenneté, sans qu'il soit nécessaire de se préoccuper de la séparation d'identités entre les groupes. [...] Au cours des dernières années, et dans le souci d'adapter le droit à la réalité sociale, les groupes et les traditions particulières ont commencé à être considérés comme une partie primordiale de l'État et du droit, en adoptant l'existence d'un pluralisme normatif comme une chose essentielle et fondamentale pour le système juridique lui-même[1].

La diversité culturelle et la cosmovision des peuples indigènes

La charte fondamentale de la République de l'Équateur reconnaît, à l'article 1er, le multiculturalisme et la plurinationalité. On prétend ainsi protéger les conceptions propres de groupes ou de collectivités qui conservent une culture différente de la culture hégémonique, en prenant en considération le fait que la réalité de ces peuples ait été la marginalisation et la discrimination dont ils ont historiquement fait l'objet, ce qui les a placés dans une situation de vulnérabilité évidente.

C'est ainsi que l'article précité de la Constitution en vigueur, en affirmant le caractère interculturel et plurinational de l'État équatorien, établit la reconnaissance de la diversité ethnique et culturelle. Ce principe est aussi développé, notamment, aux articles 3.3, 10, 57, 60, 171 et 242. De plus, l'article 57.9, en établissant le droit de conserver ses propres formes de coexistence et d'organisation sociale, et d'établissement et d'exercice de l'autorité, reconnaît les territoires indigènes et les terres communautaires de possession ancestrale sur lesquels les peuples et les nationalités indigènes sont établis.

Il est nécessaire de souligner, dans le cadre de ce caractère normatif, que, pour le respect et le plein exercice de la diversité culturelle, l'État reconnaît aux membres des peuples indigènes tous les droits qui sont reconnus aux autres citoyens, en interdisant toute forme de discrimination à leur encontre (article 11.2) et, en outre, pour matérialiser cette diversité culturelle, il re-

[1] Cour constitutionnelle colombienne, Sentence T-496/96. M. P. Ciro ANGARITA BARÓN.

connaît des droits spécifiques aux peuples et aux nationalités indigènes en tant que sujets collectifs de droit (article 10). Autrement dit, les droits de l'individu en tant tels coexistent avec le droit de la collectivité d'être différente et de compter sur le soutien obligé de l'État pour qu'une telle différence soit respectée.

Ainsi, dans ce cadre constitutionnel, on prétend intégrer une nouvelle vision du droit où est respectée et intégrée, dans la vie juridique du pays, cette cosmovision des peuples ancestraux qui tend à être différente de la culture dite occidentale, et en vertu de laquelle l'appartenance à une communauté va beaucoup plus loin qu'une simple déclaration et devient un véritable mode de vie.

> [...] l'appartenance à une communauté est le principe fondant les principes juridiques généraux du droit indigène qui sont principalement : que la conduite humaine est conforme à « l'ordre social et naturel » (REGINO 2002), que la conduite humaine contribue à maintenir et à préserver cet ordre (par exemple, le respect de l'autorité et de la communauté), et que ces conduites aident à obtenir la reproduction et la coexistence harmonieuse – comme le fait d'accepter et d'exercer des services et des charges sans rémunération. D'autres principes sont le caractère obligatoire d'assurer des services, la réciprocité et le prestige – qui n'est pas nécessairement économique[1].

Si nous nous livrons à une comparaison, nous observerons que l'on a traditionnellement reconnu des droits exclusivement dans une perspective occidentale, dans laquelle les seuls droits qui peuvent être protégés sont généralement les droits dits individuels, et en particulier ceux d'une majorité blanche et métisse au bénéfice de citoyens ou d'organisations constituées sous le couvert de la liberté d'association[2], occultant les peuples et les nationalités indigènes, afro-équatoriennes, montubios[3] entre autres, historiquement privés de la jouissance de certains droits immanents à toute personne, sous la fausse catégorisation de groupes minoritaires ou la recherche d'une uniformité identitaire apparente pour former ainsi un « *ethnos* » qui permette

---

[1] Elisa CRUZ RUEDA, « Principios Generales del Derecho Indígena », *in Hacia sistemas jurídicos plurales*, Bogotá, Konrad Adenauer Stiftung, 2008, p. 40-41.

[2] Le sens collectif développé par la notion occidentale trouve son origine dans le sujet individuel des droits qui, sur une base volontaire, individuelle et spontanée, décide d'intégrer une association, un syndicat, un comité, dans la poursuite du bien commun. En revanche, le sens collectif dans la notion développée par les peuples autochtones ne découle pas d'un acte spontané de deux personnes ou plus, mais est lié à deux éléments substantiels, l'identité et le territoire ; cela dit, être Quechua, Aymara, Shwar ou Kolla n'est pas une question de volonté individuelle ou spontané, mais résulte du fait d'être né et de vivre avec cette identité et, par conséquent, un peuple ou une nationalité autochtone n'est pas juridiquement assimilé à une simple association, au sens civiliste, mais est une réalité historique, caractérisée par des objectifs et des éléments dynamiques (des éléments matériels qui les distinguent comme la langue, les institutions politiques, les traditions organisationnelles et juridiques, la mémoire historique, les croyances ou les coutumes religieuses) et subjectifs (la conscience ethnique) non limités à une simple « intention de s'associer ».

[3] Originaire du littoral équatorien [NDT].

la configuration d'une citoyenneté homogénéisée. Cependant, nous devons rappeler que notre réalité obéit à un processus de colonisation et de métissage dans lequel ont convergé deux cultures éloignées, l'une s'imposant à l'autre, mais sans que cela signifie que la culture subordonnée ait cessé d'exister. Ainsi s'est produit un nouveau colonialisme, cette fois de type culturel, par lequel un mode de vie occidental a été imposé à des peuples premiers, sans respecter l'essence des sociétés pluriculturelles. On a prétendu stimuler une égalité apparente, pourvu que « d'autres » – des Indigènes ou des groupes minoritaires – s'adaptent aux modèles imposés par la culture dominante, mais cette égalité n'est réelle, dans des sociétés véritablement plurielles, que quand ces groupes voient leurs droits pleinement respectés conformément à leur culture ancestrale.

Dans une démarche de construction démocratique, la reconnaissance de l'État équatorien comme interculturel et plurinational constitue une grande avancée dans la constitutionnalisation matérielle des droits des peuples marginalisés de l'Équateur, et son exercice révèle un engagement de l'État de dépasser les tendances historiques d'exclusion et de racisme, de comprendre, de connaître et de respecter les autres cultures dont les traditions, les coutumes et les valeurs ont été niées, mais conduit surtout à assumer une véritable égalité dans la diversité entre Équatoriens et Équatoriennes, indépendamment de leur origine ethnique, en respectant et en faisant respecter leurs croyances et leurs traditions, ainsi que leurs particularités. Cela comporte une véritable égalité matérielle et non un simple énoncé de la façon dont ont été traditionnellement compris les droits des peuples et des nationalités indigènes.

C'est ainsi que la norme constitutionnelle permet le dialogue entre les cultures, et cela impose la nécessité de communication et de compréhension, la mise en évidence des façons de générer la connaissance, ce qui suppose que l'on puisse identifier ce qui est bon et critiquer ce qui est mauvais dans une autre culture, par le débat, une culture pouvant ainsi apprendre de l'autre, susciter le respect mutuel et concrétiser l'intégration. L'article 10 de la Constitution impose le dialogue épistémique qui ne signifie rien d'autre que l'exercice de l'interculturalité qu'Oscar Guardiola Rivera définit ainsi :

> L'interculturalité est le dialogue entre les différences épistémiques qui, du fait de l'existence de positions hégémoniques, sont des luttes cognitives qui ont trait à la manière dont différents peuples font usage de diverses façons de produire et d'appliquer la connaissance, pour être mis en relations entre eux, avec d'autres, la nature, le territoire, la richesse.

Comme le souligne Alberto Acosta :

> La proclamation du caractère plurinational de l'État par l'assemblée constituante, à Montecristi, représente, d'une part, un acte de réparation historique pour les peuples et les nationalités indigènes. Et d'autre part, c'est en même temps une chance pour notre société d'apprendre des autres, en remplissant une obligation de coexistence démocratique et équitable dans laquelle

l'harmonie doit être la marque des relations entre les êtres humains, et entre ceux-ci et la Nature[1].

On doit dépasser le rapport positiviste étroit, extrêmement formaliste, assumé par les juristes équatoriens qui conservent un *habitus* dans lequel ils ne conçoivent pas de se livrer à une interprétation éloignée de leur vision occidentale du droit. Cela est dû à une tradition juridique moniste dans laquelle on ne conçoit pas qu'il puisse exister des normes éloignées du procéduralisme formel de création des normes.

Toutefois, ceci ne veut pas dire que les systèmes juridictionnels ordinaire et indigène agissent complètement séparément, puisque si le droit positif et le droit indigène se fondent sur des valeurs sociales différentes, ceux-ci gardent également entre eux une relation, de telle sorte que les Indigènes utilisent aussi le droit positif pour résoudre leurs conflits.

> [...] la proposition de Santos s'avère très séduisante pour penser la relation entre les systèmes juridiques et la construction du domaine juridique comme des ordres polycentriques liés entre eux à différents niveaux. Pour cette raison, l'étude du pluralisme juridique va au-delà du postulat de l'existence de divers systèmes normatifs, ou de différentes sortes de droit : cela implique aussi d'aborder son dynamisme et sa complexité dans le contexte historique de la relation entre les peuples indigènes et l'État, ainsi que de considérer la situation actuelle de cette relation et son impact sur la construction du système juridique[2].

Le Dr Carlos Poveda Moreno commente, à partir de l'organisation judiciaire, la mise en œuvre de mécanismes judiciaires pour résoudre des différends indigènes :

> Dans mon activité de juge pénal, nous mettions en œuvre le principe d'épuisement de solutions internes dans un conflit indigène qui avait fait l'objet d'une procédure judiciaire à travers des actions pénales privées. Le mécanisme utilisé pour le rendre effectif a été celui des auditions de conciliation, où l'on décidait au préalable de mettre en œuvre les résolutions communautaires émises par les conseils municipaux pour parvenir à un arrangement. Ainsi, on respectait la juridiction indigène et on mettait un terme au conflit soumis à la justice ordinaire[3].

L'interprétation interculturelle de la Constitution

L'État équatorien a rempli un nouveau rôle en tant qu'État constitutionnel de droits et de justice, dans lequel on doit respecter de nouveaux droits constitutionnels liés à une vision interculturelle ; ainsi, les droits de la nature, le

---

[1] Alberto ACOSTA et Esperanza MARTÍNEZ, *Plurinacionalidad: Democracia en la diversidad*, Quito, Eitorial Abya Yala, 2009, p. 7.

[2] Elisa CRUZ RUEDA, « Principios Generales del derecho Indígena », *in Hacia sistemas jurídicos plurales*, Bogotá, Konrad Adenauer Stiftung, 2008, p. 33.

[3] Carlos POVEDA, « Jurisdicción Indígena. Reconocimiento de Derechos, exigibilidad de obligaciones », *FORO*, No. 8, Quito, UASB-Corporación Editora Nacional, II semestre 2007, p. 185.

buen vivir, la participation des citoyens, et la juridiction ancestrale, reconnus par des normes internationales, doivent être toujours interprétés complètement par les autorités judiciaires en retenant comme référence le principe en faveur de l'être humain.

La Constitution de la République de l'Équateur déclare que l'Équateur est un État constitutionnel de droit et de justice, ce qui correspond à l'image protectrice que la charte fondamentale souhaite donner de toutes les activités des pouvoirs publics et des personnes privées, ainsi que de sa contribution à une société participative plus juste et plus équitable. Ce souci confirme ce changement de paradigme dans le cadre constitutionnel équatorien, lequel reflète, en outre, un sérieux engagement des autorités judiciaires pour rendre effectifs ces droits et ces garanties consacrés par la Constitution. En ce sens, on doit comprendre que tous les juges doivent assumer l'engagement de protéger les droits consacrés par la Constitution.

Toutefois, malgré cet impératif constitutionnel, dans la pratique, la juridiction indigène a fait l'objet de sérieuses remises en question de la part des autorités judiciaires de l'État équatorien, bien que ce dernier ait ratifié plusieurs conventions internationales en matière de droits des peuples indigènes, comme la convention 169 de l'OIT et, bien que le respect de la juridiction ancestrale soit déjà affirmé par le texte de la Constitution de 1998, l'apathie judiciaire à l'égard des peuples et des nationalités indigènes a été une constante, dénotant la non-application par les juristes du principe constitutionnel de respect du droit coutumier, ainsi que de la compétence des autorités judiciaires pour intervenir dans des affaires relatives au mode de vie communautaire, et pire encore une absence d'application de la norme internationale en la matière, en l'occurrence, les dispositions des articles 8 et 9 de la convention 169 de l'OIT.

Ceci dénote un retard dans la mise en œuvre effective des dispositions de droit international relatives à l'exigibilité des droits et à leur applicabilité par des mécanismes propres aux cultures indigènes.

Avec l'avènement de l'État constitutionnel de droit et de justice, on prétend dépasser ce clivage historique afin de garantir une protection judiciaire effective, garantie envisagée par l'article 75 de la Constitution de la République. Par protection judiciaire effective, on doit comprendre un accès à une justice diligente, et c'est la raison pour laquelle on doit prendre en considération les conditions particulières des Indigènes en tant que groupe. Ce n'est que de cette manière que l'on garantit matériellement le devoir de l'État équatorien de doter tous ses habitants d'une protection judiciaire effective.

De même est combinée une série de principes constitutionnels liés à la recherche de la reconnaissance des droits collectifs de groupes historiquement exclus. C'est ainsi que le principe de libre détermination des peuples doit faire l'objet d'un travail d'interprétation des coutumes et des traditions des groupes ethniques qui conservent leurs croyances ancestrales et leur culture juridique propre, puisque, autour de ce droit coutumier s'organisent des institutions, des procédures et des autorités propres à leur cosmovision.

À ce sujet, Boaventura de Souza Santos dit :

> [...] Il faut reconstruire les droits de l'homme en termes interculturels pour qu'ils puissent rendre compte de cette énorme diversité des différentes conceptions de la dignité humaine. [...] Dans notre système occidental de droits de l'homme, il y a une asymétrie entre les droits et les devoirs. Nous donnons des droits seulement à ceux auxquels nous pouvons imposer des devoirs. C'est pourquoi la nature n'a pas de droit, parce que nous ne pouvons pas lui imposer des devoirs. Les droits de la nature, dans ce cadre occidental libéral, sont donc une absurdité, comme l'est aussi le fait d'attribuer des droits aux générations futures parce que nous ne pouvons pas exiger d'elles des devoirs. Si nous nous tournons vers les cultures asiatiques, l'hindouisme, par exemple ou, plus près de nous, les cultures indigènes, l'asymétrie est plus profonde, parce qu'elles n'ont pas la même conception de nature, la même conception des générations futures, parce que les générations passées, les ancêtres, sont une partie vivante de la communauté. C'est un autre concept[1].

Les caractéristiques d'une interprétation interculturelle

Il faut souligner qu'État unitaire ne signifie pas État uniforme, et sur le fondement de ce principe, les différences culturelles existantes doivent être respectées et que les différentes formes ancestrales d'administration de justice doivent être appliquées.

Comme l'indique Boaventura de Souza Santos, « les différences exigent des institutions appropriées, les similitudes exigent des institutions partagées[2] ». En d'autres termes, tant la cosmovision occidentale que celle des peuples ancestraux doivent coexister pour former un véritable État plurinational et pour offrir un outil approprié à l'interprétation interculturelle.

Dans la lignée de ce que nous avons dit précédemment, assumer une obligation d'interprétation intégrale des droits revient à négliger un constitutionnalisme monoculturel qui avait comme fondement la culture occidentale dans laquelle on n'incluait pas les réalités ni les particularités des peuples et des nationalités indigènes considérées comme des « minorités ». Nous assistons actuellement à une nouvelle analyse au moyen d'un constitutionnalisme pluriculturel, plurinational et interculturel, c'est-à-dire, selon les mots de Boaventura de Souza Santos, à une « culture partagée ».

Assumer l'interculturalité comme un élément important à prendre en considération par les juges équatoriens ne demande pas un énorme effort au niveau institutionnel où les autorités comprennent les notions de peuples

---

[1] Boaventura DE SOUZA SANTOS, « Las paradojas de nuestro tiempo y la plurinacionalidad », *in Plurinacionalidad: Democracia en la diversidad*, Quito, Editorial Abya Yala, 2009, p. 24-25.

[2] *Ibid.*

indigènes et, en cas de contradictions, le dialogue interculturel permettra de résoudre des problèmes qui pourraient se présenter entre des cultures.

> [Une] démocratie interculturelle [...] doit avoir une nouvelle génération de droits collectifs qui sont les nouveaux droits fondamentaux. Par exemple, le droit à l'eau, à la terre, à la souveraineté alimentaire, aux ressources naturelles, à la biodiversité, aux forêts et aux savoirs traditionnels. Ceux-ci sont les cadres dans lesquels doit se fonder une démocratie interculturelle[1].

Il convient d'arriver à un consensus où le respect des différences est assuré, où l'on ne regarde pas les communautés et les peuples indigènes comme « l'autre », pour employer des termes habermassiens, mais plutôt où l'on rend possible un État inclusif où sont respectées les différences et reconnue la culture des peuples et des nationalités qui font aussi partie de l'Équateur.

En somme, on doit « réinventer la solidarité, au moyen d'*affirmative actions* et de la discrimination positive en faveur des communautés originaires, toujours relevant de la solidarité nationale » (BOAVENTURA DE SOUZA SANTOS : 2009), mais en reconnaissant l'existence d'un ordre juridique indigène ayant sa propre logique.

Pour Carlos Poveda, il est possible de souligner les points suivants des caractéristiques de la juridiction indigène :

a) *La juridiction indigène est un moyen alternatif de résolution de conflits.* Dans le schéma d'une justice ordinaire, la juridiction ancestrale est présentée comme une procédure alternative, c'est-à-dire comme une seconde voie pour garantir l'accès à la justice de ces peuples et de ces communautés.

b) *Les indigènes résolvent des litiges internes, qui ne peuvent pas se limiter exclusivement au territoire, mais dont la portée doit être déterminée d'après des critères anthropologiques.* Pour cet auteur, il n'existe pas un espace déterminé où l'on exerce une juridiction indigène, puisque les conflits dépassent parfois une zone circonscrite en s'inscrivant en dehors du territoire national.

c) *Les autorités des peuples indigènes déterminent les communautés elles-mêmes selon leurs règles.* Il n'existe pas d'organe administratif comme le Conseil national de la magistrature pour la désignation d'autorités indigènes chargées de l'administration de la justice, cette tâche étant plutôt assumée au sein de chaque communauté selon des facteurs comme la reconnaissance interne des autorités nommées au sein de la communauté. De plus, le droit positif posé par le statut des communes paysannes est dûment limité à l'existence d'un conseil municipal inscrit qui exige une organisation hiérarchique minimale.

d) *Le domaine de compétences n'est pas déterminé par matières.* Par conséquent, il n'existe pas de spécialité des causes que vont connaître les

---

[1] Boaventura DE SOUZA SANTOS, *op. cit.*, p. 56.

autorités indigènes compétentes, celles-ci pouvant se prononcer sur des sujets de nature diverse[1].

Dans le stéréotype de la justice ordinaire, on observe la juridiction indigène comme une réalité lointaine, qui rencontre une résistance dans la pensée nettement formaliste des autorités judiciaires équatoriennes.

Pour prendre les décisions, on doit prendre en compte une analyse multidisciplinaire dans laquelle on prend en considération, outre le droit, d'autres disciplines comme la sociologie et l'anthropologie, d'où l'importance d'effectuer des études anthropologiques afin de préserver les droits de ces groupes, puisqu'ils méritent un traitement spécial en raison de leurs particularités culturelles. Sans vouloir être déterministe et dire que toutes les affaires qui sont soumises à la justice doivent relever de la justice indigène, certains justiciables pouvant se réclamer d'une origine ethnique apparente, mais selon le cas et la dimension culturelle de l'affaire, les juridictions équatoriennes doivent faire l'effort de prendre en compte des considérations de cette nature pour juger un acte déterminé.

Le champ de compétence de la juridiction indigène

« Les normes juridiques indigènes doivent être comprises dans leur propre contexte historique et culturel d'infériorité face à l'État [...][2]. »

Pour développer cette thématique, nous retiendrons la théorie des champs et de l'*habitus* développée par Pierre Bourdieu pour nous situer dans le cadre juridictionnel équatorien et, en l'espèce, dans un sous-domaine comme celui de la juridiction indigène où, conformément à ses particularités, s'est incorporée et combinée une série de comportements qui forment un certain *habitus* dans ce système.

Bourdieu définit le champ social comme « un ensemble de relations ou un système de positions sociales qui sont définies les unes par rapport aux autres[3] ». Pour clarifier ce concept, il indique que le domaine social constitue « un espace social spécifique » dans lequel les relations sociales sont définies selon un type spécial de pouvoir, ce pouvoir se traduisant par les différentes formes de capital (économique, social et culturel) auxquelles les acteurs sociaux concourent dans chaque domaine spécifique.

Ainsi, le système juridictionnel équatorien tend à être discriminatoire envers des secteurs rendus socialement invisibles, comme c'est le cas des Indigènes, qui sont privés de pouvoir matériel et ont dû se soumettre à

[1] Carlos POVEDA, « Jurisdicción Indígena. Reconocimiento de Derechos, exigibilidad de obligaciones », *FORO* No. 8, Quito, UASB-Corporación Editora Nacional, II semestre 2007, p. 181.

[2] Elisa CRUZ RUEDA, « Principios Generales del derecho Indígena », *in Hacia sistemas jurídicos plurales*, Mexico Konrad Adenauer Stiftung, p. 36.

[3] Pierre BOURDIEU, « La razón del Derecho: entre habitus y campo », *in Poder Derecho y Clases Sociales*, Bilbao, Editorial Desclée de Brouwer S.A, 2000, p. 14.

l'imposition de stéréotypes occidentaux qui se sont traduits dans plusieurs aspects de leur vie culturelle, et parmi eux, par l'imposition d'un modèle juridictionnel occidental dans lequel le droit est considéré comme un tout harmonieux, sans considérer des situations spéciales de groupes qui soutiennent une cosmovision différente de la justice.

Cabedo affirme ainsi :

> Pendant extrêmement longtemps, les États latino-américains n'ont pas reconnu (et beaucoup d'entre eux continuent de le faire) le droit coutumier indigène. Conformément au principe d'égalité libérale, on appliquait aux Indigènes un droit, celui de l'État, qui n'était pas le leur, et ils étaient jugés selon des normes et des procédures qu'ils ne comprenaient pas[1] (2002:78).

Dit plus simplement, le champ social est l'histoire objective, l'« aire de jeu » où une structure d'acteurs avec un pouvoir différent (un capital spécifique) prétend s'imposer à d'autres. C'est ainsi que la juridiction occidentale a été historiquement imposée à l'Indigène. Cela obéit à un processus historique qui s'est produit depuis la conquête où on a abrogé le droit coutumier indigène, sans que ceci ait entraîné son extinction totale.

> L'importance des affaires, qu'elles concernent la famille, la terre, l'organisation sociale de la communauté, ou l'accomplissement d'obligations entre particuliers ou à l'égard de la collectivité, présente des aspects sociaux fondamentaux et clefs liés à l'Histoire et à la communauté dans leur relation avec le groupe ethnolinguistique auquel ils appartiennent. Pour cette raison, devant un cas concret, les systèmes juridiques peuvent se rejoindre de telle sorte qu'ils abordent le même objet d'une manière différente et que cela ait pour résultat qu'ils proposent différentes alternatives pour la résolution. Par exemple, dans le système juridique indigène, l'emprisonnement n'est pas une finalité de l'exercice de la justice ; il ne constitue pas non plus la justice, mais bien plus un moyen ou le premier des mécanismes pour l'obtenir. Si on vise l'objectif de calmer les esprits et de faire que le coupable ou celui qui a commis une erreur assume sa responsabilité, la justice est libre de faire le nécessaire et de réparer les dommages ; dans le cas contraire, on utilise d'autres moyens, comme la mise en garde publique et la suspension de droits, voire l'expulsion. Pour le droit positif, maintenir quelqu'un en prison est non seulement le début du processus juridictionnel, mais aussi son aboutissement[2].

Une relation symbiotique s'établit entre les concepts de champ et de capital puisque, pour construire un champ, on doit identifier les formes de capital spécifique qui sont suscitées en lui. Dans chaque champ, le rôle qu'assument les formes de capital qu'un agent social possède pour entrer en jeu dans une situation déterminée est d'une importance fondamentale puisque la possession ou le défaut de ces formes, ainsi que les relations objectives avec

---

[1] Vicente CABEDO, cité par Raúl ILAQUICHE *in Pluralismo jurídico y administración de justicia indígena en el Ecuador. Estudio de caso*, Quito, ECUARUNARI – INDESIC - Fundación Hanss Seidel, 2004, p. 19.

[2] Elisa CRUZ RUEDA, « Principios Generales del derecho Indígena », *in Hacia sistemas jurídicos plurales*, Bogotá, Konrad Adenauer Stiftung, 2008, p. 37-38.

d'autres positions (domination, subordination, homologation), déterminera l'accès aux bénéfices qui sont en jeu dans le domaine.

Bourdieu, parmi les caractéristiques du champ social, souligne :

a) la situation actuelle et potentielle du champ, connue comme une situation historique du champ, dont dépend la corrélation des forces des groupes d'individus qui interviennent dans ce champ, la distribution du capital et les pressions sociales. Ainsi compris, le domaine viendrait à être constitué par un groupe d'individus dans un rapport de forces, situés sur des positions différentes (trajectoire sociale) conformément au capital ; depuis la reconnaissance du mouvement indigène en Équateur dans les années quatre-vingt-dix, ce mouvement a donc progressivement gagné en puissance, en manifestant par conséquent un pouvoir, et a également pu influencer le domaine politique, en traduisant ce positionnement dans le cadre juridique ;

b) le capital spécifique (économique, social, culturel) que viendraient constituer des conditions pour entrer et jouer dans le champ ; suite à ce processus de montée en puissance politique, on a vu une reconnaissance du capital spécifique du mouvement indigène, lequel serait concrétisé par de nouvelles reconnaissances de ses droits (droit de suffrage, droits collectifs, consultation préalable) ;

c) le champ ressemble à un marché où un capital spécifique est produit et commercialisé ;

d) il existe un processus historique de différenciation conformément aux types particuliers de légitimité et de pouvoir, où on spécialise les activités des opérateurs, produites par la division sociale du travail, en individualisant chaque champ selon les règles ou *doxa* imposées. Chaque champ d'action a ses règles, et chaque règle donne davantage d'autonomie ;

e) « le champ de pouvoir », aussi connu comme champ des champs, produit à partir de la distribution du capital entre ces divers champs, en opposant les détenteurs des différents pouvoirs ou espèces de capital, en prétendant faire valoir leur pouvoir exprimé dans le capital qu'ils possèdent, comme dominant dans l'ensemble des champs sociaux ; et

f) la collusion objective en ce qui concerne les affaires en jeu ou l'orchestration, consistant dans les schémas de conduite propres à chaque agent, qui sont des cas spécifiques qui provoquent un sentiment de groupe ; cette orchestration produit l'*illusion* ou l'intérêt dans le jeu, en adhérant à l'ensemble, pour qu'à travers ce schéma tous soient d'accord.

D'autre part, l'*habitus* consiste en cet ensemble de dispositions des agents qui, en pratique, se transforment en principe générateur. C'est l'histoire intégrée au moyen de processus de répétition et d'immersion. C'est l'ensemble de dispositifs et de principes d'action qui produisent une orchestration dans le comportement des agents qui interviennent dans le domaine social ; cet ensemble de schémas d'action et de perception est grevé ou incorporé dans un individu par l'action répétée[1].

Il convient de souligner que l'*habitus* est un produit social ; cet ensemble de dispositions à agir, à sentir, à penser, à percevoir n'est pas acquis de manière innée ou naturelle, mais socialement, et est lié à la position que les agents ou les individus occupent dans le système, en motivant à leur tour un système de compétences sociales.

Parmi les caractéristiques de l'*habitus*, on peut souligner les points suivants :

a) il s'agit d'une structure inconsciente qui conditionne la pratique et la création de la pensée par la répétition ;

b) il fonctionne comme un système de mémoire, qui retient et reproduit les structures objectives socialisées et appréhendées en reflétant une dichotomie corporelle (*hexis*) et morale (*ethos*) ;

c) il est le produit d'un processus d'apprentissage et une inculcation à travers l'environnement familial, social et culturel ; étant constitué comme un système stratifié, il y a des *habitus* primaire et secondaire, les premiers consistant en les dispositions les plus anciennes et les plus durables, en conditionnant l'acquisition ultérieure de nouvelles dispositions, et les seconds étant construits sur les premiers et venant redoubler leur efficacité ;

d) il reflète une condition de classe, ce qui explique l'harmonisation spontanée des pratiques des agents appartenant à une même catégorie sociale ;

e) il est systématique (c'est une structure structurante), et il accomplit la double tâche de produire des pratiques et de produire la capacité d'apprécier ces pratiques ;

f) il reflète la durabilité, la permanence, et la transférabilité, engendrant durablement des pratiques qui sont ensuite transférées d'un domaine à un autre, d'une situation à une autre ;

g) il peut se produire un effet d'hystérèse au moment du changement et de la transformation, effet qui se produit après qu'ait cessé sa cause ; et

h) il se reproduit à travers des pratiques sociales.

Malgré toutes ces caractéristiques qui tendent à identifier l'*habitus*, nous devons déclarer que celui-ci ne se reproduit pas de façon mécanique, puisque l'*habitus* agit par rapport au champ social, en produisant et en générant des pratiques différentes selon ce qui se produit dans le champ.

Et précisément, cet *habitus* judiciaire est ce qui a empêché l'incorporation des avancées en matière de droits indigènes consacrées par des instruments internationaux, en démontrant une subordination des institutions de la justice indigène au modèle étatique hégémonique.

---

[1] Pierre BOURDIEU, « La razón del Derecho: entre habitus y campo », *in Poder Derecho y Clases Sociales*, Bilbao, Editorial Desclée de Brouwer S.A, 2000, p. 25.

Dans la catégorisation normative, nous trouvons que la Constitution est composée d'une série de valeurs, de principes, et de règles, dans lesquels on peut mettre en évidence des normes de droit civil, de droit pénal et de droit procédural, la juridiction équatorienne devant adapter ses activités, non seulement aux réalités du système juridique hégémonique par une vision européocentrique du droit, mais aussi en reconnaissant la juridiction ancestrale propre à la cosmovision de certains groupes qui ont été historiquement occultés par la culture hégémonique, mais qui n'ont pas pour autant cessé d'exister, en reflétant une réalité de l'administration de la justice étrangère, dans de nombreux cas, à la conception de la population blanche et métisse.

La Constitution de la République de l'Équateur, à l'article 171[1], reconnaît aux autorités indigènes le pouvoir juridictionnel dans les affaires internes de ses communautés.

Carlos Poveda déclare que les procédures coutumières revêtent les caractéristiques suivantes :

a) *willachina*, qui consiste en la formulation de la demande ou de ce qui équivaut à la demande ;

b) *tapuykuna*, qui consiste en la recherche du problème ;

c) *chimbapurana*, qui consiste en la confrontation ou au face-à-face ;

d) *killpichirina*, qui consiste en l'imposition de la sanction ;

e) *allichina*, qui consiste en le repentir de l'agresseur ;

f) *kunana*, qui est le conseil de l'agresseur ;

g) *paktachina*, qui est l'exécution de la sanction ; et

h) *chisqui yahsca*, qui est la purification à l'agresseur.

Il y a une grande similitude avec le système accusatoire oral équatorien, et avec les principes qui le régissent : le caractère immédiat, public, contradictoire, oral, etc., ce qui démontre une approche resocialisatrice par le droit indigène[2].

Sur le plan historique, on a établi que cette faculté date de la période précédant la conquête espagnole et est devenue une pratique qui a permis l'élaboration d'un droit coutumier par ces populations ; dans un contexte plus formaliste, on trouve le Statut des communes paysannes de 1976, qui

---

[1] Article 171 de la Constitution équatorienne : « Les autorités des communautés, peuples et nationalités indigènes exerceront des fonctions juridictionnelles, sur la base de leurs traditions ancestrales et de leur droit propre, sur leur territoire, avec la garantie de participation et de décisions des femmes. Les autorités appliqueront des normes et des procédures propres pour la résolution de leurs conflits internes, et qui ne seront pas contraires à la Constitution ni aux droits de l'homme reconnus dans des instruments internationaux. [...] L'État garantira que les décisions des juridictions indigènes seront respectées par les institutions et les autorités publiques. Lesdites décisions seront soumises au contrôle de constitutionnalité. La loi établira les mécanismes de coordination et de coopération entre les juridictions indigènes et la juridiction ordinaire. »

[2] Carlos POVEDA, « Jurisdicción Indígena. Reconocimiento de Derechos, exigibilidad de obligaciones », *FORO* No. 8, Quito, UASB-Corporación Editora Nacional, II semestre 2007, p. 185, 186.

est présenté comme un effort de couplage de cette juridiction indigène avec la réglementation équatorienne. Par cette réglementation, on accordait aux conseils municipaux la compétence en matière de conflits de bornage ou de bétails, en réalité les conflits les plus récurrents chez ces populations[1].

Il faut prendre en considération que les pratiques coutumières effectuées par les diverses autorités des peuples indigènes ont permis de trancher des différends au sein de leurs communautés de façon bien plus satisfaisante que la justice ordinaire, laquelle est cataloguée par les membres des communautés comme éloignée et inéquitable.

Pour Elisa Cruz Rueda, « l'existence d'un droit indigène est compréhensible si le droit est vu comme un univers polycentrique dans lequel l'État n'est pas seulement le producteur de droit[2] ».

Dans une ligne similaire, la Confédération de nationalités indigènes de l'Équateur – CONAIE – définit ainsi le droit indigène :

> [...] un droit vif, dynamique, non écrit, lequel à travers son ensemble de normes, règle les aspects les plus divers et les conduites de vie communautaire. Contrairement à ce qui arrive avec la législation officielle, la législation indigène est connue par tout le peuple, c'est-à-dire qu'il existe une socialisation dans la connaissance du système juridique, une participation directe de l'administration judiciaire, dans les systèmes de réadaptation, qui garantissent une coexistence harmonieuse.
>
> Le droit indigène, qui a son propre système normatif, son administration de la justice, ses systèmes carcéraux, a de même son fondement, sa base dans la coutume, c'est-à-dire dans le droit coutumier[3].

Enfin, le nouveau constitutionnalisme entreprend une interprétation générale du texte constitutionnel dans laquelle, par une sorte de symbiose, une interprétation intégrale du texte constitutionnel est réalisée, en servant le principe de la diversité culturelle et de l'interculturalité, en tendant à être inclusif, en permettant la participation des divers secteurs de la société équatorienne, et en particulier celle des peuples indigènes, dans les prise de décision les plus importantes. En ce sens, le constituant a reconnu plusieurs droits aux peuples et aux communautés indigènes, ainsi que des mécanismes de participation comme le droit à la consultation préalable, transformant celle-ci en l'outil le plus important pour permettre aux groupes de faire valoir leurs droits.

---

[1] Carlos POVEDA, « Jurisdicción Indígena. Reconocimiento de Derechos, exigibilidad de obligaciones », *Foro* No. 8, II semestre 2007, Quito, Corporación Editora nacional – UASB sede, Ecuador, p. 180.

[2] Elisa CRUZ RUEDA, « Principios Generales del derecho Indígena », *in Hacia sistemas jurídicos plurales*, Mexico, Konrad Adenauer Stiftung, p. 30.

[3] Raúl ILAQUICHE, *in Pluralismo jurídico y administración de justicia indígena en el Ecuador. Estudio de caso*, Quito, ECUARUNARI- INDESIC- Fundación Hanss Seidel, 2004, p. 24.

La titularisation des droits fondamentaux pour les groupes collectifs

Sous le paradigme néoconstitutionnaliste, l'État équatorien a comme impératif la protection des droits constitutionnels, parmi lesquels les droits collectifs méritent la même protection, puisque la charte fondamentale elle-même proclame dans son texte que tous les droits sont directement exigibles.

On s'est beaucoup interrogé sur la titularité des droits fondamentaux dans des groupes collectifs ; cependant, ceux-ci peuvent aussi être étendus à certaines populations ou à certains groupes, comme c'est le cas pour la population indigène. En effet, le texte constitutionnel, à l'article 57, reconnaît pluplusieurs droits collectifs « aux communes, aux peuples et aux nationalités indigènes », lesquels sont titulaires au nom du groupe, et beaucoup d'entre eux, comme la propriété imprescriptible sur leurs terres et le droit à la consultation préalable du groupe, font partie de la catégorie des droits fondamentaux, puisqu'ils constituent des éléments indispensables pour la subsistance de ces peuples. Par ce critère, on justifie la nécessité de la reconnaissance du droit à la consultation préalable comme un droit fondamental pour les communautés et les peuples indigènes, puisqu'il constitue peut-être le seul moyen pour ces groupes de faire entendre leur voix face à des activités qui compromettent directement leur vie quotidienne, et leur culture. Penser le contraire reviendrait à conserver une position traditionnaliste et à affirmer que les seuls droits fondamentaux qui méritent d'être protégés sont ceux qui gardent un lien étroit avec la personne.

Ceci nous conduit à la conclusion qu'il faut dépasser la position classique qui associe les droits fondamentaux à des valeurs individualisées dans les personnes. Mais ces droits comprennent aussi un certain ensemble. Ainsi, on peut signaler que les droits collectifs constituent aussi une catégorie de droits fondamentaux dans la mesure où ils sont importants pour maintenir la culture de ces groupes sociaux. En outre, plusieurs traités internationaux en la matière l'ont reconnu. Et étant titulaires de droits constitutionnellement reconnus, ils peuvent exercer toutes les actions que la Constitution leur autorise.

Si la Constitution reconnaît des droits constituant une grande avancée, comme le droit à l'eau ou à la nature, il faut s'attendre à ce que ces derniers puissent être reconnus à un groupe, plus encore si l'on considère que ce sont des droits qui concernent toutes les personnes.

Le droit au territoire et l'exigibilité des droits collectifs

Pour la cosmovision des peuples et des nationalités indigènes, la notion de propriété diffère de la notion éminemment individualiste du monde occidental puisque, dans les communautés indigènes, opère une série de valeurs qui fondent une collectivisation de la propriété. Sur le fondement de cette position, la communauté dans son ensemble a des propriétés sociales ; la propriété sur son territoire revêtant une importance particulière, elle est très éloignée de la conception blanche et métisse qui la voit comme un simple objet soumis à la commercialisation comme tout bien immeuble.

Pour les peuples et les communautés indigènes, le territoire va beaucoup plus loin et révèle un véritable mode de vie, et c'est la raison pour laquelle l'attachement de ses habitants envers la « *pacha mama* » mérite une mention spéciale, puisque non seulement elle est un objet de propriété, mais elle constitue également pour eux une partie essentielle de leur propre existence.

Elisa Cruz Rueda soutient que « la "terre" est un concept clef pour comprendre la cosmovision indigène et montre que sa signification dans la perspective locale représente des valeurs qui dépassent de beaucoup le concept juridique de propriété[1] ».

Pour cet auteur, on doit différencier les concepts de terre et de territoire ; ainsi la « terre » est-elle une portion matérielle – l'espace physique – du territoire, où l'on peut exercer diverses activités humaines. Le territoire est un concept qui comprend la terre, mais qui inclut aussi d'autres éléments et attributs, comme l'espace physique, le pouvoir et, par conséquent, le contrôle des ressources humaines et matérielles (comme les ressources biologiques et minérales du sol et du sous-sol)[2].

D'autres auteurs comme Arcos (1998) définissent le territoire indigène comme « [...] l'horizon spatial dans lequel des collectivités ethniques se révèlent et concrétisent leur histoire, leurs aspirations du futur, leurs représentations et leurs relations de pouvoir », et Giménez (2000) le définit comme « [...] l'espace approprié et valorisé par le groupe social pour assurer sa reproduction et la satisfaction de ses besoins vitaux, qu'ils soient matériels ou symboliques ; comme le lieu dans lequel s'inscrit une histoire ou une tradition collective, la terre des ancêtres, l'enceinte sacrée, le répertoire de géosymboles, le bien environnemental, le patrimoine valorisé, solaire indigène, la terre natale et symbole métonymique de la communauté[3] ».

Quant à la reconnaissance de ce droit collectif au territoire ancestral, la Constitution de l'Équateur l'a elle-même reprise à l'article 57 alinéas 4, 5, 6 et 9 qui consacrent respectivement les droits collectifs de « conserver la propriété imprescriptible de ses terres communautaires, qui seront inaliénables, insaisissables et indivisibles [...] », de « maintenir la possession des terres et des territoires ancestraux et [d'] obtenir leur attribution gratuite », de « prendre part à l'usage, à l'usufruit, à l'administration et à la conservation des ressources naturelles renouvelables qui se situent sur ses terres » et de « conserver et développer ses propres formes de coexistence et d'organisation

---

[1] Elisa CRUZ RUEDA, « Introducción », *in Hacia sistemas jurídicos plurales*, Bogotá, Konrad Adenauer Stiftung, 2008, p. 19.

[2] Elisa CRUZ RUEDA, « Principios Generales del derecho Indígena », *in Hacia sistemas jurídicos plurales*, *op. cit.*, p. 45.

[3] Cité par Elisa CRUZ RUEDA *in ibid.*, p. 45.

sociale et d'établissement de l'autorité, sur ses territoires légalement reconnus comme les siens et les terres communautaires de possession ancestrale ».

Il existe aussi une vaste jurisprudence internationale en ce qui concerne la protection de ce droit collectif. Comme précédemment, nous pouvons citer l'affaire *Awas Tingni vs. Nicaragua* à l'occasion de laquelle est défendue l'idée selon laquelle le territoire est la base de l'exercice de tous les autres droits collectifs des nationalités indigènes. Cette idée a été aussi soutenue par la Cour interaméricaine des droits de l'homme dans la sentence *Communauté Mayagna* (2001), laquelle elle a déclaré :

> [...] les Indigènes, étant donné leur existence propre, ont le droit de vivre librement sur leurs propres territoires ; la relation étroite que les Indigènes maintiennent avec la terre qui doit être reconnue et comprise comme la base fondamentale de leurs cultures, de leur vie spirituelle, de leur intégrité et de leur survie économique. Pour les communautés indigènes, la relation avec la terre n'est pas simplement une question de possession et de production, mais un élément matériel et spirituel dont elles doivent jouir pleinement, y compris pour préserver leur legs culturel et le transmettre aux générations futures[1].

En outre, la convention 169 de l'OIT consacre, dans plusieurs de ses articles, la protection du territoire et des coutumes de ces peuples ancestraux[2].

---

[1] Cour interaméricaine des droits de l'homme, *Comunidad Mayagna (Sumo) Awas Tingni vs. Nicaragua*, sentence du 31 août 2001 (*Fondo, Reparaciones y costas*), Serie C No. 79, §. 149.

[2] Article 4 : « 1. Les mesures spéciales devront être adoptées pour sauvegarder les personnes, les institutions, les biens, le travail, les cultures et l'environnement des peuples intéressés.

« 2. De telles mesures spéciales ne devront pas être contraires aux souhaits librements exprimés par les peuples intéressés.

« 3. La jouissance sans discrimination des droits généraux de citoyenneté ne devra pas être affectée par de telles mesures spéciales. »

Article 13 : « 1. En appliquant les dispositions de cette partie de la convention, les gouvernements devront respecter l'importance spéciale que revêt, pour les cultures et les valeurs spirituelles des peuples intéressés, leur relation avec les terres ou les territoires, ou avec les deux, selon les cas, qui occupent ou utilisent d'une quelque autre manière, et en particulier les aspects collectifs de cette relation. »

« 2. L'utilisation du terme "terres" dans les articles 15 et 16 devra incure le concept de territoires, ce qui couvre la totalité de l'habitat des régions que les peuples intéressés occupent ou utilisent de quelque autre manière. »

Article 14 : « 1. Devront être reconnus aux peuples intéressés le droit de propriété et de possession sur les terres qu'ils occupent traditionnellement. En outre, dans les cas appropriés, des mesures devront être prises pour sauvegarder le droit des peuples intéressés à utiliser des terres qui ne sont pas exclusivement occupées par eux, mais celles auxquelles ils ont traditionnellement accès pour leurs activités traditionnelles de subsistance. À ce sujet, une attention particulière devra être accorée à la situation des peuples nomades et des agriculteurs itinérants.

« 2. Les gouvernements devront prendre les mesures nécessaires pour déterminer les terres que les peuples intéressés occupent traditionnellement et garantir la protection effective de leurs droits de propriété.

« 3. Des procédures adéquates devront être instituées dans le système juridique national pour résoudre les revendications de terres formulées par les peuples intéressés. »

La consultation préalable comme mécanisme de participation collective

L'article 21 de la Convention américaine des droits de l'homme consacre, lui aussi, ce droit. De même, dans l'affaire *Mayagna*, la Cour a indiqué que « l'article 21 de la convention protège le droit à la propriété dans un sens qui comprend, entre autres, les droits des membres des communautés indigènes dans le cadre de la propriété communautaire[23] ». Dans le même sens, dans l'affaire *Sawhoyamaxa*, la Cour a considéré que « les concepts de propriété et de possession chez les communautés indigènes peuvent avoir une signification collective, dans le sens où la propriété de celle-ci "ne se centre pas sur un individu, mais sur le groupe et sa communauté"[24] ». En outre, le tribunal a indiqué, dans l'affaire *Yakye Axa*, que « tant la propriété privée des particuliers que la propriété communautaire des membres des communautés indi-

---

Article 15 : « Les droits des peuples intéressés par les ressources naturelles existant sur leurs terres devront être particulièrement protégés. Ces droits comprennent le droit de ces peuples à participer à l'utilisation, l'administration et la conservation desdites ressources.

« Dans le cas où l'État est propriétaire des minéraux ou des ressources du sous-sol ou a des droits sur d'autres ressources existantes sur les terres, les gouvernements devront établir ou maintenir des procédures dans le but de consulter les peuples intéressés, afin de déterminer si les intérêts de ces peuples seraient affectés, et dans quelle mesure, avant d'entreprendre ou d'autoriser n'importe quel programme de prospection ou d'exploitation des ressources existantes sur leurs terres. Les peuples intéressés devront être intéressés autant que possible aux bénéfices que rapportent de telles activités, et percevoir une indemnisation équitable pour tout dommage qu'ils pourront subir du fait de ces activités. »

Article 16 : « 1. Sous réserve des dispositions des paragraphes suivants de cet article, les peuples intéressés ne devront pas être déplacés des terres qu'ils occupent.

« 2. Quand, exceptionnellement, le déplacement et le déménagement de ces peuples seront considérés nécessaires, ils ne devront être effectués qu'avec leur consentement, donné librement et en pleine connaissance de cause. Quand leur consentement ne pourra pas être obtenu, le déplacement et le déménagement ne devront avoir lieu qu'au terme de procédures adéquates établies par la législation nationale, incluant des enquêtes publiques, quand il y a lieu, pour que les peuples intéressés puissent avoir la possibilité d'être effectivement représentés.

« 3. Chaque fois que cela sera possible, ces peuples devront avoir le droit de revenir sur leurs terres traditionnelles quand aura cessé la cause qui a motivé leur déplacement ou leur déménagement.

« 4. Quand le retour ne sera pas possible, comme cela sera établi par un accord ou, dans en l'absence d'un tel accord, par des procédures adéquates, lesdits peuples devront recevoir, dans tous les cas possibles, des terres dont la qualité et le statut juridique seront au moins égaux à ceux des terres qu'ils occupaient antérieurement, et qui leur permettent de subvenir à leurs besoins et de garantir leur développement futur. Quand les peuples intéressés préféreront recevoir une indemnisation en argent ou en espèce, ladite indemnisation devra être accordée avec les garanties appropriées.

« 5. Les personnes déplacées et déménagées devront être totalement indemnisées pour toute perte ou dommage causé par leur déplacement. »

[23] *Comunidad Mayagna (Sumo) Awas Tingni*, § 148.

[24] *Comunidad Indígena Sawhoyamaxa*, § 120 (citant *Comunidad Mayagna (Sumo) Awas Tingni*, § 149).

gènes bénéficient de la protection conventionnelle que leur accorde l'article 21 de la convention américaine[1] ».

Les décisions de la Cour à ce sujet ont été fondées sur la relation spéciale que les membres des peuples indigènes et tribaux ont avec leur territoire, et sur la nécessité de protéger leur droit à ce territoire afin de garantir la survie physique et culturelle de ces peuples. En ce sens, la Cour a affirmé :

> [...] l'étroite relation que les Indigènes maintiennent avec la terre doit d'être reconnue et comprise comme la base fondamentale de leurs cultures, de leur vie spirituelle, de leur intégrité et de leur survie économique. Pour les communautés indigènes, la relation avec la terre n'est pas simplement une question de possession et de production, mais un élément matériel et spirituel dont elles doivent jouir pleinement [...] pour préserver leur legs culturel et le transmettre aux générations futures[2].

Par essence, conformément à l'article 21 de la convention, les États doivent respecter la relation spéciale que les membres des peuples indigènes et tribaux entretiennent avec leur territoire comme garantie de leur survie sociale, culturelle et économique[3]. Cette protection de la propriété dans les termes de l'article 21 de la convention, lu à la lumière de ses articles 1.1 et 2, assigne aux États l'obligation positive d'adopter des mesures spéciales pour garantir aux membres des peuples indigènes et tribaux l'exercice total et égalitaire du droit aux territoires qu'ils ont traditionnellement utilisés et occupés. L'article 57 alinéas 7 et 17 de la Constitution équatorienne[4] établit le

---

[1] *Comunidad Indígena Yakye Axa*, § 143.

[2] *Comunidad Mayagna (Sumo) Awas Tingni*, § 149 ; voir également *Masacre Plan de Sánchez Vs. Guatemala. Reparaciones y Costas*, sentence du 19 novembre 2004, Serie C No. 116, § 85, *Comunidad Indígena Sawhoyamaxa*, § 118, et *Comunidad Indígena Yakye Axa*, § 131.

[3] *Comunidad Mayagna (Sumo) Awas Tingni*, § 148-149 et 151, *Comunidad Indígena Sawhoyamaxa*, § 118-121, et *Comunidad Indígena Yakye Axa*, § 124, 131, 135 et 154. Voir aussi *Comisión Interamericana de Derechos Humanos, Informe 75/02, Case 11.140. Mary y Carrie Dann. Estados Unidos*, 27 décembre 2002, § 128 (qui note que « l'utilisation continue de systèmes collectifs traditionnels de contrôle et d'utilisation du territoire sont essentiels dans de nombreuses circonstances pour le bien-être individuel et collectif et, par conséquent, pour la survie des peuples indigènes »), et *Comisión Interamericana de Derechos Humanos, Informe 40/04, fondo. Caso 12.052. Comunidades Indígenas Mayas del Distrito de Toledo. Belice*, 12 octobre 2004, § 114 (qui souligne que « les organes du systèmes interaméricain des droits de l'homme ont reconnu que les peuples indigènes jouissaient d'une relation particulière avec la terre et les ressources traditionnellement occupées et utilisées par ceux-ci, conformément auxquels ces terres et ces ressources sont considérées comme la propriété et la jouissance des communautés indigènes dans leur ensemble et par conséquent l'usage et la jouissance des terres et des ressources sont une composante intégrale de la survie physique et culturelle des communautés indigènes et de la réalisation effective des droits de l'homme en termes plus généraux ».

[4] Article 57 de la Constitution équatorienne : « sont reconnus et garantis aux communes, communautés, peuples et nationalités indigènes, conformément à la Constitution et aux pactes, conventions, déclarations et autres instruments internationaux de droits de l'homme, les droits collectifs suivants : (7) la consultation préalable, libre et informée, dans un délai raisonnable, sur des plans et des programmes de prospection, d'exploitation et de commercialisation de ressources non renouvelables qui se trouvent sur leurs terres et qui peuvent les

droit des communautés et des peuples indigènes à être préalablement consultés. Cela est approuvé, outre la Constitution, par des instruments internationaux comme la convention 169 de l'OIT qui, à l'article 6 alinéa premier, dispose tout d'abord que « les gouvernements devront : a) consulter les peuples intéressés, par des procédures appropriées et, en particulier, par le biais de leurs institutions représentatives, chaque fois que sont prévues des mesures législatives ou administratives susceptibles de les affecter directement ». La Cour constitutionnelle colombienne a développé une solide jurisprudence relative aux droits des communautés ethniques et au droit de consultation « prélégislative », en la fondant sur la nature de l'État constitutionnel et sur les obligations de l'intégration du bloc de constitutionnalité. Elle souligne le caractère obligatoire de la consultation quand il s'agit de mesures législatives qui développent des dispositions de la convention 169 de l'OIT, c'est-à-dire que toutes les mesures relatives aux droits reconnus aux peuples indigènes ou tribaux doivent faire l'objet d'une consultation.

Les paramètres à prendre en compte pour procéder à la consultation

Le mécanisme de la consultation tend à associer les communautés à la promulgation d'une loi, cette dernière étant comprise comme une expression de la volonté souveraine, tendant à la participation de groupes ou de collectivités sur lesquels il pourrait y avoir une affectation, et c'est la raison pour laquelle la consultation préalable des collectivités et des peuples indigènes s'avère essentielle dans une démocratie participative et inclusive.

Cependant, cette procédure de consultation doit opérer, non comme un simple formalisme, mais comme un rôle protecteur qui doit être assuré par un dialogue permanent sur les affaires qui peuvent les affecter d'une certaine manière. C'est ainsi que l'on estime que la consultation préalable nécessite une information permanente sur les plans et des programmes de prospection, d'exploitation et de commercialisation des ressources naturelles non renouvelables situées sur leurs terres, et c'est la raison pour laquelle les normes auxquelles fait référence le présent recours en inconstitutionnalité gardent une relation étroite avec ces activités dans les territoires des communautés indigènes.

De la même manière, la réalisation de ces activités influence directement leur vie, en étant susceptible de les affecter sur le plan environnemental ou culturel. C'est aussi dans cet esprit qu'on leur accorde le droit de participer

---

affecter sur le plan environnemental ou culturel ; participer aux bénéfices que ces projets rapportent et recevoir des indemnisations pour les préjudices sociaux, culturels et environnementaux qu'ils leur causent. La consultation que les autorités compétentes doivent réaliser sera obligatoire et opportune. Si le consentement de la communauté consultée n'est pas obtenu, on procédera conformément à la Constitution et à la loi ; [...] (17) être consulté avant l'adoption d'une mesure législative qui peut affecter n'importe lequel de leurs droits collectifs. »

aux bénéfices que, par nature, ces activités rapportent, et s'ils subissent des préjudices sociaux, environnementaux ou culturels, ils pourront recevoir des indemnisations. C'est pour cette raison que la Constitution établit que cette consultation doit être obligatoire, adéquate et opportune, et que, d'une part, on ne peut pas éviter cette procédure avant la promulgation d'une loi qui peut affecter ces communautés, et que, d'autre part, cette consultation doit être effectuée de manière opportune, puisqu'une consultation effectuée après la promulgation de cette dernière ne servirait à rien, puisque l'on prétend précisément à la participation communautaire préalable à l'adoption d'une norme dans l'ordre juridique national.

En vertu du droit à la consultation préalable consacré par l'article 57 alinéa 7 de la Constitution de la République de l'Équateur, ainsi que par la convention 169 de l'OIT[1] :

1/ La consultation doit être réalisée à titre préalable.

La consultation préalable des collectivités et des peuples indigènes qui peuvent être affectés par la promulgation d'une loi doit être effectuée avant l'entrée en vigueur de la loi concernée ; si les réunions sont organisées ultérieurement, l'esprit de la consultation, qui vise une participation des groupes intéressés par les thèmes abordés par la loi et une participation des communautés à l'élaboration de la norme, n'est pas respecté. La Déclaration des Nations unies sur les droits des peuples indigènes établit l'obligation de la consultation préalable à l'article 19. De plus, la Cour interaméricaine des droits de l'homme, en application de la convention américaine dans l'affaire *Saramaka vs. Surinam* a établi que l'« on doit consulter [les peuples indigènes] au cours des premières étapes du plan [...] et non uniquement quand apparaît la nécessité d'obtenir l'approbation de la communauté[2] ». Cela dénote que les peuples et les communautés doivent au préalable être consultés dans toutes les phases du processus de production de la loi. L'omission de cette règle entache d'inconstitutionnalité la législation élaborée, puisque la garantie qu'accorde la Constitution à la participation des peuples et des

---

[1] Comme le dispose l'article 6 de la convention 169 de l'OIT, au sujet de la consultation préalable, les gouvernements devront : « a) consulter les peuples intéressés, au moyen des procédures appropriées et en particulier par l'intermédiaire de leurs institutions représentatives, chaque fois que des mesures législatives ou administratives susceptibles de les affecter directement sont prévues ; b) établir les moyens par lesquels les peuples intéressés peuvent librement participer, au moins à la même mesure que d'autres secteurs de la population, et à tous les niveaux, à l'adoption de décisions d'institutions électives et d'organismes administratifs et autres responsables de politiques et de programmes qui les concernent ; c) établir les moyens du plein développement des institutions et les initiatives de ces peuples, et dans les cas appropriés fournir les ressources nécessaires à cette fin ; [...] Les consultations réalisées en application de cette convention devront être effectuées de bonne foi et d'une manière appropriée aux circonstances, dans le but de parvenir à un accord ou dans le but d'obtenir le consentement au sujet des mesures proposées. »

[2] Cour interaméricaine des droits de l'homme, affaire *Pueblo Saramaka vs. Surinam*, § 134.

communautés au débat législatif lorsque leurs intérêts sont en jeu n'est pas assurée.

2/ La consultation ne se limite pas à une simple information.

Il convient de souligner que le droit à la consultation préalable va bien au-delà d'une simple participation à des séminaires ou à des ateliers d'information en ce qui concerne le contenu d'une loi qui pourrait affecter une collectivité. Les organes de contrôle de l'OIT ont indiqué que l'audition de certains indigènes dirigeants ne satisfait pas à l'obligation de la consultation préalable.

3/ La consultation doit être faite de bonne foi, dans le cadre d'une procédure unique qui fait naître la confiance entre les parties.

Le consentement est un élément primordial qui doit être présent dans tout accord. C'est pour cela que celui-là doit être obtenu dans une atmosphère de confiance mutuelle entre les parties qui cherchent à obtenir un consensus. Dans le cas de la consultation préalable, celle-là ne doit pas être comprise comme un simple formalisme, mais comme un « véritable instrument de participation[1] ».

Il est important de faire naître une atmosphère de confiance, étant donné la situation historique de marginalisation qu'ont connue les relations des peuples indigènes par rapport à la population blanche et métisse et l'État. Par conséquent, on doit susciter un dialogue sur la procédure par laquelle la consultation va être réalisée, celle-ci devant permettre d'écouter et de tenir compte des demandes légitimes de ces peuples et de ces nationalités à la lumière des droits reconnus, tant dans la Constitution équatorienne que dans les divers instruments juridiques internationaux. Dans ce contexte, l'élaboration même des procédures de consultation préalable doit être effectuée avec la pleine participation des peuples indigènes.

4/ La consultation doit être adaptée aux institutions représentatives indigènes.

La Cour interaméricaine des droits de l'homme, dans l'affaire *Saramaka vs. Surinam*, a établi une jurisprudence en vertu de laquelle l'État doit consulter les peuples indigènes selon leurs coutumes et leurs traditions. Cette consultation par le biais d'institutions représentatives établies par les peuples indigènes et leurs autorités selon leurs us et coutumes, doit obéir au principe de proportionnalité et de non-discrimination, tous les peuples et nationalités indigènes concernés par la loi devant intervenir. Cette représentativité doit répondre à une pluralité de perspectives identitaires, géographiques, de genre

---

[1] *Informe del Comité encargado de examinar la reclamación en la que alega el incumplimiento por parte de Brasil sobre pueblos indígenas y tribales*, 1989 (núm. 169), presentado en virtud del artículo 24 de la constitución de la OIT por el Sindicato de Ingenieros del Distrito Federal (SENGE/DF), GB. 295/17; GB. 30/14/7 (2006), § 42.

et de génération (l'*ayllu*-famille/communauté[1]), de génération d'autorité, de langue du peuple ou des peuples consultés. Et devant l'impossibilité de tenir compte de tous les peuples ou nationalités, on doit chercher des procédures permettant au plus grand nombre possible de peuples de prendre part à la consultation en tenant compte des limitations matérielles, institutionnelles et temporelles existantes.

5/ La consultation doit être systématique et transparente.

La consultation doit se faire selon des procédures permettant le respect du droit légitime de contradiction, en vertu duquel les peuples et les nationalités peuvent émettre des critiques concernant des projets ou proposer des initiatives pouvant être intégrées dans un certain projet. En outre, ces débats doivent être menés dans une transparence totale pour concrétiser ainsi la participation et la légitimité de la promulgation de la norme. Dans le cas contraire, cette dernière ferait l'objet de sérieuses remises en question. De plus, on fait systématiquement allusion au fait que la consultation doit faire partie d'un processus continu de participation.

6/ Le champ de la consultation.

Conformément aux dispositions de l'article 57 alinéa 7 de la Constitution de l'Équateur, les consultations préalables sont obligatoires dans la mesure où elles entrent dans l'exercice des droits collectifs des peuples et des nationalités. Ainsi, cette portée de la consultation revêt une importance considérable puisque si cette obligation constitutionnelle n'est pas remplie, la norme juridique produite n'aura aucune valeur.

7/ La consultation est un devoir que l'État ne peut transférer.

Bien que l'Équateur ait ratifié la convention 169 de l'OIT en 1998, la supposée consultation des peuples ou des nationalités indigènes a été réalisée de manière inadéquate par les entreprises privées intéressées par l'exploitation minière et pétrolière ou par l'exécution d'un certain programme ou d'un projet, étant ainsi juge et partie. Conformément à la norme constitutionnelle et à la convention 169 de l'OIT, l'obligation de la consultation est un devoir intransférable de l'État.

8/ La procédure de la consultation doit être réalisée de bonne foi.

Ce principe est posé par la convention 169 de l'OIT qui intègre le bloc de constitutionnalité établi par l'article 424 de la Constitution. En outre, l'Équateur a ratifié la Convention de Vienne qui, à l'article 26, prend en considération le principe *pacta sunt servanda*, c'est-à-dire le fait pour l'État de ne pas alléguer un défaut de la législation pour échapper à ses obligations en droit international, à plus forte raison si la norme constitutionnelle indique que « les droits seront pleinement justiciables. On ne pourra pas allé-

[1] Mot d'origine quechua et aymara, *aylly* désigne une communauté composée de plusieurs familles dont les membres considèrent qu'ils ont une origine commune et qui travaillent collectivement dans un territoire de propriété commune [NDT].

guer le défaut de norme juridique pour justifier leur violation ou leur ignorance [...] » (article 11 alinéa 3 de Constitution équatorienne).

9/ La participation des peuples indigènes doit commencer par l'établissement d'un cadre pour le processus de consultation.

Il s'agit d'une des obligations que pose la convention 169 ratifiée par l'Équateur. Ainsi, la procédure adoptée pour consulter les peuples indigènes doit tenir compte de la participation dans la formulation de ces derniers.

L'intégration au bloc de constitutionnalité de norme juridique internationale relative aux peuples indigènes

Les droits des peuples et des communautés indigènes ont, non seulement conquis progressivement une place dans le cadre national, mais aussi enregistré les plus grandes conquêtes dans le cadre international.

L'article 3 de la Constitution de la République de l'Équateur définit comme devoirs primordiaux de l'État la garantie sans discrimination d'aucun type de la jouissance effective des droits reconnus par la Constitution et par les textes internationaux. En particulier, l'article 11 de la norme précitée, dans son troisième alinéa, affirme : « les droits et les garanties établis par la Constitution et les conventions internationales de droits de l'homme seront d'application directe et immédiate par et devant tout employé public, administratif ou judiciaire, d'office ou à la demande d'une partie. »

Dans le même sens, l'article 424 de la Constitution consacre la suprématie de cette dernière, en indiquant :

> La Constitution est la norme suprême et s'impose à toute autre norme de l'ordre juridique. Les normes et les actes des pouvoirs publics devront demeurer conformes aux dispositions constitutionnelles ; dans le cas contraire, ils seront dénués de portée juridique.
>
> Dans la hiérarchie des normes, on trouve d'abord les normes constitutionnelles ; toutefois, assumant un rôle protecteur, on a aussi placé au même rang que les normes constitutionnelles celles qui figurent dans les traités et les instruments internationaux en matière de droits de l'homme que notre pays a ratifiés.
>
> La Constitution et les traités internationaux de droits de l'homme ratifiés par l'État qui reconnaissent des droits plus favorables que ceux contenus dans la Constitution prévaudront sur tout autre norme juridique ou acte des pouvoirs publics.

Ainsi, on reconnaît une valeur constitutionnelle aux traités internationaux en matière de droits de l'homme. En outre, l'article 417 de la Constitution[1]

[1] Article 417 de la Constitution d'Équateur : « les traités internationaux ratifiés par l'Équateur seront soumis aux dispositions de la Constitution. Dans le cas où les traités et autres instruments internationaux de droits de l'homme, on appliquera les principes favorables à l'être humain, de non-restriction de droits, d'applicabilité directe et de disposition ouverte établis par la Constitution. »

détermine l'application du principe *pro homine* quant à la protection des droits.

Les traités internationaux en matière de droits de l'homme font partie du bloc de constitutionnalité de l'Équateur, une fois qu'ils ont été ratifiés par notre pays comme le prévoit l'article 424 selon lequel, quand ces instruments reconnaîtront des droits plus favorables que ceux contenus dans la Constitution, ils prévaudront sur toute autre norme juridique ou acte des pouvoirs publics. Ainsi, les droits de l'homme transcrits en droit positif deviennent des droits fondamentaux, consacrés par plusieurs instruments internationaux et essentiellement par les constitutions des pays concernés.

Ainsi, ledit bloc de constitutionnalité comprend « l'ensemble des normes qui, même si elles ne figurent pas dans la Constitution formelle, font partie de celle-ci, parce que la Constitution elle-même leur reconnaît ce rang et ce rôle [...][1] ».

> Dans la doctrine, on entend par « bloc de constitutionnalité » l'ensemble des normes qui, ne figurant pas dans la Constitution formelle ou dans le texte préparé par l'Assemblée constituante et approuvé par le peuple par référendum, font partie de celle-ci parce que la Constitution elle-même leur reconnaît ce rang et ce rôle et, du fait qu'elles ont un rapport avec les droits de l'homme, les dispositions de ces normes doivent être ajoutées à celles de la Constitution (articles 11.3 et 84) et, en cas de conflit, il faut appliquer celles qui garantissent mieux et plus effectivement la dignité de la personne ou de la collectivité (articles 11.5 et 417)[2].

En rapport avec la thématique des droits des peuples indigènes et de leur justiciabilité, l'Équateur a ratifié la Convention américaine relative aux droits de l'homme, la convention 169 de l'OIT relative aux peuples indigènes et tribaux dans les pays indépendants, et a également voté en faveur de la Déclaration des Nations unies sur les droits des peuples autochtones. En outre, l'Équateur, en ratifiant la Convention américaine relative aux droits de l'homme, dite « Pacte de San José », a accepté la compétence contentieuse de la Cour interaméricaine des droits de l'homme le 24 juillet 1984, ce qui a pour conséquence que la jurisprudence de la Cour interaméricaine des droits de l'homme fait aussi partie du système juridique équatorien.

En guise de conclusion : existe-t-il une tension entre la justice indigène et les droits de l'homme ?

La Constitution équatorienne consacre comme l'un de ses axes centraux le respect des droits de l'homme, ces derniers devant être compris du point de vue d'une société pluriculturelle, c'est-à-dire à l'égale du principe de diversité culturelle. À ce sujet, il convient de souligner, comme l'indique

---

[1] Alberto ACOSTA, « Plurinacionalidad: Democracia en la diversidad », Quito, Editorial Abya Yala, 2009, p. 10-11.

[2] Julio CÉSAR TRUJILLO, « El Ecuador como Estado Plurinacional », *in Plurinacionalidad: Democracia en la diversidad*, Quito, Editorial Abya Yala, 2009 p. 67.

Mauricio Beuchot, que « les cultures ont leur identité, c'est-à-dire une certaine permanence et une certaine continuité ; mais ils ont aussi leur processus, leur dynamique, et c'est en cela que se produisent des conflits, surtout face à d'autres cultures ou au sein d'une même culture[1] ».

Dans une société pluriculturelle, il existe de nettes différences quant à la compréhension et à l'évaluation des droits. Par exemple, quand, dans l'un des peuples indigènes, on accorde aux femmes un certain traitement qui va à l'encontre des droits de l'homme, le relativiste radical accepte ce traitement dans la mesure où ces cultures « ont toujours été ainsi ». Par contre, l'absolutiste déclare qu'il faut les obliger à accepter ces droits et à les appliquer, y compris par la force.

Beaucoup se sont interrogés sur le fait que la juridiction indigène impose des sanctions portant atteinte aux droits de l'homme, comme le fouet en place publique, la flagellation, la pendaison par les bras, ou la friction avec des orties, de telles pratiques étant considérées par la culture occidentale comme étant barbares et incompatibles avec la civilisation, attentatoires aux droits de l'homme tels qu'ils ont été définis par le monde occidental.

On a ainsi associé ce type de punitions à des tortures inconcevables par les populations considérées – civilisées. Toutefois, on n'a pas pris en compte le contexte culturel dans lequel se déroulent de telles pratiques dans les communautés indigènes.

D'autre part, dans le monde occidental, on a remis en cause de telles sanctions, considérant la privation de liberté par l'incarcération dans des centres de réadaptation sociale comme une mesure juste d'imposition d'une sanction. Cependant, dans la cosmovision des peuples et des nationalités indigènes, l'adoption de ces mesures correctives et de ces sanctions n'est pas la fin ultime visée par une administration effective de justice. Dans cette perspective, on ne peut pas concevoir les pratiques des peuples et des communautés indigènes comme violentes et contraires aux droits de l'homme, puisqu'elles obéissent plutôt à une appréciation particulière de la sanction propre à leur cosmovision ancestrale, dans laquelle est garanti, à leurs yeux, un véritable accès à la justice, à une justice qui a fait preuve d'une apathie indolente avec la réalité culturelle.

Face à ce dilemme, il est nécessaire de négocier ces positions, à travers une herméneutique analogique et interculturelle, laquelle permettra d'apprendre des cultures et de dépasser la position univoque, dans laquelle il s'agit d'imposer à tout prix un modèle universel, mais aussi de dépasser la position équivoque dans laquelle on permet un relativisme culturel excessif

---

[1] Mauricio BEUCHOT, « Conflicto cultural y derechos humanos », *in* Mauricio BEUCHOT, *Interculturalidad y Derechos Humanos*, México, Siglo XXI editores, 2005, p. 21.

qui promeut la différence, rappelant qu'une société sans droits de l'homme est aveugle, mais qu'elle est vide sans pluralité culturelle[1].

Selon un critère interprétatif de la Constitution, on exige d'atteindre l'universalité des droits de l'homme, mais aussi de tenir compte des particularités reconnues aux êtres humains auxquels elle s'applique plus encore s'agissant de collectivités historiques comme des peuples et des nationalités indigènes.

En définitive, le pluralisme comporte la coexistence de deux principes qui entreraient en contradiction : d'une part, celui de l'égalité des droits pour tous, d'autre part, celui d'une plus grande permissivité en ce qui concerne les différences culturelles.

S'il est certain que l'on ne peut pas permettre les différences culturelles qui vont à l'encontre de l'égalité, dans un souci d'uniformité ou du bien commun et des droits de l'homme, on doit toutefois permettre les différences qui enrichissent le patrimoine culturel de l'ensemble social et confortent les peuples originaires. Ce qui est proposé par l'exercice interprétatif est alors de permettre les différences sans porter atteinte à l'égalité comprise comme la « non-uniformité ».

Le pluralisme soutient la coexistence pacifique et respectueuse des cultures au sein des États. Dans ceux-ci, les cultures interagissent et s'enrichissent, en même temps qu'elles se corrigent et s'autoalimentent les unes les autres. C'est la raison pour laquelle les pratiques judiciaires considérées comme attentatoires aux droits de l'homme, cruelles et dégradantes, sont relativisées dans la cosmovision indigène dans laquelle ces actes jouissent de la légitimité collective du groupe indigène.

Bibliographie

Alberto ACOSTA, « El Estado plurinacional puerta para una sociedad democrática », *in* Alberto ACOSTA y Esperanza MARTÍNEZ (comp.), *Plurinacionalidad: Democracia en la diversidad*, Quito, Ediciones Abya-Yala, 2009.

Juan Carlos ANDRADE, « Justicia de paz », *in La transformación de la justicia*, Serie Justicia y derechos Humanos, Quito, Ministerio de Justicia y derechos Humanos, 2009.

Marcelo BONILLA, « Pluralismo jurídico en el Ecuador Hegemonía estatal y lucha por el reconocimiento dela justicia indígena », *in Hacia sistemas jurídicos plurales*, Konrad Adenauer Stiftung, Bogotá, 2008.

Mauricio BEUCHOT, « Conflicto cultural y derechos humanos », *in* Mauricio BEUCHOT, *Interculturalidad y Derechos Humanos*, México, Siglo XXI editores, 2005.

---

[1] Mauricio BEUCHOT, « Pluralismo cultural analógico y derechos humanos », *in* Mauricio BEUCHOT, *Interculturalidad y Derechos Humanos*, México, Siglo XXI editores, 2005, p. 57-64.

Pierre BOURDIEU, « La razón del Derecho : entre habitus y campo », *in Poder Derecho y Clases Sociales*, Bilbao, Editorial Desclée de Brouwer S.A, 2000.

Elisa CRUZ RUEDA, « Principios Generales del Derecho Indígena », *in Hacia sistemas jurídicos plurales*, Bogotá, Konrad Adenauer Stiftung, 2008.

Boaventura DE SOUZA SANTOS, « Las paradojas de nuestro tiempo y la plurinacionalidad », *Plurinacionalidad: Democracia en la diversidad*, Quito, Editorial Abya Yala, 2009.

Fernando GARCÍA, « La jurisdicción indígena: del monismo jurídico a la interlegalida », *in La transformación de la justicia*, Serie Justicia y derechos Humanos, Quito, Ministerio de Justicia y derechos Humanos, 2009.

Raúl ILAQUICHE, *Pluralismo jurídico y administración de justicia indígena en el Ecuador. Estudio de caso*, Quito, ECUARUNARI - INDESIC - Fundación Hanss Seidel, 2004.

Mario MELO, « Los derechos indígenas en la nueva Constitución », *in Nuevas instituciones del Derecho Constitucional ecuatoriano*, Quito, INREDH, 2009.

Gerardo PISSARELLO, *Los derechos sociales y sus garantías* », Madrid, Editorial Trota, 2007.

Carlos POVEDA, « Jurisdicción Indígena », *in Reconocimiento de Derechos, exigibilidad de obligaciones*, *Revista FORO* No. 8, II semestre 2007.

Julio César TRUJILLO, « El Ecuador como Estado Plurinacional », *in Plurinacionalidad : Democracia en la diversidad*, Quito, Editorial Abya Yala, 2009.

Nina Pacari VEGA, « Naturaleza y territorio desde la mirada de los pueblos indígenas », *in* Alberto ACOSTA y Esperanza MARTÍNEZ (comp.), *Derechos de la naturaleza. El futuro es ahora*, Quito, Ediciones Abya-Yala, 2009.

Nina Pacari VEGA, *Todo puede ocurrir*, Quito, Instituto para las Ciencias Indígenas Pacari, 2009.

MULTICULTURALISME ET DROITS DE L'HOMME COLLECTIFS : RÉPONSE AUX CRITIQUES UNIVERSALISTES ET DÉVELOPPEMENT CONSTITUTIONNEL EN COLOMBIE

Natalia RODRÍGUEZ URIBE

La Constitution politique colombienne de 1991 a opéré un revirement dans la conception de l'État colombien, en la faisant passer d'une analyse totalement uniculturelle à une perspective d'intégration, en tenant compte de la diversité ethnique et multiculturelle. Le changement a été opéré principalement par l'article 7 qui déclare : « L'État reconnaît et protège la diversité ethnique et culturelle de la nation[1]. » De nombreux pays d'Amérique latine qui, dans les années quatre-vingt-dix, ont été touchés par une vague importante de réformes constitutionnelles, ont aussi opéré des changements semblables dans leurs constitutions. Le cas colombien est toutefois différent en raison des développements réalisés par la Cour constitutionnelle, laquelle s'est engagée dans la protection du multiculturalisme dans l'optique des droits de l'homme. L'un des changements fondamentaux mis en œuvre par la Cour dans sa jurisprudence a été la protection des droits, non comme des droits individuels, mais comme des droits collectifs des peuples indigènes. Ainsi, de nombreux droits fondamentaux évoqués par les premiers articles de la Constitution ont fait l'objet de développements afin d'assurer une protection collective des peuples indigènes.

Toutefois, il serait vain d'aborder le sujet des droits collectifs en Colombie sans répondre auparavant aux critiques sur les fondements théoriques de ces derniers. Si l'on prend en considération le fait que l'école prédominante en matière de droits de l'homme, en particulier en Europe, suit une nette tradition individualiste, évoquer simplement les avancées constitutionnelles colombiennes sans aborder ces questions de façon pertinente n'aurait aucun intérêt. En outre, les avancées doctrinales les plus significatives en la matière ont été dues à la sphère internationale, avec des instruments comme la con-

[1] Celle-ci est seulement l'une des dispositions qui réaffirment l'identité multiculturelle en Colombie, comme nous le verrons plus loin.

vention 169 de l'OIT sur les peuples indigènes et tribaux de 1989[1] et la Déclaration des Nations unies sur les droits des peuples autochtones[2], qui ont été introduits en droit interne par la jurisprudence.

Comment concilier l'universalité des droits de l'homme avec la reconnaissance de droits collectifs aux peuples indigènes ?

Au cours des négociations relatives à la Déclaration sur les droits des peuples autochtones, vers le milieu des années quatre-vingt-dix, l'une des grandes réserves exprimées par les représentants de plusieurs pays – dont la France et le Royaume-Uni – a porté sur l'inclusion des droits collectifs dans le texte final. Les doutes exprimés ont été divers, allant de déclarations catégoriques sur la non-existence de ces droits, tant en droit interne qu'en droit international, à la confusion que pourrait engendrer cette expression pour les droits individuels. On a proposé des solutions de Salomon, comme l'utilisation d'expressions employées par la Déclaration sur les droits des personnes appartenant à des minorités nationales ou ethniques, religieuses ou linguistiques[3], laquelle affirme que « les personnes appartenant à des minorités pourront au cas par cas exercer leurs droits…, ainsi qu'en communauté avec les autres membres de leur groupe sans aucune discrimination[4] ». Plus de deux décennies plus tard, le texte final conserverait éventuellement la dimension collective, décrite comme sa raison d'être[5]. Toutefois, de nos jours, il est impossible d'envisager la reconnaissance des droits des peuples indigènes sans mentionner expressément les droits collectifs. En effet, on lit parfois des textes relatifs aux politiques publiques ou des guides pratiques destinés à faciliter les relations entre les peuples et l'État qui ne comportent pas la moindre mention à ces droits, en particulier en ce qui concerne la terre. Cela vaut donc la peine de demander si cette conceptualisation des droits des peuples indigènes en tant que groupes est justifiable au-delà d'une déclaration que plusieurs pays considèrent plus comme l'expression d'aspiration ou un outil politique que comme une obligation ou une source de droits[6]. Plus encore, il est nécessaire de voir comment les droits des

---

[1] La convention 169 de l'OIT a été signée le 27 juin 1989, 28 ILM 1358, et est entrée en vigueur le 5 septembre 1991.

[2] UN Doc A/RES/61/295 (13 septembre 2007).

[3] GA res 47/135, UN GAOR, Supp No 49, UN Doc A/47/49 (18 décembre 1992).

[4] Article 3.1 de la Déclaration sur les minorités.

[5] Information empruntée à Alexandra Xanthaki citant les rapports du groupe de travail créé dans le cadre de la Résolution 1995/32 de la Commission des droits de l'homme des années 1997, 2002 et 2003. Alexandra XANTHAKI, « The un Declaration on the Rights of Indigenous Peoples and Collective Rights : What's the Future for Indigenous Women? », *in* Stephen ALLEN and Alexandra XANTHAKI (eds), *Reflections on the UN un Declaration on the Rights of Indigenous Peoples*, Portland, Hart Publishing, 2011, p. 414-415.

[6] Voir, par exemple, la position officielle du gouvernement australien approuvant, en 2009, la Déclaration sur les droits des peuples indigènes, dans laquelle il affirme qu'il est évident que

membres individuels de chaque communauté peuvent être protégés dans ce cadre. La difficulté peut être encore plus évidente pour ces juristes qui suivent très fidèlement la conception universaliste et personnaliste des droits de l'homme, très dans l'esprit des premiers textes qui ont consacré les droits des citoyens à la fin du XVIIIe siècle. Nous nous proposons de nous livrer ici à une brève analyse afin de réfuter les arguments les plus communs qui cherchent à s'opposer à la catégorie des droits collectifs dans le panorama juridique. Ceci permettra de comprendre, dans un contexte normatif, les jugements de la Cour constitutionnelle colombienne.

Les droits de l'homme collectifs : réponses à un sceptique

L'élément clef pour qu'un cadre juridique national pour la gestion des relations avec les peuples indigènes et d'autres minorités ethniques présentes sur le territoire soit un succès est l'inclusion de mécanismes qui garantissent les droits de l'homme collectifs. Il convient d'indiquer que les organisations internationales, en particulier le Forum permanent pour les questions indigènes[1], s'accordent sur le fait d'affirmer que les droits de l'homme des peuples indigènes ne peuvent être protégés de manière plus effective s'ils sont conceptualisés sur le plan collectif que s'ils le sont sur le plan individuel. Les droits collectifs, dans ce domaine, ont été différenciés, dans la doctrine juridique internationale, en fonction de leur appartenance aux cinq groupes principaux : 1) les droits sur les territoires, 2) la possibilité réelle d'accéder à des mécanismes de participation politique et publique, 3) la protection de l'intégrité culturelle, 4) le fait de ne pas être victime de discrimination en raison de son appartenance ethnique, tous ces droits étant encadrés par 5) la protection et la reconnaissance du droit et du principe fondamental d'autodétermination des peuples. Le caractère collectif de ces droits repose sur le principe fondamental selon lequel leurs titulaires sont les groupes indigènes dans leur qualité de *peuples*[2]. Cette classification est conforme aux droits consacrés par la Déclaration sur les droits des peuples autochtones[3].

---

celle-ci « reflète les aspirations des peuples indigènes » mais qu'elle ne crée aucune obligation ni aucun droit nouveau qui ne serait déjà contenu dans le système normatif australien en vertu de ses obligations découlant d'autres traités de droits de l'homme. D'autres pays, comme les États-Unis, le Canada et la Nouvelle-Zélande, suivent la même tendance. Cf. Jenny Macklin MP Minister for Families, Housing, Community Services and Indigenous Affairs, « Statement on the United Nations Declaration on the Rights of Indigenous Peoples » (Speech delivered at the Parliament House, Canberra, 3 April 2009).

[1] Forum permanent pour les questions indigènes <http://undesadspd.org/Default.aspx?alias=undesadspd.org/indigenouses>.

[2] Voir Department of Economic and Social Affairs, Division for Social Policy and Development and Secretariat of the Permanent Forum on Indigenous Issues, *State of the World's Indigenous Peoples*, UN Doc ST/ESA/328 (December 2009). Déclaration des Nations unies sur les droits des peuples indigènes, UN Doc A/RES/61/295 (13 septembre 2007).

[3] Tous les droits contenus dans cet instrument peuvent être interprétés comme faisant l'objet d'une application collective pour les peuples, à moins que le texte n'indique le contraire. Voir

En tenant compte du fait que l'idée de protéger les droits collectifs, voire l'existence même de ce type de droits, a été largement débattue et a été critiquée[1], il est nécessaire d'évoquer, dans un premier temps, les arguments les plus communs que la littérature juridique leur a opposés.

À première vue, le concept de « droits collectifs » peut paraître simple, puisqu'ils ne seraient différenciés des droits individuels que par le fait que leurs titulaires seraient un groupe de personnes et non une personne isolée. Par conséquent, un individu peut être titulaire d'un droit collectif si et seulement s'il appartient à un ensemble différencié de personnes comme, par exemple, les citoyens d'un pays, les femmes, les handicapés, les musulmans, etc.. Mais qu'est-ce qui fait qu'un certain groupe est spécial au point de bénéficier d'un droit collectif ? D'autre part, que se passe-t-il avec les droits individuels de chaque membre du groupe ? Le problème peut être semblable à celui que Stone a souligné en ce qui concerne la reconnaissance de droits à des organismes non humains : à chaque fois qu'il y a un mouvement qui a pour but d'obtenir que l'on confère des droits à une nouvelle « entité », en l'occurrence les arbres, « la proposition tend à apparaître comme étrange, terrifiante ou risible[2] ».

Ce ne sont là que quelques-unes des objections. Pour s'opposer à elles, on réfutera les critiques des droits collectifs exprimées par Juan Antonio García Amado dans son ouvrage *Sobre derechos colectivos. Dilemas, enigmas y quimeras*[3].

Ce texte a été choisi pour sa finesse et son pouvoir critique. Celui-ci attaque la notion de droits collectifs, souligne les abus de langage auxquels s'est livrée la doctrine et attire l'attention sur le manque de rigueur des philosophes du droit qui considèrent ces droits simplement comme convenus, sans s'attarder sur la raison d'être de la catégorie. Bien que l'auteur soulève diverses questions générales sur ce type de droits, nous ne nous intéresserons

---

par exemple la rédaction de l'art. 7 (1) de la Déclaration sur les droits des peuples indigènes : « Les personnes indigènes ont droit à la vie, à l'intégrité physique et mentale et à la sécurité de la personne. »

[1] Sur ce point, il convient de se référer à l'article de Dwight G. Newman, dans lequel l'auteur présente l'état de la littérature sur la critique du concept des droits collectifs. L'auteur fait valoir que c'est leur contenu moral qui les différencie des simples intérêts collectifs. Dwight G. NEWMAN, « Collective Interests and Collective Rights », *The American Journal of Jurisprudence*, n° 49, 2004, p. 127.

[2] Dans son article, Christopher D. Stone se réfère à la possibilité que les arbres et autres entités, qui se sont traditionnellement considérés comme incapables de conscience ou d'intelligence, puissent agir devant une cour ou un tribunal. Christopher D. STONE, « Should Trees Have Standing? Toward Legal Rights for Naturel Objects », *Southern Californie Law Review*, n° 45, 1972, p. 455.

[3] Juan Antonio GARCIA AMADO, « Sobre derechos colectivos. Dilemas, enigmas, quimeras », *in* Francisco Javier ANSUATEGUI ROIG (ed.), *Una discusión sobre derechos colectivos*, Madrid, Dykinson SL, 2001, p. 177-194.

ici qu'à celles qui sont susceptibles de porter sur les droits de l'homme collectifs des peuples indigènes. Quatre aspects seront traités :

1. Le manque de rigueur ou l'éclectisme non engagé des théoriciens du droit,
2. La question de savoir si le fait de parler des droits collectifs a ou non un sens,
3. La question de la savoir ce qui constitue un groupe social et le rend spécial au point d'être titulaire d'un droit collectif ; analyses individualistes et collectivistes,
4. Comment les intérêts du groupe peuvent-ils être réconciliés avec les ambitions individuelles de chacun de ses membres ? L'un d'entre eux doit-il prévaloir sur l'autre ?

Le manque de rigueur ou l'éclectisme non engagé des théoriciens du droit

Quand on parle des droits collectifs, il est facile de tomber dans le piège – et, en effet, la littérature sur les droits indigènes fournit de nombreux exemples[1] – consistant à reconnaître l'existence des droits indigènes et à la considérer pour acquise. Selon García Amado, il est encore plus facile d'utiliser des expressions ou des mots à la mode pour se lier aveuglément au concept, sans davantage de précision analytique. L'utilisation indifférenciée de mots comme « globalisation », « principes », « minorités » et « multiculturalisme » seraient des exemples de cette tendance[2]. Comme dans cet article nous utilisons assez souvent les trois derniers termes, il convient de s'arrêter sur ces interrogations. Ensuite, l'auteur remarque que, quand un philosophe politique affirme à la légère que les droits collectifs existent *de facto*, cette affirmation doit être reçue avec une bonne dose de scepticisme, et la seule réponse possible serait donc un prudent « cela dépend »[3].

Dans les paragraphes suivants, nous faisons valoir qu'il existe en effet une utilisation linguistique cohérente de l'expression « droits collectifs » dans une grande diversité de juridictions, étroitement en rapport avec les droits de l'homme des peuples indigènes. Cette utilisation, tant par les normes juridiques que par la jurisprudence internationale et nationale de différents pays, prouve que l'existence des droits de l'homme collectifs a cessé d'être une simple « expression à la mode » pour devenir le pilier des systèmes juridiques qui cherchent à garantir les droits des peuples indigènes.

L'usage linguistique du terme

La littérature actuelle, en particulier les documents qui présentent des politiques publiques promouvant le respect et la participation des peuples indi-

---

[1] Voir *infra* note 17.
[2] Voir Juan Antonio GARCÍA AMADO, *op. cit.*, p. 177.
[3] *Ibid.*, p. 188.

gènes, tend à accepter l'existence du droit collectif à la terre et d'autres droits connexes comme la prémisse fondamentale, sans s'arrêter sur sa signification[1]. Cette attitude pourrait en effet exaspérer des commentateurs comme García Amado par son manque de rigueur, si ce n'est par le fait que le terme apparaît dans divers textes juridiques et non seulement comme le caprice aléatoire d'un positiviste. En Australie, pour montrer que le phénomène se produit autant dans des pays de tradition juridique anglo-saxonne que dans les pays de tradition juridique continentale, le *Native Title Act* (Loi sur le titre d'indigène) définit le « titre d'indigène ou d'autochtone » ou « les droits et les intérêts indigènes ou autochtones » comme « les droits et les intérêts communautaires, de groupe ou d'individus, qu'exercent les peuples aborigènes et les peuples insulaires du détroit de Torres sur les terres et les eaux[2] ». Le régime de propriété dans la *Common law* australienne est composé de plusieurs droits qui fragmentent la propriété, et c'est la raison pour laquelle chacune de ses composantes, comme la chasse, la pêche ou l'utilisation des eaux, doit être exigée et prouvée indépendamment. Toutefois, l'ensemble des droits en question se fonde sur la prémisse selon laquelle si la demande est accueillie positivement, tous les droits seront reconnus en tant que droits collectifs de la communauté ou du peuple, et non en tant que droits de chacun de ses membres sur un plan individuel. Dans le même sens, la Constitution colombienne reconnaît le droit collectif à la terre pour les communautés indigènes et les Afro-colombiens[3], en proclamant que ces terres « sont inaliénables, imprescriptibles et insaisissables[4] ». En outre, la Cour constitutionnelle colombienne a relié les droits de l'homme collectifs des peuples indigènes au catalogue des droits fondamentaux du pays, de telle

[1] Par exemple, Jessica Campese et Armelle Guignier mentionnent les problèmes conceptuels que présentent certains droits collectifs comme la paix ou le droit à l'environnement sain. Toutefois, les auteurs ne remettent pas en question la littérature sur laquelle ils fondent leur conclusion selon laquelle « les droits collectifs sont d'une importance particulière pour comprendre la signification des peuples indigènes et des communautés locales nomades par rapport aux pratiques de conservation des écosystèmes » (traduction libre). Jessica CAMPESE et Armelle GUIGNIER, « Human Rights. A Brief Introduction to Key Concepts », *Policy Matters*, n° 15, 2007, p. 10, 13-14. Elles ne sont pas les seules à défendre cette position ; voir par exemple Esther SÁNCHEZ BOTERO, *Los Pueblos Indígenas en Colombia. Derechos, Políticas y Desafíos*, UNICEF, Oficina de Área para Colombia y Venezuela, 2003 ; Grazia BORRINI-FEYERABEND, Ashish KOTHARI y Gonzalo OVIEDO, *Indigenous and Local Communities and Protected Areas: Towards Equity and Enhanced Conservation. Guidance on Policy and Practice for Co-Managed Protected Areas and Community Conserved Areas*, IUCN, 2004 ; Paige M SCHMIDT and Markus J. PETERSON, « Biodiversity Conservation and Indigenous Land Management in the Era of Self-Determination », *Conservation Biology*, 23 (6), 2009, p. 1458 ; Francisco LÓPEZ BÁRCENAS, « Autonomías indígenas en América: De la demanda de reconocimiento a su construcción », *in* Mikel BERRAOND, *Pueblos indígenas y derechos humanos*, Universidad de Deusto, 2006, p. 423.

[2] *Native Title Act 1993* (Cth) s 223 (1).

[3] Loi 70 de 1993 qui développe l'article transitoire 55 de la Constitution politique.

[4] Articles 63 et 229 de la Constitution de 1991.

sorte qu'ils ont maintenant un rang hiérarchique plus élevé et qu'ils sont susceptibles de faire l'objet d'une protection par l'action de tutelle, semblable à l'action d'*amparo* en Espagne[1].

La nouvelle constitution politique de l'État plurinational de la Bolivie (2009) contient une charte spéciale de droits pour les nations et les peuples indigènes originaires « dont l'existence est antérieure à l'invasion coloniale espagnole[2] ». En plus de reconnaître la singularité des cosmovisions et des cultures de chacun de ces peuples, la charte consacre, par exemple, la propriété collective de terres ancestrales et la propriété intellectuelle collective de leurs connaissances traditionnelles[3]. La nouvelle Constitution d'Équateur (2008) va même plus loin, en établissant une charte spéciale composée exclusivement de droits collectifs pour les minorités ethniques[4]. Ceux-ci incluent la préservation de la propriété des terres ancestrales[5], la participation à l'utilisation et à la gestion des ressources naturelles présentes sur celles-ci[6], le fait de « créer, développer, appliquer et pratiquer son droit propre et coutumier[7] » et d'être consulté avant la mise en œuvre de mesures législatives qui peuvent affecter leurs droits collectifs[8]. La charte reconnaît également le lien spécial que les peuples indigènes entretiennent avec la terre, avec le droit « de conserver et de promouvoir leurs pratiques touchant à la biodiversité et à leur environnement naturel[9] ». Soulignons qu'il ne s'agit pas d'une obligation de l'État en contrepartie d'un titre de propriété sur la terre ; c'est plutôt la reconnaissance d'une prérogative, conformément aux dispositions de la Déclaration sur les droits des peuples autochtones[10]. Dans le même sens, la Constitution de la République bolivarienne du Venezuela reconnaît

---

[1] Voir par exemple l'interprétation juridique par la Cour constitutionnelle du droit à un environnement sain. Bien que ce soit un droit collectif commun à toute la population colombienne, dans le cas des peuples indigènes, les dommages graves à leur écosystème peuvent affecter leur droit à la survie comme peuples, et c'est la raison pour laquelle il est interprété comme faisant partie du droit à la vie. Cour constitutionnelle, sentence SU-383/2003 (M. P. Álvaro TAFUR GALVIS).

[2] Article 30 I de la Constitution de l'État plurinational de Bolivie de 2009.

[3] Articles 30 I (6) et 30 I (11) de la Constitution de Bolivie.

[4] À savoir : « Les communautés, peuples et nationalités indigènes, le peuple afro-équatorien, le peuple montubien et les communes font partie de l'État équatorien, unique et indivisible. » Constitution de l'Équateur de 2008, article 56.

[5] Lesquelles sont imprescriptibles, inaliénables, insaisissables et indivisibles et sont exemptées de taxes et d'impôts. Constitution de l'Équateur de 2008, article 57 (4).

[6] *Ibid.*, article 57 (6).

[7] *Ibid.*, article 57 (10).

[8] *Ibid.*, article 57 (17).

[9] *Ibid.*, article 57 (8).

[10] Article 25 de la déclaration su les droits des peuples indigènes : « Les peuples indigènes ont le droit de maintenir et de renforcer leur propre relation spirituelle avec les terres, territoires, les eaux, les mers côtières et autres ressources qu'ils ont traditionnellement possédées ou ont occupées et utilisées et d'assumer les responsabilités qui incombent envers les générations futures. »

le droit collectif des peuples indigènes sur leurs terres et sur leurs connaissances ancestrales, lesquelles sont définies comme non brevetables dans la même ligne que l'Équateur et la Bolivie[1]. Toutes ces dispositions juridiques ont en commun de répondre en la matière à l'évolution des normes internationales relatives aux droits des peuples indigènes, en particulier à la signature de la Déclaration sur les droits des peuples autochtones après une très longue négociation.

Sur le plan international, les principaux instruments sont la convention 169 de l'OIT et la Déclaration sur les droits des peuples autochtones. Bien que la seconde n'utilise le terme « collectif » que dans un petit nombre d'articles, le caractère collectif des droits consacrés par elle implique l'utilisation continue du terme « peuples » pour désigner les titulaires de ces droits. On peut comparer cela avec la rédaction et le vocabulaire utilisés dans des traités appartenant au courant individualiste, dans lesquels on utilise généralement les termes « individus », « membres », « personnes appartenant » ou autres expressions semblables[2]. La convention 169 de l'OIT envisage le droit à la terre comme étant de nature collective, étroitement lié à la relation spirituelle des titulaires avec le territoire[3]. L'aspect le plus important de cette position juridique est la reconnaissance des différentes cosmovisions des peuples indigènes, comme composante essentielle de l'intégrité culturelle[4].

Comme l'indique Anaya, la convention 169 de l'OIT a consigné les demandes des peuples indigènes après un difficile lobbying dans lequel on a fait valoir devant la communauté internationale que la reconnaissance des identités indigènes ne pouvait pas se limiter simplement à la possession de terres, mais comprenait une aspiration holistique dans laquelle on consignerait plusieurs droits de manière intégrale et cohérente[5]. Concrètement, cette

---

[1] Constitution de la République bolivarienne du Vénézuéla, articles 119 et 124.

[2] De fait, la Déclaration sur les droits des peuples autochtones règle le conflit possible entre la titularité collective ou individuelle de certains droits dans l'article 1er qui déclare : « Les indigènes ont droit, comme peuples ou comme individus, au bénéfice absolu de tous les droits de l'homme et des libertés fondamentales reconnus dans la charte des Nations unies, la Déclaration universelle des droits de l'homme et dans les normes internationales des droits de l'homme. » Voir également l'article 7 (1).

[3] Article 13 (1) de la convention 169 de l'OIT: « En appliquant les dispositions de cette partie de la convention, les gouvernements doivent respecter l'importance spéciale que revêt pour la culture et les valeurs spirituelles des peuples intéressés la relation qu'ils entretiennent avec les terres ou territoires, ou avec les deux, selon le cas, qu'ils occupent ou utilisent d'une autre manière, et en particulier des aspects collectifs de cette relation. » Les liens spirituels avec la terre sont également reconnus par les articles 25 et 26 de la Déclaration sur les droits des peuples autochtones.

[4] « L'intégrité culturelle comprend plusieurs aspects interconnectés comme la liberté de religion, le langage, le respect des croyances et la sauvegarde et la revitalisation les croyances et les pratiques traditionnelles. »

[5] S. James ANAYA, *Indigenous Peoples in International Law*, Oxford University Press, 2nd ed, 2004, p. 58.

aspiration se matérialise par la reconnaissance des cinq groupes de droits interconnectés mentionnés au début de cet article[1]. À ce sujet, l'auteur affirme, en ce qui concerne les peuples indigènes :

> Ils ont exigé la reconnaissance des droits de caractère collectif, des droits parmi les bénéficiaires desquels se trouvent des communautés qui partagent une continuité historique, et non de simples individus... *La conceptualisation et l'articulation de ces droits heurtent la dichotomie individu/État qui a pénétré les conceptions dominantes de la société humaine et qui persiste encore aujourd'hui, influençant l'élaboration de normes internationales.* D'autre part, les droits collectifs revendiqués sont un défi aux notions établies sur le concept de souveraineté de l'État (nous soulignons)[2].

L'introduction, dans des instruments internationaux, de dispositions juridiques sur les droits collectifs s'est heurtée à une forte opposition, en particulier des États qui, jadis, faisaient partie des grands empires coloniaux. Le malaise que ce sujet suscite s'est exprimé dans plusieurs forums internationaux, en particulier au cours de la négociation de la Déclaration sur les droits des peuples autochtones. Des pays comme les États-Unis, le Royaume-Uni, la France et l'Australie ont adopté une position semblable sur l'introduction de ces droits dans la déclaration. Leurs objections conduisaient à nier leur existence en droit international et à les considérer comme une possible source de confusion et d'instabilité juridique par rapport à d'autres traités sur les droits de l'homme[3].

Cette opposition n'est pas infondée. Une lecture rapide des principaux traités relatifs aux droits de l'homme révèle, en effet, une prédominance marquée des droits de la personne. La convention 169 de l'OIT est l'exception claire à cette règle, en étant jusqu'à présent le seul traité multilatéral contraignant contenant des dispositions obligatoires en matière de droits de l'homme collectifs. Toutefois, il y a des cas qui admettent une version conditionnée. Tel est le cas de la première mention d'un droit collectif en droit international, le droit à l'intégrité culturelle, à l'article 27 du Pacte international relatif aux droits civils et politiques[4]. Dans ce traité, ainsi qu'à

---

[1] Un argument qu'il convient d'invoquer pour objecter cette position est qu'elle présente trop d'obstacles pour sa mise en œuvre. Il y a, en effet, des exemples qui montrent que la transition vers un modèle multiculturel et pluriethnique est vue comme une menace contre l'unité nationale et la stabilité juridique, comme cela s'est produit au Mexique à l'occasion du processus de paix avec le mouvement armé zapatiste. Voir Neil HARVEY, « La difícil construcción de la ciudadanía pluriétnica: el zapatismo en el contexto latinoamericano », *Estudios Sociales y Humanísticos*, 2007, n° 001, p. 9.

[2] S. James ANAYA, *op. cit.*, p. 59.

[3] Alexandra XANTHAKI, « The UN Declaration on the Rights of Indigenous Peoples and Collective Rights: What's the Future for Indigenous Women? », *in* Stephen ALLEN and Alexandra XANTHAKI (eds), *Reflections on the UN Declaration on the Rights of Indigenous Peoples*, Oxford, Hart Publishing, 2011, p. 414-416.

[4] Article 27 : « Dans les États où existent des minorités ethniques, religieuses ou linguistiques, les personnes appartenant à ces minorités ne peuvent être privées du droit d'avoir, *en commun avec les autres membres de leur groupe*, leur propre vie culturelle, de professer et de pratiquer

l'article 3 (1) de la Déclaration des droits des personnes appartenant à des minorités nationales ou ethniques, religieuses et linguistiques, le droit est atténué par la possibilité de choisir le cadre de son exercice : « Les personnes appartenant à des minorités peuvent exercer leurs droits, notamment ceux qui sont énoncés dans la présente Déclaration, individuellement aussi bien qu'en communauté avec les autres membres de leur groupe, sans aucune discrimination[1]. » Chaque instrument conserve l'approche individualiste et se garde d'utiliser le terme « peuples » pour éviter d'élargir la base d'interprétation vers un domaine gênant des droits collectifs.

Les tribunaux internationaux ont aussi répondu à ces demandes, en mettant ouvertement en cause l'interprétation universaliste et personnaliste des droits de l'homme et en accédant aux demandes de reconnaissance du droit collectif, comme nous le verrons plus loin.

L'utilisation du terme dans la jurisprudence des juridictions internationales

Malgré le manque de dispositions qui garantissent expressément l'exercice des droits collectifs, les tribunaux internationaux ont eu le mérite de réclamer leur reconnaissance dans le cadre de litiges. On doit souligner les interventions en ce sens de la Cour interaméricaine des droits de l'homme (CIDH) et de la Commission africaine des droits de l'homme et des peuples (CADHP). La CIDH s'est prononcée, à l'occasion de l'affaire *Mayagna (Sumo) Awas Tingni v Nicaragua* (ci-après affaire *Awas Tingni*)[2], et a reconnu les droits collectifs sur la propriété traditionnelle et l'utilisation du territoire de la communauté[3]. Dans le même sens, la CADHP, dans la décision *Centre for Minority Rights Group International on Behalf of Endorois Welfare Council v Kenya* (ci-après affaire *Endorois*)[4], a insisté sur le fait

---

leur propre religion, ou d'employer leur propre langue. » (nous soulignons). *Pacte international relatif aux droits civils et politiques*, conclu le 16 décembre 1966, 999 UNTS 171 (entré en vigueur le 23 mars 1976).

[1] Déclaration des droits des personnes appartenant à des minorités nationales ou ethniques, religieuses et linguistiques, GA res 47/135, UN GAOR, Supp No 49, UN Doc A/47/49 (18 décembre 1992) annexe I.

[2] *Mayagna (Sumo) Community of Awas Tingni v Nicaragua (Judgement)* (Inter-American Court of Human Rights, Case No Ser C, No 79, 31 August 2001).

[3] Anaya et Grossman rassemblent les principaux arguments de cette décision *in* S James ANAYA and Claudio GROSSMAN, « The Case of Awas Tingni v. Le Nicaragua : À Step in the International Law of Indigenous Peoples », *Arizona Journal of International and Comparative Law*, 19 (1), 2002, p. 1. On peut noter que cette affaire a servi de fondement doctrinal dans d'autres affaires que la Cour interaméricaine des droits de l'homme a eu à connaître. Luis RODRÍGUEZ-PIÑERO ROYO, « El sistema interamericano de derechos humanos y los pueblos indígenas », *in* Mikel BERRAONDO (ed), *Pueblos indígenas y derechos humanos*, Bilbao, Universidad de Deusto, 2006, p. 153.

[4] *Centre for Minority Rights Development and Minority Rights Group International on Behalf of Endorois Welfare Council v Kenya (Communication)* (African Commission on Human and Peoples' Rights, Case No 276/2003 (« affaire *Endorois* »).

que les peuples indigènes ne sont pas des bénéficiaires passifs de biens et de services environnementaux, mais sont des participants actifs qui, en leur qualité de peuple, ont d'importants intérêts en jeu. Cela a fondé l'argumentation selon laquelle le peuple Endorois ne pourrait être autonome et responsable de la santé de l'écosystème de ses terres que si on lui accordait la propriété sur ses terres ancestrales, avec les droits et les devoirs que cela entraîne[1].

Les faits dans les deux affaires sont similaires. Les peuples indigènes Awas Tingni du Nicaragua et Endorois du Kenya ont été expulsés de leurs terres par la force. L'acteur principal était le gouvernement qui, dans les deux cas, poursuivait un intérêt commercial concernant les ressources naturelles de ces territoires (respectivement le bois et les pierres précieuses), soutenu par des sociétés multinationales ; une autre partie du territoire Endorois était destinée à la création d'une réserve naturelle. Les requêtes présentées par les parties étaient également semblables : reconnaître que les groupes indigènes touchés ont un droit collectif préférentiel au territoire, et que leurs moyens de subsistance et leur identité comme peuples différenciés courent un danger en raison de leur délogement. Les deux tribunaux se sont prononcés en faveur des communautés.

Un autre aspect intéressant de ces jugements est la possibilité pour les peuples indigènes de présenter des requêtes devant des tribunaux internationaux sans que celles-ci soient rejetées par principe sur le fondement du principe de souveraineté étatique. Ceci montre que les droits collectifs qui relèvent du principe de libre détermination sont parfaitement encadrés par les notions de multiculturalisme et de pluralisme juridique. Le langage utilisé dans les jugements est très semblable et l'on peut noter une fréquente utilisation d'expressions comme « terres ancestrales », « propriété traditionnelle » et « connexion avec la terre ». Ceci indique un changement de perspective qui reconnaît maintenant l'applicabilité des droits collectifs en droit international et qui peut aussi tendre vers la reconnaissance de l'importance des cosmovisions et des liens intangibles avec le territoire comme faisant partie de l'intégrité culturelle et du réseau de droits interconnectés qui composent le corpus des droits collectifs des peuples indigènes et d'autres minorités ethniques[2].

Il semblerait alors qu'il existe des droits de l'homme collectifs, parce qu'il y a des normes positives qui les consacrent et des décisions judiciaires qui les reconnaissent. Toutefois, ce raisonnement ne paraît pas suffisant pour

---

[1] Pour une analyse détaillée de cette affaire, voir Cynthia MOREL, « Conservation and Indigenous Peoples' Rights: Must One Necessarily Come at the Expense of the Other? », *Policy Matters*, n° 17, 2010 (Exploring the Right to Diversity in Conservation Law, Policy, and Practice), p. 174.

[2] Il ne faut pas confondre ces minorités avec les minorités nationales que Kymlicka évoque dans plusieurs de ses travaux. Voir, par exemple, Will KYMLICKA, « The Internationalization of Minority Rights », *International Journal of Constitutional Law*, 6 (1), 2008, p. 1.

conceptualiser la relation collective avec la terre et pour justifier que les cinq groupes de droits mentionnés soient protégés plus efficacement si leurs titulaires sont les peuples et non leurs membres individuels. Il convient de souligner qu'il s'agit d'une question d'identité.

Parler de droits collectifs a-t-il un sens ?

Selon García Amado, on peut parler de droits collectifs, mais seulement d'une manière superficielle. À titre d'exemple, l'auteur évoque le cas des droits collectifs qui ont été créés par le droit positif, comme ceux relatifs à la création de personnes morales. Il soutient que le fait d'avoir une constitution ou une loi qui reconnaît les groupes ou les peuples comme titulaires de droits collectifs ne fournit pas un fondement théorique suffisant pour justifier leur existence. Si tel était le cas, la règle de droit positif confirmerait l'existence de certains groupes, comme les familles[1].

L'objection qu'oppose García Amado peut paraître évidente pour un positiviste. Toutefois, on peut envisager un contre-exemple. Qu'arrive-t-il quand, au lieu de reconnaître des droits aux groupes, la loi les nie ? García Amado utilise des exemples particulièrement inquiétants du collectivisme positiviste de régimes totalitaires, comme ceux de Franco, de Staline et d'Hitler, comme une critique des dangers que représente l'identification à l'aveuglette, ou par la force, à un groupe ou à une collectivité. Plus problématique encore est le fait d'utiliser l'appartenance à ces groupes, sous un pouvoir autoritaire, comme seule source valable de droit[2].

Il est révélateur que ces exemples se réfèrent aux droits collectifs dont les titulaires appartiennent à la majorité au pouvoir ou sont soumis à celui-ci[3]. De fait, il convient de remarquer que les régimes de droits collectifs, dans ces cas, sont généralement conçus comme des instruments d'oppression et de discrimination des minorités, en plus de transformer les majorités – ou les groupes – en une sorte de troupeau obnubilé par un faux-sens de propriété, produit de la manipulation de ceux qui détiennent le pouvoir[4]. Le problème est que cette population ne se rend pas compte qu'elle est manipulée, surtout quand elle appartient au groupe favorisé. Par conséquent, la marque caractéristique de ce type de droits collectifs est qu'ils servent d'instrument pour faciliter l'exclusion et les pratiques discriminatoires. On peut donc se de-

---

[1] Juan Antonio GARCÍA AMADO, *op. cit.*, p. 178-179.

[2] *Ibid.*, p. 183-184.

[3] *Ibid.*, p. 186.

[4] Sur le terme « troupeau » utilisé ici, voir la critique de Horkheimer et Adorno sur les risques de coercition de l'État qui se prévaut de mécanismes comme le sens collectif de propriété qu'il sacrifie à l'individu. Max HORKHEIMER and Theodor W. ADORNO, *Dialectic of Enlightenment: Philosophical Fragments*, Edmund JEPHCOTT trans., Redwood City, Stanford University Press, 2002, « The Concept of Enlightenment », p. 9.

mander si cet état de choses est applicable aux aspirations politiques des peuples indigènes et d'autres minorités historiquement marginalisées.

L'existence même de situations d'exclusion, de discrimination ou de manque de pouvoir politique est le lien fondamental qui unit des groupes minoritaires à travers le globe. Les liens seront même consolidés entre les membres des groupes auxquels sont traditionnellement refusés certains droits, ce qui n'arrive pas très souvent à des groupes dont les droits ont été reconnus[1]. À ce sujet, l'une des critiques les plus fortes que fait García Amado est que l'utilisation indiscriminée du terme « minorités » sert souvent de justification pour leur accorder des droits collectifs, en omettant toute explication théorique qui justifie cette décision. Par conséquent, le terme devient un lieu commun, qui empêche les philosophes du droit de réfléchir sérieusement sur la théorie des droits collectifs. Pour autant, même si l'on peut se méfier de l'utilisation du terme « minorités », celui-ci ne peut être écarté à la légère comme un simple cliché, comme l'auteur paraît le suggérer.

Si l'on s'intéresse aux aspirations et aux revendications des minorités ethniques ou culturelles, il apparaît que leur identité et leur existence même comme groupe sont étroitement liées à certains droits collectifs, en particulier à l'autodétermination et à l'intégrité culturelle[2]. Il convient ici de s'arrêter sur la théorie de Mitnick, qui qualifie ce type de droits de « droits constitutifs » : ceux pour lesquels des luttes sont menées et qui finissent par devenir le facteur définitif qui différencie certains groupes par rapport à d'autres. Selon cet auteur, « les êtres humains ne sont jamais simplement un organisme autoconstitué. Les hommes sont aussi, en partie, constitués par leurs droits[3] ».

Ces « droits constitutifs » représentent une troisième catégorie de droits qui s'ajoute aux droits spéciaux et aux droits généraux proposés par Hart[4]. La critique de Mitnick à la théorie de Hart repose sur la grande difficulté à trouver un droit qui considère l'humanité tout entière comme titulaire de droits. Il est pratiquement impossible de trouver un groupe universel qui soit titulaire d'un certain droit positif puisque même les droits dits généraux sont encadrés dans des systèmes juridiques spécifiques et non universels. Ceci signifie qu'il y aura toujours des personnes exclues du système, puisque les

[1] Eric J. MITNICK, « Constitutive Rights », *Oxford Journal of Legal Studies*, 20 (2), 2000, p. 190.

[2] Article 9 de la Déclaration des Nations unies sur les droits des peuples autochtones : « Les autochtones, peuples et individus, ont le droit d'appartenir à une communauté ou à une nation autochtone, conformément aux traditions et aux coutumes de la communauté ou de la nation considérée. Aucune discrimination quelle qu'elle soit ne saurait résulter de l'exercice de ce droit. »

[3] Eric J. MITNICK, *op. cit.*, p. 186.

[4] *Ibid.*, p. 193, Citant H. L. A. HART, « Are There Any Natural Rights? », *in* J. WALDRON (ed), *Theories of Rights*, n° 77, 1984, p. 84-88.

groupes sociaux sont « perceptibles seulement dans un contexte de différences[1] ».

Alors, qu'est-ce qu'un droit constitutif et quelle est son importance ? Un droit constitutif ne naît pas des relations ou des transactions réalisées entre des particuliers, et c'est la raison pour laquelle il ne peut pas être considéré comme un droit spécial. Il ne peut pas non plus être considéré comme un droit général, parce qu'« il ne prétend pas protéger les intérêts de chaque personne[2] ». Au contraire, un droit constitutif est celui qui « protège seulement certains individus tandis qu'il en contraint beaucoup d'autres[3] ». Les droits constitutifs ne sont pas communs puisque les groupes qui les possèdent n'ont généralement pas la force suffisante pour les faire traduire en lois. Pour qu'une telle traduction soit opérée, il doit y avoir des raisons très fortes, habituellement fondées sur la justice sociale[4], ce qui requiert un certain niveau de sophistication des institutions juridiques et une volonté étatique.

Ce fondement théorique des droits constitutifs est adapté à la situation des peuples indigènes. Il s'agit, en premier lieu, des droits pour lesquels ils se sont battus dans le cadre de mouvements sociaux, organisés par une représentation solide, consensuelle et cohérente dans les forums internationaux[5], en particulier le Forum permanent pour les questions indigènes. Cette position souligne qu'il ne s'agit pas de droits spéciaux, puisqu'ils n'impliquent pas seulement un individu dans une relation spécifique. Ils ne sont pas non plus généraux, puisqu'ils ne sont pas d'application universelle. Ceci laisse le choix de la catégorie des droits constitutifs. Il est alors possible d'affirmer que les droits de l'homme des peuples indigènes sont des droits constitutifs parce que leurs titulaires sont de petits groupes sociaux clairement définis, tandis que le respect de ces droits est une obligation qui incombe à la totalité des membres de l'État dans lequel ils vivent.

Toutefois, il y a une autre façon de définir un droit constitutif, qui défie cette théorie. Dans son sens le plus basique, un droit constitutif est celui qui crée une situation juridique préalablement inexistante. Par conséquent, si l'on appliquait cette définition pour reconnaître, par exemple, le droit à la terre, ceci reviendrait à nier la relation préexistante des peuples indigènes avec leurs territoires ancestraux. Maya Aguirre utilise cet argument pour indiquer que le fait que certains peuples ne possèdent pas de titre de propriété formel sur leurs territoires ancestraux n'affecte pas la validité des droits

[1] Eric J. MITNICK, *op. cit.*, p. 194 (traduction libre).
[2] *Ibid.*, p. 197 (traduction libre).
[3] *Ibid.*, p. 197.
[4] *Ibid.*, p. 198.
[5] Au sujet des mouvements indigènes et du changement social en Colombie, voir les articles de Padilla et de Lemaitre. Guillermo PADILLA, « La ley y los pueblos indígenas en Colombia », *Journal of Latin American Anthropology*, 1 (2) 1996 ; Julieta LEMAITRE, « Legal Fetishism: Law, Violence, and Social Movements in Colombia », *Revista Jurídica Universidad de Puerto Rico*, 77 (1) 2008, p. 331.

juridiques sur ceux-ci, « parce que l'objet de la protection est l'occupation ancestrale[1] ». Remarquons que ce n'est pas la signification retenue par Mitnick. Or, quel que soit le caractère convaincant de son argument, certains peuvent être tentés de l'interpréter comme circulaire. Si la dépossession et la marginalité sont les caractéristiques qui unissent un groupe, celui-ci existait-il déjà ? La réponse est oui, pour les motifs exposés ci-après qui offrent aussi l'occasion d'envisager l'argument de la raison pour laquelle certains groupes sociaux peuvent être titulaires de droits collectifs.

Qu'est-ce qui rend si spéciaux certains groupes sociaux ? Analyses individualistes et collectivistes

Les écoles de pensée individualistes et collectivistes peuvent être utilisées pour affronter la notion de droits collectifs constitutifs, ce qui mettrait également en cause la légitimité des groupes qui sont titulaires de ces droits.

L'école individualiste

L'école de pensée individualiste s'oppose manifestement aux droits collectifs constitutifs. Par exemple, un individualiste peut arguer qu'un groupe n'a aucune qualité pour mériter un traitement différencié. García Amado postule que cet argument serait dû au fait que les groupes sont une association de personnes qui s'unissent pour obtenir des biens ou défendre des intérêts qui, autrement, seraient inaccessibles. Le fait que ce type d'associations soit fondé sur une affinité majeure comme le partage de la langue, des croyances ou de la culture serait sans importance pour cet auteur, puisque ceux-ci sont simplement des facteurs qui contribuent à faciliter le regroupement. Par conséquent, il ne s'agit pas « de raisons pour que le groupe ait une vie propre ou se transforme en sujet "personnel" de son histoire et de son destin[2] ».

Si les facteurs cités favorisent seulement le groupement, obtenir des droits différenciés obéirait alors à un égoïsme rationnel des individus regroupés qui souhaitent bénéficier d'un traitement préférentiel pour les membres du groupe. García Amado souligne que celles-ci ne sont rien d'autre que des raisons pratiques, insuffisantes pour constituer une base éthique ou ontologique fondant un traitement différencié[3].

---

[1] L'auteur fonde ce commentaire sur les observations du Comité d'experts sur l'application des conventions et des recommandations (CEACR), qui veille à la mise en œuvre des conventions de l'OIT, en ce qui nous concerne la convention 169. Ana Lucía MAYA AGUIRRE, « El derecho a la consulta previa en las decisiones de la Organización Internacional del Trabajo contra el Estado colombiano », *El Otro Derecho*, n° 40, 2009, p. 90, citant CEACR, « Observación Individual del Convenio 169 sobre Pueblos Indígenas y Tribales », 1989 Colombia (ratificación 1991), 2007.

[2] Juan Antonio GARCÍA AMADO, *op. cit.*, p. 185.

[3] *Ibid.*

Toutefois, cette objection n'est pas du tout précise. On ne peut pas arriver précipitamment à la conclusion générale que les personnes qui appartiennent à des groupes sociaux titulaires de droits collectifs sont alliées uniquement pour obtenir un certain bénéfice individuel qui ne peut être obtenu que par l'association avec leurs semblables. En ce qui concerne les peuples indigènes, il y a une tendance claire à la définition collective de leurs droits, lesquels, comme nous l'avons dit, correspondent à la catégorie des droits constitutifs de Mitnick. Cette revendication de la conceptualisation collective a été une constante dans les forums internationaux, et l'une des raisons pour lesquelles la négociation de la Déclaration des droits des peuples autochtones a pris environ quinze années[1].

Si l'on approfondit la théorie de Mitnick, pour être titulaire d'un droit collectif, un groupe a besoin d'atteindre un niveau de cohésion beaucoup plus grand qu'un simple *animus societatis*. Mitnick imagine une échelle associative qui va du statut social purement individuel au stade d'un simple affilié, non intégré au groupe, puis au statut social de groupe social collectif. L'auteur fait valoir que les deux premières catégories sont claires, tandis que la troisième est conditionnée par la présence d'un événement extraordinaire, c'est-à-dire « d'un moment presque organique… qui se produit seulement quand se crée une caractéristique ou un statut social communs suffisamment forts pour définir un aspect significatif de l'identité sociale de chaque membre[2] ». Il faut ajouter ici une quatrième étape : la communauté. Cette dernière établit un lien entre cette identification issue de la participation au groupe et l'action collective. Les peuples indigènes peuvent être inclus dans la quatrième étape, puisque leurs actions en tant que groupes ont été fortes et cohérentes. Malgré la diversité des peuples indigènes dans le monde, avec des cultures différentes, une pluralité de langues et une pléthore de croyances, ceux-ci poursuivent des objectifs communs bien différenciés. Ces objectifs ont acquis une grande place dans les sphères juridiques nationales et internationales, lesquelles se sont lentement transformées pour incorporer leurs demandes[3].

Il faut souligner que les communautés indigènes ne sont pas réduites à de simples associations d'individus. Leurs membres partagent beaucoup plus

---

[1] Voir Dwight G. NEWMAN, « Theorizing Collective Indigenous Rights », *American Indian Law Review*, 31 (2), 2006-2007 (Symposium: Lands, Liberties, and Legacies: Indigenous Peoples and International Law), p. 275-276.

[2] Eric J. MITNICK, *op. cit.*, p. 191 (traduction libre).

[3] Des documents, comme le *Rapport Martínez Cobo*, soutiennent ces affirmations. De même, les revendications sur les cinq groupes de droits collectifs différenciés basés sur l'autodétermination ont été consignées dans la convention 169 de l'OIT et développées dans la Déclaration sur les droits des peuples autochtones, bien qu'il ne s'agisse pas d'un document impératif. Voir José R. MARTINEZ COBO, *Estudio del problema de la disciminación contra las poblaciones indpígenas, informe final que presenta el relator especial*, 36 sess, Agenda Item 11, UN Doc E/CN.4/Sub.2/1983/21/Add.8 (30 septembre 1983).

qu'un intérêt passager dans l'action collective[1]. L'identité de chaque individu est liée au sentiment que la communauté serait menacée si elle faisait l'objet de discriminations de la part de la société majoritaire, comme c'est arrivé dans plusieurs pays où ont été niés les identités indigènes et, par conséquent, des peuples entiers. Après avoir examiné le fait que les critiques de l'école individualiste ne sont pas suffisantes pour s'opposer à l'existence de droits collectifs, il convient d'aborder les contradictions de l'école collectiviste.

Les écoles de pensée collectivistes et leurs contradictions

L'une des critiques les plus fortes faites à l'école collectiviste est son caractère artificiel. Comme García Amado l'a indiqué, les théories collectivistes peuvent être vues comme les idéaux libérateurs de nations et de peuples opprimés, sans chercher à écarter les obstacles théoriques. Par exemple, supposons qu'un groupe opprimé réclame une série de droits et que ceux-ci lui soient accordés, tandis qu'ils sont refusés à d'autres groupes. La concession de ces prérogatives légitime le groupe. Toutefois, cette justification implique que d'autres groupes auraient aussi leurs droits justifiés, légitimés par défaut[2]. La doctrine critique la mauvaise utilisation du terme générique « bien collectif », comme fondement pour sacrifier les droits individuels et les libertés civiles, comme cela arrive souvent dans les régimes totalitaires[3]. Toutefois, cette critique ne devrait pas viser l'existence des droits collectifs elle-même, mais plutôt les autorités qui les imposent pour faire avancer leur propre programme.

Paradoxalement, les techniques qui imposent la prévalence du bien collectif sur les droits et libertés individuels ont été l'outil théorique principal utilisé pour justifier la spoliation et l'assimilation des peuples indigènes. Chaque fois qu'une majorité au pouvoir tient un discours collectiviste extrême, le système juridique perd de son autorité pour retenir n'importe quelle sorte de perspective multiculturelle. Par conséquent, les minorités restent inévitablement subsumées et assimilées par l'acceptation forcée de l'identité majoritaire. La situation difficile des peuples indigènes dans des pays avec des doctrines assimilationnistes vient du manque de reconnaissance de la validité de leurs différentes interprétations du monde : leurs cosmovisions.

---

[1] C'est la position de la Colombie, comme nous le verrons plus loin. Cf. *Cour constitutionnelle*, Sentence T-254/1994 (M. P. Eduardo Cifuentes Muñoz).

[2] Juan Antonio García Amado déclare à ce sujet que « s'il est critiquable et contraire aux droits d'un peuple indigène... que ses pratiques religieuses soient entravées ou polluées par des pratiques religieuses externes, il en serait de même si les pratiques religieuses d'un peuple chrétien se voyaient entravées ou polluées » ; *op. cit.*, p. 187.

[3] Voir les objections de l'auteur contre l'interdiction de l'usage de langues autres que le français au Québec, comme mesure pour éviter que cette langue tombe en désuétude au Canada. Il s'agit d'une mesure de sauvegarde destinée à protéger l'identité collective des Québécois. *Ibid.*, p. 188.

C'est la raison pour laquelle les revendications des peuples indigènes tendent à l'intégration par la reconnaissance du pluralisme juridique. Il convient donc de délier le discours collectiviste des régimes totalitaires et des politiques d'homogénéisation et d'essayer de les interpréter du point de vue de l'autre. Ainsi, ils se transforment en un mécanisme de reconnaissance de la différence.

Comment réconcilier les intérêts du groupe avec les ambitions de chacun de ses membres ? Les uns doivent-ils avoir une ascendance sur les autres ?

Une critique rebattue des droits collectifs est leur difficile relation avec les droits individuels. Quel intérêt doit prévaloir ? Il est, en outre, nécessaire d'examiner si l'on fait allusion aux intérêts et aux droits d'un groupe en tant qu'*entité autonome* ou à la *somme* des intérêts de chacun de ses membres. Cette question est abordée du point de vue du droit collectif à la terre.

Le droit collectif à la terre des peuples indigènes dépasse le simple bénéfice d'un bien commun. Cette affirmation invite à s'interroger sur des notions relatives à la propriété privée, comme celles de John Locke, qui ont servi de fondement théorique pour les régimes juridiques sur la matière des systèmes de tradition anglo-saxonne et continentale. Si nous nous limitions à la vision utilitaire, la propriété collective de la terre pourrait devenir un scénario de parasitisme comme celui que critique Hardin dans son célèbre essai *The Tragedy of the Commons*, dans lequel le souci humain d'exploiter ce qui ne lui coûte rien finit par détériorer la propriété commune jusqu'à détruire sa productivité[1]. Ce scénario a toutefois été contesté à partir de la recherche empirique d'auteurs comme Ostrom[2].

Pour les cultures indigènes, de nombreuses cosmovisions sur les manières d'administrer le monde fournissent une compréhension de la terre vue comme une connexion indivisible entre les mondes physique et spirituel. Cette analyse spirituelle implique généralement un sens de la responsabilité dans la compréhension de ce que ce n'est pas la terre qui appartient aux gens, mais les gens qui appartiennent à la terre[3]. Chez des peuples de Co-

---

[1] Garrett HARDIN, « The Tragedy of the Commons » (Pt American Association for the Advancement of Science), *Science*, 162 (3859), 1968, p. 1243.

[2] Voir Elinor OSTROM, *Governing the Commons. The Evolution of Institutions for Collective Action*, Cambridge, Cambridge University Press, 1990.

[3] Dans la Proposition de la connaissance traditionnelle des chamans jaguars du Yuruparí, aujourd'hui patrimoine de l'humanité, on explique comment la terre est inextricablement liée au règne spirituel, ce qui explique que sa protection fasse partie du patrimoine intangible (Acaipi y Fundación Gaia Amazonas, *Postulación del Conocimiento tradicional para el manejo del mundo de los grupos indígenas del río Pirá Paraná, Hee Yaia~Kubua Baseri Keti Oka* (Inclusión en la Lista Representativa del Patrimonio Cultural de la Nación), Bogotá, Ministerio de Cultura, 2010). Plusieurs développements de cette proposition sont aussi disponibles en anglais sur la page web de l'Unesco ; cf. Ministerio de Cultura de Colombia, « Nomination of the Traditional Knowledge for the Management of the World of the Indigenous

lombie, comme dans bien d'autres cultures, l'utilisation et l'administration de la terre dépendent de la protection des sites sacrés. Ceux-ci doivent être accessibles à tous les membres du groupe pour qu'ils puissent offrir leurs respects et présenter des offrandes. Considérant, en outre, la croyance en l'existence d'une relation entre les mondes qui requiert le maintien de l'harmonie et l'équilibre, il est dans le plus grand intérêt de tous les membres du groupe que les emplacements restent sains. Démembrer le territoire et l'attribuer, sous la forme de parcelles individuelles, à chacun des membres du groupe serait attentatoire à l'intégrité culturelle du peuple tout entier[1]. Ces relations profondes avec la terre contrastent radicalement avec la théorie d'Hardin et nous conduisent à conclure que celle-ci ne peut pas être appliquée tout de go à des groupes humains qui ne trouvent pas leurs marques dans la tradition occidentale.

La Colombie : en interprétant le caractère collectif de certains droits fondamentaux

Après avoir abordé les critiques de l'existence et de la convenance des droits collectifs dont les titulaires sont des peuples tout entiers et non des individus, nous allons démontrer que, dans le cas de la Colombie, ceux-ci sont en outre reconnus comme des droits fondamentaux constitutionnels. Ceci signifie, entre autres prérogatives, que ces droits ont la capacité d'être protégés avec le mécanisme extraordinaire de l'action de tutelle[2].

Les principales dispositions constitutionnelles qui protègent et promeuvent les droits de l'homme des peuples indigènes et d'autres minorités ethniques sont les articles 7 et 70 de la Constitution relatifs à la diversité culturelle, au soutien de l'État à la culture et à la construction d'une identité nationale fondée sur la diversité. La culture, par conséquent, se transforme en fondement de la nationalité, et celle-ci à son tour est composée de la grande diversité de traditions, tant de la société majoritaire que de la multiplicité de groupes ethniques du pays. D'autres droits incluent le caractère officiel des langues indigènes dans les garanties et le fait que l'éducation formelle des groupes ethniques doive être bilingue (articles 10 et 68), que les territoires traditionnels relèvent de la propriété collective (articles 63, 286 et 320), et la reconnaissance de l'autonomie de gouvernement et de la validité et de la prévalence du droit coutumier dans les garanties (article 246).

Groups of the Pirá Paraná River, Hee Yaia Kubua Baseri Keti Oka for Inscription on the Representative List of the Intangible Cultural Heritage of Humanity in 2011 », Nomination File No 00574, Unesco-Intangible Cultural Heritage, November 2011, disponible à l'adresse <http://www.unesco.org/culture/ich/index.php?RL=00574>.

[1] *Ibid*..

[2] Ce mécanisme est similaire au recours d'*amparo* en droit espagnol. Tout citoyen colombien dont l'un de ses droits fondamentaux est affecté ou menacé peut saisir un juge qui se prononce, dans le délai de dix jours, sur la recevabilité du recours. Voir l'article 86 de la Constitution politique de 1991 et le décret 2591 de 1991.

La protection et la reconnaissance des minorités ethniques et de leurs droits dans la jurisprudence de la Cour constitutionnelle sont peut-être uniques par leur rigueur, laquelle relève du respect de l'autonomie des peuples indigènes dans le cadre du pluralisme juridique[1]. Durant les vingt-deux années d'application de la Constitution s'est produit un changement remarquable dans l'interprétation des droits et dans la participation des minorités ethniques[2]. En 1991, celles-ci étaient encore interprétées à la lumière condescendante des politiques assimilationnistes qui ont prédominé en Amérique latine à partir de l'après-guerre[3], en particulier après la signature de la convention 107 de l'OIT sur les populations indigènes et tribales de 1959[4]. Cette approche a prévalu en Amérique latine, non seulement en raison du grand nombre de ratifications de la convention 107 de l'OIT dans la région, mais aussi par l'accueil très positif de ce type de politiques d'intégration par l'Organisation des États américains (OEA)[5].

La ligne jurisprudentielle de la Cour constitutionnelle a renforcé les fondements pour que ces peuples deviennent des acteurs politiques complets. Un effort remarquable a été fait pour étendre les espaces de participation disponibles dans le pays par la mise en œuvre des mécanismes de la convention 169 de l'OIT, de telle sorte qu'ils puissent désormais influencer les processus politiques, législatifs et administratifs. En particulier, la jurisprudence a œuvré pour protéger et souligner la valeur intrinsèque de leurs cosmovi-

---

[1] « Le pluralisme juridique est le concept clef dans la perspective postmoderne du droit. Ce n'est pas le pluralisme juridique traditionnel de l'anthropologie juridique dans lequel les différents ordres juridiques sont conçus comme des entités séparées qui coexistent dans un même espace politique. Il s'agit bien davantage de la conception de différents espaces juridiques superposés, entrelacés et mélangés tant dans notre esprit que dans nos actions, tant dans les crises que dans le quotidien routinier. » Boaventura DE SOUSA SANTOS, « Law: A Map of Misreading. Toward a Postmodern Conception of Law », *Journal of Law and Society*, 14 (3), 1987, p. 297.

[2] Selon le dernier recensement réalisé en 2006, 3,4 % de la population colombienne se reconnaît elle-même comme indigène et 10,5 % se reconnaît comme noire, mulatre ou d'ascendance africaine. *Departamento Administrativo Nacional de Estadística - DANE*, « Boletín - Censo General 2005, Perfil Nacional » <http://www.dane.gov.co/files/censo2005 /PERFIL_PDF_CG2005/00000T7T000.PDF>.

[3] Chris Tennant a réalisé une recherche exhaustive de la littérature juridique latino-américaine. L'auteur explique que les politiques indigénistes se caractérisent par une approche qui cherchait à assimiler les peuples indigènes dans les pays latino-américains à la culture dominante. Elles furent fortement influencées par les panels d'experts de l'OIT qui ont résulté de la signature et de l'application de la convention 107. Cf. Chris TENNANT, « Indigenous Peoples, International Institutions, and the International Legal Literature from 1945-1993 » *Human Rights Quarterly*, n° 1, 1994, p. 16.

[4] Convention 107 de l'OIT concernant la protection et l'intégration des populations aborigènes et autres populations tribales et semi-tribales dans les pays indépendants, signée le 26 juin 1957, 328 UNTS 247 (entrée en vigueur le 6 février 1959).

[5] Rodolfo STAVENHAGEN, « Indigenous Peoples and the State in Latin America: An Ongoing Debate », *in* Rachel SIEDER (ed), *Multiculturalism in Latin America: Indigenous Rights, Diversity and Democracy*, New York, Palgrave Macmillan, 2002, p. 27.

sions, de leurs coutumes et de leurs traditions dans l'esprit pluraliste de l'État[1].

Le principe de diversité ethnique et culturelle

La Cour constitutionnelle a pris des mesures pour réaffirmer nettement que la Colombie s'est éloignée du paradigme assimilationniste des politiques indigénistes. Dans sa jurisprudence, le multiculturalisme cesse d'être une notion intangible pour devenir un outil juridique puissant qui a été utilisé avec succès dans les sphères judiciaire et politique.

La Cour œuvre à la promotion de la reconnaissance des peuples indigènes comme membres importants de la démocratie qui doivent intervenir sur un pied d'égalité dans les décisions qui les concernent. Dans le jugement d'unification qui a rassemblé la jurisprudence émise jusqu'en 1998, la Cour a donné la définition suivante, encore en vigueur, du principe de diversité :

> … le principe de diversité et d'intégrité personnelle n'est pas simplement une déclaration rhétorique, mais constitue une projection, sur le plan juridique, du caractère démocratique, participatif et pluraliste de la République colombienne et obéit « à l'acceptation de l'altérité liée à l'acceptation de la multiplicité de modes de vie et de systèmes de compréhension du monde différents de ceux de la culture occidentale[2] ». La Constitution politique permet à l'individu de définir son identité sur le fondement de ses différences spécifiques et sur des valeurs ethniques et culturelles concrètes, et non selon un concept abstrait et général de citoyenneté, comme celui défini par les États libéraux unitaires et monoculturels. Ceci traduit un véritable souci d'adapter le droit aux réalités sociales, afin de satisfaire les besoins de reconnaissance de ces groupes qui se caractérisent par leurs différences sur les questions de race ou de culture[3].

Après les affirmations précédentes, la Cour réitère sa position radicale dans laquelle elle s'éloigne de la doctrine intégrationniste de la convention 107 de l'OIT, en la considérant comme contraire à l'esprit de pluralisme juridique de la nation. En dénonçant spécifiquement la politique assimilationniste précédente, la construction jurisprudentielle de ce tribunal supérieur a eu pour effet d'ouvrir lentement des espaces de participation efficace avec les peuples indigènes où l'on respecte leurs propres cosmovisions, leurs propres aspirations, leurs propres priorités et leurs propres identités culturelles[4], encouragées et reconnues comme partie inestimable du patrimoine colombien. La revendication par la Cour des droits de participation fait écho au dialogue multiculturel postulé par Young[5] :

---

[1] Article 7 de la Constitution politique de 1991.

[2] *Cour constitutionnelle*, Sentence T-380/1993 (M. P. Eduardo Cifuentes Muñoz).

[3] *Cour constitutionnelle*, Sentence SU-510/1998 (M. P. Eduardo Cifuentes Muñoz).

[4] Ces droits sont proclamés par la Déclaration des droits de peuples autochtones.

[5] « Le multiculturalisme est l'effort spécifique visant à créer des institutions et des possibilités auxquels, en principe, tous dans la société ont accès, dans lesquels sont rassemblés et réaffir-

En somme, la reconnaissance de la diversité ethnique et culturelle obéit à l'impératif de construire une démocratie toujours plus intégratrice et plus participative et d'être cohérent, d'un autre côté, avec la conception selon laquelle la justice constitue un idéal incomplet si l'on ne s'occupe pas des revendications de reconnaissance des individus et des communautés[1].

Pour que cette intégration démocratique puisse fonctionner et évoluer progressivement, il est nécessaire de disposer des mécanismes pour prévoir et éliminer la discrimination, et en même temps que l'on garantisse l'intégration à tous les niveaux de la société et l'égalité de traitement devant la loi, comme nous allons le voir.

La discrimination positive

Les peuples indigènes ont été historiquement discriminés et marginalisés, créant un déséquilibre entre les minorités ethniques et la société majoritaire qui ne peut pas facilement être corrigé par l'adoption de lois contre la discrimination.

La Constitution colombienne de 1886 ne faisait aucune mention spécifique aux questions ethniques ou à la discrimination pour ce motif ou pour la race. Toutefois, elle a en effet inclus une interdiction complète de l'esclavage et de la déclaration que tout esclave échappé d'un autre pays serait libéré par le simple fait de toucher le sol colombien[2]. Cette omission est le reflet de l'exercice qui a été mené à bien pour la construction de la nouvelle nation colombienne après l'indépendance, dans lequel la Colombie s'est vue comme appartenant à une identité métisse univoque[3].

Outre la dénomination de la Colombie comme un pays multiculturel avec une pluralité d'ethnies, la Constitution pose l'égalité devant la loi et la non-discrimination comme des droits fondamentaux. La disposition est conforme à ce qu'établit la Convention internationale sur l'élimination de toutes les formes de discrimination raciale en affirmant :

> Toutes les personnes naissent libres et égales devant la loi, recevront la même protection et le même traitement des autorités et jouiront des mêmes droits,

---

més les divers aspects d'une société comme les langages, les symboles, les histoires, les récits, les images et les traditions musicales. » Iris MARION YOUNG, « Thoughts on Multicultural Dialogue », *Ethnicities*, 1 (1), 1990, 116, p. 117.

[1] SU-510/1998.

[2] Article 22 de la Constitution de 1896 (abrogé).

[3] Chaves et Zambrano ont fait valoir que l'expression « nation métissée » est apparue au XIXe siècle, peut-être comme un euphémisme pour parler d'un passé embarrassant de mélange ethnique, tandis qu'elle a freiné la construction d'une nouvelle nation dont l'objectif était l'homogénéisation de la culture. Bien que le concept ait tacitement maintenu les hiérarchies ethniques, celui-ci a cherché à intégrer à et assimiler progressivement les populations noires et indigènes jusqu'à arriver au « blanchissement ». Cf. Margarita CHAVES and Marta ZAMBRANO, « From *Blanqueamiento* to *Reindigenización*: Paradoxes of *Mestizaje* and Multiculturalism in Contemporary Colombia », *Revista Europea de Estudios Latinoamericanos y del Caribe/European Review of Latin American and Caribbean Studies*, n° 80, 2006, p. 6-8.

libertés et opportunités sans aucune discrimination pour raisons de sexe, de race, d'origine nationale ou familiale, de langue, de religion, d'opinion politique ou philosophique[1].

Ceci va au-delà d'une simple interdiction ou d'une déclaration d'égalité sans autre conséquence juridique, puisque l'article ajoute ensuite que « l'État promeut les conditions pour que l'égalité soit réelle et effective et adopte des mesures en faveur des groupes discriminés ou marginalisés ». D'autre part, et pour renforcer la possibilité de créer des mécanismes de discrimination positive pour une intégration réelle des composantes vulnérables de la société, l'article ajoute que « l'État protégera spécialement ces personnes qui, en raison de leur condition économique, physique ou mentale, se trouvent en situation de faiblesse manifeste et sanctionnera les abus ou maltraitances commis contre eux ». Cette disposition a aidé les peuples indigènes et les communautés afro-colombiennes dans la protection active de leurs droits, surtout par la Cour constitutionnelle[2]. De plus, en 2011, le Congrès a adopté une loi criminalisant la discrimination raciale, laquelle fait maintenant partie de la liste d'infractions répréhensibles prévues par le Code pénal[3].

En outre, la Constitution a introduit une autre mesure de discrimination positive avec la création de deux sièges supplémentaires au Sénat, dont la juridiction électorale n'est limitée que pour les peuples indigènes sur tout le territoire. Pour pouvoir poser leur candidature à cette charge, en plus d'être indigènes, les candidats doivent avoir occupé la charge d'autorité traditionnelle dans leurs communautés respectives ou avoir été les chefs d'une organisation indigène[4].

---

[1] Article 13 de la Constitution de 1991. À comparer avec le préambule de la Convention sur l'élimination de la discrimination raciale qui, à son tour, fait référence à la Déclaration universelle des droits de l'homme : « ... tous les êtres humains naissent libres et égaux en dignité et en droit et [...] chacun peut se prévaloir de tous les droits et de toutes les libertés qui y sont énoncés sans distinction aucune notamment de race, de couleur ou d'origine nationale. » Convention internationale sur l'élimination de toutes les formes de discrimination raciale, adoptée le 21 décembre 1965, UNTS 195 (entrée en vigueur le 4 janvier 1969).

[2] Les minorités ethniques en Colombie ont particulièrement souffert du conflit armé qui a dévasté le pays durant la plus grande partie du siècle. Pour approfondir la question, nous recommandons l'étude suivante sur les communautés noires victimes du déplacement forcé par des groupes armés (guerrillas et paramilitaires) : César A. RODRÍGUEZ GARAVITO, Tatiana ALFONSO SIERRA et Isabel CAVELIER ADARVE, *El desplazamiento afro: tierra, violencia y derechos de las comunidades negras en Colombia*, Bogotá, Universidad de los Andes, Facultad de Derecho, CIJUS, Ediciones Uniandes, 2009.

[3] Loi 1482 de 2011 modifiant le Code pénal.

[4] Article 171 de la Constitution politique de 1991.

Les différences conceptuelles du droit à un environnement sain pour les peuples indigènes

La Constitution de 1991 consacre, à l'article 79[1], le droit collectif de tous les citoyens colombiens de jouir d'un environnement sain. Il y a toutefois une différence conceptuelle entre ce droit général et le droit collectif à l'environnement des peuples indigènes et des minorités ethniques. La Cour constitutionnelle a développé des principes normatifs différenciés pour ces peuples, sur la base de la relation spéciale et reconnue qu'ils entretiennent avec leurs terres, qui transcende la simple propriété et entre dans le domaine du spirituel. Par conséquent, la protection de l'environnement sur les terres occupées ou utilisées par les peuples indigènes peut être interprétée comme intimement liée à leur droit de l'homme collectif à la vie en tant que peuple. Il est important d'ajouter que, depuis ses premières années d'existence, la Cour a fondé sa position sur l'identité collective des peuples indigènes. Les arguments exposés par García Amado[2], qui rejette les groupes indigènes en tant qu'associations éphémères de personnes ayant des idées connexes, trouvent une réfutation directe dans le jugement qui a mis en rapport le droit collectif à la subsistance des peuples avec le droit fondamental constitutionnel à la vie :

> Les droits fondamentaux des communautés indigènes ne doivent pas être confondus avec les droits collectifs d'autres groupes humains. *La communauté indigène est un sujet collectif et non une simple addition de sujets individuels qui partagent les mêmes droits ou les mêmes intérêts diffus ou collectifs.* Dans le premier événement, la titularité des droits fondamentaux est indiscutable, tandis que dans le second, ceux qui sont affectés peuvent défendre leurs droits ou leurs intérêts collectifs par l'exercice des actions populaires correspondantes. Parmi d'autres droits fondamentaux, les communautés indigènes sont titulaires du droit fondamental à la subsistance, qui est directement déduit du droit à la vie consacré par l'article 11 de la Constitution[3].

Le jugement d'unification dans lequel la Cour s'est prononcée sur l'origine de l'action de tutelle pour protéger le droit collectif à l'environnement, a été rendu à l'occasion de dommages environnementaux causés par la vaporisation de l'herbicide *Glifosato* sur des cultures illicites. Le raisonnement du jugement s'écarte de la conception purement écologique de l'environnement pour entrer dans le cadre des droits de l'homme fondamentaux. Concrètement, pour aborder les dommages causés à l'environnement, on a établi un lien entre la négligence de l'État, y compris

[1] Article 79 de la Constitution politique de 1991 : « Toutes les personnes ont le droit de jouir d'un environnement sain. La loi garantit la participation de la communauté dans les décisions qui peuvent l'affecter… »

[2] Juan Antonio GARCÍA AMADO, *op. cit.*. Voir aussi le commentaire réfutant cet argument dans d'autres passages de cet article.

[3] T-380/1993 ; nous soulignons.

par omission, avec les garanties, celle-ci ayant une incidence sur les droits des peuples indigènes à subsister comme peuples.

Ceci est non seulement lié au droit à la vie consacré par l'article 11, mais aussi au droit à la non-disparition forcée de l'article 12, interprété ici comme un droit de l'homme collectif. Remarquons que tous les deux font partie du catalogue des droits fondamentaux de la Constitution[1].

Identité culturelle : liens avec l'autonomie de gouvernement

En Colombie, l'autonomie politique et gouvernementale des peuples indigènes est consacrée par l'article 246. Celle-ci donne aux autorités de chaque ethnie la faculté d'exercer des fonctions juridictionnelles sur ses territoires propres, en suivant ses propres règles et procédures[2]. Cet article doit se lire conjointement avec l'article 286 qui consacre l'indépendance territoriale des réserves indigènes, et avec l'article 321 qui établit le régime administratif des organismes territoriaux. En somme, on reconnaît le droit coutumier de chacun d'eux comme une partie du pluralisme juridique. Les territoires indigènes sont régis par des conseils réunis, formés et réglementés conformément aux coutumes de leurs communautés. Ceux-ci exercent les fonctions suivantes :

1. Veiller à l'application des normes légales sur les utilisations du sol et le peuplement de leurs territoires ;
2. Concevoir les politiques et les plans et programmes de développement économique et social sur leur territoire, en conformité avec le Plan national de développement ;
3. Promouvoir les investissements publics sur leurs territoires et veiller à leur exécution nécessaire ;
4. Percevoir et distribuer leurs ressources ;
5. Veiller à la préservation des ressources naturelles ;
6. Coordonner les programmes et les projets défendus par les différentes communautés sur leur territoire ;
7. Collaborer pour le maintien de l'ordre public sur leur territoire dans le respect des instructions et des dispositions du gouvernement national ;
8. Représenter les territoires devant le gouvernement national et les autres organismes auxquels ils sont intégrés ; et

[1] « L'étroite relation entre un écosystème préservé et la survie des communautés indigènes qui habitent les forêts humides tropicales transforme les facteurs de détérioration environnementale… en un danger potentiel pour la vie et l'intégrité culturelle, sociale et économique de groupes minoritaires qui, vu leur diversité ethnique et culturelle, ont besoin d'une protection spéciale de l'État (article 13 de la Constitution). L'inaction de l'État, après avoir causé de graves dommages à l'environnement d'un groupe ethnique, vu l'interdépendance biologique de l'écosystème, peut contribuer passivement à la perpétration d'un ethnocide, consistant en la disparition forcée d'une ethnie (article 12 de la Constitution) par la destruction de ses conditions de vie et de son système de croyances. » *Cour constitutionnelle*, sentence SU-383/2003 (M. P. Álvaro Tafur Galvis).

[2] Article 246 de la Constitution politique de 1991.

9. Celles qui sont indiquées par la Constitution et la loi[1].

Ces fonctions et attributions impliquent une véritable autonomie de gestion et reconnaissent expressément le rôle et la prépondérance du droit coutumier dans le fonctionnement de chaque territoire[2]. Ceci se reflète dans la capacité de concevoir et de développer leurs politiques, et dans la capacité de gérer leurs ressources économiques[3]. Il est intéressant de voir que parmi les fonctions propres des conseils indigènes figure la protection des ressources naturelles ; plus qu'une obligation, ce but peut apparaître plutôt comme une reconnaissance de ce lien étroit avec la terre qu'il est peut-être impossible de rationaliser dans la perspective occidentale[4].

Toutefois, cette autonomie n'est pas illimitée, puisqu'en fin de compte ces peuples font encore partie de la nation colombienne et sont soumis à la juridiction colombienne. Il y a alors la condition que ces normes et procédures coutumières ne peuvent pas être contraires à la Constitution et aux lois de la République[5]. Ceci pourrait être interprété comme une charge trop lourde pour que l'autonomie soit réelle et effective, et pour cette raison, il convient de s'arrêter sur ce sujet. Ces limites à l'autonomie sont prévues pour éviter de priver certains membres des communautés indigènes autonomes des garanties contenues dans la Constitution, surtout celles relatives aux droits fondamentaux. Ce sujet a été abordé par la Cour constitutionnelle qui a eu l'occasion de contrôler différentes lois, y compris certains droits constitutionnels par rapport aux limites de l'autonomie indigène. Ses jugements ont été constants : l'autonomie doit conserver la marge d'action la plus large possible, et c'est la raison pour laquelle ses limites sont ellesmêmes limitées par le « noyau essentiel » des droits fondamentaux[6].

---

[1] Article 330 de la Constitution politique de 1991.

[2] Si le lecteur souhaite approfondir le thème de l'interaction de la juridiction ordinaire sur les régimes spéciaux, en plus d'une longue explication des effets des lois nationales colombiennes sur le droit coutumier des peuples indigènes, il peut se référer aux articles réunis *in* Boaventura DE SOUSA SANTOS et Mauricio GARCIA VILLEGAS, *El caleidoscopio de las justicias en Colombia. Análisis socio-jurídico* Bogota, Siglo del Hombre Editores y Universidad de los Andes, 2001.

[3] Pour une analyse sociojuridique des juridictions indigènes en Colombie, voir Boaventura DE SOUSA SANTOS, « El significado político y jurídico de la jurisdicción indígena », *in* Boaventura DE SOUSA SANTOS et Mauricio GARCIA VILLEGAS (eds), *El caleidoscopio de las justicias en Colombia. Análisis socio-jurídico*, Bogotá, Siglo del Hombre Editores y Universidad de los Andes, 2001.

[4] Les chartes des droits indigènes des constitutions d'Équateur (2008) et de Bolivie (2009) comportent des dispositions similaires, comme nous l'avons déjà indiqué dans notre article.

[5] Article 246 de la Constitution politique de 1991.

[6] Compatible avec l'article 8 (2) de la convention 169 de l'OIT : « Les peuples intéressés doivent avoir le droit de conserver leurs coutumes et leurs institutions dès lors qu'elles ne sont pas incompatibles avec les droits fondamentaux définis par le système juridique national et avec les droits de l'homme reconnus au niveau international. Des procédures doivent être établies, en tant que de besoin, pour résoudre les conflits éventuellement soulevés par l'application de ce principe. » Dans le cas colombien, lesdites procédures sont : « (1) une plus

Dans le jugement d'unification qui a rassemblé la jurisprudence sur l'autonomie indigène, dans lequel elle a jugé spécifiquement les limites à l'autonomie quand celle-ci est confrontée à la liberté de cultes[1], la Cour a donné la raison aux autorités de la réserve Arhuaco ou Ika qui ont empêché la construction d'un temple pentecôtiste, considérant que celui-ci constituait une atteinte à son autonomie, à son existence et à ses droits culturels. La Cour a affirmé, à cette occasion, qu'« ... en matière de communautés indigènes, la charte politique consacre un régime de conservation de la diversité dans l'unité [selon lequel] la survie culturelle n'est possible qu'avec un haut degré d'autonomie[2] ». De ceci découle que le principe général de diversité ethnique et culturelle « ne pourra être limité que quand son exercice ne connaîtra pas de norme constitutionnelle ou légale d'un organisme plus élevé que le principe que l'on prétend restreindre ». Par conséquent, les seules limites de l'autonomie normative et juridictionnelle ne peuvent être que « celles relatives "à ce qu'il s'avère vraiment intolérable parce que portant atteinte aux biens les plus précieux de l'homme"[3] ». Cette jurisprudence est cohérente avec la proposition de De Sousa Santos selon lequel les sociétés doivent aspirer à un véritable pluralisme juridique[4], qui ne peut être atteint que quand l'intégration cesse d'être un simple formalisme symbolique.

Le régime spécial de protection comporte la redistribution des ressources fiscales aux groupes ethniques d'ascendance indigène ou africaine[5]. Dans ce cas, l'organisation territoriale de l'État dispose que les garanties indigènes et les territoires collectifs des communautés noires ont une structure semblable à celle des communes, et c'est la raison pour laquelle ils partagent aussi une partie des ressources et des revenus de la nation[6]. Ce ne sont pas des entités territoriales au sens strict, parce qu'ils sont placés sous un régime *sui generis* de propriété collective, adoptée conformément à la convention 169 de l'OIT.

---

grande conservation des us et coutumes, une plus grande autonomie et (2) le noyau essentiel des droits fondamentaux constitutionnels constitue le minimum obligatoire de coexistence pour tous les particuliers. » Règles d'interprétation établies par la sentence T-254/1994.

[1] Article 19 de la Constitution politique de 1991 : « La liberté de cultes est garantie. Toute personne a le droit de pratiquer librement sa religion et de la diffuser individuellement ou collectivement. Toutes les confessions religieuses et toutes les Églises sont également libres devant la loi. »

[2] *Cour constitutionnelle*, SU-510/1998 (M. P. Eduardo Cifuentes Muñoz), citant les sentences T-405/1993 (M. P. Hernando Herrera Vergara) et T-254/1994 (M. P. Eduardo Cifuentes Muñoz).

[3] SU-510/1998, citant la sentence T-349/96 (M. P. Carlos Gaviria Díaz).

[4] Boaventura DE SOUSA SANTOS, « Law: A Map of Misreading », *op. cit.*.

[5] La Constitution politique de 1991 impose, à l'article 55 transitoire, que soit réglementée la propriété collective des terres des communautés noires du bassin du Pacifique, disposition reprise par la loi 70 de 1993 dite « loi des communautés noires ».

[6] Donna Lee VAN COTT, « Constitutional Reform in the Andes: Redefining Indigenous-State Relations », *in* Rachel SIEDER (ed), *Multicuturalism in Latin America: Indigenous Rights, Diversity and Democracy*, New York, Palgrave Macmillan, 2005, p. 50.

En ce sens, les territoires collectifs ne sont pas des propriétés publiques, comme les communes, ce qui explique que les autorités indigènes peuvent limiter la libre circulation des autres citoyens sur leurs territoires.

La jurisprudence a explicité sa position à ce sujet à l'occasion de l'action de tutelle introduite par l'Association évangélique des nouvelles tribus de Colombie, à laquelle les autorités de la Grande réserve du Vaupés, en pleine forêt amazonienne, ont refusé l'autorisation d'utiliser la piste d'atterrissage située sur leur territoire, car ils ne voulaient pas les aider dans leur mission de conversion au christianisme des peuples qui habitent sur ces territoires. La Cour a estimé que cette décision des autorités était conforme à l'article 22 de l'Accord de San José qui protège la propriété privée et les droits collectifs à la terre consacrés par la II^nde partie de la convention 169 de l'OIT[1].

Depuis ses débuts, la Cour a adopté une position forte en ce qui concerne la définition des communautés indigènes, laquelle a été pleinement confirmée par les dispositions de l'article 8 (1) de la convention 169 de l'OIT, en vertu duquel, « En appliquant la législation nationale aux peuples intéressés, il doit être dûment tenu compte de leurs coutumes ou de leur droit coutumier ». Cette haute juridiction a souligné que « les communautés indigènes ne sont pas juridiquement comparées à une simple association. Elles sont une réalité historique, dynamique, caractérisée par des éléments objectifs et subjectifs qui ne sont pas réduits à l'*animus societatis* propre aux associations civiles[2] ». Au contraire, en suivant l'esprit constitutionnel du pluralisme et du multiculturalisme, les peuples et les communautés ethniques doivent être soutenus dans leur processus de récupération de l'identité, en même temps que la conscience collective qui la délimite et lui donne un sens propre doit être confortée.

Cette reconnaissance de la libre détermination et de la capacité de gouvernement des peuples indigènes, fondée sur les dispositions de droit coutumier, est aussi constituée comme un outil juridique destiné à faire respecter la position que les différents peuples indigènes du pays partagent sur les « mégaprojets » de développement. On pourrait également avancer l'argument selon lequel si le régime de reconnaissance et de protection des peuples indigènes de la Constitution de 1991 avait été plus paternaliste, les décisions de la Cour ne revêtiraient pas un caractère aussi progressiste[3]. En

---

[1] Cour constitutionnelle, sentence T-257/1993 (M. P. Alejandro Martínez Caballero) ; Convention américaine des droits de l'homme, adoptée le 21 novembre 1969, 1144 UNTS 123 (entrée en vigueur le 18 juillet 1978) (« Pacte de San José »).

[2] T-257/1993.

[3] Par exemple, il est intéressant de soulever la question de l'extension du droit collectif de participation citoyenne des peuples indigènes, développé dans la ligne jurisprudentielle des jugements suivants de la Cour constitutionnelle dont le sujet commun était l'absence de mécanismes adéquats de participation préalable au débat et l'adoption de lois importantes et de politiques publiques nationales : C-891/2002 (M. P. Jaime Araújo Rentería, sur l'inconstitutionnalité du Code minier) ; C-461/2008 (M. P. Manuel José Cepeda Espinosa, sur

effet, au lieu d'imposer un modèle dans lequel primerait la prise de décision sur le développement en suivant un modèle purement vertical, on a choisi de favoriser un modèle horizontal dans lequel les différentes interprétations et les priorités des diverses minorités ethniques du pays jouissent d'un droit de parole et de participation. En ce sens, la Cour a affirmé que le dialogue entre les cultures et les nations donne un sens et un contenu aux droits de l'homme[1].

Dans un autre jugement prononcé à l'occasion d'une action publique en inconstitutionnalité qui portait sur la constitutionnalité d'une loi votée au XIXe siècle qui réglementait la façon d'assimiler les « sauvages » à la vie en société par l'envoi de missions, la Cour en a profité pour souligner qu'il existe dans le pays quatre-vingt-un peuples indigènes, dont les systèmes juridiques peuvent être classés en vingt-deux groupes qui, en vertu de l'autonomie et du pluralisme juridique, opèrent de manière concomitante avec le système juridique colombien[2]. Le tribunal a soutenu que « l'efficacité du droit à la diversité ethnique et culturelle et la valeur du pluralisme ne peuvent être obtenues de manière satisfaisante que si l'on accorde un vaste espace de liberté aux communautés indigènes[3] ». La décision confirme l'interprétation selon laquelle, même si l'article 246 de la Constitution établit des limites à l'autonomie gouvernementale des peuples indigènes, les décisions judiciaires doivent appliquer une large marge de tolérance quand elles se prononcent sur les conflits entre des dispositions de droit coutumier et des normes nationales. C'est la thèse des *minimums juridiques*, qui établit que si les garanties aux droits de l'homme fondamentaux, comme l'interdiction de l'esclavage et le respect du droit au procès équitable, restent intactes, alors les communautés sont libres d'appliquer leurs lois et procédures coutumières[4]. La Cour a appliqué et développé systématiquement cette jurisprudence[5].

---

la constitutionnalité du Plan national de développement) ; C-030/2008 (M. P. Rodrigo Escobar Gil, sur la loi forestière générale) ; et C-175/2009 (M. P. Luis Ernesto Vargas Silva, sur la constitutionnalité du Statut de développement rural).

[1] T-254/1994.

[2] Cour constitutionnelle, sentence C- 139/1996 (M. P. Carlos Gaviria Díaz), se fondant sur des concepts évoqués par les experts Carlos Perafán et Esther Sánchez.

[3] *Ibid.*.

[4] Rachel SIEDER, « The Judiciary and Indigenous Rights in Guatemala », *International Journal of Constitutional Law*, 5 (2), 2007, p. 222. Rachel Sieder compare également l'attitude progressiste et respectueuse de la Cour constitutionnelle avec d'autres hautes juridictions, plus conservatrices, en Amérique latine, comme la Cour suprême du Guatemala, qui tendent à favoriser l'interprétation univoque du droit au procès équitable de la société dominante.

[5] La sentence SU-510/1998 lie le respect de ces « minimums juridiques » au « noyau essentiel » des droits de l'homme de telle sorte que les principes unifiés dans ce jugement sont ceux que doivent appliquer aujourd'hui les magistrats pour juger des actions de tutelle que soulève ce type de conflits.

L'application nationale de la convention 169 de l'OIT : l'évolution de la participation liée au droit collectif à la terre

La titularité du droit collectif et inaliénable à la terre est protégée par la Constitution[1] et par la convention 169 de l'OIT[2], laquelle faisant partie du bloc de constitutionnalité[3]. En vertu de l'article 93, les obligations contenues dans le traité peuvent prévaloir sur les lois ou les décrets nationaux, et même sur la Constitution elle-même, dans les cas où ceux-ci sont moins favorables[4]. Par conséquent, les obligations du traité sont contraignantes et directement applicables. La Colombie a fait l'objet, à deux occasions, d'un scrutin devant les comités de l'OIT, en vertu de l'article 24 du statut de cet organisme[5]. La raison est l'incapacité de l'État à remplir les conditions de participation fixées par l'article 6[6] qui définit le droit à la consultation préalable. L'explication de ces insuffisances découle directement de l'imperfection de la disposition constitutionnelle relative à la consultation. L'article 330 établit :

> L'exploitation des ressources naturelles dans les territoires indigènes sera faite sans porter atteinte à l'intégrité culturelle, sociale et économique des communautés indigènes. Dans les décisions qui sont adoptées au sujet de cette exploitation, le gouvernement favorisera la participation des représentants des communautés concernées[7].

---

[1] L'alinéa 2 de l'article 329 de la Constitution politique de 1991 déclare que « les protections sont de propriété collective et sont inaliénables ». Dans le même sens, voir l'article 55 transitoire qui ordonne la reconnaissance de la propriété collective du bassin du Pacifique, qui serait réglementée par la loi 70 de 1993.

[2] Entré en vigueur dans le pays par la loi 21 de 1991 relative à l'approbation de la convention 169 sur les peuples indigènes et tribaux dans les pays indépendants, adoptée par la 76e réunion de la Conférence générale de l'OIT, Genève, 1989.

[3] Le bloc de constitutionnalité, selon les termes d'Uprimny, « fait référence à l'existence de normes constitutionnelles qui n'apparaissent pas directement dans le texte constitutionnel. Qu'est-ce que cela signifie ? Quelque chose qui est très simple mais qui a en même temps des conséquences juridiques et politiques complexes : qu'une constitution peut être normativement un peu plus que le texte constitutionnel lui-même, c'est-à-dire que les normes constitutionnelles, ou du moins supralégislatives, peuvent être plus nombreuses que celles qui peuvent se trouver dans le texte de la constitution écrite ». cf. Rodrigo UPRIMNY, *Bloque de constitucionalidad, derechos humanos y nuevo procedimiento penal*, disponible sur le site web Dejusticia.org : <http://www.dejusticia.org/index.php?modo=interna&tema=estado_de_derecho&publicacion=73>.

[4] Article 93 de la Constitution politique de 1991 : « Les traités et conventions internationales ratifiés par le Congrès, qui reconnaissent les droits de l'homme et qui prohibent leur limitation dans les états d'exception, prévalent dans l'ordre juridique interne. Les droits et devoirs consacrés dans cette charte sont interprétés conformément aux traités internationaux sur les droits de l'homme ratifiés par la Colombie. »

[5] *International Labour Organization (ILO) Constitution*, 15 UNTS 40 (entered into force April 1919).

[6] Por une analyse critique des répercussions de ces comités, voir Ana Lucía MAYA AGUIRRE, *op. cit.*.

[7] Article 330 de la Constitution politique de 1991.

La rédaction de cet article est très plate et, par conséquent, celui-ci peut être interprété – en particulier l'expression « il favorisera » – comme un guide qui exhorte à déployer les plus grands efforts, mais qui manque de portée impérative forte. L'objectif de l'exécutif et du législatif était que l'article 330 constitue une application satisfaisante de la convention 169 de l'OIT.

Au contraire, les obligations établies par la convention 169 ne laissent aucune place à la spéculation. Les conditions de la consultation sont obligatoires : la consultation doit être faite « par des procédures appropriées, et en particulier à travers leurs institutions représentatives, chaque fois que l'on envisage des mesures législatives ou administratives susceptibles de les toucher directement[1] ». En outre, elles « doivent être menées de bonne foi et sous une forme adaptée aux circonstances, en vue de parvenir à un accord sur les mesures envisagées ou d'obtenir un consentement de celles-ci[2] ».

Dans l'affaire historique de la communauté U'wa contre l'agence gouvernementale de pétrole, Ecopetrol y Oxy, le tribunal a précisé les conditions de consultation sur la base des paramètres de la convention 169 de l'OIT[3] et a souligné l'importance de renforcer les moyens de communication et de compréhension comme base de la bonne foi. Au moins trois conditions doivent être satisfaites dans la procédure de consultation. Tout d'abord, la communauté doit avoir accès à l'information complète sur tous les aspects du projet. De plus, elle doit être informée sur les effets que le projet proposé peut avoir sur les aspects sociaux, économiques, culturels et politiques des vies. Enfin, elles doivent avoir l'occasion de considérer, à l'abri des pressions, les avantages et les inconvénients de la situation[4]. L'une des objections sur les conditions de la consultation est que celle-ci peut être utilisée pour saboter le développement, ce qui affecterait l'esprit de conciliation du mécanisme. Toutefois, la Cour a été claire sur le fait que ce droit fondamental ne constitue pas un droit de veto, mais est l'une des manifestations du processus démocratique en Colombie. Ceci ne peut pas être une excuse pour l'adoption de décisions arbitraires[5]. De la même manière, aucun projet, mesure ou activité à caractère législatif ou administratif qui peut affecter

---

[1] Article 6 (1) de la convention 169 de l'OIT.

[2] Article 6 (2) de la convention 169 de l'OIT.

[3] Deux articles proposent une analyse détaillée de ce jugement : Lilian APONTE MIRANDA, « The U'wa and Occidental Petroleum: Searching for Corporate Accountability in Violations of Indigenous Land Rights », *American Indian Law Review*, 31 (2), 2006-2007 (Symposium: Lands, Liberties, and Legacies: Indigenous Peoples and International Law), p. 651; Taehwa LEE, « Conflicts and Dialogues Among Technological, Ecological, and Indigenous Paradigms in a Globalized Modernity: A Case Study of the U'wa Peoples' Struggle Against Oil Development in Colombia » *Bulletin of Science, Technology & Society*, 2008.

[4] Cour constitutionnelle, sentence SU-039/1997 (M. P. Antonio Barrera Carbonell, se prononçant sur l'affaire de la communauté U'wa).

[5] La Cour a développé cette jurisprudence dans le jugement qui déclara l'inconstitutionnalité du Statut national de développement rural. Sentence C-175/2009.

l'environnement, les croyances spirituelles, les institutions ou les valeurs culturelles d'un groupe indigène déterminé, ne peut être mené à bien sans remplir les conditions établies. C'est ce que l'on attend du gouvernement colombien lorsque l'on considère les mesures qui peuvent affecter directement les peuples indigènes[1].

L'affaire *U'wa* a soulevé une polémique en raison de la difficulté de concilier la consultation avec le développement, un défaut fondamental de l'article 330 qui n'a pas été évoqué à cette occasion. D'une part, le processus de consultation n'était pas considéré comme obligatoire pour les décisions législatives de caractère général. D'autre part, la consultation est seulement facilitée quand le développement ou le projet doit être réalisé dans une propriété collective. Ces lacunes normatives ont été évoquées dans la sentence rendue sur la constitutionnalité de la loi générale forestière[2], qui constitue un événement marquant dans l'histoire de la participation en Colombie.

La discrimination positive dans la procédure législative : le cas de la loi générale forestière

La loi générale forestière a été approuvée par le Congrès en avril 2006[3]. Celle-ci établissait le cadre juridique général des activités forestières sur tout le territoire national, y compris dans les zones protégées, les réserves indigènes et les terres appartenant aux peuples d'ascendance africaine. Des environnementalistes et des militants des droits de l'homme ont largement critiqué cette loi, alléguant qu'il s'agissait d'un recul par rapport aux résultats obtenus par la législation nationale en matière de protection de l'environnement[4]. De gros efforts, infructueux, ont été faits pour que cette loi soit déclarée inconstitutionnelle[5]. Finalement, un groupe d'avocats agis-

---

[1] Article 6 (1) de la convention 169 de l'OIT, à rapprocher de l'article 7 (1) qui proclame : « Les peuples intéressés doivent avoir le droit de décider de leurs propres priorités en ce qui concerne le processus du développement, dans la mesure où celui-ci a une incidence sur leur vie, leurs croyances, leurs institutions et leur bien-être spirituel et les terres qu'*ils occupent ou utilisent d'une autre manière*, et d'exercer autant que possible un contrôle sur leur développement économique, social et culturel propre (nous soulignons). »

[2] C-030/2008.

[3] Loi 1021 de 2006 par laquelle la Loi générale forestière est publiée.

[4] Manuel Rodríguez Becerra, ancien ministre de l'Environnement, affirme que l'un des facteurs déterminants expliquant que la Colombie conserve autant d'écosystèmes forestiers en bon état est que 35 millions d'hectares sont détenus par des minorités ethniques. Manuel RODRÍGUEZ BECERRA, « Ley forestal y campeonato ambiental », *El Tiempo* (Bogota), 29 janvier 2008 <http://www.eltiempo.com/archivo/documento/MAM-2809343> ; voir également Grupo de Derecho de Interés Público de la Facultad de Derecho de la Universidad de los Andes (G.-DIP), « ¿Por qué se cayó la Ley Forestal? », *Semana* (Bogota), 8 février 2008, <http://www.semana.com/on-line/articulo/por-que-cayo-ley-forestal/90896-3>.

[5] Par exemple, une action de tutelle introduite par le Conseil régional indigène amazonique (CRIMA) qui représente les intérêts des ethnies Uitoto, Andoque, Muinane et Nonuya. Cour constitutionnelle, sentence T-382/2006 (M. P. Clara Inés Vargas Hernández).

sant *pro bono* a introduit une action d'inconstitutionnalité en alléguant que le Congrès avait violé l'article 6 de la convention 169 de l'OIT en omettant complètement la condition de la consultation des minorités ethniques qui pourraient être affectées par la mise en œuvre de ladite loi[1].

La Cour a donné la raison aux demandeurs. Elle a estimé que le droit à la consultation préalable à l'approbation d'une législation qui réglemente l'exploitation ou l'affectation des ressources naturelles est un droit de l'homme fondamental de caractère collectif des communautés indigènes[2], qui cherche à garantir la diversité culturelle à travers la participation publique. Elle rappelle que la consultation est un droit qui figure dans la Constitution et qui a fait l'objet de développements par la jurisprudence constitutionnelle, et elle estime que son omission ne peut être considérée comme un simple « vice de procédure », comme l'ont affirmé les représentants des pouvoirs exécutif et législatif. Bien que toute loi-cadre ne doive pas être soumise à la consultation préalable, la loi en l'espèce était différente. Le jugement a souligné que les moyens de subsistance, la culture et les croyances des peuples d'ascendance indigène et africaine étaient liés à leur environnement et que, pour cette raison, cette loi était susceptible de les affecter. La consultation constituait donc une condition obligatoire, dont l'omission justifiait la censure de la loi dans sa totalité[3].

Ce jugement a donné naissance au précédent selon lequel le droit à la participation par la consultation préalable est un mécanisme de discrimination positive. Ainsi, celui-ci garantit la création et le développement d'espaces d'intégration de minorités ethniques traditionnellement marginalisées. Ces espaces comprennent la possibilité d'influencer le vote de dispositions législatives avant même le début des débats au Congrès. Ce débat a été accueilli comme une avancée de la plus haute importance en matière de reconnaissance des droits fondamentaux et du pluralisme juridique dans le pays.

Conclusions

La conceptualisation des droits des peuples indigènes en tant que droits collectifs et non individuels s'est heurtée à une forte opposition de la doctrine et a été l'un des facteurs qui ont retardé les négociations sur la Déclaration des droits des peuples autochtones. Dans notre article, nous avons réfuté les arguments fréquemment avancés contre ces droits, en faisant valoir que ceux-ci sont un outil essentiel pour obtenir une reconnaissance du pluralisme juridique dans des États qui se sont eux-mêmes reconnus comme étant multiculturels.

---

[1] Les requérants alléguèrent que l'adoption de cette loi violait les articles 1, 2, 3, 7, 9, 13, 93 et 330 de la Constitution.

[2] Voir le titre III 3 de cet article, qui rappelle que la Cour avait déjà retenu une conception de l'environnement différente de celle des peuples indigènes.

[3] C-030/08.

On a fait valoir que les droits collectifs n'étaient pas un caprice des traités internationaux qui leur ont été consacrés, comme la convention 169 de l'OIT et la Déclaration sur les droits des peuples autochtones. Leur intégration expresse dans ces deux instruments a été le résultat d'un fort lobbying par lequel des peuples indigènes du monde entier se sont unis pour parler d'une seule voix afin de l'obtenir. Cette initiative a été suivie par des affaires importantes devant des tribunaux internationaux, ainsi que par les législations nationales de plusieurs pays.

De même, nous avons réfuté l'argument selon lequel il n'y a rien d'assez spécial dans une minorité pour estimer qu'elle mérite d'être titulaire d'un droit collectif. À ce sujet, nous avons retenu la théorie des droits constitutifs de Mitnick pour justifier la raison pour laquelle ce type de droits renforce l'identité culturelle et les liens des peuples indigènes traditionnellement marginalisés. Nous nous sommes finalement interrogés sur les arguments des écoles individualiste et collectiviste, en concluant, d'une part, que l'utilisation de droits collectifs comme mécanismes de protection des peuples indigènes n'agissent pas au détriment des droits individuels de leurs membres, d'autre part, qu'elles ne sont pas non plus utilisées comme un outil de domination. Il ne s'agit pas plus d'un simple cliché.

Dans le cas colombien, nous avons démontré que les peuples indigènes ne sont pas seulement titulaires de droits de l'homme individuels et universels proclamés par la Constitution et les conventions internationales, mais sont également titulaires d'un ensemble de droits de l'homme collectifs. Ces droits ont été développés de manière cohérente par la jurisprudence de la Cour constitutionnelle.

Les droits de l'homme collectifs dont jouissent les peuples indigènes en Colombie constituent les cinq catégories de droits reconnus par des normes spéciales de droit international et par la doctrine, à savoir : 1) la libre détermination et l'autonomie de gouvernement, 2) les droits sur les territoires ancestraux et les ressources qu'ils renferment, 3) les droits de participation et de consultation publique, 4) l'intégrité culturelle et 5) la non-discrimination.

En outre, le renforcement constant du droit à la consultation préalable a permis aux peuples indigènes de devenir des acteurs politiques. La Cour a explicitement rappelé aux Colombiens qu'il s'agissait d'une mesure de discrimination positive, ayant la valeur d'un droit fondamental, qui cherchait à garantir que la protection du multiculturalisme en Colombie ne reste pas simplement une déclaration « romantique » dans la Constitution. Vingt-deux années après la promulgation de la Constitution, il est possible d'affirmer que le pays a en effet répondu et agi, au moins au sommet de la hiérarchie judiciaire, de manière cohérente en faveur du multiculturalisme et du pluralisme juridique.

LE POUVOIR JUDICIAIRE COMMUNAUTAIRE DANS LES ANDES ET L'AMAZONIE PÉRUVIENNE. UNE APPROCHE À PARTIR DES ORGANES ET DES PROCÉDURES DE RÉSOLUTION DES CONFLITS CHEZ LES AYMARAS ET LES AGUARUNAS

Antonio PEÑA JUMPA

Le présent travail est fondé sur une étude plus large réalisée à partir de deux études de terrain : l'une dans le Sud Andin – dans la microrégion d'Huancané, dans la région de Puno (en 1988, 1991, 1999 et 2002) –, l'autre dans le Nororiente amazonien péruvien du nord-est – dans la microrégion de l'Alto Marañón de Bagua, dans la région d'Amazonas (2009).

Dans la microrégion d'Huancané, nous avons étudié les communautés aymaras[1] de Calahuyo (environ 250 habitants), de Titihue (environ 1 240 habitants) et de Tiquirini-Totería (environ 284 habitants), toutes appartenant à la ligue agraire « 24 de junio » d'Huancané, sur l'Altiplano péruvien, à 4 000 mètres d'altitude.

Dans la microrégion de l'Alto Marañón, nous avons étudié les communautés aguarunas[2] de Yamayakat (environ 388 habitants), de Nazareth (environ 950 habitants) et de Wachapea (environ 600 habitants), toutes appartenant à l'Union centrale des communautés aguarunas de l'Alto Marañón (OCCAAM), situées en Amazonie et disposant chacune de plus de 1 000 hectares de forêts.

Ces études de terrain ont permis d'établir l'existence d'un pouvoir judiciaire communautaire au sein de ces communautés et dans les relations intercommunautaires, caractérisé par l'application de systèmes de résolution de conflits basés sur une typologie propre de ces derniers, l'existence d'organes de résolution et de procédures appliquées dans la résolution des conflits,

[1] Les communautés aimaras ou aymara peuvent être identifiées comme un groupe ethnique historique qui habite le Sud Andin péruvien, le Nord Andin bolivien et le Nord Andin chilien. Son passé historique s'identifie avec la culture Tiahuanaco, qui dominé la région avant les Waris et les Incas.

[2] Les communautés awajun ou aguarunas, à leur tour, peuvent être identifiées comme faisant partie des soixante-quatre ou soixante-neuf groupes ethniques vivant dans le nord de l'Amazonie péruvienne. C'est le second plus nombreux groupe ethnique de l'Amazonie, après les Asháninkas.

l'obtention d'accords ou de décisions finales sur les conflits déjà résolus, et des formes particulières d'application desdits accords ou décisions (PEÑA, 2004 et 2009)[1].

La recherche a été facilitée par des travaux antérieurs sur le Sud Andin (PEÑA, 1991, 1998 et 2004) et le Nororiente amazonien (PEÑA 2009). Toutefois, l'apport le plus important est constitué de nombreux travaux publiés depuis les années soixante-dix au Pérou, notamment les travaux pionniers de Desco (1977), de Ballón (1980), de Pásara (1983), de Brandt (1986), de Price et Iturregui (1984), de Price et Revilla (1992), mais aussi de ceux d'Ardito (1991), de Starn (1991), d'Urteaga (1992), d'Yrigoyen (1993), de Villavicencio (1994), de Torres (1995), d'Huber (1995), et des travaux d'Aranda (2002), de Ramirez (2007), d'Acevedo et Muñoz (2007), de Brandt et Franco (2006, 2007), de Brandt (2013), de La Rosa et Legaggi (2013).

Les développements suivants ne reprennent qu'une partie de l'ethnographie déjà effectuée. Nous ne tirons de la réalité du pouvoir judiciaire communautaire des communautés andines et amazoniennes étudiées que l'expérience de leurs organes de résolution avec leurs procédures respectives de résolution des litiges. À partir de ces organes et de ces procédures, nous prétendons démontrer, tout d'abord, la présence de systèmes propres de résolution de conflits à l'intérieur des communautés mentionnées, qui permettent de confirmer l'existence de ce pouvoir judiciaire communautaire au sein des communautés aymaras et aguarunas. Et bien qu'il ait des différences entre chaque groupe de communautés, il y a aussi, dans ces différents groupes, des similitudes.

Nous essayons de retenir les concepts particuliers de chaque expérience de système de résolution de conflits, afin de faciliter leur comparaison. Ainsi, nous essayons de ne pas répéter certains concepts, mais cela n'empêche pas toute redondance ou double interprétation des mêmes concepts vu l'importance et la complexité de chaque expérience.

Par la suite, nous présenterons les enseignements de cette ethnographie sur les organes et les procédures de résolution des conflits.

---

[1] Le concept de pouvoir judiciaire communautaire aymara que nous utilisons comme référence est celui qui, en termes simples, fusionne les concepts de « pouvoir judiciaire » et de « communauté » : « […] le "pouvoir judiciaire" [est] compris comme l'un des pouvoirs classiques de l'État (s'ajoutant aux pouvoirs législatif, exécutif et, dans certains cas, électoral), dont la fonction est de résoudre les conflits dans une société ou un groupe social déterminé, de façon autonome et indépendante ; en cela, le concept de "communauté" se réfère à ce qui pourrait être compris comme des groupes sociaux intégrés par des relations sentimentales (WEBER 1974, 33), avec des caractéristiques économiques, sociales, culturelles et historiques communes, et dont les membres vivent régulièrement dans un espace territorial défini. » (PEÑA 2004, 31).

Les organes de résolution de conflits aymaras

En nous référant aux « organes de résolution », nous souhaitons évoquer les personnes et les autorités qui interviennent dans la résolution de conflits au sein des communautés faisant l'objet de notre étude. Dans l'expérience des communautés aymaras, nombreuses sont les personnes qui interviennent dans cette tâche, et c'est la raison pour laquelle il s'avère difficile de déterminer avec précision quels sont ces organes et, en particulier, quelle est la « juridiction » ou la « compétence » de chacun d'eux.

Dans l'ensemble, nous pouvons parler de deux groupes d'organes de résolution des conflits qui sont fondés sur la même structure d'organisation des communautés et qui suivent la structure même de leurs conflits, comme nous les avons classés dans de précédentes études (PEÑA 1998, 2004) : d'un côté, nous avons ce que nous pourrions appeler des organes familiaux-parentaux ou des organes « informels » de résolution des conflits, et, d'un autre côté, ce que nous pourrions appeler des organes politiques communautaires ou des organes « formels » de résolution des conflits[1].

Dans les deux cas, nous évoquerons différents types de conflits et de procédures par lesquels ils développent leurs activités.

Les organes familiaux-parentaux ou informels

Une telle qualification correspond aux personnes légitimées et à la représentation familiale qui interviennent dans la résolution d'un conflit d'intérêts familial, particulier ou privé (par exemple les conflits matrimoniaux, les procès entre parents, ou les contentieux contractuels)[2]. La légitimation de ces organes peut être trouvée dans la tradition de l'organisation familiale patrilinéaire qui les identifie et dans leur capacité à être considérés comme de « bons membres de la communauté », respectueux des « bonnes mœurs et [du] bon ordre[3] » de la communauté. D'un autre côté, la représentation familiale de ces organes est fondée en priorité sur la qualité d'être, pour chacun d'entre eux, un « individu-famille », ou de faire partie d'un noyau ou d'une parentèle familiaux, c'est-à-dire d'être le fils, le père, le grand-père, le par-

---

[1] La référence au « formel » et à l'« informel » que nous utilisons pour la présente classification est liée aux caractéristiques que dégage Max Weber du droit « matériel » et du droit « formel » (1974). Le premier correspond au droit issu de la volonté du législateur ou du sentiment personnel du juge sans avoir besoin de normes générales, et le second se réfère au législateur et au juge qui se prononcent sur la base des précédents ou des normes préalablement établies et codifiées. Sur cette question, voir TREVES (1988) qui, dans le chapitre V de son ouvrage, présente de façon schématique ces types de droit.

[2] Pour un détail des conflits familiaux et communautaires, auxquels nous nous référerons par la suite, voir les travaux ethnographiques déjà cités (PEÑA, 1998, 2004).

[3] La référence aux « bonnes mœurs » et à l'« ordre » est constante dans les statuts et les règlements des communautés étudiées.

rain ou le filleul, ou le frère aîné dans une famille nucléaire ou étendue[1]. Dans la perspective de cette relation familiale et en tenant compte de la légitimité de l'acteur invoqué, nous pouvons identifier les types d'organes de résolution suivants :

a) Les membres plus âgés de la famille nucléaire (par exemple, le père ou le conjoint, ou le frère aîné), ou de parenté consanguine (par exemple, l'oncle ou les grands-pères). Ils agissent en général comme des représentants des accusés ou comme des médiateurs, en participant à la recherche d'un « règlement » en leur faveur.

b) Les parrains ou les compagnons, de mariage ou de baptême, dans les cas où les filleuls ou les compagnons sont parties à un certain conflit.

c) Les membres de la famille eux-mêmes, par le biais de leurs responsables directs, ceux qui peuvent arriver, par un dialogue horizontal, à une « solution ». Soulignons que les formalités et les accords sont toujours assumés comme une représentation familiale.

d) Les personnes âgées membres de la communauté, qui sont toujours des parents, ou estiment l'être, ou font comme si elles l'étaient. Dans le passé, en raison de leur grande expérience, on recourait à elles pour résoudre tout conflit. Aujourd'hui, elles interviennent plutôt comme des consultants ou des assesseurs, bien qu'elles puissent souvent jouer un rôle de médiateurs.

L'identification et l'utilisation de ces organes ne se résident pas dans une loi étatique ou dans une norme expresse locale, mais dans le « sentiment[2] » et la signification historique que les membres de la communauté ont donnés à leurs relations économiques, sociales et culturelles dans leur cadre familial. La pratique permanente des relations familiales-parentales en tant qu'unités économiques, sociales et culturelles, a fait que, face à un conflit, les membres des communautés ont pour référence les acteurs mêmes de l'environnement familial, en tant que connaisseurs objectifs de chacune de ces unités. Cette identification est sous-entendue et n'a pas besoin d'être écrite. Il s'ensuit que le caractère « informel » de leur activité, du point de vue des autorités officielles de l'État, est doublé d'un caractère obligatoire difficile à comprendre dans l'activité ou la décision « formelle ».

Les procédures mises en œuvre par les organes familiaux

L'activité des organes familiaux est assez commune dans l'ensemble des communautés étudiées. Le cadre de chacun d'eux est la famille nucléaire ou

---

[1] Sur cette question, voir ALBÓ (1988), CANAHUARE (1983), ITURRI (1986), qui font référence à la composition et aux relations de la famille nucléaire et parentale. Voir aussi PLAZA et FRANCKE (1985).

[2] Le mot « sentiment » est très souvent utilisé par les membres des communautés dans la vie quotidienne et dans la résolution de leurs conflits, comme un synonyme d'« affection », pour exprimer le voisinage, la sécurité, de la proximité, l'attachement aux choses et l'amour envers l'environnement familial ou communautaire.

étendue, avec une proximité géographique et écologique, ce qui peut nous conduire à soutenir leur proximité dans la façon d'agir et de raisonner[1]. Nous nous réfèrerons de façon générale aux principaux aspects de la procédure de ces organes.

Quant aux types de conflits entrant dans leurs compétences, les organes familiaux-parentaux cherchent à résoudre des procès particuliers ou d'intérêt familial de chaque communauté. Nous nous référons principalement aux conflits de couple ou de famille (notamment les mauvais traitements, l'adultère, la rupture de la vie commune ou le divorce). Mais nous incluons aussi les conflits relatifs aux limites de parcelles, les conflits entre deux copropriétaires, ou ceux relatifs à la non-exécution d'un contrat de gage immobilier ou de location. Dans tous les cas, la relation familiale-parentale va être propice à un début de solution – si c'est l'autorité communautaire qui tranche définitivement – ou à une solution définitive satisfaisante.

Face à de tels conflits, les organes familiaux ou informels agissent avec un certain degré de spécialisation. Par exemple, les procès de couples relèvent des parents et de leurs défenseurs s'ils cohabitent ; les problèmes de parcelles de terres ou de bornages, qui sont généralement précédées d'une lutte, relèvent des aînés ou des personnes qui ont la meilleure connaissance de la superficie des terrains et auxquels on confie la recherche d'un bon règlement pour la fixation des bornes[2]. Dans le même sens, le conflit relatif à la non-application d'un contrat est résolu par des organes aux mains des parties elles-mêmes.

La spécialisation est d'autant plus fondée que ce sont les parties aux procès elles-mêmes qui sont chargées de dire quel organe doit intervenir. Toutefois, il y a des situations dans lesquelles il y a une obligation pour l'organe d'assumer le conflit. C'est le cas, par exemple, du conflit de couple où les parents, ou les parrains si le couple est marié, interviennent obligatoirement. Ainsi, une rupture de la vie de couple ou une conciliation de couple ne sera pas considérée comme valable si elle n'a pas reçu au préalable le consente-

[1] Il convient de mentionner que les communautés étudiées appartiennent, pour la première, (Titihue) à l'étage écologique de la zone du lac (près du lac Titicaca) située entre 3 800 et 4 000 d'altitude, et la seconde (Calahuyo et Tiquirini-Totería) à l'étage écologique de la zone intermédiaire (entre la zone du lac et la puna) situées entre 4 000 et 4 200 mètres d'altitude. Entre les deux étages écologiques, la différence culturelle, sociale ou économique est minime. Une différence substantielle pourrait être mise en évidence en comparant lesdites communautés avec une communauté de l'étage écologique de la Puna, étant donné les différences de milieu et des activités pratiquées. Toutefois, dans des entrevues réitérées avec des copropriétaires résidant dans ces régions d'altitude, nous avons pu vérifier l'intervention semblable d'organes familiaux dans les procédures de résolution de conflits de leur compétence.

[2] Par le mot « borne », les copropriétaires se réfèrent aux moyens ou aux instruments qui fixent de manière permanente la limite de deux terrains. De tels moyens ou instruments peuvent consister en des pierres ou des plantations qui sont préparées ou réalisées dans ce but.

ment ou le « sentiment » des parents[1] et, dans le même sens, une séparation de personnes mariées ou une conciliation du couple marié ne sera pas considérée comme valable sans l'intervention des parrains[2].

Par référence aux moyens ou aux instruments avec lesquels les organes familiaux-parentaux résolvent les litiges, nous devons souligner le dialogue et l'avis. Le dialogue, en langue aymara, se déroule généralement directement entre les parties privées responsables, ou par le biais du parent ou du parrain plus âgé auquel on se confie le plus, s'agissant d'un conflit interne ou intercommunautaire. C'est la manière la plus pratique et la plus commune de résoudre le litige. S'il n'est pas possible d'arriver à une solution par le dialogue, on recourt généralement à un avis conciliateur qui peut être donné par un parent plus âgé de chacune des parties, ou par une des personnes de la communauté. C'est surtout la sagesse de ces derniers qui suscite l'avis et permet ensuite de résoudre le conflit.

La procédure ainsi expliquée correspond, comme nous l'avons dit, à celle d'une première instance ou d'une instance préalable dans des conflits d'intérêts familiaux ou particuliers. Le fait d'être de première instance explique le fait que ceux-ci relèvent des organes qui sont plus proches des membres de la communauté : le père, le parrain, le frère aîné, l'oncle et jusqu'à l'aïeul lui-même, sont des personnes avec lesquelles on est quotidiennement en contact ou en interaction.

L'activité de base ou préliminaire des organes familiaux des communautés aymaras étudiées peut avoir trois conséquences :

- le litige peut être tranché, et on en reste là, mais sans concrétisation,
- le litige est tranché, mais on demande en outre aux organes officiels que l'accord soit officialisé par écrit dans un acte, et
- le litige n'est pas tranché et, par conséquent, les autorités communautaires sont invitées à prendre une décision[3].

Le premier cas est le plus courant et concerne principalement les conflits familiaux, par exemple, la dispute entre le mari et la femme résolue par les pères ou les parrains, ou le différend de deux frères sur les limites d'un terrain qu'ils ont hérité, et résolu par le père lui-même qui leur a fait un avancement d'hoirie ou par le parent le plus âgé. Dans tous ces cas, il est possible d'arriver à un accord satisfaisant qui ne requiert pas de formalisation. L'une

[1] Voir par exemple, pour Titihue, « Acta de separación de cuerpos (de comuneros convivientes) », *in Libro de Antecedentes*, 29 novembre 1997 ; pour Calahuyo, « Maltrato a la convivienta (y posterior conciliación) », *in Libro de Antecedentes del Teniente*, 6 avril 1984.

[2] Voir par exemple, pour Tiquirini-Totería, « Acta de conciliación (de pareja de casados) », *in Libro del Teniente*, 31 mars 1994, feuillets 16 à 18; pour Calahuyo, « Divorcio o separación de esposos », *in Libro de Antecedentes del Teniente*, 16 septembre 1981.

[3] Ces effets de la procédure de résolution des organes familiaux peuvent être consultés en détail *in* Peña (1998).

des parties se conforme à l'accord, faisant confiance à l'autre pour qu'elle « respecte la parole donnée[1] » en présence des témoins.

Toutefois, il peut découler une seconde conséquence, qui consiste en une certaine nécessité de chercher à ce que l'on formalise l'accord en un acte. Cela peut être souhaité en raison de l'importance et aux garanties d'application que les parties veulent donner au procès résolu. Celles-ci optent pour la formalisation de l'accord ou de la décision finale pour éviter de se retrouver à l'avenir dans la même situation, ou pour éviter d'autres problèmes qui pourraient naître de ce conflit central. Par exemple, pour revenir aux hypothèses de la séparation de corps ou de la rupture de la vie commune, il peut arriver que les parents du couple, le couple lui-même et les témoins ou les parrains des deux côtés, devant les autorités de la communauté, décident la séparation et en fixent les termes : l'indemnisation de la femme, la séparation des biens de la maison et de la récolte, la garde des enfants, la pension alimentaire, etc.[2]. Ils doivent seulement se présenter devant les autorités pour que cet accord soit enregistré dans un acte du livre d'antécédents ou du livre de la directive correspondante de la communauté[3]. Cela dénote ici une certaine défiance ou un mécontentement qui se traduit par l'enregistrement d'un acte[4].

La troisième conséquence est moins fréquente pour les conflits d'intérêts familiaux, particuliers ou privés. Elle peut se produire quand le conflit présente une certaine complexité pour les organes familiaux : par exemple, une querelle précédée de diffamations, avec la responsabilité des deux parties, sans qu'il ait eu de dommage causé à la communauté[5], ou quand l'une des parties ou les deux adoptent un comportement problématique et s'opposent à un règlement rapide du litige[6]. Dans ces cas, les autorités communautaires,

[1] L'« observance du mot engagé » apparaît comme un principe fondamental sur lequel repose le présent type de procédure de résolution. Il constitue l'un des composants de l'« honneur familial » qui, à son tour, est l'un des principes fondamentaux dans chaque famille de la communauté (voir PEÑA 1998 et 2004).

[2] Voir par exemple pour Calahuyo : « Separación de convivientes », *in Libro de Antecedentes*, 25 mai 1977, « Divorcio o separación de esposos », *in Libro de Antecedentes*, 16 septembre 1981 ; pour Titihue : « Reconciliación de joven pareja luego de "separación y lios" », *in Libro de Libro de Antecedentes*, 16 mars 1991, « Acta de diligencia de inventario (de dos jóvenes comuneros separados) », *in Libro de Antecedentes*, 15 avril 1995.

[3] L'acte est un document écrit en espagnol, même si son contenu a été préalablement débattu et décidé en aymara.

[4] Les cas de séparation de concubins ou d'époux, dont les membres du couple sont de communautés différentes, finissent généralement avec cette seconde conséquence.

[5] Voir par exemple pour Calahuyo : « Faltas por palabras malas y/o groseras », *in Libro de Antecedentes*, 4 juillet 1991 ; pour Titihue : « Riña por "palabras bruscas" entre dos familias », *in Libro de Antecedentes*, 16 mars 1991.

[6] À ce sujet, on peut consulter, pour Tiquirini-Totería : « Acta de arreglo de lenderos "sin daños graves" (con fijación de hitos) », *in Libro del Teniente*, 1er avril 1996 ; « Conste el presente acta de transacción comparendo (por problemas de colindancia y daños de las chacras y pastizales) », *in Libro del Teniente*, 4 novembre 1997 ; pour Titihue : « Arreglo sobre

non seulement transcrivent le jugement dans un acte, mais au préalable ou à titre complémentaire, interviennent dans la résolution même du conflit.

Les organes politico-communautaires ou formels

Ils correspondent aux autorités ou aux instances de résolution des conflits affectant l'intérêt de l'ensemble des membres de la communauté et dont la structure correspond directement à l'organisation politique de chaque communauté. Cette organisation est intégrée par deux catégories principales d'organes :

- les autorités communautaires, qui comprennent principalement le président de la communauté et le lieutenant-gouverneur, et
- l'assemblée communautaire, qui constitue l'organe suprême qui recueille la volonté de l'ensemble de membres de chaque communauté (Peña, 1998).

Ces organes correspondent à la structure légale et politique promue, pour les communautés, par l'État péruvien. Au début, avant la reconnaissance des communautés étudiées, le lieutenant-gouverneur apparaissait comme la seule autorité reconnue par l'État pour représenter devant l'ensemble des membres ce que serait le groupe indigène[1]. Dans les années soixante-dix, avec la transformation des groupes indigènes de Titihue, de Calahuyo et de Tiquirini-Totería en communautés, on instaura les conseils d'administration et de surveillance comme organes ou autorités supérieurs. Le conseil d'administration était le plus important parce que le président de la communauté en était issu[2]. Par la suite, les conseils du gouvernement ont laissé la place aux directions communautaires, qui régissent actuellement les communautés, et qui sont composées d'un président – qui est le président de la communauté –, d'un vice-président, d'un secrétaire, d'un trésorier, d'un conseiller et de deux membres[3]. À côté des conseils du gouvernement des communautés, ainsi qu'à côté des directions communautaires, on trouve les

terreno ubicado en Jacha Titihue, entre familiares y con presencia de autoridades », *in Libro de Antecedentes*, 19 janvier 1995 ; pour Calalhuyo : « Conflicto de linderos », *in Libro de Antecedentes*, 5 novembre 1990, et « Arreglo (sobre linderos de terrenos) », *in Libro de Antecedentes*, 1991.

[1] Depuis l'origine de la république du Pérou, le lieutenant-gouverneur des communautés andines bénéficie en général d'une reconnaissance de la part du ministère de l'Intérieur. Celle-ci est confortée par la loi n° 28895 du 6 octobre 2006, entrée en vigueur le 1er février 2007, *Loi de suppression des préfectures et des sous-préfectures*, et par les décrets suprêmes n° 004-2007-IN, 001-2008-IN et 006-2008-IN sur l'organisation et les fonctions des autorités politiques.

[2] Les conseils d'administration ou de surveillance étaient déjà reconnus par le statut des communautés paysanes, établi par le décret suprême n° 037-70-A de 1970.

[3] L'actuelle directive communautaire qui régit les communautés paysanes a fait l'objet de la loi n° 24656, *Loi générale des communautés paysanes*.

assemblées communautaires en tant qu'autorités ou instances suprêmes de chaque communauté.

La reconnaissance officielle des autorités et des assemblées communautaires par l'État nous conduit à identifier ces organes comme « formels ». Ce sont elles qui sont investies de certaines attributions qui leur permettent d'entretenir des relations cordiales avec les autorités politiques, comme le sous-préfet ou le gouverneur de la province et du secteur, et avec les autres fonctionnaires des ministères qui interviennent dans la région[1]. Toutefois, une telle relation formelle n'implique pas, en matière de résolution de litiges, que les autorités et les communautés soient tenues d'exercer des attributions ou d'appliquer des procédures rigides, comme nous le verrons.

Les autorités communautaires et leur procédure de résolution de conflits

Les autorités communautaires sont des personnes dotées d'attributions spéciales au sein de chaque communauté et avec des fonctions de représentation devant d'autres communautés et devant des organismes étatiques, exercées temporairement et à tour de rôle. Dans les communautés étudiées, comme nous l'avons indiqué, ces personnes sont le président de la communauté et le lieutenant-gouverneur de la communauté ou du secteur de la communauté[2].

Dans les procédures de résolution de litiges, ces autorités interviennent accompagnées de plusieurs membres de la direction communautaire, comme le vice-président, le secrétaire ou le trésorier, et les deux « gendarmes » ou « commissaires » qui accompagnent toujours le lieutenant-gouverneur du secteur ou de la communauté. Dans certaines communautés, peut s'adjoindre un « lieutenant agraire » ou un « lieutenant forestier » qui accompagne les autorités ou intervient dans la résolution de certains conflits. À Titihue, par exemple, le lieutenant forestier est nommé à titre temporaire dans chaque secteur, dans le but de veiller sur les ressources du lac (poissons, roseaux et *llachu*[3]) ainsi que sur les ressources des terres communautaires (les eucalyptus, les arbres en général de la communauté, et la plantation communau-

[1] Par rapport aux ministères du gouvernement central qui sont le plus concernés par les communautés, se distinguent les ministères de l'Agriculture, de la Présidence et de la Femme et du Développement, qui, au cours de ces dernières années, à travers les programmes PRONAMACH, PRONAA, FONCODES et JUNTOS, ont cherché à convoquer les membres des communautés.

[2] À côté de ces autorités, on trouve les membres de la direction communautaire (vice-président, secrétaire, trésorier, conseiller et membres) par rapport au président, et les « commissaires » ou les « gendarmes » par rapport au lieutenant-gouverneur. Entre les membres des communautés prime le critère d'alternance aux charges par famille.

[3] Plante aquatique poussant sur les rives du lac Titicaca et utilisée comme fourrage pour les bovins [NDT].

taire), en intervenant en tant qu'organe de résolution des conflits sur ces questions[1].

Dans des communautés composées de deux ou plusieurs secteurs, comme celles de Titihue et de Tiquirini-Totería, il n'est pas nécessaire que le président intervienne dans chaque procès ou dans chaque procédure de résolution de litige, dans la mesure où la présence du lieutenant du secteur est requise. Par contre, si le conflit ne trouve pas une solution rapide, le président doit intervenir parce que l'affaire pourrait éventuellement être soumise à l'assemblée communautaire[2].

Nous pouvons distinguer l'activité de ces autorités à deux niveaux : d'un côté, au niveau des conflits d'intérêts familiaux, particuliers ou privés, d'un autre côté, au niveau des conflits d'intérêt communautaire ou collectif. En ce qui concerne les conflits particuliers, la fonction des autorités communautaires est, fondamentalement, la formalisation de l'accord auquel sont parvenues les parties du conflit au cours des instances précédentes, et en tout cas la recherche de la résolution du conflit ou de la conciliation des parties au sujet des prétentions respectives. En règle générale, leur intervention ne consiste pas à proposer une solution du litige, mais à faire en sorte que ce soient les parties au conflit qui proposent « la meilleure solution ».

Par contre, quand il s'agit d'un conflit d'intérêts communautaire ou collectif, la fonction résolutoire des autorités communautaires est notoire. L'accès à ces autorités est en effet direct. Tout membre de la communauté peut engager un tel type de procès par le seul fait qu'il est « témoin », par exemple, en ayant assisté à un vol[3] ou à la commission d'un acte immoral[4]. Mais il peut aussi arriver que le fait relève de l'intérêt de toute la communauté (par exemple, un dommage causé à un bien communautaire), et les autorités peuvent alors se saisir de l'affaire de leur propre initiative[5]. De

[1] Le lieutenant agricole ou forestier intervient normalement pour dénoncer des cas de soustraction ou de dommages causés aux ressources du lac ou du terrain communautaire, en prenant part aux auditions (Titihue, mai 1988, mars 1992, octobre 1999).

[2] Dans de nombreuses affaires consignées dans le registre d'actes de Titihue, il est possible de noter, outre l'intervention du lieutenant-gouverneur ou du lieutenant agricole, celle du vice-président, du secrétaire ou du trésorier (voir par exemple Titihue : « Reconciliación de joven pareja luego de "separación y lios" », *in Libro de Antecedentes*, 16 mars 1991). Dans le cas de Tiquirini-Totería, un cas spécial est le secteur de Condoraque, situé à de nombreux kilomètres du siège central de la Communauté et qui, à certaines périodes, a seulement comme autorité le lieutenant-gouverneur du secteur.

[3] On peut, par exemple, se référer à l'affaire de Calahuyo : « Problemas graves (robo) cometido por el hijo de un comunero », *in Libro de Actas* IV, 29 décembre 1997.

[4] Voir par exemple à Titihue : « Llamada de atención y multa a comunero DMR que ha "convevido con señora DL sin terminar con la primera" », *in Libro de Antecedentes*, 6 septembre 1997.

[5] À ce sujet, on peut consulter, par exemple, à Calahuyo : « Acta de sanción (a comuneros) sobre los problemas ocasionados sobre de la tierra comunal », *in Libro de Antecedentes*, 18 juin 1992. On peut aussi prendre comme exemple l'affaire de Titihue : « Decomiso de mallas de pescar », *in Libro de Antecedentes*, 6 juillet 1990.

même, il peut arriver que le fait soit dénoncé ou présenté devant l'assemblée communautaire en formation plénière, mais que celle-ci requière une « enquête » préliminaire avant de rendre sa décision ; la compétence est alors déléguée aux autorités communautaires[1], et ceci bien que la solution de l'assemblée communautaire s'impose toujours.

Dans tous ces cas, qu'il s'agisse des conflits privés – soumis de manière complémentaire et indirecte –, ou des conflits communautaires – directement soumis et par délégation –, les autorités communautaires sont conçues comme des agents de conciliation, de médiation ou d'arbitrage qui cherchent à concilier les parties et, en tout cas, à proposer une décision pour mettre un terme au procès, avant que celui-ci se complique et se développe. Les procédures qu'elles emploient, à leur tour, sont destinées à atteindre un tel objectif.

En effet, dès lors que la partie lésée ou les deux parties s'adressent au bureau des autorités communautaires (qui peut être la maison du président, celle du lieutenant du secteur, ou le local communautaire), les autorités effectuent une enquête rapide et minutieuse. Tout d'abord, elles écoutent les parties familiales intervenantes, s'il s'agit d'un conflit privé, ou la partie familiale « accusée », s'il s'agit d'un conflit collectif. Dans le cas où elles ne parviennent pas à un règlement – en particulier dans les conflits privés d'origine familiale –, les éventuels témoins sont entendus (pour clarifier l'objet du litige, les faits jugés « immoraux » ou les termes du contrat verbal). Elles peuvent aussi chercher à recueillir l'avis des chefs de la communauté ou des anciens (principalement en matière de conflits de bornage) et des pères et des parrains (dans les cas de conflits de couples ou de conflits familiaux en général). Toute la procédure est orale, en aymara, et vise le but fondamental de faire le jour sur les faits.

Une fois les faits étudiés, s'il s'agit d'un conflit privé, les autorités se tournent vers les parties et insistent pour obtenir un accord. Si les parties refusent, les autorités suggéreront ou imposeront une solution. Ce n'est qu'exceptionnellement que les autorités elles-mêmes ne peuvent pas s'assurer de la solution à retenir et, dans un tel cas, elles requerront le soutien de l'assemblée communautaire.

Dans le cas de conflits collectifs, qu'ils soient d'origine familiale ou collective à proprement parler, la procédure expliquée dans sa partie finale est différente. Après avoir étudié les faits, les autorités communautaires en informent l'assemblée communautaire. Au sein de celle-ci, après un éventuel débat, et après avoir recueilli l'avis librement exprimé de tous les copropriétaires, on parviendra à l'accord final.

---

[1] Tel peut être le cas de vol de bétail, comme à Titihue : « Acta de compromiso y robo de ganado (vaca) por JEM », *in Libro de Antecedentes*, 12 janvier 1997. Dans cette affaire, on peut noter que, dans un premier temps, ont été nommés des « commissaires » qui sont à proprement parler les enquêteurs qui accompagnent la direction communautaire et la victime.

L'assemblée communautaire et sa procédure de résolution

L'assemblée communautaire est la réunion de l'ensemble ou de la majorité des membres de la communauté – reconnus par elle comme étant « qualifiés » ou « capables »[1] – convoquée périodiquement ou de façon extraordinaire, dans le but de prendre des décisions sur l'ensemble des activités sociales, économiques et culturelles qui identifient chaque communauté. Dans ces activités, l'assemblée communautaire se présente, à son tour, comme l'organe suprême qui résout les conflits qui affectent l'intérêt de l'ensemble des membres de la communauté. Dans ce travail juridictionnel, il peut s'agir d'un conflit qui, par nature, présente un intérêt particulier (par exemple, un conflit entre certains membres de la famille), et il suffirait par conséquent que les parties s'adressent à leurs organes familiaux-parentaux ou aux autorités communautaires, mais, si ce conflit a également porté atteinte à l'intérêt de la communauté (par exemple que le conflit a éclaté dans le magasin communautaire et a endommagé des meubles de la propriété communautaire), cela est suffisant pour que l'Assemblée communautaire intervienne[2].

Les conflits collectifs peuvent être soumis par tout membre de la communauté ou directement à l'initiative de ses autorités communautaires. De tels conflits sont divers. Il peut s'agir de conflits civils connus (par exemple un dommage au terrain de la communauté, ou l'inaccomplissement d'un contrat de location sur les pâturages communautaires), de conflits pénaux (des « actes immoraux » comme le viol, l'adultère ou l'avortement) ou de conflits agraires (par exemple les litiges relatifs aux limites du terrain communautaire, la protection des voies communautaires, du *llachu* et du jonc communautaires), jusqu'aux conflits liés au gouvernement de chaque communauté (par exemple, le fait de ne pas participer au travail communautaire, ou de ne pas remplir la charge pour laquelle il a été choisi)[3].

Dans tous ces cas, le critère de résolution générale par l'assemblée est celui de la « sanction » des dommages causés, sanction qui est comprise tout d'abord comme la réparation des dommages matériels que l'on a pu provoquer, puis comme une punition ou une peine – qui se traduit par une amende pécuniaire, généralement pour avoir porté atteinte à l'ordre de la communauté, tout en ayant une fonction préventive, en cherchant à éviter la répétition

---

[1] Le membre « qualifié » de la communauté est celui qui a atteint un certain âge, a fondé une famille nucléaire et intervient comme tel dans l'ensemble des activités de la communauté. Par contre, le membre « capable » de la communauté est celui qui, qualifié à son tour, s'est acquitté de l'ensemble des engagements, des obligations ou des sommes décidés par l'ensemble des membres de la communauté.

[2] Voir par exemple le cas de Calahuyo : « Riña y lesiones por difamación (con daños en la tienda comunal) », *in Libro de Antecedentes*, 26 décembre 1983.

[3] Pour de plus amples détails sur les types de conflits, voir PEÑA 1998, 2004.

du procès[1]. Il y a rarement un « arrangement » de l'assemblée communautaire, parce que l'on estime que l'intérêt de la communauté n'est pas négociable à moins que les circonstances et la compréhension des membres de la communauté fassent changer d'avis[2].

Les organes de résolution des conflits aguarunas

Dans les communautés amazoniennes de Yamayakat, Nazareth et Wachapea, on peut aussi identifier des personnes ou des autorités qui interviennent dans la résolution de conflits. Dans ces dernières, on peut distinguer jusqu'à quatre organes de résolution de conflits collectifs ou individuels. Chacun d'eux a à la fois des principes, des critères, des stratégies et, en général, des procédures de résolution des litiges. Ces organes de résolution sont :

- les organes familiaux de résolution de conflits,
- l'*Apu* et la direction communautaire ou le président de la milice et ses miliciens,
- l'assemblée communautaire,
- la justice spécialisée du juge aguaruna représentant de l'organisation OCCAAM.

Les organes familiaux de résolution de conflits

Ils se réfèrent au parent « aîné », aux pères, aux grands-pères ou, en général, à un membre de la famille étendue pour lequel on a un grand respect, comme cela a été aussi souligné dans le cas des Aymaras du Sud Andin péruvien. Ils sont les premiers à être appelés par les personnes impliquées dans un conflit familial pour le résoudre.

Ainsi, les conflits familiaux ou conjugaux sont assumés avant que l'*Apu*[3] et ses autorités, ou les milices dans les communautés qui en possèdent[4],

---

[1] Les présents éléments de la sanction sont développés de façon plus détaillée *in* PEÑA 1998, 2004.

[2] Ce peut être le cas pour les conflits intercommunautaires sur les limites ou les territoires de deux communautés, ou pour la fixation et l'application d'amendes dans certains conflits collectifs par les communautés de la communauté de Titihue. Dans ces derniers cas, on peut noter, dans les actes enregistrés dans cette communauté, que l'accusé ou le condamné arrive assez fréquemment à obtenir la réduction de l'amende. Voir par exemple, à Titihue : « Acta de comparecíencia (por) el delito cometido por el comunero MRB (y aceptación de su retorno a la comunidad) », *in Libro de Antecedentes*, 8 septembre 1995.

[3] L'*Apu* est le chef d'une communauté, d'un groupe ou d'une famille étendue. C'est une personne d'une grande sagesse qui guide ou qui a la capacité de guider sa communauté, son groupe ou sa famille. Depuis ces dernières années, il est identifié avec le Président de la communauté. Dans ce cas, le concept acquiert un caractère plus formel que matériel.

[4] Les milices en tant que forme d'organisation complémentaire à la direction de la communauté ont été mises en œuvre durant ces dernières années dans une partie des communautés étudiées. La communauté de Nazareth a une milice paysane et indigène depuis 2006 ; la

soient saisis par les parents du jeune couple, ou par le parent « aîné » de confiance de l'épouse ou de l'époux concerné (le témoin de mariage, qui n'est autre que le parent « aîné », est un référent important). C'est devant ces organes que l'on développe le processus de conciliation ou de résolution préliminaire et, dans la plupart du temps, il se conclut par une solution. Dans un traitement horizontal et de dialogue, les principes et la recherche de compréhension (stratégie) sont que l'on développe la procédure de résolution avant ces organes. Une fois que ces organes ont trouvé une solution, selon les exigences qui peuvent pousser à celle-ci et à la volonté des parties concernées, on recourt à l'*Apu* et à ses autorités pour enregistrer l'accord.

D'autres conflits familiaux, comme eux impliquant des mineurs, les suicides, de simples querelles ou des blessures, et y compris les conflits de bornage et les dommages[1], suivent le même ensemble de principes (le dialogue horizontal), la même stratégie (la recherche de la compréhension des parties) et les mêmes critères (le règlement pratique du conflit). Ce sont avant tout les parents proches qui sont invités à intervenir et, une fois saisis, une telle procédure familiale est mise en action.

L'intervention des organes familiaux mérite une mention spéciale dans les cas de suicides[2]. Quand une personne se suicide, ce sont ses parents proches qui sont invités à intervenir. Si la personne décédée est un jeune, les parents sont les principaux organes de résolution. Si le défunt est un adulte, les frères ou les membres plus âgés de la famille sont convoqués quand il ne s'agit pas des parents. Dès lors qu'ils ont pris leur responsabilité, ceux-ci peuvent dénoncer le décès devant les autorités[3], mais ils peuvent surtout engager une procédure de recherche pour étudier si l'agissement d'une autre personne est la cause directe du décès. Cette recherche familiale n'est pas complexe si nous comprenons que la vie en communauté le facilite : par exemple, tous les membres de la famille peuvent savoir si le conjoint de la défunte la maltraitait ou non. Par la découverte de cette cause, les organes familiaux auraient pratiquement terminé leur intervention, en cherchant la résolution du conflit face à l'autre partie avec l'appui des autorités (l'*Apu* ou les *Rondas*).

---

communauté de Wachapea, bien qu'elle n'ait pas de milices, a dans son organisation un groupe de policiers communautaires chargés du maintien de l'ordre de la communauté ; enfin, la communauté de Yamayakat n'a pas non plus de milices, mais quand elle demande cette aide, elle recourt aux milices centrales d'une autre communauté, appelée Wawás (PEÑA, 2009).

[1] Pour de plus amples détails sur ces affaires, voir PEÑA, 2009.

[2] Les suicides sont la conséquence de certains conflits entre des jeunes ou des adultes Aguarunas. Sa cause normale se trouve dans des conflits sentimentaux, ou des maltraitances physiques ou psychologiques (PEÑA 2009).

[3] Voir le carnet ou le livre des dénonciations des communautés étudiées. Pour de plus amples détails, voir PEÑA, 2009.

D'un autre côté, s'ajoute aux conflits familiaux une activité particulière des organes de la famille dans les conflits que nous avons appelés « de groupes ». Ici, les organes familiaux sont aussi très importants. Bien que ce ne soit pas de leur compétence de résoudre le conflit communautaire, leur participation peut être déterminante pour mettre un terme à ce dernier : elle participe à la recherche de l'« infraction » et à la définition du règlement qui met fin au litige. Ainsi, dans les cas de violation ou de massacre, le principe de base pour sa résolution est le droit de vengeance qui est avant tout purement familial[1]. Devant un cas de viol ou de décès, ce sont d'abord les organes familiaux qui agissent : avec l'union de leur famille étendue et avec le soutien de leurs autorités, ce sont eux qui recherchent le responsable du viol ou du décès de leur parent, et une fois qu'ils l'ont trouvé (puisqu'il peut appartenir à une autre communauté), ils le soumettent aux autorités de leur communauté. Ce sont en outre ces organes familiaux qui décident s'il revient ou non de « régler » l'affaire sous la forme d'une indemnisation et de préciser son montant.

Finalement, nous pouvons aussi estimer que les organes familiaux aguarunas s'impliquent fortement dans la résolution des affaires familiales, mais ils ont une participation dynamique dans la résolution de leurs conflits communautaires.

*L'*Apu *et sa direction communautaire ou le président de la milice et ses miliciens*

Ce groupe d'organes correspond aux autorités reconnues dans la communauté. À ce sujet, il convient de faire la distinction entre des communautés qui comptent en leur sein une organisation de « milices paysannes et indigènes », comme ils les appellent (communauté de Nazareth), et les communautés qui ne disposent pas de telles milices (communautés Wachapea et Yamayakat). Pour ces dernières communautés sans milice, les autorités qui interviennent dans la résolution des conflits sont l'*Apu* ainsi que des membres de leur direction communautaire (vice-*Apu*, secrétaire, trésorier ou membre). Ils interviennent dans des conflits familiaux et communautaires avec l'appui d'un des policiers communautaires (qui peuvent être plus de vingt par communauté, répartis dans des annexes), qui sont des organes auxiliaires et constituent la force disciplinaire qui fait exécuter les dispositions de l'*Apu* et de sa direction : par exemple, le fait de demander à un accusé de comparaître.

Dans les communautés qui disposent des milices paysannes et indigènes, la fonction de résolution des conflits est partagée entre l'*Apu* et sa direction

[1] Le « droit de vengeance » est le produit d'un conflit familial que la communauté reconnaît comme telle. Toutefois, pour sa matérialisation ou son exécution, le soutien d'autres membres de la communauté persiste, ceci parce que les communautés se composent à proprement parler de familles étendues. Pour plus de détails sur le droit mentionné, voir PEÑA 2009.

communautaire et le président de milices avec leurs miliciens respectifs (qui, à leur tour, peuvent disposer de leur direction de milices). En principe, les milices ne sont autorisées à intervenir que dans six types de conflits communautaires relatifs à l'ordre public ou de conflits internes à la communauté : 1) vol, 2) voie de fait, 3) viol, 4) meurtre et homicide, 5) résistance à l'autorité, et 6) circulation en dehors de l'horaire établi[1]. Toutefois, dans la pratique, bien d'autres conflits, comme l'adultère, et les conflits familiaux en général, leur sont soumis. Cette extension des compétences ne pose pas de problème de compétence avec l'*Apu* et sa direction communautaire, car tous les deux, ainsi que les milices, cherchent de façon pragmatique à trancher les conflits[2]. L'*Apu* est souvent absent de la communauté, pour régler des problèmes de gestion de celle-ci, et le président de milices supplée son absence avec efficacité. Mais, dans des situations extrêmes, dans lesquelles apparaissent des divergences quant à la compétence sur une affaire, l'*Apu* sera préféré au président de milices, parce que sa fonction est plus représentative, sur le plan politique et historique, face à la situation des milices qui sont une organisation récente dans la communauté, créée temporairement, principalement pour faire face à l'accroissement du nombre de vols et d'agressions.

Dans chaque communauté, l'*Apu* et sa direction tiennent un ensemble de livres d'actes. Dans la communauté de Wachapea, ils disposent des livres suivants :

- le livre des dénonciations (de conflits),
- le livre des mariages et des séparations,
- le livre des résolutions (de conflits),
- le livre des réunions (de l'assemblée communautaire).

Dans la communauté de Yamayakat, la tenue de livres n'est pas très différente. L'*Apu* et sa direction tiennent les livres suivants :

- le livre des actes d'assemblée,
- le livre des dénonciations,
- le livre de résolution des dénonciations,
- le livre de caisse,
- le livre du registre social.

---

[1] Entrevue avec Jeremias Taan, Président de la Ronda de Nazareth, Segundo Bakuants, *Apu* de la même communauté, et Jaime Cuñachi, ex-*Apu* de la communauté, mars 2009. Il convient d'ajouter que ces types de conflits peuvent aussi relever de la compétence de l'*Apu* et de sa direction communautaire. Le choix de l'organe de résolution dépendra des parties au conflit.

[2] Dans le cadre de notre travail de terrain, nous avons été témoin d'une relation cordiale entre l'*Apu* et le président de milices dans la communauté de Nazareth (mars 2009). Curieusement, le président de milices est une personne agée (environ soixante ans) et ayant une plus grande expérience dans la communauté ; l'*Apu* est plus jeune (trente-six ans), et est un professeur renommé identifié à la communauté. Ainsi, c'est l'*Apu* de la communauté qui nous a conduit au domicile du président de milices pour continuer l'entrevue.

Dans le cas de la communauté de Nazareth, qui dispose en outre de milices paysannes et indigènes, l'*Apu* et sa direction tiennent des livres semblables à ceux indiqués pour les communautés Wachapea et Yamayakat. Mais elle dispose en outre d'un livre d'actes sur l'exercice du pouvoir des milices, intitulé « Livre d'actes de résolution des conflits ». Dans ce dernier livre, le président de milices avec ses miliciens enregistre tant les dénonciations que des actes de résolution.

Ceci nous montre que l'*Apu* et sa direction, ainsi que le président de milices et ses miliciens, sont avant tout des organes formalistes. Ils enregistrent généralement leurs procédures et les solutions. Ceci s'avère contraire à la rationalité des organes familiaux dans lesquels on favorise la confiance et la discussion, au-delà de la concrétisation des accords dans des actes.

Les autorités communautaires (dans lesquelles nous incluons principalement l'*Apu* et sa direction communautaire, mais aussi le président de milices et ses miliciens) interviennent généralement dans des conflits familiaux et communautaires, comme nous l'avons déjà vu. Les conflits familiaux qui relèvent de leur compétence peuvent être divisés en deux groupes : un premier groupe de conflits déjà résolus par les organes familiaux et pour lesquels on ne recourt aux autorités communautaires que pour l'application des solutions retenues, et un second groupe de conflits, qui correspond à ceux qui sont directement soumis par les organes familiaux sans avoir été préalablement résolus.

Voici un exemple de conflit familial directement soumis aux autorités communautaires :

Dénonciation n° 80, 13-06-2008.

À la direction communautaire de Yayakat, à 7 h 30 du soir, Mme Juliana Bashian Chamik identifiée par le document national d'identité n° 43324721, âgée de vingt-quatre ans, membre naturel de la communauté indigène de Yamayakat, a dénoncé son conjoint Abdias Kistug Wajuyat pour conflit, violence familiale, maltraitance physique et menaces contre sa famille et son beau-père.

Nous dénonçons M. Abdias Kistug Wajuyat, pour [résoudre le conflit] dimanche à 8 heures du matin.

Source : Cahier de dénonciations de la communauté de Yamayakatn dénonciation n° 80, du 13 juin 2008 sans numération des feuilles.

(Nom, DNI et signature du demandeur)

Nom et signature de l'autorité.

Annotation additionnelle : « a été traité le 15 juin 2008 à 8 h 45 ».

Il s'agit d'une affaire dans laquelle une femme et épouse, dans une famille aguaruna, a saisi les autorités communautaires pour dénoncer une situation de violence familiale dont elle était victime et qui ne lui semblait pas pertinent de soumettre aux organes familiaux. Il a pu arriver que les actes de violence familiale se répètent, que le parent « de confiance » ne se trouve pas dans la communauté ou, simplement, que la femme victime estime que les organes familiaux faisaient preuve de partialité au sujet de son couple, et recourt alors aux organes de l'autorité communautaire.

Dans un tel cas, l'autorité communautaire fixe une date pour résoudre le conflit. D'abord, elle convoque, par l'intermédiaire des policiers communautaires ou éventuellement des miliciens, l'accusé à l'heure préalablement fixée dans la plainte. Au cours de cette réunion ont lieu le face-à-face des parties et la recherche de l'entente entre elles. Ici, les parents du couple sont généralement présents. Finalement, on parvient à un accord : soit la réconciliation, soit une période d'essai de séparation, soit la séparation[1].

D'un autre côté, les conflits communautaires sont ceux dans lesquels les autorités communautaires interviennent le plus fréquemment. Leur intervention varie suivant le type de conflit communautaire. Mais, en règle générale, une telle intervention n'est pas très différente de la procédure de dénonciation et de résolution que nous venons d'évoquer pour le conflit familial. À ce sujet, il convient de distinguer la résolution de ces conflits communautaires qui ont pour objet un intérêt familial privé de celle des conflits qui ont plutôt un lien avec un intérêt collectif ou communautaire. Dans le premier groupe, nous avons les cas de vols et d'agressions, de magie ou de sorcellerie, de violences sexuelles et d'homicides ou de « massacres », tandis que, dans le second groupe, nous avons les cas de dommages causés à la communauté, d'inaccomplissement de tâches communautaires, de non-participation aux assemblées communautaires et d'interdiction de circuler dans la communauté en dehors de l'horaire établi[2]. Dans le premier groupe, la procédure d'accusation de la partie concernée est fondamentale, tandis que, dans le second groupe, l'accusation des parties est accessoire puisqu'elle provient davantage de l'autorité communautaire ou d'un certain membre de la communauté qui soumet l'affaire à l'assemblée communautaire. Dans le premier groupe de cas, l'action des autorités communautaires est prioritaire, dans la mesure où elle permet d'obtenir un résultat, tandis que, dans le second groupe, la résolution du litige peut être obtenue par l'assemblée des membres de la communauté.

Un exemple de cette activité prioritaire des autorités communautaires peut être apprécié dans les cas d'infractions sexuelles. Ainsi, dans ces affaires, il y a d'abord l'accusation de la partie concernée ou affectée ; puis l'autorité communautaire procède à l'enquête, et la personne accusée est entendue ; puis a lieu la comparution ou l'audience pour résoudre l'affaire ; enfin, on parvient à une décision qui devra être exécutée.

Dans l'exemple suivant, l'accusation porte sur un cas spécifique de « [tentative de] viol sur mineur » dans la communauté de Nazareth :

Dénonciation n° 90

---

[1] Entrevue avec le juge Aguaruna et Hernán Tsgkuan, dans la communauté de Yamayakat, mars 2009.

[2] Pour une étude plus détaillée du contenu de ces types de conflits, voir PEÑA, 2009.

Jour : Dimanche
Heure : 9 h
Date : 18-01-09
Demandeur : Jacinto Apetiu
D.N.I. : 33599312
Accusé : Kapil Apatiu Tsatsupig
D.N.I. : [inconnu]
Motif : Viol sur mineur.
Au commissariat communautaire de Nazareth, en ce jour, dimanche, à 9 h heures, s'est présenté M. Jacinto Apatiu Wachapea qui a déposé une plainte pour tentative de viol sur mineur.
L'*Apu* de la communauté de Nazareth, conformément au règlement, agira pour donner une solution.
(Nom, n° de document national d'identité et signature du plaignant ; nom de l'accusé ; et enfin, n° du document national d'identité, titre et signature de l'*Apu* de Nazareth).
Source : *Libro de denuncias de la Comunidad de Nazareth fs. 97.*

Une fois reçue la plainte, l'*Apu* est contacté par les membres de sa direction et par le président des milices de la communauté pour engager une enquête sur les faits. Les parents des deux parties et l'accusé seront interrogés. Selon le cas, ils pourront demander l'aide du poste de santé pour que l'infirmier ou l'obstétricien vérifie s'il y a eu viol. Comme l'affaire n'est apparemment pas grave, puisqu'il s'agit seulement d'une « tentative » et non d'un « fait consommé », il n'est pas nécessaire de soumettre de gré ou de force l'accusé. Toutefois, si, pendant la recherche, il est confirmé que le viol a été commis, les autorités arrêtent l'accusé.

Après avoir réalisé l'enquête préliminaire, les autorités communautaires convoquent à une audience ou citent à comparaître le demandeur et l'accusé, et une confrontation est organisée. Cette confrontation permet de clarifier certains faits. Selon qu'il ne s'agisse qu'une tentative de viol ou que le viol ait eu effectivement lieu, les parties arriveront à un accord en principe pécuniaire. Cet accord sera appliqué sous le contrôle des autorités communautaires. Dans l'hypothèse d'un viol avéré, l'indemnisation pécuniaire sera complétée par une peine d'emprisonnement du coupable, en application du règlement de la communauté : au minimum « 48 heures de cachot, cela dépendant du père de l'enfant[1] ».

L'assemblée communautaire

L'assemblée communautaire est « l'organe suprême de gouvernement de la communauté » et « ses accords ont un caractère obligatoire pour tous les membres de la communauté[2] ». Ainsi, l'assemblée communautaire symbo-

---

[1] Entrevue avec l'*Apu* Segundo Bakuants et l'ex-*Apu* Jaime Cuñachi, de la communauté de Nazareth, mars 2009.
[2] Statuts des communautés de Nazareth, de Yamayakat et de Wachapea, 2009.

lise l'être collectif (PEÑA, 1998, 2004) de chaque communauté en tant qu'elle engage tous les membres de la communauté, mais aussi parce qu'elle les représente dans chaque décision ou action adoptée.

Comme l'indiquent lesdits statuts, l'assemblée communautaire dans chaque communauté est avant tout un organe de gouvernement, mais c'est aussi une instance de résolution de conflits. Il s'agit de l'organe où l'on prend les décisions les plus importantes de chaque communauté, y compris les décisions au sujet des problèmes ou des conflits les plus graves qui concernent toute la communauté ou une partie importante de celle-ci.

Il convient de distinguer les conflits ordinaires des conflits exceptionnels qui sont soumis à l'assemblée communautaire. Les conflits relevant de leurs compétences concernent l'atteinte à l'intérêt général de la communauté, au-delà de l'intérêt privé. Il en va ainsi des conflits de non-accomplissement des tâches communautaires, de négligence des assistances à l'assemblée communautaire, et des dommages à la propriété communautaire. À cela, on peut ajouter les conflits relatifs aux limites de la communauté et au statut d'un membre de la communauté ou de sa famille. Le premier cas concerne des conflits avec des communautés voisines, tandis que le second cas concerne un membre de la communauté « insupportable » qui « cause beaucoup de problèmes à la communauté » ou celui qui « pratique la sorcellerie et doit quitter la communauté[1] ».

Les conflits exceptionnels comprennent ces conflits communautaires qui ne relèvent pas du groupe précédent, et les conflits familiaux qui n'ont pu être résolus, ni au niveau des organes familiaux, ni au niveau des autorités communautaires. Dans de tels conflits, l'assemblée communautaire agit comme un arbitre collectif, de dernière instance, qui définit le conflit.

En tenant compte du fait que l'assemblée communautaire est composée de réunions ordinaires et extraordinaires, il est normal que tout type de conflit soit soumis à elles. Toutefois, il est plus commun que les conflits d'intérêts généraux que nous appelons « réguliers » soient traités dans leurs assemblées ordinaires, tandis que les conflits « exceptionnels » et ceux qui complètent les conflits « réguliers » (conflits de limites de la communauté et conflits relatifs au statut d'un membre de la communauté ou de sa famille) sont soumis, en raison de la gravité et de l'urgence, à une assemblée extraordinaire.

Un exemple intéressant de cette activité urgente est celui relatif à un conflit de limites concernant deux communautés voisines, la communauté Yamayakat et la communauté Kusi Chapi-Temashnum, qui a été traité par une assemblée extraordinaire de la communauté de Yamayakat :

Année des sommets mondiaux au Pérou.
Procès-verbal de réunion extraordinaire.

[1] Entrevues, Yamayakat, Nazareth, Wachapea, mars 2009. Pour plus de détails, voir PEÑA, 2009.

Dans la communauté indigène de Yamayakat, le 22e jour du [mois de mars] deux mille huit, à 9 heures du matin, les membres de la communauté de Yamayakat se sont réunis pour traiter les affaires suivantes :
1° Terrain à la limite de Yamayakat et de Kusu Chapi-Temashnum.
2° Information.
Pour commencer la réunion extraordinaire, M. Enrique Bahian Nayash, en tant que représentant du vice-chef de la communauté de Yamayakat, a souhaité la bienvenue à tous les membres présents de la communauté. De même, le chef de la communauté, M. Efrain Wisum, a donné des informations sur la limite contiguë avec la communauté de Kusu Chapi, informant que les réunions qui ont eu lieu dans la communauté de Temashnum n'ont pas débouché sur un accord [...]. Il indique [aussi] que les membres de la communauté de Kuso Chapi décident depuis Putiam dont le chef a lu le travail reçu de Temashnum, et par conséquent le chef de la communauté manifeste qu'il n'y a aucun accord à conclure au sujet des limites.
En indiquant l'agenda, le chef n'informe pas officiellement la communauté de Temashnum, et il faut donc dialoguer et coordonner l'action pour régler ce petit problème.
M. Adriano Katip, en tant que président d'OCCAAM, déclare qu'il s'était mis d'accord avec le président de COFIPRI [COFOPRI] sur notre limite entre Yamayakat et Temashnum.
M. Matio Chamik Mamaik estime devoir solliciter le président de COFOPRI et amener chacun à tenir un conseil dans la ville de Bagua.
M. Nazario Dekentai Lazaro souhaite que nous collaborions en urgence en sollicitant le président de COFOPRI pour qu'il nous soutienne au cas où les membres de la communauté de Temashnum envahiraient notre terrain. Nous protestons parce qu'année après année, nous sommes revenus à la même situation.
Les membres de la communauté ont approuvé à l'unanimité la contribution 2.00 N/S pour la commission qui se rendra à la ville de Bagua pour prendre une décision avec le président de COFOPRI.
[... suivent les rapports]
(60 signatures)
in Libro de Actas de Asamblea Comunal, Fojas p. 178-185.

Comme on peut le noter, les membres de la communauté de Yamayakat, réunis en assemblée extraordinaire, traitent le problème des limites avec leur communauté voisine. Vu l'importance et l'urgence du conflit, il y a une convocation rapide et une participation massive.

La discussion au sein de l'assemblée a lieu en langue awajún, mais le secrétaire rédige en espagnol. La discussion suppose une participation ouverte de tous les membres de la communauté ; toutefois les membres de la communauté les plus âgés, les « sages » et les autorités communautaires doivent être écoutés, et ce sont eux qui orientent une décision. Finalement, une solution préliminaire est retenue : ne pas abandonner le dialogue, continuer à gérer devant des institutions de l'État comme COFOPRI, mais dénoncer le fait devant les autorités nationales. Apparemment, un esprit de vengeance et de guerre n'est pas encouragé comme par le passé. L'intérêt de la communauté va plutôt dans le sens d'un rapprochement avec la communauté rivale et de la recherche de la compréhension avec celle-ci.

Les procédures des autres types de conflits qui sont soumis à l'assemblée communautaire ne sont pas très différentes. La réunion conjointe, les avis d'un groupe de membres de la communauté et la prise de décision de l'assemblée comme un arbitre collectif ne se font pas attendre. Par exemple, le cas d'expulsion d'une personne suspectée de sorcellerie conduit également à la convocation de l'ensemble des membres de la communauté qui discutent en awajún et prennent ensuite une décision. Mais, dans ce dernier cas, il faut ajouter un élément supplémentaire : l'avis et la déclaration de la personne dénoncée doivent être entendus et faire l'objet d'une confrontation (avec les auteurs de la dénonciation) durant la discussion en awajún ; dans le cas contraire, on ne peut pas prendre une décision. Il s'agit d'une garantie de tout membre de l'assemblée communautaire.

La justice spécialisée du juge aguaruna

Le juge awajún ou aguaruna de l'OCCAAM (Organisation centrale des communautés aguarunas du Haut Marañón) est plus une autorité de conciliation qu'un juge rendant des jugements. Sa compétence porte sur les conflits qui concernent un intérêt privé, ou qui s'inscrivent au niveau familial ou communautaire. Ceux-ci correspondent à tous les types de conflits familiaux déjà mentionnés et les conflits communautaires qui ont une origine privée (cas de vols ou d'agressions, de viols, d'homicides, de sorcellerie)[1]. Il s'agit de conflits directement soumis par l'une des parties intéressées, ou qui proviennent des autorités communautaires ou de l'assemblée communautaire d'une communauté faisant partie de l'OCCAAM, ou d'une communauté proche du bureau du juge.

Le juge aguaruna a son siège dans la communauté Yamayakat, où se trouve le siège de l'OCCAAM. Pour son travail, il dispose de quatre policiers communautaires, mais aussi du soutien des milices paysannes et indigènes des communautés des voisins, en particulier des milices de la communauté de Wawás (la plus importante de la microrégion).

Le juge aguaruna que nous avons visité en 2009 est originaire de la communauté de Yamayakat elle-même, et a été réélu en 2009 par la corporation de l'OCCAAM, après trois années d'activité. Pour remplir sa fonction, le juge aguaruna dispose d'une machine à écrire (pour la rédaction d'actes ou la transcription des actes enregistrés dans des registres), d'un règlement d'administration de la justice indigène (élaboré avec le soutien du Centre de recherche et de promotion amazonienne – CIPA, en 1989), et de deux livres d'actes principaux : le Livre d'actes de dénonciations et le Livre d'actes de solution (de conflits).

[1] Pour plus de détails sur le contenu de ces conflits familiaux et communautaries, voir PEÑA, 2009.

Pour mieux comprendre l'univers des affaires les plus importantes que le juge aguaruna connaît qu'il résout, le tableau suivant systématise la transcription d'affaires jusqu'en 2009 du dernier livre d'actes de solution de conflits :

N°	Date	Fiches	Origine du plaignant	Origine de l'accusé	Dénomination du conflit
1	30/03/08	3-4	Hameau Nuevo Huacabamba	Hameau de Tupac Amaru II	Compromis (pension alimentaire)
2	13/04/08	4-6	Communauté de Duship	Foyer de population Imacita	Conciliation sur menace de mort
3	03/05/08	7-10	Communauté d'Uut	Communauté de Huantsa	Acte de solution (adultère et avortement)
4	09/05/08	10-11	(Non indiqué)	(non indiqué)	Acte de séparation de corps définitif (pour écoulement de délai)
5	18/05/08	12	Communauté de Tsagentsa	(non indiqué)	Acte de solution sur soupçon de calomnie (sur un sorcier)
6	08/06/08	13	Communauté Tuntumberos	Communauté de Kunchín	Accord sur l'entretien d'une mineure
7	20/06/08	14-15	Communauté de Huampani	Foyer de population Imacita	Accord (pour colportage de diffamations relatives à un supposé adultère)
8	12/07/08	15-16	Communauté de San Rafael	Communauté de San Rafael	Acte de solution d'un problème familial (une réconciliation d'un couple par le pardon de l'épouse)

9	02/08/08	17-19	Communauté Kusu Chapi	Communauté Kusu Chapi	Accord sur le maintien de la reconnaissance de la pension alimentaire (pour non-respect de la promesse de mariage)
10	25/09/08	20-23	Communauté Tamashnum	Communauté Tamashnum	Accord sur la mort de Mme D.C.U. (adultère)
11	18/10/08	24-30	Communauté de San Mateo	Communauté de San Mateo	Accord de solution de problèmes familiaux d'une affaire de conflit social (par menace de mort et calomnie)
12	21/10/08	30-32	Communauté Chipe Kusu	Communauté Chipe Kusu	Accord sur la conciliation de parties sur l'homicide (meurtre)
13	21/10/08	33-35	(Non indiqué)	(non indiqué)	Accord de conciliation du dommage (à un jeune par sorcellerie)
14	02/11/08	36	(Non indiqué)	Communauté de Yamayakat	Accord de M. H.T.W. (pour dette)
15	09/11/08	37-40	Communauté d'Uut	Communauté d'Uut	Accord de la part de M.P.C.N. (pour avoir occasionné des dommages par sorcellerie à V.W.A.)
16	-- /12/08	38, 41-45	Hameau Maradona	Communautés Uut, Sosa, Tutankuwas	Accord de conciliation sur la mort de M.F.D.S. (par sorcellerie)
17	17/01/09	46-54	Communauté de Wawik	Communauté de Bukung	Solution du problème d'assassinat (de J.S.M. par confusion avec un sorcier malero)

18	15/02/09	55-57	Hameau Nuevo Horizonte	(Non indiqué)	Accord sur la mort (de R.D.C. par accident de la route)
19	28/02/09	58-59	Hameau La Unión	(non indiqué)	Conciliation (pour agression physique)

Sources : *Libro de Actas de Solución de Denuncias de Jefe de Justicia Aguaruna*, Abril 2008 - Marzo 2009 (PEÑA 2009).

À partir du tableau, on peut apprécier la variété des conflits relevant de la catégorie des conflits familiaux et des conflits communautaires d'origine privée-familiale. Nous pouvons ainsi identifier des conflits qui concernent des accords sur des pensions alimentaires (3), des meurtres par sorcellerie (4), des adultères (1), des cas de calomnies et médisances (3), des menaces de mort (2), des homicides (2), un adultère et un avortement (1), des réconciliations et des séparations de couples (2), une réparation de dommages de sorcellerie (1), des dettes (1) et une agression physique (1).

Dans toutes ces affaires, le juge aguaruna agit en suivant les procédures que nous avons déjà expliquées au sujet des organes familiaux, et en particulier pour les autorités communautaires. Dans cette activité, on peut faire une distinction entre une procédure de conciliation pure et une procédure de dénonciation-enquête-conciliation. La procédure de conciliation pure opère pour les conflits que nous avons identifiés comme étant de type familial, dans lesquels on inclut les cas de réconciliation et de séparation de couples, ceux de dette, de calomnie et de « commérages ». Dans ces cas, l'activité de juge aguaruna est « horizontale », par le dialogue et la recherche de la compréhension des parties concernées. Par contre, la procédure de dénonciation-enquête-conciliation est appliquée aux autres affaires, celles que nous avons identifiées comme étant des conflits communautaires d'origine privée et familiale. On inclut ici les affaires de meurtres par sorcellerie, d'adultère, de menace de mort et d'avortement. La résolution de ces affaires commence par une dénonciation de la partie intéressée qui donne lieu à une première enquête. Si ce n'est pas le juge lui-même qui réalise cette dernière, celle-ci est faite par l'*Apu* ou par le chef de la communauté ou du hameau d'où sont originaires les parties du conflit. Après enquête, le juge aguaruna, avec l'appui de l'*Apu* ou des *Apus* qui l'ont aidé, encourage ou impose un accord entre les parties du conflit en cherchant l'entente de ces dernières. Ceci est possible vu l'intérêt privé familial qui motive la partie en conflit, guidé par le droit de vengeance qu'à son tour le juge aguaruna cherche à remplacer.

Enfin, l'accord est réalisé pour éviter que la même affaire ou le même conflit soit soumis à la justice nationale[1].

Une donnée supplémentaire que fournit le tableau est celle relative à l'origine des parties. On peut remarquer que, dans la période étudiée des conflits résolus, dans le Livre des actes, tous correspondent à des parties dont la communauté, le hameau ou le foyer de population d'origine sont différents. Cela confirme l'existence d'une juridiction intercommunautaire, voire métisse, dans les affaires dans lesquelles intervient le juge aguaruna de l'union OCCAAM.

Bilan : le pouvoir judiciaire communautaire aymara et aguaruna fondé sur ses organes de résolution de conflits

La présentation des organes de résolution et leurs procédures de résolution des conflits entre les Aymaras du Sud Andin et les Aguarunas du Haut Marañón nous conduit à une comparaison préliminaire qui peut être synthétisée de la manière suivante.

Dans les deux groupes de communautés, il est possible d'identifier des organes de résolution propres aux conflits familiaux. Dans les deux cas, on peut souligner la présence des parents plus âgés : les pères et les parrains, dans le cas des Aymaras, et les pères et les grands-pères dans le cas des Aguarunas.

Dans chaque groupe de communautés, on peut également souligner la présence d'organes communautaires de résolution des conflits, avec certaines différences selon le type d'organisation des communautés étudiées. Dans le cas des Aymaras de Calahuyo, de Titihue et de Tiquirini-Totería, il a été possible d'identifier le président de la communauté et sa direction communautaire à côté du lieutenant-gouverneur. Dans le cas des Aguarunas de Yamayakat, de Nazareth et de Wachapea, il a été possible d'identifier l'*Apu* et sa direction communautaire à côté des présidents de milices et de leurs miliciens s'il y en a.

En outre, à côté des autorités communautaires qui interviennent dans la résolution de conflits, on doit souligner, comme organe suprême de résolution de conflits, le rôle joué par l'assemblée communautaire dans chaque communauté aymara ou aguaruna. Bien que, dans les communautés aguarunas, l'assemblée se présente comme un organe suprême, reconnu par ses statuts ainsi que par différentes normes, qui intervient *in fine* dans la résolution de conflits, c'est dans les communautés aymaras que l'assemblée communautaire est particulièrement importante, en s'imposant aux conflits communautaires et collectifs par l'application de son critère de sanction.

[1] Entrevue avec le juge aguarana Hernán Tsegkuan, dans la communauté de Yamayakat, mars 2009. Pour plus de détails sur les causes et les effets de ce type de conflits, voir PEÑA 2009.

Un organe de résolution qui n'existe pas dans les communautés aymaras étudiées, mais qui se détache dans les communautés aguarunas, est le juge communautaire spécialisé de l'OCCAAM. Dans le cas des Aguarunas, il a été possible d'identifier et de développer une justice spécialisée conduite par un juge aguaruna qui intervient dans des conflits complexes, de type intercommunautaire, soulevés par les communautés elles-mêmes ou les personnes privées. Dans le cas des Aymaras, ce rôle est rempli par les organes politiques communautaires, l'assemblée communautaire elle-même ou ses autorités, selon des critères de coordination et de réciprocité.

Les procédures de résolution appliquées par les organes de résolution des deux groupes de communautés varient en fonction du type de conflit. Face à un conflit d'intérêts familial ou privé, les organes familiaux utilisent le dialogue et le rapprochement des parties en procès en promouvant la conciliation ou la recherche de l'entente entre elles. Face aux conflits communautaires ou d'intérêt collectif priment la dénonciation et l'enquête des autorités communautaires qui encourageront, si elle est nécessaire, l'intervention de l'assemblée communautaire comme organe suprême, arrivant ainsi à un possible « accord forcé » ou à l'application d'une sanction mettant un terme au conflit.

Finalement, les procédures qu'appliquent les organes de résolution aymara et aguaruna cherchent à résoudre définitivement les conflits, identifiés comme familiaux et communautaires, qui se produisent au sein de leurs communautés respectives. Dans cet objectif, on évite de recourir aux juges ou aux organes de résolution officiels de l'État, en s'appuyant sur l'efficacité des organes de résolution des communautés étudiées.

En somme, en conclusion nous pouvons affirmer que la présentation de ces éléments comparatifs des organes et des procédures de résolution des conflits au sein des communautés faisant l'objet de notre étude nous conduit à soutenir l'existence d'un pouvoir judiciaire communautaire dans les communautés andines et amazoniennes du Pérou, se présentant comme un ensemble de systèmes de résolution de conflits fondés sur les organes et les procédures de résolution propres aux communautés aymaras et aguarunas étudiées.

Bibliographie

Ouvrages

ACEVEDO, Á, MUÑOZ, P., *La Justicia Local en Chota y San Marcos, Cajamarca*, Cajamarca, PROJUR, 2007.

ALBÓ, J., « Esposos, suegros y padrinos entre los aymaras », *in* MAYER E. (ed.), *Parentesco y matrimonio en los Andes*, Lima, PUCP, 1980.

ALBÓ, J., *Raíces de América: el pueblo Aymara*, Madrid, Alianza Editorial, 1988.

ARANDA ESCALANTE, M., *La jurisdicción especial de las Comunidades Campesinas en el Departamento del Cuzco*, Lima, PUCP, tesis de licenciatura en Derecho, 2002.

ARDITO VEGA, W., *El sistema jurídico de las misiones Jesuitas de Maynas*, Lima, PUCP, tesis de licenciatura en Derecho, 1991.

BALLÓN, F., *Etnia y represión penal*, Lima, CIPA, 1980.

BALLÓN, F., « Sistema Jurídico Aguaruna y Positivismo », *in* STAVENHAGEN, R., ITURRALDE, D. (Ed), *Entre la Ley la costumbre, el derecho consuetudinario indígena en América Latina*, México, Instituto Indigenista Interamericano e Instituto Interamericano de Derechos Humanos, 1990, p. 117-138.

BRANDT, H. J., *Justicia Popular: nativos y campesinos*, Lima, Fundación F. Nauman, 1986.

BRANDT, H. J., (Ed.), *Cambios en la Justicia Comunitaria y Factores de influencia*, Colección Justicia Comunitaria en los Andes : Perú y Ecuador, Lima, IDL, 376 pág., 2013.

BRANDT, H. J., FRANCO VALDIVIA, R., *El tratamiento de conflictos. Un estudio de actas en 133 comunidades*. Colección Justicia Comunitaria en los Andes : Perú y Ecuador. Lima, IDL, 2006.

BRANDT, H. J., FRANCO VALDIVIA, R., *Normas, valores y procedimientos en la justicia comunitaria: estudio cualitativo en comunidades indígenas y campesinas de Ecuador y Perú*. Colección Justicia Comunitaria en los Andes : Perú y Ecuador. Lima, IDL, 2007.

CANAHUARE CRUZ, T., *Economía Rural del Distrito de Huancané*, Puno, UNA, Tesis de Bachiller en Ingeniería Económica, 1983.

DESCO, *Administración de Justicia fuera del aparato formal*. Lima, DESCO (mimeo), 1977.

HURTADO POZO, J., « Las diferencias etnoculturales de la población en el Código Penal de 1924 », *in* <http://www.unifr.ch/ddp1/derechopenal/obras/leyimp/liet.pdf> (consulté le 19 mai 2008).

HUBER, L., *Después de Dios y la Virgen está la Ronda. Las Rondas Campesinas de Piura*, Lima, IEP, 1995.

ITURRI HUARACHI, G., *Lo individual y lo colectivo en la comunidad de Carata, perspectiva de acción del trabajo social*, Puno, UNA, Tesis de Trabajo Social, 1986.

LA ROSA CALLE, J., LEGAGGI TAPIA (R.), *Hacía una ley de Coordinación para la Justicia. Debates en torno a una propuesta de desarrollo del artículo 149 de la Constitución.* Colección Justicia Comunitaria en los Andes: Perú y Ecuador, Lima, IDL, 230 p., 2013.

LUQUE CHUQUIJA, E., « Sistema de sucesión de la propiedad de la tierra, caso de la parcialidad de Santiaguillo-Huancané », Puno, Tesis, Universidad Nacional del Altiplano, 1996.

PÁSARA, L., « El campesina frente a la legalidad », *Revista Socialismo y Participación*, n° 21, Marzo de 1983.

PLAZA, O., FRANCKE, M., *Formas de Dominio. Economía y Comunidades Campesinas*, Lima, Desco, 2e. ed., 1985.
PEÑA JUMPA, A., *Justicia comunal en las comunidades aymaras del Sur Andino, el caso de Calahuyo*, Lima, PUCP, Tesis de Bachiller en Derecho, 1991.
PEÑA JUMPA, A., *Justicia Comunal en los Andes del Perú, el caso de Calahuyo*, Lima, Fondo Editorial, PUCP, 1998.
PEÑA JUMPA, A., *Poder Judicial Comunal Aymara en el Sur Andino: Calahuyo, Titihue, Tiquirini-Totería y la Liga Agraria 24 de Junio de Huancané*, Bogotá, ILSA, 2004.
PEÑA JUMPA, A., *Multiculturalidad y Constitución: Justicia Comunal Aguaruna en el Alto Marañón*, Lima, CEC, 2009.
PRICE, J., ITURREGUI, P., *Administración de Justicia en Villa El Salvador*, Lima, PUCP, Tesis de Bachiller en Derecho, 1984.
PRICE, J, REVILLA, A. T., *La Administración de la Justicia Informal. Posibilidades de integración*, Lima, Fundación Bustamante de la fuente, 1992.
PROJUR, *Primeras Pistas para conocer las necesidades de justicia en el ámbito rural de Chota y San Marcos – Cajamarca*, Lima, PROJUR, 2007.
RAMIREZ SALAZAR, H. R. , *Justicia Ordinaria y Justicia Comunal en Andahuaylas, Apurimac*, Lima, consorcio PROJUR, 2007.
STARN, O., *Con los llanques todo barro. Reflexiones sobre Rondas Campesinas, Protesta Rural y nuevos Movimientos sociales*, Lima, IEP, 1991.
TORRES R., O., *Justicia Andina, hacía una antropología jurídica*, Lima, Concytec, 1995.
TREVES, R., *Sociología del Derecho*, Barcelona, Ariel, 1988.
URTEAGA CROVETTO, P., *El sistema jurídico y su relación con la cultura nativa*, Lima, Tesis de Derecho, PUCP, 1993.
VILLAVICENCIO, S., *Administración de Justicia en los Aguarunas*, Lima, Tesis de Derecho, PUCP, 1995.
WEBER, M., *Economía y Sociedad*, México, Fondo de Cultura Económica, 1974.
YRIGOYEN FAJARDO, R., *Las Rondas Campesinas de Cajamarca*, Lima, Tesis de Derecho, PUCP, 1993.

Documents des communautés étudiées

Communauté Aimara ou Aymara de Calahuyo
(1973-1999, 2002) : *Libros de Actas y Libro de Antecedentes*, Huancané, Documents de la communauté, non publiés.

Communauté aymara de Titihue
(1977-1999, 2002) : *Libros de Actas y Libro de Antecedentes*, Huancané, Documents de la communauté, non publiés.

Communauté aymara de Tiquirini-Totería
(1975-1999, 2002) : *Libros de Actas y Libro de Antecedentes*, Huancané, Documents de la communauté, non publiés.

Ligue agraire « 24 de Junio » de Huancané
(1975-1999) : *Libro de Actas y actas sueltas*, Huancané, Documents de la ligue, non publiés.

Communauté awajun ou aguaruna de Yamayakat
(2003-2009) : *Libros de Actas de Asambleas Comunales 2003-2009*, *Libro de Actas de solución de denuncias 2005-2009*, et *Cuaderno de Denuncias 2003-2009*, Imaza, Bagua, Documents de la communauté, non publiés.

Communauté aguaruna de Nazareth
(2005-2009) : *Libro de Actas de Asambleas Comunales 2005-2009*, *Libro de Solución de Denuncias 2006-2008*, *Libros de denuncias y Soluciones de Rondas Campesinas y Nativas 2005-2009*, Imaza, Bagua, Documents de la communauté, non publiés.

Comunidad Aguaruna de Wachapea
(2009) : *Libro de Actas de Asambleas Comunales 2009*, Imaza, Bagua, Documents de la communauté, non publiés.

Chef de la justice d'Aguaruna de l'OCCAAM
(2006-2009) : *Libro de Actas de Denuncias 2006-2008*, *Libro de Actas de Solución de Denuncias 2008-2009*, *Libro de Actas de Matrimonio, Separación y Renovación 2008-2009*, *Actas sueltas y oficios, 2009*, Imaza, Bagua, Documents de la communauté, non publiés.

Indétermination du droit, conflits interculturels, et le « tragique » dans la décision judiciaire

Cristóbal Carmona Caldera

« Cependant, d'autres peuvent aussi penser ce qui est juste. »
Sophocle, *Antigone*

Voici déjà quelques années, Paul Ricœur signalait avec pertinence ces situations dans lesquelles la référence à la loi est complexe car, comme dans *Antigone*, deux normes également valides s'opposent, une seule des deux devant cependant être appliquée[1]. Ce scénario représentait, pour Ricœur, le « tragique de l'action », c'est-à-dire le fait d'avoir à juger moins « entre le bien et mal, entre le blanc et le noir, qu'entre le gris et le gris, ou, cas hautement tragique, entre le mal et le pire[2] ».

Juger entre « le gris et le gris » suppose certainement qu'il ne soit pas possible de déterminer clairement la responsabilité, voire qu'il puisse raisonnablement exister plus d'une réponse correcte. Juridiquement, cela renvoie à des cas dans lesquels le conflit n'a pas de solution rationnelle possible – par exemple, parce qu'il s'agit de deux principes incompatibles –, ou dans lesquels le conflit pourrait être résolu en choisissant l'un des deux principes, ce choix impliquant inévitablement le « sacrifice » de l'autre[3]. Ce type de cas est sans doute problématique pour le droit occidental qui est lui-même conçu comme objectif et rationnel, et qui fait reposer une grande partie de sa légitimité opératoire sur le fait que les juges, en jugeant le litige, « *disent* le droit », le droit qui *est*, qui « est là-bas », pour être découvert, appris, *appréhendé* ou, en d'autres termes, reconstruit sur le plan narratif, de sorte qu'il conserve son unité et son intégrité. Pour cette raison, il n'est pas étonnant que tant dans des conceptions exégétiques de la loi et de l'interprétation –

---

[1] Paul Ricœur, « La conscience et la loi. Enjeux philosophiques », *Le juste*, tome 1, Paris, Éditions Esprit, 1995, p. 219.

[2] *Ibid.*, p. 220.

[3] G. Lariguet, « Conflictos trágicos y derecho. Posibles desafíos », *DOXA*, *Cuadernos de Filosofía del Derecho*, n° 27, 2004, p. 318-319.

dans lesquelles la norme a un *verum sensum* clair, ou du moins compréhensible, à partir de sa seule teneur littérale –, que dans ces visions interprétatives du droit – dans lesquelles même dans les *hard cases*[1], on pourrait trouver une réponse correcte unique (Dworkin) ou réaliser une pondération rationnelle entre les principes en conflit (Alexy) –, on émet un doute sur l'existence de cas « véritablement » tragiques[2], outre le fait que cela supposerait effectivement des limites à la rationalité juridique.

Dans le présent article, nous souhaitons nous arrêter sur ce type de cas, mais non pour démontrer sa « véritable » existence du point de vue de l'ordre juridique. Nous postulerons, par contre – au moins comme hypothèse de travail –, que ce qui est « tragique » n'est pas considéré, ou mieux, *n'a pas besoin d'être considéré* à partir du système juridique dans son solipsisme ; au contraire, nous croyons que ce concept acquiert une plus grande capacité explicative quand il est envisagé du point de vue du juge : ce n'est pas le cas *en soi* qui est « tragique » parce que, théoriquement et « véritablement », une résolution rationnelle à son sujet n'est pas possible, mais c'est la décision judiciaire qui est « tragique », dans le sens où sont présentées au juge des alternatives équivalentes sur lesquelles il doit – il s'agit d'une obligation institutionnelle – *décider* – ce qui, comme Laclau l'a en outre affirmé, suppose *par définition* un domaine d'indécision[3]. De même, il ne faut pas minimiser le fait que Ricœur parlait, non pas de « cas tragiques », mais de « tragédie de l'action », ce qui nous fait penser que l'on ne peut pas comprendre « ce qui est tragique » si l'on perd de vue la personne du juge.

Or, pour comprendre que le juge fait face à une décision « tragique », deux éléments complémentaires doivent concourir à celle-ci : d'abord, il doit être possible de soutenir de façon plausible que l'on est en présence de deux droits ou principes équivalents ou, autrement dit, qu'il peut raisonnablement exister plus d'une réponse correcte pour résoudre le cas concret. Évidemment, ce n'est pas suffisant puisque, vu ainsi, il serait très difficile de les distinguer des *hard cases* vus sous un angle « hartien » et, en réalité, il ne serait pas très utile de le faire.

Les choses étant ainsi, nous souhaitons soutenir, dans le présent travail, que ce qui fait que la décision judiciaire peut être comprise comme « tragique » n'est alors pas seulement le fait que le juge doive choisir entre des

---

[1] Pour un énoncé des divers types de *hard cases*, voir C. RODRÍGUEZ, « Teoría del derecho y decisión judicial. En torno al debate entre H.L.A. Hart y R. Dworkin », *in La decisión judicial. El debate Hart-Dworkin*, Bogotá, Siglo del Hombre Editores / Universidad de los Andes, 1997, p. 68-69.

[2] *Ibid.*.

[3] « Il s'agit, en réalité, d'une théorie de la décision *tout court* : si le terrain n'avait pas été indécidable, il aurait eu sa logique inhérente, et ce ne serait pas moi qu'il aurait décidé. Ainsi, décision à partir de l'indécidable = décision. » Cf. E. LACLAU, « Deconstrucción, pragmatismo, hegemonía », *in* Ch. MOUFFE, (coord.), *Deconstrucción y pragmatismo*, Paidós (Argentina), 2005, p. 99.

normes ou des principes entre lesquels il n'existerait pas *a priori* de relations de hiérarchie, mais que, dans certains cas, et en nous fondant sur ce qu'Hegel a défini à l'origine comme étant « tragique », ces principes représentent à leur tour des univers normatifs différents et – en ce qui concerne la question faisant l'objet du litige – antagoniques. Il s'agit de comprendre les normes en conflit à la fois comme la manifestation et le fondement de la reproduction de traditions juridiques dissemblables et également légitimes, qui fournissent un cadre de compréhension pour les membres d'une communauté déterminée. Nous pensons que ces circonstances exceptionnelles apparaissent quand le juge doit trancher des conflits interculturels.

Pour expliquer cela, nous commencerons par examiner deux éléments fondamentaux de la tragédie, à savoir ceux de la « tragédie des valeurs » et de la « tragédie de l'action », comme ils apparaissent dans *Hamlet*. Nous analyserons, comme exemple de ces conflits juridiques interculturels, la jurisprudence de ces dernières années dans la région de l'Araucanie (Chili) sur la recevabilité des « accords de réparation » en matière de violence domestique, quand les deux parties sont indigènes, afin, d'une part, de montrer comment une reconstruction plausible de l'ordre juridique considère les droits en conflit comme équivalents, d'autre part, d'expliquer que le fait qu'il s'agisse de conflits interculturels donne – du point de vue de l'anthropologie juridique – un sens supplémentaire au conflit. Nous conclurons en montrant que ceci constitue finalement le scénario tragique (tragédie de valeurs) sur lequel le juge doit cependant agir (tragédie de l'action).

Agir (vivre) dans un monde tragique

« *The point envenomed too?*
« *Then, venom, to thy work. [V.2.322-323]*[1] »

Par ces mots, Hamlet s'est finalement résolu à remplir la promesse de vengeance faite au spectre de son père, et à tuer son oncle, Claudio, en l'obligeant à boire la coupe empoisonnée que celui-ci avait préparée pour lui. Dans la dernière Scène de l'Acte final, cette action vient honorer ce serment fait par le fils au fantôme de son père et qui l'avait plongé dans d'incessantes méditations – ce « *resolving to do, yet doing nothing but resolve* » que décrivait Coledrige[2]. Face à cela, on ne peut que regarder avec une certaine ironie l'exhortation véhémente que fait Hamlet, dans l'Acte I, au « *ghost* » de son père qui lui demande de lui rapporter dès que possible le récit de son meurtre pour assouvir ainsi sa vengeance :

Haste me to know't, that I, with wings as swift
As meditation or the thoughts of love,

[1] Dans cet article, nous utiliserons l'édition de W. SHAKESPEARE, *The Tragedy of Hamlet Prince of Denmark*, Signet Classics, 1998, USA.

[2] S. T. COLERIDGE, « Lecture XII – The Lectures of 1811-1812 », *in* W. SHAKESPEARE, *op. cit.*, p. 177.

May sweep to my revenge. [I.5.29-31]

La question de savoir pourquoi Hamlet « ne se presse pas », pourquoi il s'arrête, pourquoi il doute – plus si l'on considère l'embarras avec lequel il aborde la question au début –, a focalisé une grande partie des analyses littéraires consacrées à cette œuvre. Cependant, la question se pose toujours, et nous aimerions nous référer à elle pour soutenir la thèse du présent article. Dit en termes simples, nous croyons qu'il y a deux points qui ressortent de l'interprétation de la situation existentielle de notre protagoniste pour expliquer son « inaction », ceux que le philosophe Eduardo Rinesi a appelés, d'une part, la « tragédie des valeurs », d'autre part, la « tragédie de l'action[1] ». Dans la mesure où elles constituent des composantes essentielles de la « tragédie », nous estimons qu'elles peuvent être d'une grande utilité pour penser, dans toute sa complexité, la question de la décision judiciaire dans les conflits interculturels.

La tragédie des valeurs

Au milieu de l'Acte IV, après la mort de Polonius et qu'Ophélie a perdu la raison, Claudius se retrouve avec Gertrude dans le château, commentant les malheurs qui se sont abattus sur le royaume, quand entre un messager alertant de l'arrivée de Laërte qui, arrivant de France, se dirige vers le château, acclamé par le peuple en tant que roi. Ce qui est intéressant, dans ce passage, au moins en ce qui concerne notre thème, est la tristesse du messager qui relate l'acclamation populaire du jeune Laërte :

(...) The rabble call him lord,
And, as the world were now but to begin,
Antiquity forgot, custom not know,
The ratifiers and props of every word,
They cry, "Choose we! Laertes shall be king [IV.5.103-106].
As the world were now to begin,

« comme si le monde commençait maintenant à exister » ; cette phrase, prononcée sans doute avec chagrin par le messager, exprime son malaise, non seulement pour les événements qui arrivent, mais aussi pour les significations qu'ils ont pour l'ordre établi alors. Cela, pour autant que ce « choix » de Laertes menace, non seulement le Roi dans l'immédiat, mais aussi les fondations symboliques de son monde (celui de Claudio et du messager). En d'autres termes, seul le choix de Laertes pourrait avoir un sens dans un autre monde, un monde qui semble apparaître, émerger, dans lequel le passé et la coutume, ces piliers qui soutenaient autrefois le gouvernement, sont oubliés. Dans un (nouveau) monde – moral, juridique, social, religieux –, seul « *the rabble* », le « vulgaire », la « chiourme » – enfin, le peuple – peut choisir le

[1] E. RINESI, *Política y Tragedia. Hamlet, entre Maquiavelo y Hobbes*, Buenos Aires Ediciones Colihue, 2011. En ce qui concerne son interprétation de Hamlet, voir en particulier le chapitre 2.

Roi. Mais, il faut le souligner, l'angoisse du messager montre que cet imprévu n'a pas pour cadre un espace vide, mais précisément un lieu où existaient des valeurs – le passé et la coutume – qui étaient un soutien et une sécurité pour un autre monde. C'est pourquoi ce monde qui « apparaît » implique toujours une tension – quand il ne s'agit pas d'une « déchirure » – avec une autre réalité ; il naît toujours dans un *agon*, dans une lutte avec d'autres valeurs, avec une morale *antagonique*, où « le passé et la coutume » ont encore un sens, fournissent encore les cadres référentiels pour les mots, pour le langage et, dans un certain sens, constituent en eux-mêmes une espèce de langage.

Cette opposition entre deux mondes normatifs est ce qu'Hegel considère comme l'« originairement tragique », c'est-à-dire

> le fait qu'au cœur d'un tel heurt [heurt entre puissances déclenché par l'action humaine], les deux aspects de l'opposition, en eux-mêmes, ont une légitimité, alors que, par ailleurs, ils ne peuvent cependant conduire à la réalisation du vrai contenu positif de leur fin et de leur caractère que comme une négation et une violation de l'autre puissance, également légitime[1].

C'est ce que nous envisagerons, dans les grandes lignes et en suivant la nomenclature d'Eduardo Rinesi, comme étant la « tragédie des valeurs ». Dans notre cas, cette « tragédie des valeurs » est représentée par la lutte que se livrent, dans l'âme tourmentée du jeune prince, deux systèmes normatifs différents et antagoniques, comme nous allons le voir.

Hamlet comme personnage écartelé entre deux mondes normatifs

Une première question qui devrait être prise en considération en commençant l'analyse est la relation qui existe entre l'œuvre, en particulier les caractéristiques du protagoniste, et le *zeitgeist* de l'époque où elle a été écrite. Il nous vient alors à l'esprit cette phrase de Borges sur Macbeth : « la tragédie se produit à la fois en deux lieux et en deux temps : dans la lointaine Écosse du XIe siècle et dans une scène des faubourgs de Londres, au début du XVIe siècle[2]. » Cette phrase peut également s'appliquer à Hamlet : l'œuvre se déroule non seulement au Danemark, mais aussi en Angleterre, entre la fin du XVIe siècle et le début du XVIIe siècle. Il s'agissait, on le sait, d'une époque particulièrement divisée, « *out of joint* », de Réforme et de Contre-réforme, de guerres de religions, de luttes de succession, etc., période qui – pour reprendre les termes de Schmitt – finit par « s'immiscer » dans l'œuvre de diverses manières, l'une d'elles concernant Hamlet lui-même, qui trouve-

---

[1] G. W. F. HEGEL, *Lecciones sobre la estética*, Trad. de A. BROTÓNS, Madrid, Akal, 1985, p. 857, cité *in* M. ACOSTA LÓPEZ, « Tragedia como libertad y teodicea: acerca de una relación entre Schiller y Hegel », *Estudios de Filosofía* (Medellín), n° 36, 2007, p. 192.

[2] J. L. BORGES, « William Shakespeare. Macbeth », *in Obras Completas*, Tomo IV, Buenos Aires, Emecé, 2007, p. 160.

rait sa source tragique et mythique dans la figure du Roi Jacques Ier[1]. À partir de cette incursion du temps historique dans l'œuvre, le juriste rhénan dira que le héros de Shakespeare « se situe […] au cœur de la rupture qui a déterminé le sort de l'Europe[2] ».

C'est toutefois au cœur de cette rupture que nous devons nous situer pour comprendre la personne d'Hamlet ; rupture des valeurs irréconciliables qui, dans l'œuvre, s'exprimeraient dans la morale de la vengeance, d'un côté, la vieille morale de la honte et de la revanche, d'un autre côté, le *soupçon* que cette morale tend à être inadaptée. La question qui se pose, et sur laquelle il convient de se pencher, est celle de savoir quel est cet autre monde de valeurs qui a « émergé », et qui fait que la vengeance semble alors inadéquate. Rinesi identifie la source dans la conscience qu'aurait Hamlet de l'identité finale qu'il y a entre son père, son oncle et lui, dans le sens où la mort du précédent roi est un maillon supplémentaire dans une chaîne criminelle qui n'a certainement pas commencé avec lui, qui continue avec son frère (Claudio), la vengeance de son propre fils (Hamlet), si elle est consommée, constituant seulement un autre maillon, identique aux précédents :

« Hamlet *ne peut manquer de se conformer à l'ordre de son père de venger sa mort*, parce que "l'éthique de vengeance", la "morale de l'honneur" qui motive l'ordre, est [encore] la sienne […], *mais qu'il ne peut pas exécuter cet ordre atroce* qui le rendrait égal à celui qu'il veut détruire[3]. » Telle serait, pour le philosophe argentin, la « tragédie des valeurs » dans Hamlet.

Cependant, nous pensons que l'on peut aller un peu plus loin que ce que mentionne Rosario, dans la mesure où le conflit qui se produit dans le cœur d'Hamlet, non seulement correspond à la désintégration d'un univers normatif donné, mais, nous supposons – comme nous l'avons déjà indiqué en ce qui concerne le choix de Laërte –, l'émergence d'un autre monde normatif. De toute évidence, la ligne entre les deux concepts est étroite, mais nous pensons que le texte permet d'affirmer que si la morale de la vengeance commence à paraître insuffisante, c'est parce que, de façon inversement proportionnelle, on commence à adopter un autre cadre moral dont la logique conduit à « lire » différemment les mêmes actions.

Penchons-nous, pour cela, sur le monologue de Hamlet à la fin de l'Acte II, où il énonce son projet d'utiliser l'œuvre « *The murder of Gonzago* » pour démasquer son oncle. Au début, on peut apprécier tout le poids, qui pèse sur les épaules d'Hamlet, de l'ordre de son père quand il dit :

Why, what an ass am I! This is most brave,

---

[1] « Par conséquent, James-Hamlet rappelle la figure clé, et la problématique de la figure du vengeur provient de la présence historique contemporaine du fils de Mary Stuart. Le philosophant et théologisant roi Jean a incarné le conflit entier de son âge, un siècle de croyances divisées et la guerre civile religieuse. » C. SCHMITT, *Hamlet or Hecuba: The intrusion of the time into the play*, New York, Telos Press Publishing, 2009, p. 25.

[2] *Idem.*, p. 52.

[3] E. RINESI, *op. cit.*, p. 73-74 (en italiques dans le texte).

That I, the son of a dear father murder'd,
Prompted to my revenge by heaven and hell,
Must, like a whore, unpack my heart with words,
And fall a-cursing, like a very drab,
A scullion! [II.2.394-398]

Dans les situations difficiles d'une « éthique de la vengeance », la seule référence à celle-ci de la part d'un fantôme est suffisante pour être contraint d'agir, d'exécuter la vengeance. De même, il n'est pas anodin que la vengeance soit demandée, requise, « par le Ciel et l'enfer », puisque ces concepts font partie de la réalité du monde dans lequel Hamlet s'exprime. Dans cet ordre d'idées, la réticence initiale à exécuter la vengeance – le « [t]*hat I* (...) *may sweep to my revenge* » –, indique le caractère apparemment « raisonnable » de l'accusation portée par un esprit au début de l'œuvre ; au contraire, les retards – les méditations, les réflexions – sont vus comme des signes de faiblesse.

Toutefois, ce paradigme semble évoluer à la fin de ce monologue. Après avoir exposé son plan de monter une action qui reproduise l'assassinat de son père, il fonde celle-ci sur des hypothèses qui semblaient nier la réalité de la morale mentionnée dans les paragraphes précédents :

(...) The spirit that I have seen
May be the devil: and the devil hath power
To assume a pleasing shape; yea, and perhaps
Out of my weakness and my melancholy,
As he is very potent with such spirits,
Abuses me to damn me: I'll have grounds
More relative than this: the play's the thing
Wherein I'll catch the conscience of the king. [II.2.610-617]

Ces idées qui semblaient incontournables dans les lignes précédentes sont maintenant mises en attente ; d'« *esprit* », le fantôme de son père se transforme en « *diable* », comme cela correspond en outre à la théologie réformée, un démon qui peut essayer de profiter de lui et de le condamner. Par conséquent, sa simple déclaration ne suffit pas à justifier sa revanche, il ne suffit pas que « le Ciel et l'enfer » le demandent et soutiennent la demande, au contraire, cela requiert des « preuves plus solides », des raisons « plus puissantes » : « *I'll have grounds / More relative than this.* »

Bien que l'on puisse précisément comprendre ce qui précède comme l'« éthique de la vengeance » – basée sur le droit germanique –, il est certain que l'on ne peut pas conclure que, si cela se produit, c'est par l'urgence d'un autre « paradigme juridique », d'un d'ordre embryonnaire moderne, où l'offense n'est plus seulement celle d'un individu à un autre, mais celle faite aussi à l'État, à la Loi, au Souverain, et où le litige – qui, en droit féodal, constituait une manière de prouver la force, le poids ou l'importance de celui qui parlait[1] –, essaye ici d'établir par le biais d'une enquête la vérité sur ce qui s'est produit, c'est-à-dire, s'il y a eu crime, quelle est sa nature et qui l'a commis. Par conséquent, cette nouvelle justice, cette justice « à venir », ce droit à instaurer encore et qui considère comme « criminelle » la justice reposant sur un autre ordre symbolique, ne peut pas agir à partir de la seule référence à des dommages par la victime – et moins si celle-ci est un esprit – ; comme l'a expliqué Foucault, il faut chercher ce qui est requis, établir la vérité sur ce qui s'est produit. En ce sens, nous pensons que cette « *play-within-a-play* » – qu'Hamlet appellera « *Mouse Trap* » –, peut être comprise comme faisant partie d'un processus visant à découvrir la vérité en ce qui concerne la culpabilité de Claudio.

En effet, comme nous l'avons déjà vu, ce qui encourage Hamlet à organiser cette action est que Claudio rendrait « publics ses délits », révélerait sa culpabilité, de sorte que celui-ci pourrait ainsi acquérir, pour se venger, des « preuves plus solides » que la seule référence à son père mort. D'autre part, le personnage ou le rôle que joue Horacio dans cette partie n'est pas mineur. Il ne faut pas oublier que l'une des caractéristiques de cette procédure de recherche de la vérité est que, dans son souci de la découvrir, « le pouvoir s'adresse aux notables, aux personnes qu'il considère comme capables de savoir étant donné leur situation, leur âge, leur richesse, leur notoriété, *etc.*[2] ». Dans cet ordre d'idées, ce n'est pas un détail sans importance qu'Hamlet a demandé à Horacio, ce *schofar* de Wittenberg, de lui servir de témoin, d'observateur impartial, pour confirmer sa conclusion :

I prithee, when thou seest that act afoot,
Even with the very comment of thy soul
Observe mine uncle: if his occulted guilt
Do not itself unkennel in one speech,
It is a damned ghost that we have seen,
And my imaginations are as foul
As Vulcan's stithy. Give him heedful note;
For I mine eyes will rivet to his face,
And after we will both our judgments join
In censure of his seeming. [III.2.80-88]

Demander à Horacio de prêter une attention particulière (« *Give him heedful note* »), qui « comprendrait » (« *Didst perceive?* ») la réaction du Roi, pour unir ensuite leurs observations et juger ainsi cette réaction, implique de soutenir ce qui s'est passé dans le jugement d'un *schofar*, d'une personne qui peut témoigner de ce qui s'est passé, ce qui rend ladite preuve, à son tour, intersubjectivement communicable, transmissible. C'est ce que

---

[1] M. Foucault, *La verdad y las formas jurídicas. Cinco conferencias dictadas en la Universidad de Río de Janeiro entre los días 21 y 25 de mayo de 1973*, p. 29 http://psicologiaysociologia.files.wordpress.com/2011/08/foucault_laverdadylasformasjuridicas.pdf (consulté le 15 mars 2014).

[2] *Idem.*, p. 36.

montre la scène finale de l'œuvre : en ayant été un témoin oculaire, qui « a prêté attention », qui a « compris » ce qui s'était passé, il peut alors, à la demande d'Hamlet, (« *So tell him, with th' ocurrents, more and less, / Which have solicited* » [V.2.358-359]) raconter l'histoire à Fortimbrás, lui fournir l'information sur ce qui vient de se produire, laquelle – et ceci est fondamental – aura le caractère de vérité, parce qu'étant apportée par un témoin, elle peut vraiment « être livrée » (« *All this can I /Trulydeliver* » [V.2.386-387]). Quant au reste, cette narration que fait Horacio (« *And let me speak to th' yet unknowing world / How these things came about* » [V.2.379-380]), permet à la sanglante scène finale, qui évoque le prince norvégien, d'avoir les traits, moins d'un « *Blood Feud* » typiquement nordique, que d'un acte de recherche de la justice par Hamlet – d'où les honneurs qu'il lui rend.

Enfin, pour montrer le caractère éminemment moderne de cette procédure, il convient de la comparer avec celle qu'applique Claudio pour prouver à Laertes son innocence : « *Make choice of whom your wisest Friends you will /And they shall hear and judge 'twixt you and me* » [IV.6.202-203], indique le Roi devant l'accusation de Laertes d'avoir tué son père, Polonio. Là, le procès – proprement féodal – n'avait pas pour but de découvrir la vérité sur ce qui était arrivé, mais de rendre compte du pouvoir ou de la position sociale de la partie accusée. De même, les métaphores oculaires, qui renvoient inexorablement à ce souci épistémique moderne qu'accompagnent les interrogations de Hamlet – voir le « *I'll observe his looks* » [II.2.608], qu'il profère dans le monologue précédemment évoqué, ou « *For I mine eyes will rivet to his face / And after we will both our judgments join* », comme il l'apprend à Horacio –, sont suggestivement remplacées par le « *hear and judge* », écouter et juger, que propose Claudio.

Or, ce qui a été dit jusque-là ne signifie pas qu'Hamlet vive dans une transition d'un univers symbolique à un autre, dans une perspective diachronique ; absolument pas. Par contre, ce dont il s'agit, c'est précisément le fait qu'Hamlet vive, se débatte, entre ces deux mondes : il appartient à la fois au temps de la *Gesta Danorum* de Saxo Grammaticus, dont l'œuvre s'inspire, et à celui de Shakespeare lui-même[1]. De manière similaire à cette confrontation entre des ordres juridico-religieux et moral différents qui caractérise Antigone, la lutte que vit le cœur de Hamlet aurait pour cadre deux ordres symboliques du droit : un système juridico-moral, qui renvoie inexorablement au droit féodal, où l'éthique de la vengeance a un sens, et un système où l'existence des dommages ne suffit pas, mais où sont requises des preuves sur la culpabilité de l'auteur présumé, lié de façon embryonnaire aux notions fondamentales du procès moderne. Les deux, nous l'avons dit, représentent deux rationalités, deux façons de comprendre et d'interagir avec la « réalité », qui trouvent leur légitimité – et leur légalité – de façon autoréférentielle

---

[1] Cf. M. YEPES LONDOÑO, « Hamlet, en el principio de la modernidad: el juicio al rey », *Estudios Políticos* (Medellín), n° 34, 2009.

et, par conséquent, il devient impossible de penser à une résolution analytique ou rationnelle du conflit.

La tragédie de l'action

La « tragédie des valeurs » – répétons-le –, relève de l'existence de deux puissances, de deux conceptions – éthiques, juridiques, culturelles – également légitimes qui heurtent, qui ne peuvent que heurter, comme le disait Hegel, et qui ne peuvent que conduire à un accomplissement de leur vrai contenu positif, comme une négation et une violation de l'autre puissance.

Lié à cela, ou plutôt à l'origine de cela, un autre élément typiquement tragique apparaît à son tour dans cette pièce dramatique : c'est le fait que notre protagoniste ne peut pas – comme l'a suggéré KAFKA en ce qui concerne l'avenir – « rester assis en silence » ; sur lui pèse un impératif, une promesse, un serment, un cercle inachevé qu'il doit fermer car, même si le monde dans lequel ledit ordre a été donné commence s'estomper, à être évanescent, spectral, il est encore son monde, l'un de ses mondes, et donc, même si beaucoup de choses cessent d'avoir un sens, il doit agir : « *The time is out of joint, O cursèd spite / That ever I was born to set it right* » [I.5.188-189]. « *The time* », le temps, cette époque, ce monde, est définitivement « *out of joint* », dérangé, en désordre, à l'envers, et c'est précisément Hamlet qui, non seulement doit, mais serait né pour cela, « régler » cette situation, « *to set it right* », rétablir l'ordre, réaffirmer le droit, « redresser » ce qui est tordu ; il s'agit, en théorie, de ce que quelque chose qui doit être ordonné, uni, est cependant « désarticulé » et, par conséquent, le prince doit – est condamné à – « re-grouper », à rejoindre.

Si nous nous situons depuis l'horizon normatif dans lequel le spectre donne son ordre, le « mettre le temps dans le droit chemin » aurait pour objet de venger le sang versé, réparer le dommage, restaurer l'équilibre. Mais, nous l'avons déjà vu, le temps se trouve « désarticulé » par ce crime initial du père, de telle sorte que la vengeance suffit pour « *set it right* » – « (...) *is't not perfect conscience / To quit him with this arm?* » [V.2.67-68], demande Hamlet à Horace après avoir énuméré les crimes du Roi, où « *to quit* » doit être lu comme « *pay back* » – puisque, s'il y a quelque chose de clair à propos de cette œuvre, c'est que ce n'est pas un *avenge play*. Il y a quelque chose de plus, alors, dans cet « *out of joint* », dans ce « bouleversement » du temps, de l'époque, qui, on l'a vu plus haut, serait marqué par une « mise entre guillemets » des fondements de valeurs et des fondements cognitifs d'un monde, de ce monde dans lequel la vengeance impliquait un droit, et qui ne semble maintenant pas encore totalement « ajusté ».

Ainsi, dans une époque où la vengeance privée, la réparation de l'atteinte à l'honneur, à la famille, est lue différemment, ou mieux, où la « vengeance » cesse d'être considérée comme un « droit », il est clair que « rétablir le droit » cesse d'être une simple question d'application mécanique et calculable et devient ainsi également une *source créatrice de droit* : la fermeture doit être faite, mais il s'agit précisément en cela d'une fermeture obligée, d'une suture imposée, *condamnée à être réalisée*, mais toujours imparfaite. Ici, l'unité du système n'est restaurée par rien de plus transcendant ni de plus originaire que la fermeture elle-même.

Apparaît ainsi, peut-être en simplifiant, ce que nous appelons la « tragédie de l'action » : un sujet obligé (condamné) d'agir dans un monde à propos duquel il ne sait pas tout, ni ne peut, ni ne prétend tout savoir[1] ; dans une époque où les valeurs sont inversées, où habite le merveilleusement étranger, et où, en tant qu'étranger, on lui souhaite la bienvenue, on l'accueille. On doit venger le sang, même si cette vengeance privée commence à perdre son sens, à cesser d'être considérée comme « légale ». Les référents ne sont pas clairs, le monde cesse d'« aller de soi » et, comme Horace l'a remarqué, rien de bon ne peut venir de ce que les morts sortent de leurs sépultures et marchent dans les rues. Mais, même si sa compréhension du monde – et de ce qui est juste ou injuste, dû ou indu – se trouve entravée – « *A mote is to trouble the mind's eye* » [I.1.112], dit aussi Horace – il s'agit, comme le signale RINESI, d'un hiatus entre une connaissance et une action[2] : Hamlet doit cependant agir.

Indétermination et interlégalité

Dans la présente section, nous nous focaliserons sur les deux éléments qui, comme nous l'avons mentionné ci-dessus, doivent être combinés pour que la décision judiciaire puisse être qualifiée de « tragique », à savoir, d'une part, qu'il puisse être valablement soutenu que l'on est en présence de deux droits ou de deux principes équivalents ou entre lesquels on ne peut pas établir une relation de priorité, d'autre part, qu'il existe, non seulement une antinomie entre des principes en conflit, mais aussi un choc entre des mondes normatifs différents. Les deux éléments, nous le pensons, permettraient de conclure que nous sommes en présence d'une « tragédie des valeurs », dans le cadre de laquelle le juge est toutefois institutionnellement obligé d'agir – une « tragédie de l'action ».

Hiérarchie, conflit, contradiction

En ce qui concerne le premier élément évoqué, nous examinerons de façon critique les décisions judiciaires qui se sont prononcées au sujet de la convenance ou de l'inconvenance « d'accords de réparation » conclus entre Indigènes (où la victime est une femme) en matière de violence domestique. Nous nous proposons de montrer comment ces décisions participent – d'une manière ou d'une autre – à une reconstruction du système juridique qui dé-

---

[1] E. RINESI, *op. cit.*, p. 74.

[2] *Ibid.*.

termine des relations de priorité claires entre les droits en conflit, et dans quelle mesure ces relations de priorité sont corrélativement incompatibles avec leurs propres cadres argumentaires.

Commençons par identifier le problème. En termes simples, il s'agit de cas de violence intrafamiliale où la victime et le coupable sont mapuches, appartiennent à une même communauté et conviennent, au cours de la procédure et comme mode alternative de résolution du conflit, de conclure un « accord de réparation[1] », en le justifiant par le fait que la résolution des conflits par le dialogue et la négociation est propre à leur culture. La complexité juridique découle du fait qu'en matière de violence domestique, ces accords sont expressément interdits par l'article 19 de la loi 20.066 sur la violence intrafamiliale[2] [3].

Face à cela – dans ce que nous identifierons comme étant la décision judiciaire « X » –, à de nombreuses occasions, les cours de garantie et la Cour d'appel de Temuco ont invoqué les articles 8, 9 et 10 de la convention 169 de l'OIT pour accepter la pratique de ce type d'accords, en se prévalant du fait que la convention est une norme de hiérarchie normative supérieure à la loi 20.066, ce qui fait que la première doit primer la seconde. Comme l'affirme la Cour d'appel de Temuco :

> TROISIÈMEMENT : qu'il faut considérer en outre que l'essentiel en matière de violence intrafamiliale est d'assurer l'union de la famille et, la convention 169 obligeant de respecter les modes de résolution des conflits entre des personnes indigènes conformes à leurs coutumes, on doit accepter l'accord de réparation proposé et malgré les dispositions de l'article 19 de la loi 20.066, parce que la convention est une norme de rang supérieur qui doit être appliquée en priorité sur la loi mentionnée. Agir d'une autre manière, en empêchant la résolution du conflit selon les modalités proposées, impliquerait la désagrégation des liens familiaux qui ont pu être rétablis par une solution qui leur paraît juste, ce qui est contraire à la convention déjà mentionnée qui oblige à renforcer l'intégration des peuples, plus encore quand on contribuera ainsi à satisfaire l'intérêt supérieur de renforcement des liens familiaux conformément aux dispositions de la Constitution politique de la République[4].

Au contraire, dans ce que nous appellerons la décision judiciaire « Y », dans ces jugements qui ont rejeté le principe de ces accords, on a fait valoir

---

[1] Article 241 : « *Recevabilité des accords préparatoires.* L'accusé et la victime pourront convenir d'accords préparatoires, que le juge de garantie approuvera, durant l'audience au cours de laquelle seront cités les intervenants pour écouter leurs propositions, vérifiera que les parties de l'accord ont donné leur consentement librement et en pleine connaissance de leurs droits.

« Les accords de réparation pourront seulement se référer aux faits incriminés qui affectent les biens juridiques disponibles de caractère patrimonial, consisteraient en des atteintes moins graves ou constitueraient des délits préjudiciables. »

[2] VIF : violence intrafamiliale [NDT].

[3] Article 19 : « *Irrecevabilité des accords de réparation.* Dans les procès pour délits constitutifs de violences familiales, l'article 241 du Code de procédure pénale ne sera pas appliqué. »

[4] Sentence du 21 août 2012, Rol. n° 635-2012, 3e considérant.

que la même disposition de l'article 9.1 – qui est celle sur laquelle est fondée la majorité des jugements de la décision X –, reconnaît comme limites de l'application du droit indigène tant les dispositions du « système juridique national » que les « droits de l'homme internationalement reconnus ». Ainsi, on fait prévaloir la disposition prohibitive elle-même de la loi 20.066 ou les droits fondamentaux des femmes – comme l'intégrité physique et psychique de la femme (article 19 n° 1 de la Constitution), l'égalité devant la loi (article 19 n° 3 de la Constitution) ou l'obligation de prévenir, de poursuivre et de réprimer la violence contre la femme (article 7.b de la Convention de Belem do Para) – sur tout le droit indigène. En ce sens, la Cour d'appel de Temuco a affirmé que « le respect des coutumes des peuples indigènes ne peut pas dépasser cette limite que pose le respect de la femme, quelle que soit son ethnie[1] » et, par conséquent, elle a rejeté la recevabilité des accords de réparation présentés par les parties.

Comme on peut l'apprécier, tandis que dans la décision « X » on donne la priorité à l'obligation posée par la convention de « renforcer l'intégration des peuples », ce qui, en outre, « contribue à remplir l'intérêt supérieur de renforcer des liens familiaux », dans la décision « Y », l'article 19 de la loi sur la violence intrafamiliale et le respect des droits fondamentaux de la femme sont érigés alternativement ou conjointement comme des limites juridiques au droit indigène lui-même. Toutefois, dans les deux décisions, le conflit est résolu à partir d'une conception dans laquelle le jugement assure l'ordre juridique, que ce soit à travers une notion cognitiviste de l'interprétation judiciaire – laquelle, on le sait, n'est pas étrangère à la jurisprudence et à la doctrine nationales[2] –, en établissant par déduction laquelle des deux normes jouit d'une primauté ontologique dans un ordre juridique reconstruit analytiquement, ou à travers un processus inverse (inductif) dans lequel on peut arriver à une « réponse correcte unique » par une « ascension justificatrice ».

Il est évident que devant ces visions du droit, la tragédie perd son utilité. Si – comme nous l'avons expliqué – il n'y a de tragédie que quand le sujet ne sait pas tout, ni ne croit tout savoir sur le monde dans lequel il doit vivre – « *There are more things in heaven and earth, Horatio / Than are dreamt of in your philosophy* » [I.5.166-167] –, alors, avec l'avènement d'une philosophie et d'une science – et d'une philosophie et d'une science du droit – qu'il est capable d'appréhender – bien qu'elle soit progressive et, même, asymptotement une réalité objective – externe ou interne –, on reconstitue ce lien perdu entre la connaissance et l'action, de telle sorte que la tragédie n'est

---

[1] Sentence de la Cour d'appel de Temuco, 13 mai 2013, Rol n° 220-2013, 7e considérant.

[2] Cf. F. QUINTANA BRAVO, *Interpretación y argumentación jurídica*, Santiago de Chile, Editorial jurídica de Chile, 2006 ; J. BASSA MERCADO, « La pretensión de objetividad como una estrategia para obligar. La construcción de cierta cultura de hermenéutica constitucional hacia fines del siglo XX », *Estudios Constitucionales*, Año 11, N° 2, 2013, p. 15-46.

alors pas « pensable » ; là, dirait Steiner, « les choses non rêvées dans la philosophie de Horacio semblaient disparaître du monde[1] ».

Nous estimons, cependant, que ces rapports de cohérence, d'unité, finalement de hiérarchie, qui transparaissent dans les jugements mentionnés, ne sont pas soutenables dans leurs propres paradigmes, comme nous le montrerons.

Commençons par la décision judiciaire X. Une première précision qui devrait être faite, est que ces jugements s'éloignent d'une rationalisation formelle de l'ordre juridique, dans le sens où, tant par sa reconnaissance du pluralisme juridique que par l'utilisation de ce que l'on connaît dans la doctrine comme étant le « contrôle de conventionnalité »[2], les deux éléments échapperaient au monisme juridique et politique qu'il convient généralement de lier au modèle pyramidal de jugement[3]. Ainsi, la préférence accordée à un traité international des droits de l'homme sur une loi – en entendant par loi celle qui découle de la définition de l'article 1er du Code civil – implique certainement une rupture avec cette culture juridique du XIXe siècle reprise par le Code d'Andrés Bello. En outre, que l'on reconnaisse une forme de résolution des conflits fondée sur le droit indigène lui-même la rend particulièrement remarquable. Toutefois, ce n'est pas pour cela que l'on cesse d'avoir, dans le raisonnement qui structure ces décisions, une reconstruction hiérarchique du système juridique, en essayant de maintenir son unité et son intégrité.

Revenons au considérant cité plus haut pour expliquer ce type de décision. Là, la résolution de l'antinomie est faite par la déclaration explicite du « rang supérieur » qu'aurait la convention par rapport à la loi 20.066. Mais on peut souligner que l'argumentation ne s'arrête pas là mais se déplace vers le sommet de l'ordre juridique jusqu'à se situer dans la Constitution politique de la République pour fonder sur elle sa décision, en établissant un lien entre les normes de la convention 169 et le devoir constitutionnel de rechercher la protection et le renforcement de la famille (article 1er alinéa 5 de la Constitution) :

> Agir autrement, en empêchant une telle résolution du conflit, impliquerait de détruire les liens familiaux qui ont pu être restaurés par le biais d'une solution qui leur paraît juste, ce qui est contraire à la convention précitée qui oblige à renforcer l'intégration des peuples, plus encore quand on contribue

---

[1] G. STEINER, *La muerte de la tragedia*, Caracas, Monte Ávila, 1991, p. 160, cité *in* E. RINESI, *op. cit.*, p. 75.

[2] À partir de la distinction entre la norme prise par le pouvoir législatif – loi 20.066 – avec la norme contenue dans les traités internationaux qui ont été ratifiés par l'État – convention 169, on fait prévaloir cette dernière sur la première. Cf. G. AGUILAR CAVALLO, « El control de convencionalidad en la era del constitucionalismo de los derechos. Comentario a la sentencia de la Corte Suprema de Chile en el caso denominado Episodio Rudy Cárcamo Ruiz de fecha 24 mayo de 2012 », *Estudios Constitucionales*, Año 10, N° 2, 2012, p. 717-750.

[3] Voir F. OST, « Júpiter, Hércules, Hermes: tres modelos de juez », *Academia. Revista sobre enseñanza del Derecho*, año 4, N° 8, 2007, p. 107 et 108.

ainsi à assurer l'intérêt supérieur du renforcement des liens familiaux conformément à ce qu'établit la Constitution politique de la République[1].

Dans d'autres cas[2], les tribunaux ont correctement fondé la prévalence de la convention en intégrant dans le « bloc de constitutionnalité » cet ensemble de droits fondamentaux de la personne garanti par la norme constitutionnelle ou le droit international des droits de l'homme[3] et qui, au Chili, est consacré par l'article 5 alinéa 2 de la Constitution[4]. Ce qui est important est que, d'une manière ou d'une autre, le fondement normatif est érigé au rang de « principe » par la Constitution.

Donc, le problème technique avec cette « reconstruction idéale du droit » tient à l'exercice même de la « promotion justificatrice » qui est fait par la convention 169 pourrait parfaitement l'être avec l'article 19 de la loi 20.066. Il faut rappeler que cette norme trouve son origine dans le fait que, dans un contexte de violence domestique, la victime ne se trouve pas placée dans des conditions d'égalité comme ce serait le cas pour consentir cet accord, ce que l'on peut lire en filigranes dans les dispositions du droit international des droits de l'homme[5] et, par conséquent, il s'agirait d'une manifestation « du droit des femmes de vivre une vie sans violence », comme l'exprime un *Amicus curiae* présenté par l'Institut national des droits de l'homme (INDH) :

> Ce choix du législateur [irrecevabilité d'accords de réparation dans le cas de VIF] est tout à fait cohérent au regard de la doctrine des droits de l'homme précédemment mentionnée sur la nécessité que les actes de violence intrafamiliale, en particulier de violence contre les femmes, fassent, de par leur gravité, l'objet de sanctions et que l'on ne permette pas la conciliation entre les agresseurs et les victimes parce que, dans ce type d'infractions, il n'existe pas d'égalité de conditions entre les parties[6].

Ce lien entre l'article 19 de la loi sur la violence intrafamiliale et le droit international des droits de l'homme, non seulement pourrait être compris

---

[1] Sentence de la cour d'appel de Temuco, 21 août 2012, Rol N° 635-2012, considérant 3.

[2] Cf. Résolution de la juridiction de première instance et de garantie de Collipulli, 11 janvier 2012, RUC 1101270280-0.

[3] Cf. H. NOGUEIRA ALCALÁ, « El bloque constitucional de derechos: La confluencia del derecho internacional y del derecho constitucional en el aseguramiento y garantía de los derechos fundamentales en América Latina », communication présentée aux *Trigésimo Séptimas Jornadas Chilenas de Derecho Público*, 8 et 9 novembre 2007, Université catholique de Valparaiso : <http://www.jornadasderechopublico.ucv.cl/ponencias/El%20bloque%20constitucional%20de%20derechos.pdf> (consulté le 9 avril 2014).

[4] Article 5 alinéa 2 : « L'exercice de la souveraineté reconnaît comme seule limite le respect des droits essentiels qui émanent de la nature humaine. Il est du devoir des organes de l'État de respecter et de promouvoir de tels droits, garantis par cette Constitution, ainsi que par les traités internationaux ratifiés par le Chili et qui sont en vigueur. »

[5] Cf. COMISIÓN INTERAMERICANA DE DERECHOS HUMANOS (CIDH), *Acceso a la Justicia para Mujeres Víctimas de Violencia en las Américas*, 2007, OEA/Ser.L/V/II, Doc. 68, par. 161.

[6] INDH, *Amicus curiae Violencia Contra La Mujer Contexto Indígena*, présenté dans le cadre d'un recours en appel, Rol N° 388-2012, Cour d'appel de Temuco, juin 2012, p. 15.

comme l'« internalisation » de la norme de l'article 7 de la Convention interaméricaine de Belem do Pará par rapport au devoir de l'État d'« agir avec la diligence nécessaire pour prévenir, poursuivre et sanctionner la violence contre la femme », qui ferait également partie du bloc de constitutionnalité, mais peut aussi être directement lié à l'article 19 n° 1 (intégrité physique et psychique) et n° 3 (égalité devant la loi) de la Constitution, en tant que droits fondamentaux contenus dans le système juridique national.

Autrement dit, le raisonnement qui structure la décision judiciaire X ne restitue pas la possibilité d'une seule réponse correcte mais, au contraire, des normes protégées par des droits fondamentaux de niveau hiérarchique égal, de telle sorte qu'il ne soit pas possible d'établir des relations de priorité entre les deux normes.

On arrivera à une conclusion semblable si l'on examine avec attention la décision judiciaire Y. Rappelons que, fondé principalement sur l'article 9.1 de la convention 169, le raisonnement se prévaut – conjointement ou alternativement – de ce que la disposition conventionnelle elle-même établit que le respect des méthodes traditionnelles de répression des infractions sera assuré « [dans] la mesure où il est compatible avec le système juridique national et avec les droits de l'homme internationalement reconnus ». Sur ce point, uniquement pour des raisons heuristiques, nous différencierons analytiquement – bien qu'elles soient très souvent présentées de façon indifférenciée – les argumentations qui sont élaborées sur le seul fondement de l'interdiction posée par l'article 19 de la loi 20.066 et celles qui sont fondées sur les droits fondamentaux ou les droits de l'homme.

Un exemple de la première forme d'argumentation est fourni par le vote de minorité des ministres Rodriguez et Ballesteros, dans un jugement de la Cour suprême qui rejette le recours en appel introduit par le ministère public contre un jugement qui acceptait la recevabilité d'« accords de réparation » ; le vote de minorité, quant à lui, avait pour objet d'accepter le recours et de rejeter les accords. Dans celui-ci, à partir d'une interprétation formaliste de l'ordre juridique – ce qui fait que le conflit normatif entre la convention et la loi est seulement apparent –, il était soutenu que l'on pouvait déduire de la simple lecture de l'article 9.1 qu'il existait, entre « les formes traditionnelles de répression des infractions » et l'interdiction de conclure des « accords de réparation » une relation de priorité claire, puisque la première reconnaîtrait la seconde comme limite. Ainsi, en invoquant cette règle herméneutique de l'École d'exégèse *in claris non fit interpretatio*[1], les deux ministres estiment

[1] « 1. Que s'il est effectif que cette Cour a signalé de manière réitérée que les questions d'interprétation ne peuvent faire l'objet du recours disciplinaire, il est certain qu'il en va ainsi quand il est possible que l'on soit en présence de plusieurs interprétations possibles, quand ce n'est pas le cas où il n'existe aucune ombre dans les dispositions invoquées et, par conséquent, qu'il n'y a aucun travail d'interprétation à réaliser. La norme étant claire, il n'y avait plus qu'à l'appliquer, sans distinguo. » Sentence de la Cour suprême du 4 janvier 2012, Rol 10.635-2011, vote de minorité.

que, sans avoir besoin d'interprétation, il est évident que la norme interdisant lesdits accords prime l'article 19 de la loi 20.066 : « s'agissant d'une disposition très claire [l'article 9.1 de la convention 169] (...), une aucune interprétation n'est nécessaire. La méthode indigène est exclue si elle est incompatible avec le système juridique national. N'ayant rien à interpréter, elle ne devrait simplement pas s'appliquer[1]. » Dans ce cas, le précepte juridique ressemble à la donnée mathématique qui est certaine, claire, vraie, absolue et immuable en elle-même[2] ; il s'agit – comme dirait Carlos Cerda – d'une gnoséologie juridique de nature épistémologique[3]. En paraphrasant Supiot, nous pouvons conclure qu'avec ce type de droit, « la justice devient plus une question de dessin géométrique que de casuistique ; elle provient plus d'une mesure que d'un arbitrage[4] ».

L'autre type d'argumentation que retiennent les juridictions repose sur la reconduction de la même clause de sauvegarde de l'article 9.1 – le système juridique national et les droits de l'homme internationalement reconnus – aux droits fondamentaux et aux droits de l'homme des femmes. Une explicitation de ce raisonnement est l'*Amicus curiae* de l'INDH précitée. Dans ce document, bien que l'on reconnaisse que « [...] les conflits entre des droits fondamentaux ou des droits et des règles juridiques constitutionnellement protégées ou reconnues doivent être résolus en appréciant les faits qui font l'objet de l'analyse », elle ne serait cependant pas nécessaire en cas de faute dans la mesure où « Une analyse adéquate des normes en conflit nous montre que l'une d'elles contient dans son texte une règle en vertu de laquelle elle s'efface quand elle est en conflit avec des normes d'autres traités internationaux des droits de l'homme[5] ».

De nouveau, c'est alors l'article 9.1 de la convention qui, en conditionnant la validité des formes traditionnelles de répression d'infractions aux dispositions du système juridique national et des droits de l'homme, résout l'antinomie entre ces derniers. Malgré cela, l'INDH réaffirme pour tout événement la primauté des droits des femmes face au droit indigène lui-même, en soutenant que quand bien même cette disposition de l'article 9.1 n'existerait pas, « l'application de réglementations liées à la jouissance d'une vie libre de violence pour les femmes » et « l'application de procédures propres de l'ethnie pour la résolution de conflits pénaux » prévaudraient, pour la simple raison qu'elles « sont étroitement liées au noyau le plus dur de la dignité humaine[6] ».

---

[1] *Idem.*, 2e considérant.

[2] C. CERDA, *Iurisdictio*, Santiago de Chile, Editorial Jurídica, 1992, p. 212.

[3] *Ibid.*.

[4] A. SUPIOT, *Homo juridicus. Ensayo sobre la función antropológica del derecho*, Buenos Aires, Siglo XXI editores, 2007, p. 83.

[5] INDH, *op. cit.*, p. 20.

[6] *Idem.*, p. 21.

Ainsi, quand les tribunaux décident que « le respect des coutumes des peuples indigènes ne peut dépasser cette limite que représente le respect de la femme, quelle que soit son ethnie », ils choisissent la norme qui serait la mieux justifiée à la lumière des convictions morales et des institutions de la communauté – d'où l'expression « le noyau le plus dur de la dignité humaine » – ce qui confirmerait l'intégrité du droit. Transparaît ainsi, dans les deux décisions, ce modèle de juge qui – depuis Dworkin – est identifié à Hercule, pour lequel « [sa] religion (...) est l'unité du droit (...) unité dans le double sens de cohérence narrative qui s'adapte mieux à l'état passé et présent du droit, et de hiérarchie la plus satisfaisante des principes de morale politique partagés par la communauté à chaque moment de son histoire[1] ».

Il s'agit alors de compréhensions du droit, et il est possible – plus ou moins difficilement – de déterminer une relation hiérarchique entre les normes qui permette la résolution correcte et rationnelle du conflit juridique. Dans un certain sens, on peut faire un rapprochement avec ce qu'Hart a appelé « *the Noble Dream* » de l'*american jurisprudence*, c'est-à-dire la croyance que même si, par elle-même, une disposition juridique ne fournit pas un guide déterminé pour résoudre le conflit, « *in the whole system of which the given provision is a member there may be, either expressed or latent, principles which, if consistently applied, would yield a determinate result*[2] ».

Cependant, ces types de reconstruction du droit ne sont pas – comme ils le prétendent – défendables. En ce qui concerne cette interprétation jurisprudentielle exégétique, fondée sur le fait que la clause de la compatibilité que contient l'article 9.1 suppose une primauté indubitable de la loi 20.066 sur la convention, on peut signaler que le syllogisme utilisé dans cette argumentation ne fonctionne pas, pour autant que la plus grande prémisse (relative aux méthodes traditionnelles de répression des délits, dès lors qu'elles sont compatibles avec le système juridique national) ne corresponde pas au fait soumis au juge. En termes simples, l'« accord de réparation » – ainsi que la « suspension conditionnelle de la procédure » – est une forme alternative de résolution des conflits et non une méthode de répression des délits : « résoudre un conflit n'est pas la même chose qu'appliquer une peine, et quand il s'agit d'accords de réparation ou d'accords en général, ce qui existe n'est pas l'application d'une sanction ou d'une peine, mais une forme alternative de résolution des conflits[3]. » C'est pourquoi les réponses juridictionnelles

---

[1] F. OST, *op. cit.*, p. 114.

[2] H. L. A. HART, « American Jurisprudence through English Eyes: The Nightmare and the Noble Dream », *Essays in jurisprudence and philosophy*, Oxford, Clarendon Press, 1983, p. 134.

[3] DEFENSORÍA PENAL PÚBLICA, « Comentarios a fallos relevantes en materia de defensa penal de imputados de pueblos originarios. Algunos aspectos para la mejor aplicación del Modelo de Defensa Penal », *Informe de análisis jurisprudencial*, n° 1, 2012, p. 15.

qui prévalent à l'article 9.1 par rapport à la norme prohibitive de l'article 19 de la loi sur la violence intrafamiliale manqueraient de consistance logique.

Maintenant, il est vrai que ce type d'argumentation est plutôt secondaire dans les sentences de la décision Y, tandis que la majorité souligne qu'il faut repousser les accords de réparation par respect des droits fondamentaux du système juridique national ou des droits de l'homme internationalement reconnus[1]. Ainsi, l'antinomie réside – comme l'énonce clairement l'*Amicus* de l'INDH – entre « l'application de réglementations liées à la jouissance d'une vie sans violence à l'égard des femmes » et « l'application de procédures propres à l'ethnie pour la résolution de conflits pénaux », en donnant une préférence aux premières.

Qu'il se fonde sur les articles 9.1 ou 8.2 de la convention ou sur les articles 34 ou 46.1 de la Déclaration des droits des peuples autochtones (DDPA), il est certain que l'argument de prévalence de « l'application de réglementations liées à la jouissance d'une vie libre de violence de la part des femmes » ne clôt pas non plus le débat. En effet – comme nous l'avons par ailleurs expliqué dans une autre étude[2] –, si l'on considère l'évolution qu'a connue le droit international des peuples indigènes, autant il existe des normes qui semblaient limiter effectivement l'autonomie indigène « aux droits et libertés des autres » et aux restrictions nécessaires « pour satisfaire les nécessités les plus justes et les plus impératives d'une société démocratique » – comme le dispose l'article 46.2 de la DDPA –, autant il n'est pas possible de soutenir que cela conduise à ce que tous les droits individuels priment le droit et les institutions indigènes ; cela serait contraire aux principes d'intégrité et de cohérence sur lesquels repose ce type de décisions, pour autant que cela impliquerait, comme l'a remarqué en son temps la Cour constitutionnelle de Colombie, « que la reconnaissance de la diversité culturelle n'aurait plus qu'une signification rhétorique[3] ».

Ainsi, si l'on considère, d'une part, qu'étant donné son caractère nettement occidental, une application formaliste et mécanique des droits de

[1] « Que dans les arrêtés, l'article 9 de la convention n° 169 précitée établit une limite pour la répression des délits commis par ses membres. Cette limite est "l'ordre juridique national". En effet, notre ordre juridique contient l'article 19 n° 1 et 3 de notre charte fondamentale ; en plus des autres droits internationalement reconnus et ratifiés par notre pays. Parmi ces derniers figure la Convention interaméricaine pour la prévention, la sanction et l'élimination de la violence contre la femme. Il ne faut pas oublier que cette dernière convention affirme que "la violence contre la femme constitue une violation des droits de l'homme et des libertés fondamentales et limite totalement ou partiellement pour la femme la reconnaissance, la jouissance et l'exercice de tels droits et libertés. » Sentence de la Cour d'appel de Temuco, 4 juin 2012, Rol de ingreso N° 388-2012, Vote de minorité, Considérant 2.6.

[2] Cf. C. CARMONA, « Tomando los derechos colectivos en serio: el derecho a consulta previa del Convenio 169 de la OIT y las instituciones representativas de los pueblos indígenas », *Ius et Praxis*, 19 (2), 2013, p. 317-324.

[3] Cour constitutionnelle de Colombie, action en protection, 8 août 1996, sentence T-349-96.

l'homme empêcherait la survie culturelle des peuples indigènes[1] et, par ailleurs, que l'ordre international contemporain, tant dans le système des Nations unies[2] que dans le système interaméricain[3], estime que les peuples indigènes sont aussi titulaires de droits fondamentaux de caractère collectif, comme le maintien de leur intégrité culturelle, alors il n'est pas possible de soutenir une reconstruction de l'ordre juridique qui subordonne le droit indigène lui-même – l'expression de son droit fondamental à maintenir son identité culturelle et l'élément nécessaire pour exercer son droit à la libre détermination et au territoire – aux droits fondamentaux individuels. *Contrario sensu*, on pourrait seulement soutenir la primauté ontologique des droits individuels des femmes sur le droit indigène lui-même, si l'on renonce à toute notion d'unité, d'intégrité, de consistance ou de cohérence dans l'ordre juridique actuel.

Enfin, après l'analyse des décisions X et Y, on peut conclure que du fait de l'équivalence des principes concernés dans ces conflits, on ne peut démontrer qu'il existe une seule réponse correcte.

Conflits interculturels

La conclusion antérieure n'épuise pas l'analyse de ce type de d'affaires. Il nous semble évident qu'il existe dans celles-ci « quelque chose en plus » de ce que nous trouvons typiquement dans d'autres « affaires difficiles », comme le conflit entre le droit à la liberté d'information et le droit à l'honneur, entre le droit au libre développement de la personnalité et le droit à la santé, ou même entre l'autonomie de la femme et le droit à la vie du *nasciturus*.

En bref, il n'est pas insignifiant que les parties soient des Indigènes ni que se pose le dilemme entre des pôles opposés : « l'application de régle-

---

[1] R. KUPPE, « Autonomía de los pueblos indígenas –la perspectiva desde la Declaración de los derechos de los pueblos indígenas », *in* M. GONZÁLEZ, A. BURGUETE CAL Y MAYOR et P. ORTIZ. (coord.), *La autonomía a debate. Autogobierno indígena y Estado plurinacional en América Latina*, FLACSO/ GTZ/IWGIA/CIESAS/UNICH, 2010, Ecuador, p. 132.

[2] Tant le Comité des droits de l'homme que le Comité DESC ont soutenu que les peuples indigènes sont titulaires du droit collectif à l'autodétermination, affirmé par l'article 1er du Pacte international des droits civils et politiques et dans les droits économiques, sociaux et culturels. Cf. H. QUANE, « A Further Dimension to the interdependence and Indivisibility of Human Rights?: Recent developments concerning the rights of Indigenous Peoples », *Harvard Human Rights Journal*, vol. 25, 2012, p. 61 et s..

[3] « [...] le droit international relatif aux peuples et communautés indigènes ou tribaux reconnaît des droits aux peuples comme sujets collectifs du droit international et non uniquement à leurs membres. Dans la mesure où les peuples et les communautés indigènes ou tribaux, soudés par leurs modes particuliers de vie et leur identité, exercent certains droits reconnus par la convention dans une dimension collective, la Cour signale que les considérations de droit exprimées ou proclamées dans la présente sentence doivent être comprises dans ladite perspective collective. » CIDH, *Comunidad Indígena Xákmok Kásek Vs. Paraguay*, sentence de fond, réparations et dépens, 24 août 2010, § 231.

mentations liées à la jouissance d'une vie exempte de violence par des femmes » et « l'application de formes propres à l'ethnie pour la résolution de conflits pénaux ». Cela donne un sens supplémentaire au conflit normatif, par le fait fondamental qu'il s'agit précisément d'un conflit interculturel, c'est-à-dire qu'il suppose des conflits entre les institutions juridiques qui fonctionnent à la manière de métonymies des divers mondes normatifs. Ainsi, même si on veut souligner le caractère « perméable », « fluide » ou « poreux » de la culture, des ordres juridiques ou de la communauté[1], le seul fait de parler d'interculturalité ou d'interlégalité suppose par définition l'existence d'un type d'unité conceptuelle qui permette les relations entre les cultures ou les ordres juridiques. Cela implique alors la présence synchronique d'univers normatifs antagoniques, dont aucun ne jouit d'une priorité épistémique[2], et dont l'existence se trouve réaffirmée ou creusée par les jugements qui font prévaloir de façon autoritaire un système sur un autre. Ainsi, le jugement affecte inévitablement les réalités qui fondent lesdits univers.

À ce sujet, il est clair que, pour la culture occidentale, la protection face à la violence contre les femmes est associée « au noyau le plus dur de la dignité humaine », parce que l'on ne peut pas accepter ce type de pratiques sans nier ses propres principes libéraux[3]. Dans cette optique, le fait de permettre les « accords de réparation » serait contraire aux notions les plus essentielles d'égalité devant la loi et d'intégrité personnelle, les deux piliers de l'*ethos* occidental, actuellement menacés par l'intrusion de cette pratique. En outre, il n'est pas excessif de préciser que, par définition, le multiculturalisme libéral ne permet pas ce type d'intrusions et de menaces[4].

Corrélativement, le droit fondamental à l'existence dont sont titulaires les peuples indigènes se trouve inextricablement lié à la possibilité d'appliquer leur propre droit :

> La culture des communautés indigènes correspond en effet à une forme de vie qui réside dans une manière particulière d'être et d'agir dans le monde, constituée à partir de valeurs, de croyances, d'attitudes et de connaissances, dont la violation ou la suppression (...) entraîne la déstabilisation et l'éventuelle extinction. La prohibition de toute forme de disparition forcée (article 12 de la Constitution) est également affirmée pour les communautés

---

[1] Cf. A. HOEKEMA, « Multicultural Conflicts and National Judges: A General Approach », *Law, Social Justice & Global Development*, 2008 (2), p. 4 et 5, <http://www.go.warwick.ac.uk/elj/lgd/2008_2/ hoekema> (consulté le 11 janvier 2014).

[2] Le préambule de la Déclaration des Nations unies sur les droits des peuples autochtones établit que « les peuples autochtones sont égaux à tous les autres peuples, tout en reconnaissant le droit de tous les peuples d'être différents, de s'estimer différents et d'être respectés en tant que tels ».

[3] Pour l'allégation classique en ce sens, voir S. MOLLER OKIN, « Is multiculturalism bad for women? », *in* COHEN, J., HOWARD M. et NUSSBAUM M. (ed.), *Is multiculturalism bad for women?*, Princeton, New Jersey Princeton University Press, 1999, p. 9-24.

[4] W. KYMLICKA, *Multicultural Odysseys. Navigating the New International Politics of Diversity*, New York, Oxford University Press, 2007, p. 96.

indigènes, qui ont un droit fondamental à leur intégrité ethnique, culturelle et sociale[1].

Dans le même sens, il convient de rappeler que la Cour interaméricaine des droits de l'homme a ajouté, dans sa sentence *Saramaka Vs. Surinam*, en guise d'*obiter dictum*, une condition supplémentaire pour le « test de proportionnalité » quand est concernée une restriction des droits des peuples indigènes, à savoir que l'État a le devoir d'examiner si la restriction implique une « dénégation des traditions et des coutumes de telle sorte que cela met en danger la subsistance même du groupe et de ses membres[2] ». On apprécie, de cette façon, que le lien entre une pratique de sa culture et la subsistance de celle-ci ne puisse être rompu. C'est pourquoi, chaque fois que la conclusion d'accords de réparation n'est pas acceptée, en tant qu'expression de son propre droit, sa subsistance en tant que groupe différencié se trouve menacée.

Se livrent ainsi, de manière similaire à Hamlet, non seulement une lutte entre principes juridiques, mais aussi une opposition entre deux ordres normatifs, deux façons de faire et de comprendre les choses, les relations de genre, les formes de justice, la constitution de la communauté et de la famille, etc.. Deux puissances, deux systèmes (moraux, culturels, normatifs) différents et antagoniques, bien qu'également légitimes et qui donnent un sens à la vie des membres appartenant aux communautés respectives. Cependant, seul l'un d'eux peut prévaloir en l'espèce, avec comme conséquence une perte substantielle pour l'autre. Une tragédie des valeurs, alors, sur laquelle le juge devra – il y est institutionnellement obligé – agir, donnant ainsi forme à la « tragédie de l'action ».

Juridiction

Dans son article classique « Nomos and Narrative », Robert Cover remarquait que, contrairement à ce que l'on avait l'habitude de penser, l'origine des tribunaux ne se trouvait pas dans la nécessité de l'existence du droit (« *the need for law* »), mais dans la nécessité de « supprimer un droit », de choisir entre deux ou plusieurs droits, de leur imposer une hiérarchie : « *It is the multiplicity of laws, the fecundity of the jurisgenerative principle, that creates the problem to which the court and the state laboure the solution*[3]. » Cette multiplicité de droit, à son tour, s'associait à l'existence de diverses « communautés interprétatives » qui avaient créé ou devaient avoir leur propre univers normatif. Par là même, remarquait Cover, la charge des juges est « jurispathique » (*jurispathic*) : « *Confronting the luxuriant growth of a*

[1] Cour constitutionnelle de Colombie, T-380, 1993.

[2] CIDH, *Caso del Pueblo Saramaka vs. Surinam*, sentence du 25 novembre 2007 (exceptions préliminaires, fond, réparations et dépens), § 126.

[3] R. COVER, « The Supreme Court, 1982 Term – Foreword: Nomos and Narrative », *Harvard Law Review*, vol. 97, n° 4, 1983, p. 40.

hundred legal traditions, they assert that this one is law and destroy or try to destroy the rest[1]. »

Selon la nouvelle structure, on peut conclure que la tâche « jurispathique » de la jurisprudence de « *assert that this one is law and destroy or try to destroy the rest* », dans les cas étudiés, ne peut être que tragique. Ainsi, nous espérons avoir montré qu'il était concevable que, dans les conflits interculturels décrits, le juge doive agir, se prononcer, « dire le droit » – c'est une demande non logique, mais institutionnelle[2] –, à partir d'un ordre juridique qui n'établit pas de relation de priorité, qui manque d'une architecture normative nette qui lui permette d'appliquer la norme générale au cas concret et, finalement, qui brosse un tableau dans lequel il existe raisonnablement plus d'une réponse correcte. Mais, on l'a vu, le tragique de la décision judiciaire ne réside pas seulement dans une indétermination juridique, mais se combine aussi avec le fait anthropologique juridique, non moins important, que chaque alternative représente à son tour, et avec une plus grande acuité que dans n'importe quel autre cas, un monde normatif légitime et cohérent en lui-même, dont la valeur en tant que cadre de sens ne se limite pas aux parties concernées.

Ici, la décision fonctionne comme une conclusion, c'est vrai, mais plus impérative que rationnelle (bien qu'elle ne soit pas pour autant moins raisonnable) ; une suture que le juge est obligé de réaliser, mais dont le résultat est toujours imparfait. Dans ce type de décisions – comme le remarquait Derrida –, l'« indécidable » reste appréhendé par elle de façon « fantomatique », dans une « fantomaticité » qui « déconstruit depuis l'intérieur toute sécurité, toute certitude ou toute prétendue critériologie qui nous garantisse la justice d'une décision[3] ». Ainsi, l'unité du système n'est restituée par rien de plus transcendant ni fondamental ni rationnel que la conclusion elle-même. C'est la tragédie de l'action et, en somme, nous le pensons, le tragique de la décision judiciaire.

---

[1] *Idem.*, p. 53.

[2] G. LARIGUET, « Conflictos trágicos y ponderación constitucional. En torno a algunas ideas de Gustavo Zagrebelsky y Ricardo Guastini », *Diritto y questioni pubbliche*, n° 5, 2005, p. 70.

[3] J. DERRIDA, « El derecho a la justicia », *in Fuerza de Ley. "El fundamento místico de la autoridad"*, Madrid, Tecnos, 2002, p. 57.

L'ENFANT INDIGÈNE ET SON INTÉRÊT SUPÉRIEUR. SUJET VULNÉRABLE OU BAFOUÉ ?

María DELIA BUENO

Dans le monde, des millions d'enfants vivent dans la pauvreté et l'indigence, sans que soient satisfaits leurs besoins essentiels, matériels ou immatériels, ce qui conduit à présumer que leurs parents souffrent d'une indigence similaire et que leurs descendants, si la situation ne change pas, vivront également dans la plus grande pauvreté.

Cette vie de privations et de précarité devient insupportable en ces temps de reconnaissance de droits, alors que les enfants sont considérés comme des sujets de droit et, par conséquent, sont titulaires d'un vaste ensemble de droits de l'homme[1].

En raison de leur âge et de leur immaturité physique et mentale, les enfants et les adolescents sont plus vulnérables que le reste de la population, mais l'Amérique latine est coupable, depuis longtemps, de défaillances notoires en matière de jouissance des droits économiques, sociaux et culturels. Ces derniers touchent à des aspects fondamentaux de la vie des personnes, et concernent le développement des conditions essentielles de la dignité humaine comme la possibilité d'avoir un niveau de vie décent et le droit, notamment, à l'éducation, au logement, à l'alimentation, à la santé et au travail[2].

Cette tranche d'âge concerne les enfants et les adolescents de moins de dix-huit ans. L'enfance se prolonge jusqu'à douze ans et l'adolescence jusqu'à dix-huit ans ; les cultures indigènes peuvent avoir une conception

[1] María DELIA BUENO, « El niño indígena y su interés superior ¿Vulneración u obturación del desarrollo de la comunidad indigena de pertenencia? », Jornada Paraguayo-Canadiense, Asunción, marzo 2011 (Bloque: Ewwducacion y Exigibilidad de Derechos en los Pueblos Indigenas), <www.indigena.bioética.org/not/nota68.htm> (Zamudio, Teodora y equipo de docencia e investigación).

[2] Maria del Pilar SUAREZ SEBASTIÁN, « Módulo 1: Aspectos fundamentales de los DESC », Escuela de Formación para un Nuevo Liderazgo en Derechos Humanos, Plataforma Interamericana de Derechos Humanos, Democracia y Desarrollo (PIDHDD). PIDHDD, *Para exigir Nuestros Derechos, Manual de Exigibilidad en DESC*, Bogota, ed. Antropos, 2004. La PIDHDD est un réseau citoyen latino-américain qui comporte quatre groupes nationaux. L'auteur participe au groupe argentin de la PIDHDD sur le thème indigène.

différente de l'enfant, de l'enfance ou du passage à l'âge adulte[3]. De même, l'ONU considère que les jeunes indigènes ont entre quinze et vingt-quatre ans[4].

L'Amérique latine constitue un très vaste espace géographique – ou sous-continent – qui, après l'Asie, est la région du monde dont la population indigène est la plus nombreuse à vivre dans des conditions d'exclusion et d'injustice économique et sociale, victime de l'oppression, de la marginalisation et de l'exploitation[5]. Les peuples de ces pays indépendants sont considérés comme indigènes par le fait qu'ils descendent de populations qui habitaient le pays ou une région géographique à laquelle appartenait le pays à l'époque de la conquête, de la colonisation ou de l'établissement des frontières étatiques actuelles, et qui, quelle que soit leur situation juridique, conservent leurs propres institutions sociales, économiques, culturelles et politiques, ou certaines d'entre elles[6].

Au colonialisme européen (espagnol et portugais) du XVIe siècle ont succédé, au milieu du XIXe siècle, les républiques qui ont installé au pouvoir les élites créoles, et ont vu ainsi l'émergence de l'État moderne. Durant les dernières décennies du XXe siècle, les droits de l'homme ont été affirmés, et l'on a commencé à reconnaître, au niveau constitutionnel, la préexistence des peuples indigènes, descendants des premières nations qui occupaient ces terres avant l'arrivée du groupe qui constituent aujourd'hui la population dominante[7], assumant ces républiques comme des États multiethniques ou pluriculturels.

En ce qui concerne les enfants et les adolescents, on ne dispose pas de données complètes et exactes sur la composition et les conditions de vie, ce qui entraîne la faible visibilité et l'état d'exclusion dans lequel ils vivent. De nombreuses naissances ne sont pas enregistrées, ce qui permet à la violation des droits de ces enfants de passer inaperçue, que ce soit parce que les parents indigènes ont leurs propres modes de célébration de la naissance et de reconnaissance de la paternité et de la maternité, parce qu'ils n'ont pas assi-

---

3 UNICEF, « Asegurar los Derechos de los Niños Indigenas », <http://www.unicef.org/lac/indigenas.pdf>.

4 « Los niños y los jóvenes indígenas », fascicule n° 9, <http://indileaflet9_sp.doc>.

5 Pour un panorama des peuples indigènes, lequel diffère d'un pays à l'autre et d'un continent à l'autre, cf. IGWIA, *El Mundo Indigena*, Danemark, publication annuelle.

6 *Guide pour l'application de la convention n° 169* (OIT).

7 Le rapport Martinez Cobo indique : « Sont des communautés, des peuples et des nations indigènes ceux qui, ayant une continuité historique avec les sociétés antérieures à l'invasion et précoloniales qui se sont développées sur leurs territoires, sont considérés comme différents d'autres secteurs de la société qui prévalent actuellement sur ces territoires ou sur certaines parties de ceux-ci. Ils constituent maintenant des composantes non dominantes de la société et ils ont la détermination de préserver, de développer et de transmettre à des générations futures leurs territoires ancestraux et leur identité ethnique en tant que fondement de leur existence continue comme peuples, conformément à leurs propres valeurs culturelles, institutions et systèmes juridiques. » (E/CN.4/Sub.2/1986/7/Add.4 parr.379)

milé la pratique des registres d'état civil, ou parce qu'ils vivent dans des zones rurales très éloignées du village ou de la ville.

Les organisations indigènes convergent sur l'idée que les enfants et les adolescents indigènes finissent par être les plus pauvres d'entre les pauvres et que, parce qu'ils vivent dans des contextes défavorables, ils sont désavantagés. La subsistance des peuples indigènes constitue un aspect culturel fondamental parce qu'elle fait l'identité – et la différence – de ces sociétés.

Les droits de l'homme des enfants indigènes dans le système international

Durant les dernières décennies, marquées par la forte influence des droits de l'homme[1], le sentimentalisme juridique[2] s'est traduit dans la Convention internationale sur les droits de l'enfant de 1989[3], adoptée afin de répondre à la nécessité d'une attention et d'une protection particulières des mineurs de dix-huit ans.

La Convention internationale des droits de l'enfant est le premier instrument international juridiquement contraignant pour les États parties qui intègre toute la gamme des droits de l'homme, civils, culturels, économiques, politiques et sociaux des enfants et qui insiste pour qu'ils soient respectés. C'est un accord éthique universel qui signifie la reconnaissance des enfants dans leur condition de sujets de droit conformément aux principes de la dignité humaine.

Après l'approbation d'un traité, il convient d'adopter des protocoles, c'est-à-dire des outils juridiques qui le complètent et lui ajoutent des dispositions. Ainsi, après la Convention internationale des droits de l'enfant, deux protocoles ont été signés : a) le protocole de 2002 sur les droits de l'enfant relatif à la participation des enfants à des conflits armés, et b) le protocole de 2003 sur les droits de l'enfant relatif à la vente, à la prostitution infantile et à l'utilisation d'enfants dans la pornographie.

La convention et les protocoles de 2002 et 2003 laissent une large place aux commentaires, aux explications, aux interprétations, aux questionnements et aux débats contradictoires car de ces documents se dégage un en-

---

[1] Durant les dernières décennies, d'importantes avancées ont été réalisées en matière de droits fondamentaux individuels et universels. La Déclaration sur les droits des peuples indigènes (Nations unies, 2007) contient des droits de l'homme collectifs. Le bloc comprend de nombreux instruments qui s'articulent, et auxquels contribue l'interprétation progressive en la matière. Nous nous intéresserons tout particulièrement à la Convention internationale des droits de l'enfant.

[2] Le juriste espagnol Luis DIEZ PICAZO dit que « l'occident vit en ces années une culture du sentimentalisme et de préoccupations à l'égard de ses enfants ».

[3] Assemblée générale des Nations unies (résolution 44/25 du 20 novembre 1989). C'est le traité qui a réuni le plus de ratifications, bien que les États-Unis et la Somalie ne l'aient pas ratifié.

semble de principes, de valeurs et de droits, toujours en relation avec le *corpus juris* en droits de l'homme en vigueur et en permanente évolution.

L'Organisation internationale du travail (OIT) ne se limite pas au travail rémunéré ou à l'emploi formel, mais s'intéresse aussi aux activités traditionnelles. Elle s'occupe de l'activité, rémunérée ou non, exercée par des enfants mineurs de quatorze ans, et qui affecte leur éducation, nuit à leur santé ou entrave leur croissance. La convention 169 de 1989 relative aux peuples indigènes et tribaux dans les États indépendants se réfère aux enfants en ce qui concerne l'éducation (article 28)[1].

Le Fonds des Nations unies pour l'enfance (UNICEF) se préoccupe de l'éducation, du travail des enfants, des mines terrestres, de l'exploitation sexuelle, du trafic d'enfants et des femmes et enfants indigènes. L'UNICEF et l'OIT sont étroitement liées, tant au niveau de leurs objectifs qu'à celui de leur réalisation.

Les conflits armés et les troubles civils ont un impact très négatif sur les enfants et les adolescents indigènes, soit parce qu'ils sont recrutés, soit parce que leurs communautés occupent des terres riches en ressources naturelles très convoitées ou se trouvent en des lieux éloignés où des groupes armés que l'État ne contrôle pas peuvent opérer, soit parce qu'ils vivent dans des zones frontières – ou à proximité de celles-ci – qui font l'objet de contestations[2].

Les agressions sexuelles, plus nombreuses sur les filles, et deux fois plus fréquentes que sur les enfants et les adolescents non indigènes, sont parfois connues par les témoignages recueillis auprès de femmes indigènes abusées durant leur enfance. Les vexations peuvent provenir de membres de leur propre communauté, et une infinité de crimes restent impunis, la justice indigène spéciale étant en crise et les institutions étatiques évitant d'intervenir[3]. L'exploitation sexuelle commerciale qui frappe sans distinction de sexe est la forme la plus inhumaine d'abus sexuel qui profite de la

---

[1] La convention 169 de l'OIT a remplacé la convention 107 de 1957 qui contient un changement de paradigme en la matière. Si la convention 169 a été ratifiée par les pays d'Amérique latine, des pays en développement qui n'ont pas une population indigène ont exprimé, à l'époque, leur intérêt pour les politiques de développement et d'aide bilatérale destinée aux peuples indigènes et tribaux. De même, son contenu et ses « clés » présentent un grand intérêt pour la compréhension de nombreux thèmes.

[2] UNICEF, *op. cit*.

[3] Gilma JIMENEZ, « Sobre los delitos contra niñas indigenas », <www.gilmajimenez.com> et <http://gilmajimenez.com/solicitudala cortejurisdiccionindigena>. Le sénateur Gilma Jiménez a demandé à la Cour constitutionnelle une proclamation sur les faits continus de violence sexuelle commis contre les enfants indigènes qui demeurent impunis. La juridiction indigène spéciale est encore utilisée pour que les tortionnaires des enfants indigènes, quand ils appartiennent à leurs communautés, ne soient pas condamnés et que leurs crimes demeurent impunis... C'est pour le moins une aberration sociale et une marque d'irrespect pour les enfants de tolérer, de garder le silence et d'accepter que des coups de fouets et un service communautaire soient le châtiment pour un adulte qui les agresse de manière infâmante.

situation de misère par le biais de réseaux de crime organisé qui se consacrent au trafic transfrontalier de mineurs (rapports de l'Organisation internationale des migrations)[1].

Le moyen le plus efficace de prévenir l'exploitation sexuelle des enfants indigènes est de renforcer les communautés dans lesquelles ils vivent. Cela peut passer notamment par l'organisation de systèmes de protection au sein même de la communauté et par l'information des parents, des leaders et des chefs indigènes, et des adolescents eux-mêmes, en particulier sur les méthodes utilisées pour attirer les enfants afin de les exploiter sexuellement[2].

À partir d'un certain âge et dans des conditions appropriées, un travail léger et certaines tâches sont compatibles avec les normes internationales et respectent le développement et les capacités de l'enfant. Dans de nombreuses communautés indigènes, on considère que le travail léger, dès lors qu'il revêt les caractéristiques indiquées, promeut la dignité de l'enfant et développe son sens des responsabilités. Culturellement, les enfants participent aux activités traditionnelles de leur famille. Cela exclut toutes les activités d'exploitation qui compromettent les droits de l'enfant, notamment son droit à l'éducation, à la santé et au repos, à la récréation et au jeu. On estime que les enfants indigènes sont deux fois plus nombreux que les enfants non indigènes à être soumis au travail forcé, bien plus encore dans des zones rurales – par exemple dans des plantations – et qu'ils travaillent en général dans des conditions de servitude et comme domestiques[3].

Quand ils doivent migrer ou s'éloigner de leur communauté d'origine, les enfants, les adolescents et les jeunes abandonnent les processus de formation traditionnels et les formes de vie spécifiques conformes à leur identité culturelle. Leur culture originaire s'érode par la transacculturation et l'acculturation.

La Convention relative aux droits de l'enfant indigène

La Convention relative aux droits de l'enfant, qui apporte une réponse à la diversité existant sur la planète, est le premier traité fondamental des droits de l'homme qui se réfère aux enfants indigènes. Elle prend en considération les enfants jusqu'à dix-huit ans sans distinguer les adolescents.

En application d'une convention, on ne peut pas amoindrir les droits des peuples indignes garantis en vertu d'autres instruments internationaux, de lois nationales ou de coutumes ou accords, de décisions de juste, ce qui fait la singularité de la thématique.

Si la Convention relative aux droits de l'enfant ne se réfère explicitement aux enfants indigènes que dans très peu d'articles (les articles 17 alinéa d,

---

[1] UNICEF, *op. cit.*

[2] UNICEF, *op. cit.*

[3] UNICEF, *op. cit.*

29 alinéa d et 30), elle se distingue initialement par le fait qu'elle envisage trois groupes différents, les enfants de la société en général, les enfants indigènes et les enfants des minorités.

Dans de nombreux pays, les peuples indigènes constituent une minorité, une catégorie spéciale de minorités ethniques, mais, conformément au droit international, ils ne doivent pas être traités comme une minorité. À la différence d'autres minorités (ethniques, linguistiques, religieuses), ils ont un lien avec la terre qu'ils occupent traditionnellement. À l'égard d'autres groupes privés de terres et qui ont des revendications en ce sens – par exemple, les travailleurs ruraux non indigènes sans terres –, le point de différence est que les peuples indigènes étaient les habitants d'origine des terres au temps de l'arrivée d'autres groupes[1].

Les enfants indigènes sont pris en compte implicitement par la Convention relative aux droits de l'enfant lorsque celle-ci parle des races, des couleurs, de langue, des religions, des origines sociales, des traditions et des valeurs culturelles de chaque peuple, des discrimination, des origines ethniques, religieuses, culturelles, linguistiques, des identités culturelles, des valeurs, de la vie culturelle, de groupe, qui constituent des concepts clefs dans la convention.

Dans ce domaine, il existe un Comité des droits de l'enfant (article 43), qui est un organe d'experts indépendants qui supervise l'application de la convention relative aux droits de l'enfant et de ses protocoles facultatifs par les États parties. Il se réunit à Genève, ne recueille pas de dénonciation particulière, et examine à travers les rapports des États parties les progrès réalisés dans la mise en œuvre des obligations contractées. Il formule des observations finales et des recommandations à ceux-ci pour qu'ils prennent des mesures spéciales, promeuvent de bonnes pratiques et arbitrent de façon positive pour appliquer les droits.

Le Comité a émis une Observation générale relative aux enfants indigènes par laquelle il a procédé à une analyse minutieuse et très claire de leurs droits au regard de la convention. Il s'agit de l'observation n° 11 approuvée durant sa cinquantième session à Genève du 12 au 30 janvier 2009[2]. Son principal objectif est d'orienter les États sur la façon de remplir les obligations que leur impose la convention au sujet des enfants indigènes.

Ladite observation contient dix chapitres : 1) Introduction, 2) Objectifs et structure, 3) L'article 30 et les obligations générales de l'État, 4) Principes généraux (articles 2, 3, 6 et 12 : la non-discrimination, l'intérêt supérieur de l'enfant, le droit à la vie, à la survie et au développement, le respect des opi-

---

[1] Cf. Manuela TOMEI et Lee SWEPSTON, *Pueblos indígenas y tribales, Guía para la aplicación del Convenio 169 de la OIT*, Genève, OIT, juillet 1996. Pour se focaliser sur l'Amérique latine, bien que la convention 169 de l'OIT se réfère aux peuples indigènes et tribaux, nous nous référons uniquement aux peuples indigènes.

[2] Centro de Políticas Públicas, *Los niños indígenas y sus derechos en virtud de la Convención*, <http://www.politicaspublicas.net/panel/comites-onu/cdn/331-cdn-ninos-indigenas.html>.

nions de l'enfant), 5) Les droits et libertés civils (articles 7, 8, 12 à 17 et 57 a : accès à l'information inscription des naissances, nationalité et identité, 6) L'entourage familial et les autres types de tutelles (articles 5, 9 à 11, 18, § 1 et 2, 19 à 21, 2, 27 § 4 et 39), 7) La santé et le bien-être (articles 6, 18 § 3, 23, 24, 26 et 27 § 1 à 3), 8), L'éducation (articles 28, 29 et 31), 9) Les mesures spéciales de protection (articles 22, 30 et 38, 39, 40, 37 alinéas b à d et 32 à 36 : les enfants dans les conflits armés et les enfants réfugiés, l'exploitation économique, l'exploitation sexuelle et la traite des enfants, la justice des mineurs, 10) Les obligations des États parties et la surveillance de l'application de la Convention relative aux droits de l'enfant.

L'enfant indigène

L'enfant indigène est confronté à deux ensembles de problèmes qui comprennent un nombre considérable de besoins insatisfaits.

La problématique sociale

L'environnement de l'enfant indigène est plongé dans l'extrême pauvreté qui entraîne une très forte mortalité de nouveau-nés et d'enfants en bas âge ; la malnutrition chronique provoquée par la perte ou la dégradation des terres qui procuraient la nourriture et les remèdes médicaux à la communauté ; le logement avec des besoins essentiels insatisfaits ; le manque d'eau potable ; les maladies comme la tuberculose, le choléra, la maladie de Chagas [trypanosomiase américaine] et autres, sans que l'on puisse compter sur l'assistance médicale ; le faible accès à l'école primaire et secondaire (le redoublement, le très fort taux d'absentéisme, le manque d'écoles de niveau correct, le manque d'éducation interculturelle bilingue) ; un grand risque d'être victime de violences et de délits. Les adolescents peuvent être victimes de certains fléaux (drogue, alcool, oisiveté, maladies sexuellement transmissibles), de délits, également de type sexuel, et le travail infantile est commun dans les zones rurales et urbaines.

La discrimination

Les enfants indigènes subissent un apartheid de fait ; celui-ci les marque pour toujours, et ils perdent des opportunités dans la vie sociale ou renoncent à elles. Il s'agit de racisme ou de discrimination directe ou sournoise, de la part des institutions publiques et privées comme, plus largement, de la société, qui n'assument pas la réalité d'un pays pluriethnique. Face aux dénonciations, les réactions internationales paraissent être, encore aujourd'hui, des positions de la fin du XIXe siècle, avec l'acceptation de coutumes ou de pratiques sociales dépassées, propres à une mentalité hégémonique, blanche et omniprésente.

Les communautés indigènes qui vivent sur leurs territoires ancestraux et jouissent de leurs terres par des activités traditionnelles ne savent rien de l'enfance abandonnée, ni des enfants de la rue, ni de la vieillesse institutionnalisée. De plus, leur vie quotidienne se passe dans un cadre confiné et sécurisé, en marge de l'oppression de la société dominante qui les entoure et les implique.

Les communautés indigènes

Les communautés indigènes pourraient se concevoir comme des ensembles de familles qui se reconnaissent comme telles du fait qu'elles descendent de populations qui habitaient le territoire national à l'époque de la conquête et de la colonisation et dont les membres sont des Indiens ou des Indigènes[1]. Il s'agit d'éléments de chaque peuple indigène, sortis de camps de prisonniers, de regroupements humains dans des zones rurales ou de migrations forcées de nature économique. Ils conservent leurs institutions sociales, culturelles, économiques, politiques, ou certaines d'entre elles[2], la majorité habitant dans des zones rurales et quelques-unes étant des communautés urbaines qui ont dû abandonner leurs territoires, qui assimilent des coutumes de la société à laquelle elles s'ouvrent[3].

Ce sont des sociétés construites au cours de millénaires, qui possèdent une culture propre et un mode de vie qui leur a permis de vivre, et que les communautés indigènes ne veulent pas voir détruites. Elles ont traversé des processus historiques de spoliation et, au cours des dernières années, elles ont subi l'instauration du modèle agricole et d'investissements de l'économie globalisée qui les anéantit. L'impact environnemental et social entrave toute possibilité de développement pour les communautés concernées.

Les terres utilisées pour des activités traditionnelles de subsistance comme la pêche, la chasse, la collecte de fruits, la culture, l'élevage de petits animaux, le pâturage, les lieux de cérémonies, de sépultures et de pratiques spirituelles, sont convoités par de grandes entreprises : l'industriel du bois, la construction de voies d'accès et de routes, l'expansion de l'agriculture extensive et de l'élevage intensif, les barrages, le tourisme.

Les dommages causés aux terres et aux eaux, leur dégradation et la désertification, provoquent le déséquilibre et la destruction de l'environnement tandis que leurs habitants originels sont privés du legs du Créateur et de leur viabilité comme société.

La violence rurale (les expulsions, les déplacements, les spoliations, les persécutions et le malaise permanents), les déplacements sur des terres de

[1] Article 2 de la loi 23.302 de 1985 (Argentine).

[2] Eulogio Frites, *El derecho de los pueblos indigenas*, Buenos Aires, PNUD-Rsa Guarú-INADI, 2011 p. 103.

[3] Communauté Qom ou Toba, chef Rogelio Canciano, Gran La Plata, La Plata, Argentine.

substitution pas toujours adaptées qui en font des déracinés, génèrent des diasporas de familles entières ou des migrations forcées – ou quasi forcées – de membres vers des zones urbaines à la recherche d'emploi ou d'éducation. Souvent, pour vivre entassés, ne pouvant pratiquer leur culture, obligés à des activités économiques étrangères à leurs activités traditionnelles, parfois dans d'autres pays (par exemple des pays limitrophes). Ils souffrent d'acculturation, d'assimilation forcée, d'aliénation, de discrimination, sombrent dans le vice, vivent dans l'illégalité, font l'expérience de l'insécurité alimentaire, au point d'être conduits au suicide.

Dans tous les cas, il y a une perte de la dignité qui est le cœur des droits de l'homme, l'état de progrès étant très clairement exclu de la thématique indigène dans le monde.

La vulnérabilité

Le concept de vulnérabilité s'applique à des personnes, des familles, des quartiers et des groupes de populations qui sont socialement handicapées pour participer au développement et pour jouir d'un plus grand bien-être.

L'âge, le sexe, l'état physique ou mental, l'infirmité, l'appartenance à des minorités ou à des communautés indigènes, la migration et le déplacement interne, la pauvreté, la privation de liberté, les conditions de vie socio-économiques, l'oppression de la société dominante, rendent vulnérables, selon le discours politique, des millions de personnes que le droit déclare égales.

Assumer les inégalités sociales considérables emporte de nouvelles formes de subjectivité, celle des plus faibles, ce qui engendre une crise de l'égalité consacrée par la modernité. De nouveaux concepts ont été adoptés à propos de l'égalité – non de l'égalitarisme, de l'uniformité, de l'homogénéité ou du nivellement – comme le droit à l'identité et à la différence. Cela conduit au pluralisme qui empêche de traiter les personnes différentes totalement comme les autres.

Plus le niveau d'insatisfaction d'un besoin considéré comme fondamental est élevé, plus l'oppression qui affecte les individus est également grave, et plus les solutions deviennent impérieuses. Les besoins ne génèrent pas d'obligations pour les États, les droits si, et ils le font en fonction de la dignité humaine. Pour cette raison, ils ont une valeur politique et juridique qui ne se retrouve pas lorsque l'on envisage les besoins. L'identité indigène entraîne des revendications concernant des droits et des intérêts habituellement fondés sur la première occupation du territoire, une forme de vie propre associée à la terre et la nécessité de sauvegarder le patrimoine culturel pour les générations futures.

L'apparition de l'État moderne s'est accompagnée de la reconnaissance des droits de l'homme. Par des luttes historiques, les besoins ont été traduits en droits positifs, c'est-à-dire en droits face à l'État. Les droits sont devenus des pouvoirs ou des facultés permettant d'obtenir la satisfaction des besoins des êtres humains et une vie digne[1]. La connaissance des droits de l'homme consacrés par des normes internationales et des obligations constitutionnelles et légales sur le plan national constitue le cadre légal et juridique qui rend possible l'exigibilité[2]. La revendication fait référence à l'organisation pour exiger de l'État qu'il remplisse ses obligations[3].

Il est bien connu qu'un droit ne permet pas d'obtenir cela, d'où le fait que l'on catégorise certains sujets comme vulnérables. Les personnes et les communautés indigènes sont considérées comme vulnérables, par exemple dans les Cent règles de Brasília sur l'accès à la justice des personnes en condition de vulnérabilité, adoptées par le XIVe Sommet juridique ibéro-américain du défenseur public (AIDEF)[4]. Ces règles de droit procédural ne constituent pas un traité international, mais un accord conclu entre les cours des pays participants. Elles sont intégrées dans le système juridique national par un acte du tribunal national suprême[5].

En ce qui concerne les personnes vulnérables, le cœur de la question relative à toute personne ou à tout groupe ainsi catégorisé – qu'il soit ou non indigène – est de faire la lumière sur la raison de sa vulnérabilité.

Dans notre cadre d'analyse, la vulnérabilité de l'enfant indigène, le plus vulnérable parmi les vulnérables, est due, en plus de l'âge, aux deux ensembles de problèmes analysés (IV). L'accumulation de handicaps dénote des carences ou l'absence d'éléments essentiels pour leur subsistance et le développement personnel et l'insuffisance d'outils nécessaires ou pertinents pour dépasser réellement les situations structurelles ou conjoncturelles qui le dévastent, héritées de leurs ascendances, aggravées par la situation nationale en mutation, une économie d'échange et un environnement instable.

Les références faites par la Convention internationale des droits de l'enfant sont la reconnaissance que les enfants et les adolescents indigènes, en raison des énormes difficultés auxquelles ils doivent faire face, ont besoin de mesures spéciales pour jouir pleinement de leurs droits, et ladite convention demande aux États parties de les garantir.

---

[1] Angel Libardo HERREÑO HERNANDEZ, *Escuela de Formación para un nuevo liderazgo en Derechos Humanos, Derecho al desarrollo, Modulo 2*, Plataforma de Derechos Humanos Democracia y Desarrollo (PIDHDD).

[2] Diego HERNANDEZ, *Escuela de Formación para un nuevo liderazgo en Derechos Humanos, Derecho al desarrollo, Modulo 3*, Plataforma de Derechos Humanos Democracia y Desarrollo (PIDHDD).

[3] Irma GARCIA HERREDIA et Lida GUARIN MARTINEZ, « La incidencia: un mecanismo eficaz de exigibilidad de los DESC, Para Exigir nuestros derechos », *Manual de exigibilidad en DESC*, PIDHDD Bogotá 2004.

[4] Alicia E. RUIZ, *Asumir la vulnerabilidad, Reglas de Brasilia…*, Cuadernillo del Ministerio Público de la Defensa, Buenos Aires, Argentina 2008.

[5] L'Argentine a adhéré aux 100 règles de Brasilia, par le décret n° 5 du 24 février 2009 de la Cour suprême de justice de la nation.

Lever le voile sur la vulnérabilité

Si l'on approfondit la notion de vulnérabilité, on doit s'interroger sur la raison pour laquelle un sujet est pauvre, malade, déscolarisé, discriminé ou marginal et, de ce fait, catégorisé comme vulnérable.

Les peuples et les enfants et adolescents indigènes sont vulnérables parce que, ayant des besoins et des droits, ils ne peuvent exercer les seconds pour satisfaire les premiers. De ce fait, les États prennent des mesures protectrices qui, dans les faits, ne sont pas efficaces.

Dans un souci de professionnalisme[1], il convient de qualifier ou d'étiqueter et, à partir de cela, d'analyser, d'évaluer et d'agir. On parle de « jeune rebelle », de « femme contestataire », de « groupe vulnérable ». Mais on peut – et on doit – aller plus loin, chercher pourquoi le jeune est rebelle, la femme contestataire et le groupe vulnérable, et pointer du doigt les causes de la rébellion, de la contestation ou de la vulnérabilité, sans se focaliser sur les effets ou les évidences : il ne faut pas en rester aux faits, mais aller au fond de la question.

Prenons un exemple concret[2] à titre d'illustration. Face à une urticaire, le problème est, pour certains, la démangeaison, et pour d'autres l'intoxication. On administrera le traitement en fonction de l'approche retenue, et l'on fera porter son attention sur les causes ou sur les effets, sur le superficiel et le visible ou sur le profond et le non ostensible. Les conséquences seront différentes.

L'enfant indigène est vulnérable parce que sa famille et sa communauté d'appartenance le sont également. Mais la vulnérabilité de chaque groupe (la famille et la communauté) provient du fait qu'en raison de différents facteurs, les communautés indigènes ont fermé la voie du développement par leur droit à établir leurs propres priorités de développement[3].

La dépossession de terres et la soumission qui en découle doivent être prises en compte parce qu'elles sont associées à l'indigénité dans un cadre sociopolitique plus large dominé par un groupe plus puissant et appartenant à une autre ethnie.

Le « développement » est un concept complexe et un terme équivoque parce qu'il renvoie à des conceptions diverses, la conception occidentale et capitaliste, hégémonique, prétendue unique et universellement valable, et la conception indigène, celle de l'autre, des peuples différents, et qui n'est pas une, mais diverse ; ainsi, bien qu'ayant des traits communs, chaque version

---

[1] Voir Donald SCHON, *El profesional reflexivo*, Buenos Aires, ed. Paidos, 1998.

[2] Dans la métonymie – trope littéraire –, un terme est substitué à un autre, sur le fondement de relations de causalité : on évoque une cause par son effet, ou l'effet par la cause, ce qui, sur un plan factuel, n'est pas innocent.

[3] Convention 169 de l'OIT et déclaration de l'ONU de 2007. Cette convention a remplacé la convention 107 de 1957.

renvoie à des systèmes et des rationalités distincts. Les deux concepts de développement s'opposent souvent jusqu'à s'exclure.

Dans des sociétés complexes, multiculturelles et pluriethniques, il n'est pas possible que l'État impose les mêmes critères de pouvoir, de sociabilité, de culture et de bien-être à toutes les personnes et à toutes les collectivités qui habitent sur son territoire[1]. Les expériences de développement alternatif en Amérique latine, en rapport avec les communautés indigènes, démontrent leur décision de construire des formes de bien-être autres que celles imposées d'en haut par les élites[2].

Le Comité des droits de l'enfant se réfère aux terres traditionnelles quand il établit un lien entre le préambule de la Convention relative aux droits de l'enfant et l'observation générale n° 5. Précisément, le préambule se réfère à l'importance des traditions et des valeurs culturelles de chaque personne, en particulier en ce qui concerne la protection et le développement harmonieux de l'enfant. L'observation établit, au § 34, que dans le cas des enfants indigènes, dont les communautés conservent un mode de vie traditionnel, l'utilisation de leurs terres traditionnelles revêt une importance considérable pour leur développement et la jouissance de leur culture. Les États parties devraient étudier soigneusement l'importance culturelle des terres traditionnelles et de la qualité de l'environnement culturel à protéger, dans la mesure du possible, le droit de l'enfant à la vie, à la survie et au développement.

L'Observation tient compte du fait que, pour les communautés, la terre est importante, mais sans mettre l'accent sur la jouissance collective des terres traditionnelles. La convention 169 de l'Organisation internationale du travail se focalise sur les terres et l'obligation des gouvernements de garantir la protection effective de leurs droits de possession et de propriété, de même que la Déclaration de l'ONU de 2007[3].

Il en va différemment dans le système interaméricain, qui agit dans le cadre de l'Organisation des États américains (OEA) compétente pour l'Amérique latine. Pour la Commission interaméricaine des droits de l'homme (CIDH), organe principal et autonome dont le mandat repose sur la Charte de l'OEA et la Convention américaine relative aux droits de l'homme, la propriété indigène commune est d'une importance particulière et déterminante.

Le système interaméricain reconnaît que les peuples indigènes ont des modes de vie uniques et que leur cosmovision se fonde sur une étroite relation avec la terre. Les terres traditionnellement utilisées et occupées par eux

---

[1] Angel Libardo HERREÑO HERNANDEZ, *op. cit.* (Plan de vida comunitarios). Voir Fernando HUANACUNI MAMANI, *Vivir Bien / Buen Vivir, Filosofía, políticas, estrategias y experiencias regionales*, Instituto Internacional de Integración, Coordinadora Andina de Organizaciones Indígenas, CAOI, La Paz, Bolivia 2010.

[2] Angel Libardo HERREÑO HERNANDEZ, *op. cit.*

[3] Articles 13 et suiv. de la Convention de l'OIT, articles 25 et suiv. de la Déclaration de l'ONU.

sont un facteur de vitalité physique, culturelle et spirituelle. Le développement comprend la culture, la vie spirituelle, l'intégrité et la survie économique des communautés indigènes et dépend de la propriété territoriale. Pour la CIDH, la propriété territoriale opère comme un prérequis pour l'existence digne, l'alimentation, l'eau, la santé, la vie, l'honneur, la dignité, la liberté de religion et de conscience, la liberté d'association, le droit à la famille, la liberté de mouvement et la liberté de résidence[1].

L'article 21 de la Convention américaine relative aux droits de l'homme est particulièrement important pour les peuples indigènes et tribaux, car la garantie du droit de propriété territoriale est une base fondamentale du développement de la culture, de la vie spirituelle, de l'intégrité et de la survie économique des communautés indigènes[2]. La portée et le contenu dudit précepte juridique relatif aux communautés indigènes sont fixés par la convention 169 de l'OIT ainsi que par différentes affaires (CIDH)[3].

Le concept indigène de propriété de la terre est différent du concept occidental. La survie, l'identité, la culture et le développement de la communauté, ce dernier établissant un lien entre les précédents, dépendent de l'exploitation collective de leurs territoires communs et constituent un mode vie. L'Indien se sent comme faisant partie de ses terres traditionnelles et ne conçoit pas pouvoir vivre ailleurs, la terre étant le lien entre son passé et les générations futures. Dans la conception capitaliste européenne, la propriété constitue une richesse par son accumulation. Elle est fondée sur la propriété privée. Il s'agit d'un actif, d'une source de profits, destiné à la transmission patrimoniale.

Le soutien aux personnes vulnérables par le biais de la « dévulnérabilisation »

Plus importantes que les mesures qui visent les effets ou les manifestations externes de la vulnérabilité sont celles qui s'attaquent aux causes.

Pour reprendre l'exemple de l'urticaire, traiter l'intoxication élimine la démangeaison, tandis que traiter la démangeaison ne permet pas de guérir le patient dont la santé se détériore par l'évolution de la maladie dont la cause n'a pas été traitée.

---

[1] CIDH, « Derechos de los Pueblos Indígenas sobre sus Tierras Ancestrales y Recursos Naturales » : <http://www.politicaspublicas.net/panel/siddhh/cidh/729-cidh-informe-tierras-ancestrales>.

[2] Allégués devant la CIDH dans l'affaire *Caso Comunidad Indígena Sawhoyamaxa vs. Paraguay* (17 mai 2005).

[3] Affaire *Mayagna (Sumo) Comunidad de Awas Tingui vs. la República de Nicaragua* (Series C n° 79 du 31 août 2001) : « … pour les communautés indigènes, la relation avec la terre n'est pas simplement une question de possession et de production mais un élément matériel et spirituel dont elles doivent jouir pleinement, y compris pour préserver leur héritage culturel et le transmettre aux générations futures. »

Le fondement du développement des peuples indigènes est leur terre traditionnelle, qui implique l'habitat, l'alimentation, la pharmacie, les matériaux de construction, l'abri, l'énergie, les arts, la spiritualité, l'espace pour les coutumes et les pratiques collectives, ce qui fait leur culture, leur identité et leur différence qui, de façon concomitante, relèvent de modes de vie spécifiques.

En Amérique latine et dans d'autres pays, la question territoriale n'est pas résolue, bien qu'il s'agisse d'un thème fondamental qui a fait l'objet de la convention 169 de l'OIT, de la Déclaration sur les peuples autochtones de l'ONU de 2007 et des États ayant des peuples autochtones sur leur territoire.

L'Argentine a fait face à l'enquête de terrain qui a connu des retards, soulevé des questions, connu des complications[18]. En outre, les prises de position de la CIDH ont permis d'établir une doctrine avancée, claire et autonome.

Imaginons un indigène sans territoire collectif, sans forme propre de justice, sans autorité propre. Il aurait beau se voir comme indigène et maintenir sa langue et ses us et coutumes propres, sans communauté, il ne serait pas un indigène et toute sa culture serait appelée à disparaître. Le fait est que la culture est liée à la base matérielle qui la soutient : l'existence de la communauté, la propriété collective de la terre et les institutions qui l'accompagnent[19]. L'enfance indigène, sans défense, n'est pas en sécurité en dehors de sa communauté, et cette dernière hors de ses terres ancestrales, clef de son développement, noyau dur de la situation donnée depuis que la terre lui a donné sa vie et sa forme.

En dépassant le paradigme de l'assimilation et de l'intégration qui percevait les populations indigènes comme des sociétés temporaires vouées à disparaître, la relation avec l'État est envisagée sur la base de la reconnaissance de la diversité ethnique et culturelle. La dénomination « peuples indigènes » – au lieu de populations indigènes – leur donne leur vocation à la permanence en tant que sociétés et, pour cette raison, établit un nouveau type de relation avec l'État. Apparaît le droit à la participation dans la prise des décisions et la consultation sur les thèmes qui les concernent[20], bien qu'en pratique cela demeure théorique. Au niveau des résultats, tout se passe comme si rien n'avait changé et comme si l'adoption et la signature d'instruments juridiques n'imposaient à l'État aucune mise en œuvre.

---

[18] L'Argentine a lancé le programme national de relevé territorial des communautés indigènes du gouvernement national à partir de 2003. Son objectif est de réaliser un relevé technico-juridique et cadastral du territoire qu'occupent traditionnellement les communautés indigènes du pays, ce qui inclut une démarche d'anthropologie culturelle ; dix ans plus tard, le relevé n'est pas terminé. L'avant-projet de réforme du code civil et commercial argentin envisage les communautés indigènes et la propriété indigène rurale, qui a suscité de sévères critiques de la part d'organisations indigènes et de juristes.

[19] Voir María del Pilar SUAREZ SEBASTIAN, *op. cit.*.

[20] Cf. *Guide pour l'application de la convention n° 169* (OIT).

On constate un manque d'éclaircissement sur les droits disponibles et sur la nécessité d'autonomisation des peuples indigènes, lacune à combler dans de nombreux pays, au sujet de laquelle il existe un véritable accord quant à l'importance de la formation des Indigènes dans une perception et une vision décolonisatrices, mobilisant des leaders, des dirigeants préparés à être à la hauteur de la reconnaissance des droits, du conditionnement international et de la relation avec l'État[1].

Quelques réflexions

Les enfants et les adolescents indigènes participent – à travers leurs familles – à leur communauté dont la vie, comme celle du groupe, est scellée par la cosmologie et la cosmovision, dont la notion de développement n'est pas celle établie par la société dominante et au bénéfice de celle-ci, et qui dépend des terres et de leur exploitation traditionnelle. L'entrave à leur potentiel de développement affecte le mode de vie personnelle, familiale et communautaire des peuples autochtones et affaiblit la relation avec les structures étatiques.

La « faille dans la mise en œuvre[2] » apparaît dans les avancées réalisées par de nombreux pays dans leurs législations nationales dans lesquelles les peuples indigènes, leurs droits et la réalité de leur quotidien font l'objet d'une reconnaissance sous la forme de l'adoption de mesures législatives adéquates. Il existe un fossé entre la reconnaissance formelle des droits et leur exercice effectif par les titulaires naturels, autrement dit entre la norme et la pratique.

En réalité, il faut souligner que la faille dans la mise en œuvre n'est pas la conséquence de l'absence de politiques publiques ; au contraire, l'inaction doit être comprise comme une politique de l'État, car ne pas faire ou laisser faire est aussi une décision délibérée. Bien que l'on parle toujours des actions, on ne parle jamais des omissions ; or, de façon assez perverse, les omissions ont un plus grand impact – négatif – que les actions, car, étant souterraines, silencieuses et cachées, elles ne suscitent ni débats, ni critiques, ni résistances.

---

[1] L'ONPIA (Organisation des nations et des peuples indigènes en Argentine) propose la création d'une école de formation et de qualification des jeunes indigènes sur la gouvernance et le leadership, intiative de leur président, le leader mapuche Jorge Ñancucheo et l'avocate María Delia Bueno, membre de l'équipe juridique.

[2] La « faille dans la mise en œuvre » est l'espace entre la législation existante et les pratiques administratives, juridiques et politiques. Il ne s'agit pas de légiférer ensemble avec les peuples indigènes (souvent, dans les assemblées parlementaires, la représentation indigène est faible, voire inexistante), d'autant plus qu'il existe des mécanismes de consultation des peuples indigènes. Autant dire qu'il ne s'agit pas seulement d'avoir une « loi », mais aussi des instruments juridiques et institutionnels qui permettent une pleine application des règles de nature constitutionnelle (cf. Rodolfo STAVENHAGEN, « Reseña de los Pueblos indigenas y sus derechos », *Estudios Sociales* (Mexico), XXVI, n° 3, sept.-dic. 2008, p. 752-758.

Plus encore, être qualifié de vulnérable peut être discriminatoire ou stigmatisant pour le sujet. Il s'agit là d'une conséquence du fait que l'on ne veut pas reconnaître que les États, par exemple en Amérique latine, ne sont pas des pays de blancs et d'indigènes, comme on le prétendait lors de la formation des républiques au XIXe siècle, mais des pays multiethniques et pluriculturels, au point que l'on semble actuellement confondre diversité et infériorité.

Par les temps qui courent, la diminution continue des territoires indigènes ou de leur productivité, qui entraîne la perte de contrôle sur leurs ressources naturelles ou traditionnelles du fait de l'exploitation des ressources énergétiques et hydriques, est alarmante. Cette tendance régressive correspond à la perte d'espaces traditionnels, pratiquement sans compensation ou alternative économique acceptable.

L'origine du problème ne réside pas dans le manque de développement allégué, mais dans l'entrave de celui-ci ou dans la négation du droit au développement, car si les obstacles qui l'entravent sont levés, le développement de la communauté indigène est amorcé et s'auto-entretient. Il convient, en effet, de confirmer si l'enfant indigène est vulnérable parce qu'il est indien ou parce qu'il est pauvre ou victime de discriminations ou, au contraire, s'il est vulnérable parce que sa communauté ne peut se développer en raison de l'insécurité territoriale et de la « faille dans la mise en œuvre ».

L'intérêt supérieur de l'enfant indigène

Lorsque la mortalité infantile et l'extrême pauvreté, en règle générale du fait de la déshydratation ou de la dénutrition, sont révélées par les médias, le problème devient visible. Personne n'assume la responsabilité de cette situation de désolation et de ces morts injustes, méprisant la valeur de la vie humaine et ne manifestant aucune compassion[1].

L'une des meilleures manières de garantir que l'enfant indigène reçoive une protection adéquate contre la violence, les abus et l'exploitation consiste à soutenir et à conforter le socle familial et ses liens de parenté et communautaires, qui sont liés à la subsistance matérielle et spirituelle, possible uniquement par la protection du groupe d'appartenance. Une communauté qui vit en paix et en sécurité (ce qui comprend la sécurité territoriale) ne fait l'objet, ni de discriminations, ni de persécutions ; sur des bases économiques solides, elle peut assurer la protection et le développement harmonieux de ses enfants[2], mais l'État est la garantie ultime de la réalisation des droits des enfants indigènes.

---

[1] « Desnutrición y muerte de niños indígenas, Salta (Argentina), Pueblos Originarios », *Diario Clarín*, 1er février 2011, note de Gonzalo SÁNCHEZ, <http://caio.uy.over-blog.com/article-http-voz-co-66886679.html>, à propos du drame de Tartagal. Le défenseur du peuple de la nation a dû intervenir dans la province du Chaco.

[2] Voir UNICEF, *op. cit.*

La problématique des enfants et des adolescents indigènes présente une importance suffisante pour constituer une question autonome, complètement distincte des autres enfants, ceux de la société dominante et des minorités, ce qui est suffisamment original et novateur pour ériger l'enfant indigène en catégorie. Elle requiert une approche interdisciplinaire dans un cadre pluridisciplinaire dans lequel la reconnaissance traditionnelle est légitimée comme source, avec une approche holistique qui englobe les coutumes, les pratiques et la conception du monde dans une perspective décolonisante.

L'intérêt supérieur de l'enfant, selon l'article 3 de la Convention relative aux droits de l'enfant, est conçu à la fois comme un droit collectif et comme un droit individuel (observation générale n° 11, § 30). S'il s'agit d'une notion-cadre, comprise comme la plus grande satisfaction, à la fois complète et simultanée de ses droits, un droit de l'homme considéré en principe et concrètement comme primordial, dans le cas des enfants indigènes, ses particularités et ses clefs d'analyse lui donnent une connotation particulière. Pour cette raison, il diffère substantiellement de l'intérêt des enfants des autres collectivités, comme l'a établi la Convention internationale des droits de l'enfant.

Dans le cas des enfants et adolescents indigènes, l'intérêt supérieur est, sur le plan individuel, de vivre dans sa famille et dans sa communauté d'origine et, sur plan collectif, le fait que celle-ci s'épanouisse sur ses terres ancestrales traditionnellement déterminées conformément à ses règles coutumières. Cela implique le droit inaliénable des enfants indigènes à ne pas être arrachés à leurs familles ou à leur communauté, et à ce que celle-ci ne soit pas dépossédée de ses terres d'origine ou des terres de remplacement sur lesquelles elle peut conserver son mode de vie.

Évaluations conclusives

Si l'on décrit la réalité, on la reproduit quand, en vérité, on doit rechercher la réponse critique, celle qui provoque le saut qualitatif et se superpose à la situation donnée, pour la transformer et surmonter sa douloureuse réalité.

Il est urgent de considérer ce que cette réalité reflète – la méthode fractale – et de recourir à la casuistique pour éclairer et inspirer les décideurs, les concepteurs de politiques publiques, les auteurs de programmes et ceux qui décident des cours de la bourse, les formateurs d'opinion, et les opérateurs dans leurs interventions. Elle assombrit le penchant pour les théorisations, les catégorisations mentales ou les généralisations abstraites à travers des normes techniquement impeccables, des institutions parfaites et des politiques pompeusement conduites sur des sujets épistémiques.

Face aux ethnocides indigènes larvés et aux atteintes aberrantes aux enfants et aux adolescents, l'État ne donne la réponse adéquate attendue ni ne prend d'engagement quand, pour satisfaire l'exigibilité des droits de l'homme, personne ne peut assumer un rôle passif face aux droits et aux revendications.

La vulnérabilité comme conceptualisation paraît être une simplification peu respectueuse de la réalité et donner un prétexte pour des excuses bureaucratiques et une absence de changement, quand la priorité est de ne pas faire de tort. Et, s'il y a des personnes vulnérables, elle contraint à les rendre plus fortes, non par des mesures protectrices des personnes vulnérables – sujets construits – qui sont paternalistes et reproductrices de l'oppression, mais par l'action politique qui lève les obstacles à leur développement.

Le cœur doit jouir et percevoir les « vulnérables » comme des « sujets rendus vulnérables » à chaque fois que les paroles créent la réalité (créationnisme »[1]. Le langage a une faculté performatrice, ce qui signifie que les mots utilisés pour nommer ou qualifier une situation, en plus de décrire des faits, construisent des réalités, créent ce qu'ils disent, sont le langage en action[2]. Et de ce cadrage résulte la résolution, pas nécessairement la solution, mais souvent une source de problèmes en cascade à la fois nouveaux et plus graves.

Ce n'est pas la même chose de se référer au vulnérable – qui, par nominalisation ou étiquetage, le demeurera – et de faire attention à la personne vulnérable, être humain de chair et de sang, avec un esprit et un cœur, une histoire, sociale et un potentiel. Et, dans une optique *pro-homine*, de rechercher les causes de la vulnérabilité – marquées par l'entrave au développement – et de les conjurer, voie unique pour que la personne vulnérable cesse de l'être.

Il y a de nombreuses voix indigènes dans le secteur tertiaire en Amérique latine, avec une autorité suffisante, pour convoquer, dénoncer, réclamer, proposer et influencer. Les organisations de la société civile peuvent interpeller les administrateurs responsables de la protection de l'enfance dans leurs pays, voire produire des rapports officieux[3], comme le rapport périodique que leur propre État transmet au Comité des droits de l'enfant.

Le Comité des droits de l'enfant a appelé les États parties à s'engager en faveur des enfants des peuples indigènes au sujet des Objectifs du millénaire. L'observation générale n° 11 se réfère aux Objectifs du millénaire et à leur application pour assurer leur pleine réalisation.

---

[1] Marta MARIN, *Conceptos claves, Gramática, Linguística, Literatura* : le créationnisme propose que l'auteur cesse de représenter la réalité visible et croie en une nouvelle réalité à travers a parole.

[2] Angel Libardo HERREÑO HERNANDEZ, *op. cit.*. Cela est palpable avec le discours élaboré sur le développement. Des mots comme « civilisation » et « barbarie », « sous-développement », « modernité », *etc.*, ont légitimé des relations de domination entre nations. Le problème avec le langage est que l'on ne cherche pas toujours la compréhension intersubjective, mais on l'utilise souvent comme un mécanisme pour confondre ou enraciner une perspective. Le langage du développement a imposé la vision des oppresseurs.

[3] Les rapports officieux sont une méthode des organisations non gouvernementales pour compléter ou présenter une information alternative aux rapports périodiques des gouvernements que les États parties doivent présenter dans le cadre des traités.

Les Objectifs du millénaire ont été fixés par le Sommet du millénaire, à New York, en 2009, et consistent en huit objectifs de développement humain que les 192 pays membres des Nations unies ont fixés pour l'année 2014 par la Déclaration du millénaire. Ils consistent à : 1. Éradiquer la pauvreté extrême et la faim, 2. Parvenir à rendre l'enseignement primaire universel, 3. Promouvoir l'égalité entre les genres et l'autonomie de la femme, 4. Réduire la mortalité infantile, 5. Améliorer la santé maternelle, 6. Combattre le sida, le paludisme et d'autres maladies, 7. Garantir la protection de l'environnement, 8. Promouvoir une association mondiale pour le développement[1].

Ces objectifs constituent un but ambitieux avec une date butoir qui doit opérer comme pierre de touche pour évaluer une nouvelle fois la vulnérabilité et l'aborder comme vulnérabilisation pour percevoir les personnes vulnérables comme rendues vulnérables et les aider à remonter la pente pour les libérer de l'oppression.

La « « faille dans la mise en œuvre » et le manque de sécurité territoriale, inextricablement liés et attribuables à l'action politique, qui aggravent l'obstacle au développement indigène, s'enracinent dans un collectif particulier et différent, très nombreux en Amérique latine. Dans celui-ci, l'enfance indigène est menacée par le climat politique et juridique qui règne.

Colophon

Les Indigènes mineurs de dix-huit ans en Amérique latine ne constituent pas un ensemble humain limité, mais constituent un segment prioritaire dans la société institutionnellement organisée dans laquelle, au niveau international et national, on l'a reconnu – entre autres – comme un droit de l'homme principal et non négociable. L'intérêt supérieur n'est pas un droit de l'homme supérieur sans devoir correspondant. Au contraire, pour sa réalisation effective, il dépend d'un ensemble de devoirs dont l'État est le garant suprême.

Vivre au sein de sa famille, dans sa communauté, et celle-ci sur ses terres traditionnelles, participe à la concrétisation de l'intérêt supérieur et particulier de l'enfant indigène dans les États multiethniques et pluriculturels.

La vulnérabilisation de leurs membres qui, dans le cas des Indigènes, apparaissent comme rendus vulnérables par vagues successives, n'est utile à aucune société saine qui a une vocation au développement durable. Les droits de l'homme et les intérêts primordiaux des enfants de communautés ne peuvent être promus, appliqués et protégés sans détruire le mythe de la vulnérabilité, et sans démonter des conceptions instaurées, jamais neutres.

---

[1] <http://es.wikipedia.org/wiki/Objetivos_de_Desarrollo_del_Milenio_Milenio>.

TABLE DES MATIÈRES

Amérique latine aux éditions L'Harmattan

Dernières parutions

CULTURE DU GENRE ET DE LA SEXUALITÉ EN AMÉRIQUE LATINE
Cultura del género y de la sexualidad en América latina
Palma Milagros - Sous la direction de Milagros Palma
Cet ouvrage est composé de 22 communications présentées au Colloque international «Amérique latine : construction, déconstruction et perspectives du genre féminin/masculin». Ce colloque, résolument transdisciplinaire, se voulait un lieu de rencontre et d'échange entre des chercheurs venus de différentes universités françaises, espagnoles et latino-américaines. La question du genre a été traitée sous les angles les plus variés : l'art et la littérature, l'histoire, la sociologie et l'anthropologie. (Articles en français et en espagnol.)
(Coll. Sexualité et genre : fiction et réalité, 28.00 euros, 288 p.)
ISBN : 978-2-343-03651-9, ISBN EBOOK : 978-2-336-35363-0

PENSER LES PÉRIPHÉRIES UNE EXPÉRIENCE BRÉSILIENNE
Pour un nouveau type de politique publique de construction du commun
Ozorio Lucia - Préface de Benyounès Bellagnech
«Les favelas dont tout le monde se fait une idée, synonyme de pauvreté, de mal logement et de misère généralisée, ont dans cet ouvrage une traduction réelle, concrète et positive, représentée par la Communauté du Parque Royal. Le lecteur se familiarise avec les habitants de cette favela, avec leur mode de vie, leur histoire, leur rêve, leur peine et leur joie et surtout leur mode d'action, social et politique, sur le plan de l'éducation, de la santé et de l'habitat». (Benyounès Bellagnech)
(Coll. Recherches Amériques latines, 17.00 euros, 172 p.)
ISBN : 978-2-343-04017-2, ISBN EBOOK : 978-2-336-35336-4

ARGENTINE (L'), UNE RÉPUBLIQUE DÉSOLÉE
Bouleversements politiques (2001-2009)
Quiroga Hugo - Traduit de l'espagnol par Coline Chevrin
En décembre 2001, le système politique argentin était au bord de l'abîme. Presque neuf ans plus tard, on a tourné la page de cette crise pour en affronter une autre, d'une singulière complexité. Bien que règne la liberté, l'équilibre des pouvoirs subit une forte pression. L'auteur analyse ici le processus de reconstruction politique de l'Argentine tout en soulignant ses dangers.
(Coll. La philosophie en commun, 20.00 euros, 196 p.)
ISBN : 978-2-343-00872-1, ISBN EBOOK : 978-2-336-35591-7

CONVERSION (LA) À L'ÉVANGÉLISME
Le cas du Pérou
Lecaros Véronique - Préface de Fidel Tubino
En quelques décennies, l'Église catholique qui exerçait un quasi-monopole sur la vie religieuse en Amérique latine est devenue une Église majoritaire en décroissance. Les fidèles ont migré vers les groupes évangéliques (les chrétiens non catholiques). La clé du succès des évangéliques s'éclaire en ce qu'ils offrent un processus de reconnaissance permettant à des exclus, des marginalisés, de devenir des missionnaires valorisés au service d'un Dieu tout puissant.
(Coll. Recherches Amériques latines, 19.00 euros, 178 p.)
ISBN : 978-2-336-29895-5, ISBN EBOOK : 978-2-296-53761-3

ROUTES (LES) INCAS DE MACHU PICCHU ET VILCABAMBA
Pouvoir et mémoire dans les Andes péruviennes
Duffait Erwan - Préface de Thérèse Bouysse-Cassagne
Un voile de légendes et d'inexactitudes recouvre encore aujourd'hui la cordillère de Vilcabamba, située sur le piémont oriental des Andes péruviennes à l'ouest de Cusco : trésors cachés par les derniers Incas, cités perdues oubliées ou inconnues des Espagnols... Les fonctions des établissements incas de la région suscitent aussi des débats : étaient-ce des forteresses destinées à protéger Cusco d'incursions des populations amazoniennes, des centres de pouvoir régionaux ou des sites cérémoniels ?
(Coll. Recherches Amériques latines, 20.00 euros, 206 p.)
ISBN : 978-2-336-29894-8, ISBN EBOOK : 978-2-296-53958-7

PAYSANS DU BRÉSIL
Paysans sans terre, esclaves de la terre
Farrugia Julien
Paysans sans terre (2006, 52 minutes). Au Brésil, des paysans occupent des terres immenses délaissées par leurs propriétaires. Ils luttent afin d'obtenir du gouvernement le droit de les cultiver et sortir ainsi d'une extrême pauvreté. *Esclaves de la terre* (2006, 53 minutes). Brésil, portes de l'Amazonie. Des travailleurs sont maintenus en esclavage dans des propriétés rurales éloignées de toute civilisation. Le ministère du Travail lutte contre cette forme moderne d'esclavage.
(20.00 euros)
ISBN : 978-2-336-29426-1

QUAND LA SCÈNE ARTISTIQUE CONTEMPORAINE ROMPT LES TABOUS HISTORIQUES
Le cas du Guatemala post-conflit (1996-2011)
Chirouze M. Christina
L'art contemporain peut-il se faire l'écho d'une histoire collective, non vécue directement par les créateurs et passée sous silence ? Les jeunes artistes peuvent-ils contribuer au processus de démocratisation ? A travers une étude de cas sur le Guatemala actuel, à quinze ans des «Accords de Paix Ferme et Durable» qui ont mis un point final à la guerre civile, cet ouvrage se penche sur la question de la mémoire de l'Autre intégrée par la nouvelle génération d'artistes.
(Coll. Logiques sociales, 17.50 euros, 176 p.)
ISBN : 978-2-336-29120-8, ISBN EBOOK : 978-2-296-53623-4

VILLE (LA) COMME PAYSAGE DU SENTIMENT
Le sentiment urbain à Buenos Aires aux XIXe et XXe siècles
Bidinost Marcelo - Préface de Martin Steinmann
Sur la base de souvenirs d'enfance et des représentations de l'espace urbain de Buenos Aires, la ville est ici analysée en tant qu'espace vécu. Elle est lue à travers de nombreuses sources artistiques dans un contexte historique. Le sentiment que ces représentations produisent permet de saisir non seulement la manière dont la ville est perçue, mais aussi l'effet qu'elle produit, sous trois angles. Voici intégrés les aspects sensibles de la forme dans la conception architecturale et paysagère.
(Coll. Questions contemporaines, 24.00 euros, 246 p.)
ISBN : 978-2-336-29143-7, ISBN EBOOK : 978-2-296-53355-4

ESCLAVAGES (LES) EN AMÉRIQUE COLONIALE
Séminaire d'histoire de l'Amérique coloniale 2010 – 6
Sous la direction de Bernard Grunberg
L'intitulé de l'ouvrage peut surprendre car le terme «esclavage» est le plus souvent utilisé au singulier. Dans l'Amérique coloniale, nous trouvons, en effet, des esclavages, dont les formes varient non seulement selon les régions ou les types de colonisation mais aussi en fonction des époques. L'esclave dans les Antilles françaises n'est pas perçu comme son semblable dans les colonies espagnoles, anglaises, hollandaises, portugaises.
(Coll. Cahiers d'Histoire de l'Amérique Coloniale, 25.00 euros, 240 p.)
ISBN : 978-2-336-29183-3, ISBN EBOOK : 978-2-296-53220-5

MAGIE, ETHNOMÉDECINE ET RELIGIOSITÉ AU BRÉSIL
Tavares de Andrade José-Maria
Cet ouvrage nous invite à considérer la magie en tant qu'interface fondatrice du religieux et du médical. Au Brésil, les pratiques magiques demeurent visibles dans de nombreux contextes. Attentif à l'articulation complexe des sciences, des religions et de la magie, l'auteur décèle trois modes concurrents de connaissances sur le monde, sur la vie et sur l'humain, mais aussi trois façons d'agir complémentaires.
(Coll. Religions et Spiritualité, 27.00 euros, 260 p.)
ISBN : 978-2-336-29077-5, ISBN EBOOK : 978-2-296-53090-4

ÉCOLE (L') ET LA FAMILLE DANS LES MILIEUX POPULAIRES AU BRÉSIL
Discours parental et apprentissages scolaires
Arns de Oliveira Cristiane Regina
Ce que pensent les parents de l'école et de l'impact de la réussite scolaire sur la qualité de vie future des individus joue-t-il un rôle sur la trajectoire scolaire des enfants ? Les propos de parents d'élèves en situation d'échec ou de réussite dans les milieux populaires d'une ville du sud au Brésil ont été recueillis puis comparés afin de faire émerger «le discours parental sur l'école». Cet ouvrage dessine les contours du programme d'intervention *Ciranda de Pais*, mis en oeuvre avec succès au Brésil.
(Coll. Recherches Amériques latines, 29.00 euros, 294 p.)
ISBN : 978-2-336-00705-2, ISBN EBOOK : 978-2-296-53046-1

THÉOLOGIE PRATIQUE DE LIBÉRATION AU CHILI DE SALVADOR ALLENDE
Une expérience d'insertion en milieu ouvrier
Carrier Yves
Ce livre retrace l'histoire d'un projet original et audacieux qui prit corps au Chili à l'époque d'Allende et qui, après, pendant les années noires de la dictature militaire, modifia son orientation et pesa sur l'histoire. Les acteurs du groupe Calama se firent pauvres avec les pauvres pour y découvrir les leaders naturels portant en eux les valeurs du bien commun et ce désir de s'engager dans la lutte de libération.
(50.00 euros, 546 p.)
ISBN : 978-2-336-29340-0, ISBN EBOOK : 978-2-296-53198-7

SARMIENTO ET LA NATION CIVIQUE
Citoyenneté et philosophies de la nation (Argentine XIXe siècle)
Villavicencio Susana
Ce livre n'est pas tant un essai sur Sarmiento (1811-1888) qu'une réponse à des questions autour de la formation de la citoyenneté en Argentine. Susana Villavicencio trace avec une grande clarté un chemin dans l'œuvre de Sarmiento, à la recherche de concepts qui pourraient éclairer d'une lumière nouvelle l'invention du politique en Argentine, la constitution de la nation et du sujet politique citoyen.
(Coll. Recherches Amériques latines, 23.00 euros, 224 p.)
ISBN : 978-2-296-99841-4, ISBN EBOOK : 978-2-296-53099-7

PENSER ET GOUVERNER LE NOUVEAU MONDE AU XVIIe SIÈCLE
L'empire de papier de Juan Diez de la Calle, commis du Conseil des Indes
Gaudin Guillaume - Préface de Thomas Calvo
Au XVIIème siècle, lorsque la puissance de l'Europe est en crise et que l'Amérique gagne en autonomie, la ville de Madrid voit son monarque et ses ministres gouverner les territoires allant des Philippines aux Caraïbes, en passant par le Mexique et le Pérou. C'est notamment en partant du méconnu Juan Diez de la Calle, commis du secrétariat de la Nouvelle Espagne du Conseil des Indes de 1624 à 1662, que l'auteur contribue à expliquer le fonctionnement de cette mécanique impériale.
(Coll. Recherches Amériques latines, 38.00 euros, 384 p.)
ISBN : 978-2-336-29205-2, ISBN EBOOK : 978-2-296-51663-2

MEXIQUE (LE) ET L'EUROPE
Droits de l'homme et coopération
Lemoine Gouedard Flora
Le 8 décembre 1997, le Mexique et l'Union européenne signent à Bruxelles un accord global, qui se veut la base d'une coopération renforcée entre les deux parties. Le processus de rapprochement avec le continent européen, en matière de gestion des droits de l'homme, est lancé. Si, dans un pays où les droits de l'homme continuent d'être encore aujourd'hui bafoués, cette coopération surprend et intrigue, elle donne aussi espoir.
(Coll. Inter-National, 15.50 euros, 154 p.)
ISBN : 978-2-336-29274-8, ISBN EBOOK : 978-2-296-51639-7

GALÀPAGOS (LES), GOUVERNANCE ET GESTION DÉMOCRATIQUE DES RESSOURCES NATURELLES
Ciccozzi Elena
Les Galápagos, célèbre archipel de l'océan Pacifique, représentent un archétype des problématiques et des paradoxes liés à la gestion de l'action collective dans l'appropriation des ressources naturelles. Cet ouvrage aborde sous l'angle politique la complexe relation homme-écosystème des îles et met en relief le rôle crucial des institutions de gouvernance dans l'arbitrage entre conservation et développement vers une gestion plus inclusive et durable des «biens communs».
(Coll. Recherches Amériques latines, 21.00 euros)
ISBN : 978-2-296-99833-9, ISBN EBOOK : 978-2-296-51598-7

REDÉCOUVERTES DES AMÉRIQUES
Entre conflits, rencontres et recherche d'identité
Sous la direction d'Annie Blondel-Loisel et Éliane Talbot
Cet ouvrage est le fruit d'une rencontre entre historiens et linguistes autour du thème de la découverte du continent américain par les Européens, qui fut à l'origine de rencontres, de confrontations, de rejets, mais également d'assimilation et de syncrétisme. Il s'intéresse aussi aux questionnements identitaires des descendants des premières nations primitivement établies sur ces territoires ainsi que de ceux qui s'y sont enracinés ou ont tenté de le faire par la suite.
(25.00 euros, 244 p.)
ISBN : 978-2-296-99763-9, ISBN EBOOK : 978-2-296-51432-4

LIMA, LABYRINTHE URBAIN
Quête de modernité et désarroi identitaire dans un quartier populaire
Doré Emilie - Préface d'Yvon Le Bot
Comment vit-on dans un bidonville de Lima ? Comment devenir soi-même quand se mêlent précarité et préjugés racistes, quand l'accès au confort et à la «modernité» exige de rompre avec un héritage familial souvent ancré dans les traditions andines ? Les interrogations de chacun rejoignent les grands défis auxquels fait face le Pérou, entre progrès et recherche identitaire. Voici une analyse très fine du mal-être péruvien, mais aussi des attentes de la population.
(Coll. Recherches Amériques latines, 28.00 euros, 280 p.)
ISBN : 978-2-296-99813-1, ISBN EBOOK : 978-2-296-51232-0

ÉGLISE CATHOLIQUE FACE AUX ÉVANGÉLIQUES
Le cas du Pérou
Lecaros Véronique - Préface de Jeffrey Klaiber
Dans le Pérou actuel, quelle sont les stratégies développées par la hiérarchie catholique pour contrer le dynamisme et les innovations populaires des évangéliques ? L'Église fait pression sur le gouvernement pour qu'il n'accorde pas aux groupes évangéliques les droits et privilèges dont elle jouit grâce au Concordat de 1980. Malgré un succès relatif, l'Eglise doit à présent composer avec les évangéliques, qui, regroupant 12,5% de la population, ont acquis le droit de cité.
(Coll. Recherches Amériques latines, 25.00 euros, 252 p.)
ISBN : 978-2-296-99804-9, ISBN EBOOK : 978-2-296-51380-8

L'HARMATTAN ITALIA
Via Degli Artisti 15; 10124 Torino

L'HARMATTAN HONGRIE
Könyvesbolt ; Kossuth L. u. 14-16
1053 Budapest

L'HARMATTAN KINSHASA
185, avenue Nyangwe
Commune de Lingwala
Kinshasa, R.D. Congo
(00243) 998697603 ou (00243) 999229662

L'HARMATTAN CONGO
67, av. E. P. Lumumba
Bât. – Congo Pharmacie (Bib. Nat.)
BP2874 Brazzaville
harmattan.congo@yahoo.fr

L'HARMATTAN GUINÉE
Almamya Rue KA 028, en face
du restaurant Le Cèdre
OKB agency BP 3470 Conakry
(00224) 657 20 85 08 / 664 28 91 96
harmattanguinee@yahoo.fr

L'HARMATTAN MALI
Rue 73, Porte 536, Niamakoro,
Cité Unicef, Bamako
Tél. 00 (223) 20205724 / +(223) 76378082
poudiougopaul@yahoo.fr
pp.harmattan@gmail.com

L'HARMATTAN CAMEROUN
BP 11486
Face à la SNI, immeuble Don Bosco
Yaoundé
(00237) 99 76 61 66
harmattancam@yahoo.fr

L'HARMATTAN CÔTE D'IVOIRE
Résidence Karl / cité des arts
Abidjan-Cocody 03 BP 1588 Abidjan 03
(00225) 05 77 87 31
etien_nda@yahoo.fr

L'HARMATTAN BURKINA
Penou Achille Some
Ouagadougou
(+226) 70 26 88 27

L'HARMATTAN SÉNÉGAL
10 VDN en face Mermoz, après le pont de Fann
BP 45034 Dakar Fann
33 825 98 58 / 33 860 9858
senharmattan@gmail.com / senlibraire@gmail.com
www.harmattansenegal.com

L'HARMATTAN BÉNIN
ISOR-BENIN
01 BP 359 COTONOU-RP
Quartier Gbèdjromèdé,
Rue Agbélenco, Lot 1247 I
Tél : 00 229 21 32 53 79
christian_dablaka123@yahoo.fr

Achevé d'imprimer par Corlet Numérique - 14110 Condé-sur-Noireau
N° d'Imprimeur : 117118 - Dépôt légal : mars 2015 - *Imprimé en France*

www.ingramcontent.com/pod-product-compliance
Lightning Source LLC
LaVergne TN
LVHW011448061026
849535LV00004BA/998